西域春秋

翻开2000年的西域卷轴

《西域春秋》编委会 ◎ 编

《从丝绸之路到"一带一路"》丛书

电子科技大学出版社
University of Electronic Science and Technology of China Press

图书在版编目（CIP）数据

西域春秋：翻开 2000 年的西域卷轴 /《西域春秋》编委会编 . — 成都：电子科技大学出版社 , 2018.6
　　ISBN 978-7-5647-5801-1

　　Ⅰ . ①西… Ⅱ . ①西… Ⅲ . ①西域—地方史—通俗读物 Ⅳ . ① K294.5-49

中国版本图书馆 CIP 数据核字 (2018) 第 032621 号

西域春秋：翻开 2000 年的西域卷轴
XIYU CHUNQIU FANKAI 2000 NIAN DE XIYU JUANZHOU
《西域春秋》编委会　编

策划编辑	杨仪玮　李燕芩
责任编辑	李燕芩　罗国良
出版发行	电子科技大学出版社
	成都市一环路东一段 159 号电子信息产业大厦　邮编　610051
主　页	www.uestcp.com.cn
服务电话	028-83203399
邮购电话	028-83201495
印　刷	三河市天润建兴印务有限公司
成品尺寸	155mm×230mm
印　张	29
字　数	390 千字
版　次	2018 年 6 月第一版
印　次	2018 年 8 月第二次印刷
书　号	ISBN 978-7-5647-5801-1
定　价	198.00 元

版权所有　侵权必究

纵观2014—2015年的中央和地方各级政府的工作报告,除了"新常态"的话语,提及最多的一个热词便是"一带一路"。各级政府积极部署"一带一路",以分享习近平这一高屋建瓴的伟大战略的红利。

"一带一路"是"丝绸之路经济带"和"21世纪海上丝绸之路"的简称。今天,这个跨越时空的伟大构想顺应当代和平、发展、合作、共赢的时代潮流,开始在世界政治、经济的版图上从容铺展,同时它承载着丝绸之路沿途各国发展、繁荣的共同梦想,赋予古老的丝绸之路以崭新的时代内涵。

光辉的构想也把中国人的思绪带入历史深处,遥想当年西汉盛世,汉武帝威风凛凛,金戈铁马横扫匈奴的荣光;穿越1500年遥远而苍凉的丝绸之路,回味2000多年前的那条连接东西方的交通大道——丝绸之路在世界版图上延伸,诉说着沿途各国人民友好往来、互利互惠的动人故事。

驼铃声声,帆影幢幢。古老的丝绸之路横贯欧亚,它以2000多年前张骞出使西域为起点,东迄古都西安,经陕西、甘肃、新疆,越过帕米尔,再经中亚、西亚、西至地中海沿岸,没有哪一条国际通道有如此惊天动地的历史贡献。在古老的丝绸之路上,各国人民谱写了千古传诵的光辉篇章,共同促进了世界文明的进步。古老的丝路犹如一条川流不息的历史长河,汇聚着东西方不同地域和不同民族文明成果的涓涓细流,漫长而久远,美丽而苍凉。其深远影响已延续至今。2000多年过去了,中西交通早已发生了很大变化,而

"丝绸之路"这一美好的名字却依然作为中西友好往来的象征为人们所称道。

在古代,丝绸之路是传播友谊之路,也曾经是被战争的铁蹄践踏过的险途。交织着东西方文化梦想的丝绸之路,见证了中国历史传承发展的命运,展现了东西方文明相互传播、融合的全过程。今天,人们已经忘却昔日这条路上曾经有过的苦难,而把它看作是连接东西方文明的纽带。近年来,联合国教科文组织更是把丝绸之路称作"对话之路",以促进东西方的对话与交流。

中国历史上最长的路是丝绸之路,最能体现中华魂魄的是丝路精神。丝绸之路所包含的深厚内涵、所承载的文化精神,已经远远超出了"路"的概念。古代丝绸之路是一条"繁荣""开放""和平""友谊"的大道,而这4个形容词其实也就是古代丝绸之路的精神所在。在古代丝绸之路上,和平合作、开放包容、互学互鉴、互利共赢的丝绸之路精神薪火相传,成为沿线各国人民友好往来的见证与纽带,其核心内涵就是开明精神、开放精神和开拓创新精神。

丝绸之路是一条世界上最长的有着非凡贡献的古老商路。是她,横跨占世界陆地1/3的欧亚大陆,万水千山一线穿。这一道无比深长的路,即使在今天,人们也很难徒步穿越那些深山大川、茫茫大漠、万里荒原,然而,人类却是靠着这样坚忍不拔的步履,从远古一步步走到今天的强大。

丝绸之路是一条横亘于欧亚大陆的文化交通之路,也是世界文化展开的中轴之路。全球许多文化线路连接着各个伟大的文明,也创造着世界历史。丝绸之路无疑是其中最重要的一条。丝绸之路沿途是世界主要文化的发祥地,埃及文明、美索不达米亚文明、印度文明、中国文明等都在这条道路上融会贯通。它像一张巨大的跨区域的交通网络,将世界不同地域的文明古国连接在一起,也可以说,世界上最大最古老的文明国家都曾与这条丝绸之路发生过联系,如中国、埃及、希腊、罗马、印度、波斯、阿拉伯等。东西方不同民族地区的政治、经济、宗教、文化、艺术，都在这张网络中得到了传播、交流与融合。这是一条不同文明、不同民族交流与融合的文化之路，也是沟通中国与欧亚大陆的友谊之路。丝绸之路，犹如一条彩带，将古代亚洲、欧洲和非洲的古文明串联在了一起。

20多个世纪以来，它把中国人民奉献给人类的以丝绸和指南针、火药、造纸、印刷术为代表的科技成果转化为世界人民的共同财富，也将佛教、景教和伊斯兰教及其相关的艺术引入中国，在世界人民之间架起友谊的桥梁。

它就是古老的丝绸之路。这千年的古道至今还在启迪着我们，还在深沉地呼唤着我们……

让我们的思绪随着历史的足迹漫步。在2000年前的汉朝，张骞出使西域，开拓了第一条丝路，贯通中国与西域，缔造了灿烂的汉唐文明。当时，也正是西方罗马帝国强盛之时。其实，在汉之前，丝绸之路就已出现，最早出现在中国的周朝和秦汉时期。早在公元前13世纪，至少远于中亚的地区就已经开始向中国扩散商贸、技术。有关中国与西方交往有文字记载的最早文献是《穆天子传》。公元前10世纪，周穆王朝拜西王母之地便在西北塞外的祁连山南麓。根据考古发掘证明，中国丝绸在公元前12世纪就已经存在。欧亚大陆间技术、贸易交流的起始时间，远超汉朝的"张骞通西域"。

中国是世界上第一个养蚕制丝的国家。公元前139年，西汉著名的外交家、旅行家张骞将中国人的眼界引向了西方，并促成汉通西域，开辟了著名的丝绸之路，从此中国真正走上了世界的历史舞台。公元73年，为确保因战争所阻的丝绸之路能畅通无阻，班超和他的36名随从出使西域。其副手甘英到达了大秦（古罗马）并转道波斯湾，扩展了原有的丝绸之路。至此，一条长7 000公里，穿越广阔田野、无垠沙漠、肥沃草原和险峻高山的安全通道便将中国的古都长安（今西安）和地中海东岸国家联系起来了。中国境内的丝绸之路总长4 000多公里，约为丝绸之路全程的1/2。丝绸之路从此正式成为中国联系西方的"国道"。

"丝绸之路"（Silk Road）一词并非中国人所创，这一说法最早来自于德国地理学家费迪南·冯·李希霍芬（Ferdinand von Richthofen）于1877年出版的《中国——亲身旅行的成果和以之为依据的研究》，有时也简称"丝路"，这个词迄今已使用百余年了。该书首次将汉代中国和中亚南部、西部以及印度之间以丝绸贸易为主的交通路线称作"丝绸之路"，继而延伸到叙利亚及遥远的西方。今天，该词被全世界学术界所公认。

丝绸之路是个形象而且贴切的名字。中国是丝绸的故乡，在古代世界，中国是最早开始种桑、养蚕、生产丝织品的国家。近年中国各地的考古发现表明，自商、周至战国时期，丝绸的生产技术已经发展到相当高的水平。中国的丝织品迄今仍是中国奉献给世界人民的最重要产品之一，它流传广远，涵盖了中国人民对世界文明的种种贡献。

多少年来，有不少研究者想给这条道路起另外一个名字，如"玉之路""宝石之路""佛教之路""陶瓷之路"等。因为在丝路开通之前，位于丝路中央位置的帕米尔高原西侧，是久负盛名的蓝宝石产地，这里所产的宝石在很久以前就被运往地中海沿岸。此外，在帕米尔高原东侧的塔里木盆地西南的和田，以出产玉石而闻名，中国自古以来都以此处所产玉石为上乘之品而极为重视。这些都说明在丝绸之路开通以前，以帕米尔高原为中心至西亚诸国的"蓝宝石之路"和通往中国内地的"玉石之路"就已经开通了。

然而，这都只能反映丝绸之路的某个局部，而终究不能取代"丝绸之路"这个名字。丝绸之路是历史上横贯欧亚大陆的贸易交通路线。在经由这条路线进行的贸易中，中国输出的商品以丝绸最具代表性。由此，人们把"丝绸之路"的概念扩大为整个古代的中外经济及文化交流。丝绸之路的兴盛，不仅仅是货物商品的贸易往来，更是文化、思想、宗教、民族的交流和大融合。

研究丝绸之路，首先要明确丝绸之路的真正内涵。提出"丝绸之路"这一概念的初衷是表达丝绸在中西交通和商贸中的代表性，尤其强调的是强大的西汉王朝怎样利用这条中西交通线向西开拓，怎样"凿空"西域并经营西域广大地区。

随着"一带一路"倡仪从提出到付诸实施，丝绸之路在沉寂了数个世纪之后，又重新焕发了它往日的光彩。如今，人们又可以沿着这条历史之路尽情游览绮丽的西域风光，探访引人遐思的古迹，欣赏艺术荟萃的石窟、佛龛和文物……而这一切无不使人感受到"太平洋时代"来临之际正在腾飞的中国的魅力。

"一带一路"是迄今世界上跨度最长的经济大走廊，中国是这条走廊的出发点。这条走廊贯通亚洲乃至欧洲部分区域，东牵亚太经济圈，西系欧洲经济圈，是世界上最具发展潜力的经济带。"一带一路"建设如同一根彩线，把东方文明、西方文明、阿拉伯文明、恒河文明的珍珠串在了一起，构筑了一幅人类文明史上的动人图景。古老的丝绸之路对欧亚地区经济的发展具有很大的推动力，也为此做出了很大的贡献，它是中国人的历史光荣，复兴丝绸之路是我们的历史使命。"一带一路"倡仪的实施和建设必将为复兴丝绸之路赋予新的活力。我们在继承古代丝绸之路所留给人类的宝贵遗产的同时，更需要从当今时代背景出发，开创现代丝绸之路的辉煌——打造"新丝绸之路"。

本书编委会

2018年4月

前言

从丝绸之路的一端到另一端,要经过一段辽远而广阔的地区,这就是"西域"。在历史上,这一地域不仅是连接中国与西亚、南亚的往来要道,同时也是中国与欧洲的交通桥梁。它在世界历史上的地位自不待言。

西域是中国史籍中的一个地理概念,指汉唐时代的中国新疆及中亚部分地区,位于欧亚大陆的中心,是丝绸之路的重要组成部分。

现代史学家所说的"西域"具有狭义和广义之分。狭义西域,指玉门关和阳关以西,葱岭以东,巴尔喀什湖东、南及新疆广大地区。这是后来汉朝可以直接管辖的地区,包括今甘肃西北、新疆大部、吉尔吉斯斯坦大部、塔吉克斯坦全部、哈萨克斯坦东南部等。而广义西域,则是指通过狭义西域可以到达的地区,包括中亚、西亚、南亚等地区。

中国有两大震惊于世的历史遗存,一个是凝固的万里长城,一个是流动的丝绸之路。而位于欧亚大陆腹地的新疆,正是以丝绸之路为纽带,将世界著名的四大文明紧紧地联系在一起。季羡林曾说:"世界上历史悠久、地域辽阔、自成体系、影响深远的文化体系只有四个:中国、印度、希腊、伊斯兰,再没有第五个;而这四个文化体系汇流的地方只有一个,就是中国的敦煌和新疆地区,再没有第二个。"[1]

正因为如此,自古以来,就有不同的人种和民族活跃在这片广

---

[1] 季羡林:《敦煌学、吐鲁番学在中国文化史上的地位和作用》,《红旗》,1986年第3期。

袤的土地上。东来西去、南来北往的"迁徙",是这片土地上最为动听、委婉的乐曲,它带来了多人种、多民族的杂居、混血和融合,也带来了物质和精神的盛宴。

尽管史籍所记西域的范围大小不一,其核心部分均为包括新疆在内的中亚地区。西域的历史,特别是以天山地区为核心的西域历史,是中国历史不可分割的部分。

数千年来,在西域这块古老神秘的大地上产生了众多灿烂辉煌的文明,至今让人们慨叹神往。在汉代人的心目中,西域是神秘的。公元前一千多年前,西周周穆王沿着滹沱河水进入雁门关古道,然后穿越分别"天下内外"的雁门山,走向神秘的西域诸国。周穆王知道了"天下"究竟有多大。汉唐时期,尚武成风,以盛世气象为荣,人们向往的是在马蹄和驼铃声中前往神秘的西域、遥远的中亚,还有更远的地方。西域独特的地理环境、悠久的历史文化、多样的文明交融都给后人留下了无数值得探究的历史奥秘。而那些逝去的历史、凿空拓荒的壮举、金戈铁马的雄壮、丝绸古道的沧桑,都将引领我们走入那个伟大辉煌的时代,那片悠远神秘的西域大地。因此,无数人都在试图揭开西域文明的神秘面纱。

自张骞通西域以来,汉朝的使团、商队源源不断地涌向西域,西域各国使团纷纷访问汉朝,战乱、荒凉、神秘的西域开始变得热闹起来。后来,人们把张骞开通的汉朝到西域的道路称为丝绸之路。汉代在西域设置都护府,管辖西域三十六国。西汉这种开创性的措施奠定了新疆成为祖国疆土的基础,也奠定了新疆成为今日中华民族大家庭成员的基础。直到清朝在平定准噶尔及大小和卓叛乱以前,中国仍然用"西域"来称呼今新疆及其以西的地区(有时候甚至把青海和西藏也包括在内)。

18世纪50至70年代,随着清朝平定及统一天山南北两路战争的结束,清政府直接统治了今新疆及其以西的广大地区。1884年,清政府设立新疆行省,"新疆"一词开始在清朝官文书中出现,从此,新疆作为固定的地名,正式成为我国的一个行政区。

本书中,我们将逐一按照朝代更替的顺序来讲述西域这块神秘的土地,数千年甚至数万年间都存在过什么民族、文化、战争、帝国……以及不同的民族、文化、王朝等在西域这块土地留下的足迹。

自近代以来,西域越来越成为国际研究的热点,从欧洲、北美到日本、韩国,越来越多的人关注中国西部文明。在国内,西域研究正在摆脱传统汉学研究模式,考古学和语言学等已经开始在这个领域占据主导地位。

需要说明的是,古代西域与近代中亚是两个不同的概念,其内涵不一。首先,"西域"一词在学术界有狭义、广义之分,这是历史发展条件所决定的。不同历史时期,西域所指的地理范围有所不同。一般来说,在中原王朝强盛繁荣之时,西域所包含的地域范围相对较大,反之则相对较小。其次,二者的历史演变不同,属中亚的各国的发展有先有后,而本书所涉及的地区的历史演变,基本上是在同一起跑线上,立足于狭义,但由于中华民族中的一些古老民族曾活跃于狭义线以外,并谱写了光辉史篇,因而也不能不涉足其广义。

本书在西域历史的系统化上,采用宏观与微观视角结合的方法,从西域的地域概念出发,为读者全方位揭示从史前至明清的西域发展历程。从西域的角度去研究西域——这是本书最大的写作特色。

当然,对于一个复杂得几乎包含了人类社会得以延续的全部因素的区域,单从某一角度探索是不够的,必须是全方位、多视角的,从考古、历史、民族乃至社会、地理、自然、生态、宗教、语言、艺术、民俗、经济等全面探索剖析,方能释疑解惑。所以,在本书中,我们将努力穿越古今,博采广众,求真务实,科学考证,以严谨的科学态度探寻丝绸之路上"西域"这块神秘的土地,拂去历史的尘埃,你会发现大漠无声的叙述,也是那么的惊心动魄!

| 第1章 | 西域研究热的兴起 | 001 |

西域概念的定位 002
我国西域史研究的起步与逐步深入 018
研究西域的历史对当代"一带一路"的重要意义 037

| 第2章 | 世纪初年连接西域的四大世界帝国 | 041 |

西域古国的风采 042
欧亚帝国之间的相互联系 082
连接南亚和中亚的大夏与贵霜帝国 088
安息帝国：丝绸之路上的商贸中心，多方文化汇聚地 096
罗马帝国：通过丝绸之路展开贸易，
　　　　　将东西文化联系起来 105

| 第3章 | 公元元年前后亚欧大陆民族大迁徙对西域繁荣的促进 | 119 |

公元元年前后亚洲的民族大迁徙对东西方文化
　　交流的促进 120
欧洲民族大迁徙 136

| 第4章 | 秦汉时期的西域民族交流与渗透 | 151 |

秦始皇为西域丝绸之路做出的贡献 152
两汉时期对西域的管辖概述 156
两汉时的民族关系和与西域的民族融合 165
两汉时期西域与中原的贸易与文化交流 170

| 第5章 | 魏晋南北朝时期的西域，乱世中走向繁荣 | 175 |

魏晋南北朝时期各政权对西域的管理 176
魏晋南北朝时期西域主要民族的兴盛和衰败 178

魏晋南北朝各政权与西域的关系……………………………… 182
　　魏晋南北朝与西域及五天竺各国的经济文化交流…………… 199
　　魏晋南北朝时期通往西域的陆上交通线……………………… 220

第6章　西域统一，拉开隋唐丝绸之路走向繁华的帷幕……… 229

　　隋朝重开丝绸之路与经通西域………………………………… 230
　　唐朝对西域的经营及与域外各国的"蜜月期"……………… 250
　　6世纪—8世纪突厥汗国对西域的统治 ……………………… 302
　　吐蕃的扩张及其对西域的控制………………………………… 314

第7章　五代十国、宋、辽、夏、金时期，西域的多姿多彩… 331

　　五代十国、两宋、辽、夏、金的边防格局和对西域
　　　的管辖………………………………………………………… 332
　　五代十国至宋、辽、金时期中亚对亚洲和世界历史
　　　有影响的政权………………………………………………… 345
　　高昌回鹘与西域各国及周边国家的关系……………………… 366

第8章　元朝时期蒙古族为西域的繁荣发展做出了卓越贡献… 377

　　元朝对天山南北各地的统一管辖……………………………… 378
　　横扫亚欧大陆的蒙元帝国与四大汗国………………………… 384
　　奥斯曼帝国的兴起及扩张……………………………………… 398

第9章　明清的西域大一统……………………………………… 401

　　明朝内地与西域的关系………………………………………… 402
　　明朝及清初西域外各政权与西域的关系……………………… 405
　　明清时期西域地区的民族格局………………………………… 424
　　清朝统一西域，建立行省，维护祖国统一…………………… 434

第1章　西域研究热的兴起

　　从中亚到南亚、自西亚至欧洲，欧亚大陆这一大片地区尽属汉唐人眼中的西域。"劝君更尽一杯酒，西出阳关无故人"……关于西域的无数诗句更是千古流传，其中饱含了人们对汉唐西域生活的多少憧憬与追忆！西域是我们历史记忆中的永恒主题，而汉地与西域也在经意与不经意之间改写着彼此的历史。对西域的研究已有近200年的历史，它与丝绸之路的研究和东西方交通、文化交流、贸易等领域的研究都很密切。

西域春秋——翻开2000年的西域卷轴

西域概念的定位

西域是一个与丝绸之路息息相关的历史地理概念。研究西域，首先，我们起码应对西域的定义或范畴做一个界定。我们知道，丝绸之路是由德国著名学者李希霍芬提出的概念。而"西域"这一概念最早则是中国人提出的，国外是没有这个说法的。国外一般用"中亚"（Central Asia）、内亚（Inner Asia）或欧亚（Eurasia）等概念，它们的范围并非完全等同，但从地理范围上说有很多重合之处。

西域的概念在不同历史时期是不断变化的

欧亚大陆上不同区域的人群在史前时期就有往来迁徙活动，高加索人种至中国西部地区活动的历史至少可追溯到公元前30世纪以前。中国文明在其诞生之始，就不是一个封闭体系，而是在当时条件许可之下参与各种文明的交换与交流。中国境内不同地区文明的融合以及华夏文明与异域文明的交流，对塑造中国文明的基本面貌有重要作用。

丝绸之路是历史上横贯欧亚大陆的贸易交通线，在古代中西文化经济交流上扮演着极其重要的角色。可以说，西方对中国的认识是从丝绸之路上的丝绸开始的。中西文化的接触一般认为是在希腊时期，据说希腊古书中记有赛里斯（Seres）为东方产丝之国，中国的橄榄来自于希腊。

西汉的张骞出使西域时，波斯和希腊早有接触，因此我们可以认为中西文化的接触约在中国的西汉时期。到罗马时期，中西文化的交流可能更加频繁了，所以罗马史籍中有关中国的记载很多，如罗马科学家普林尼的《自然史》中就对蚕的习性和生理特征有较详细的记载,这表明中国的养蚕术已在西方普遍传开。流传于西方中世纪的民间传说《特里斯丹和绮瑟》(Tristan and Iseult)的故事最后结尾部分的神话色彩和具体情节大体与汉朝的《古诗为焦仲卿妻作》基本相同。这不是一种偶合,而是证明在当时中西文化的交流已达到了一定程度。❶

汉代时的西域

所谓西域,通常是对阳关、玉门关以西广大地区的统称,但这一概念的内涵有狭义和广义之分,并且不同历史时期的西域所指的地理范围也不尽相同。

汉代的西域,狭义上是指天山南北、葱岭以东,即汉代西域都护府统领之地。按《汉书·西域传》所载,大致相当于今天新疆天山以南,塔里木盆地及其周边地区。广义上的西域则除以上地区外,还包括中亚细亚、印度、伊朗高原、阿拉伯半岛、小亚细亚乃至更西的地区,事实上指当时人们所知的整个西方世界。

西域的研究范围非常广泛,与丝绸之路的研究、中西方交通及贸易等的关系极为密切。作为一个地理概念,西域在不同时代具有不同的内容。西域史的发展与中国北方游牧部族和内地王朝历史的发展密切相关。

西域概念最早由东汉班固提出。班固著《汉书》,始立《西域传》,书中记载:"在匈奴之西,乌孙之南,南北有大山,中央有河;东西六千余里,南北千余里。东则接汉,阨以玉门、阳关,西则限以葱岭。"这是《汉书》对西域的最早定义,主要是指今天的新疆南疆地带。

北京大学的荣新江教授指出:按班固著《汉书》所下的"西域"

---

❶ 葛雷、齐彦芬:《西方文化概论》,中国文化书院,1987年,第131页。

定义，其主要指天山以南、昆仑山以北、葱岭以东、玉门以西的地区，是指今新疆南疆地区，但实际上《汉书·西域传》所述却远远超出了这个范围，除包含狭义的西域外，还包括当时中原王朝西部边界以西的所有地域，涵盖天山以北的乌孙和葱岭以西的许多国家。自此广义的"西域"就把中亚、南亚、西亚以至北非、欧洲的广大地区都包罗在内了。❶

本书所说的"西域"，是以玉门关以西和帕米尔地区以东为主，但也绝不局限于这一地区，古代粟特、伊朗、印度和希腊、罗马诸文明古国以至唐蕃古道、海上丝绸之路，都进入了西域的范畴。

自《汉书》后，历代"正史"皆立西域传，或名《西域传》，或散置于《西域方国传》，各王朝所记录的西域地理范围随着时代不同而有所更变。如《隋书·裴矩传》载《西域图记·序》明确指出，当时"西域"的范围是"于阗之北，葱岭以东"，其中载有三条通往西域的道路，也是"发自敦煌，至于西海"❷。可见，隋代的"西域"指的是敦煌以西、葱岭以东、于阗以北的地区，和《汉书》的认识基本一致。这种认识在唐朝初年也被保持了下来。

通常所讲的西域，指的就是两汉时期狭义上的西域概念。该地区在两汉时期是多种族、多语言的不同部族聚居之地，两汉政府并未改变该地区的政治结构，其主要的目的就是让其作为中原地区的政治和军事屏障。从地理位置看，狭义的西域即塔里木盆地，正处于亚洲中部，英国学者斯坦因将其称为"亚洲腹地"，可以说是非常形象。它四面环山，地球上几大文明区域在此发生碰撞、交融。不过，这种独特的地理环境并未使其与周围的世界隔离，一些翻越高山的通道使它既保持了与周围世界的联系，又得以利用自然的优势免遭彻底同化。

---

❶ 荣新江：《西域史研究的回顾与展望》，《历史研究》，1998年第2期，第132页。
❷ （唐）魏徵等：《隋书》卷六十七，《列传第三十二·裴矩》，中华书局，1973年，第1579页。

上述地理特征也造就了西域地区作为世界文明交汇点的文化特征，波斯文明、古希腊罗马文明、印度文明和中国文明都在这里汇聚。西域在充分吸收这些文明的同时，融合当地文化，形成了适合本地区的多元文化。从西域文化中可以找到众多古代文化的影子，感受到西域文化的个性张扬，这正是西域文化的魅力所在。

西域并不同于西方。西方在中国人的观念中是一个很有异国情调的概念，它既是一个方位名词，也是一种文化符号。就地域而言，中国人对西方的认识，随着历史的演进而转移，大致在明朝中叶以前指中亚、印度、西亚，略及非洲，晚明及前清时期指欧洲。近代以来，西方的地理概念淡出，政治与文化内涵加重，且较明显地定格为欧美文化。中国人观念中的西方在文化上始终具有一个共同特征——异域文化。对于西方世界（绝域，即极其遥远的地方），中国人自古以来就有一种异域外邦的意识，西方从来都是一块代表非我族类的外来文化的神秘地方。

用现代概念简单地说，中国古代有一个东亚世界和西方世界（绝域）的观念。东亚世界笼罩在中国文化圈之内，是中国人"天下"观的主要内容。在东亚世界里，古代中国的国家政策以追求一种文化上的统治地位为满足。对于东亚世界的成员，只要接受中华礼仪文化，就可以被纳入朝贡国的范畴，否则就有可能兵戎相见。因为古代国家的安全观，是以文化和价值观念上的同与异来确定的，文化上是否认同决定国家安全与否。这样看来，西域在古代中国的政治、文化观念中既可视为"天下"的边缘地区，又可视为"天下"与"绝域"的中间地带。这也正是西域的独特性所在。[1]

唐代西域概念的扩展

唐代时，西域的概念又发生了巨大的变化。初唐时期，西域主

---

[1] 张国刚：《丝绸之路与中西文化交流》，《西域研究》序，2010年第1期。

西域春秋——翻开2000年的西域卷轴

要还是指敦煌以西的广大地区,和从汉到隋的西域的经典含义基本一致。到贞观十四年(640),侯君集攻占高昌国,唐太宗改置西州,设置伊、西、庭州之后,西域则仅指西州,不再包括这三州所在的现新疆东部地区了。唐朝疆域开始了第一次大规模的西移。褚遂良在《谏戍高昌疏》中说道"诛灭高昌,威加西域"❶,似乎已经显示当时对西域的认识已经不包括高昌。

此外,唐玄奘的《大唐西域记》在开始叙述西域各国时,即说"出高昌故地,自近者始,曰阿耆尼国(古称焉耆)"❷,以焉耆国起首,而不记高昌。这明确告诉我们,"大唐西域"即唐朝此时的"西域",已经不包括原高昌国范围,而是指焉耆以西的地区了。原因是高昌国被唐朝征服,成为直辖的西州。伊、西、庭地区的州县化,使其不再属于"西域"的范围,而西州也取代敦煌,成为唐朝经营与交往西域的桥头堡。由此可以看出,唐朝的"西域"实际上就是指"疆域以西",即唐朝辖域之外的地区。

唐高宗统治时期,西域的概念又出现了西移的迹象。《通典·边防典》"吐火罗"条载:"龙朔元年(661),吐火罗置州县,使王名远进《西域图记》,并请于阗以西、波斯以东十六国分置都督府及州八十、县一百、军府百二十六,仍于吐火罗国立碑,以纪圣德。帝从之。"❸这里王名远所进呈的《西域图记》包含的范围大概只有"于阗以西、波斯以东"❹。

从《大唐西域记》到《西域图记》,"西域"所指有了明显变化,其直接原因是658年,唐朝打败西突厥汗国,整个西域的宗主权从西

---

❶ (后晋)刘昫等:《旧唐书》卷八〇,《列传第三〇·褚遂良》,中华书局,1975年,第2736页。
❷ (唐)玄奘:《大唐西域记》,周国林注译,岳麓书社,1999年,第10页。
❸ (唐)杜佑:《通典》卷一百九十三,《边防典·火罗》,中华书局,1984年,第515页。
❹ 杨建新《"西域"辨正》一文指出:"唐代狭义的'西域'并不是指汉代西域都护府所管辖的新疆南疆地区,而是指葱岭以西到波斯的这一部分中亚地区。"杨建新:《"西域"辨正》,《新疆大学学报》,1981年第1期。

突厥转归唐朝所有，原西突厥所控制的西域版图成为唐朝的领地；唐朝把安西都护府从西州迁移至龟兹，并设龟兹、于阗、焉耆、疏勒四镇，称为"安西四镇"。从行政体制上来说，安西都护府等同于唐朝直辖州，从这一意义上来说，安西都护府所辖四镇即"于阗以东"，已经是唐朝的直辖领地，不是唐朝官方认可的"西域"了。

然而，658年后，安西地区的统治并未稳固，受到来自南面的吐蕃和北面的西突厥余部的侵扰或夹击。安西四镇在唐蕃之间数次易手，安西都护府也曾几次迁回西州。所以，西域所指是否包括四镇地区，也随之出现了变化。

据《新唐书》记载，贞元年间，宰相贾耽"考方域道里之数最详"，记载："从边州入四夷，通译于鸿胪者，莫不毕纪。其入四夷之路与关戍走集最要者七：一曰营州入安东道，二曰登州海行入高丽渤海道，三曰夏州塞外通大同云中道，四曰中受降城入回鹘道，五曰安西入西域道，六曰安南通天竺道，七曰广州通海夷道。"❶ 这里提到"安西入西域道"表明：安西与西域是不同的区域，前者为"边州"，而后者则属于"四夷"。这条史料也提醒我们，原属"西域"的四镇地区此时被称作"安西"。

《唐会要》"石国"条载："天宝初，累遣朝贡。至五年（746），封其王子那俱车鼻施为怀化王，并赐铁券。九载（750），安西节度使高仙芝奏其土番礼有亏，请讨之。其王约降，仙芝使部送，去开远门数十里，负约，以王为俘，献于阙下，斩之。自后西域皆怨。"❷ 这里的西域应该也不包括四镇地区。也就是说，从武后到玄宗时期，"西域"已不再包括塔里木盆地的四镇地区，而是指葱岭以西，这和《汉书·西域传》中"葱岭以东"的西域已经是两个完全不同的

---

❶（宋）欧阳修，宋祁：《新唐书》卷四十三，《志第三十三下·地理志七下》，中华书局，1975年，第1146页。

❷（宋）王溥：《唐会要》卷九十九，《石国》，中华书局，1955年，第1772页。

区域了。唐朝"西域"范围的西移,标志着唐朝"边界"的西移。到了开元、天宝(713—756)年间,随着唐朝在葱岭及西北印度的事功,"西域"即疆域以西,在官方文献中也特指葱岭以西地区了。

与唐代的西域概念相比,西域是一个范围不断变动的地理区间。随着唐王朝势力向中亚、西亚的扩展,汉代的西域变成安西、北庭两大都护府辖控之地,并因推行郡县制度,采取同中原一致的管理政策而几乎已成为唐王朝的"内地"。西域则被用来指安西和北庭辖域外更远的、唐王朝设立羁縻府州的地区,即中亚的河中地区以及阿姆河以南的西亚、南亚地区。但西域的政治军事功能与汉朝相同,都是作为"内地"的屏藩,且在两汉与匈奴的斗争、唐朝与阿拉伯人的斗争过程中,西域地区也确实起到了政治缓冲作用。唐朝广义的西域概念也比汉朝有所扩大,随着当时对西方世界的进一步认识,在汉朝广义西域概念的基础上,继续扩展至地中海沿岸地区。

明清时期西域的内涵的界定

关于明清时期西域的内涵,有三部代表性撰述作了界定:

其一,《西域行程记》。1415年,陈诚、李暹奉明成祖之命,护送中亚哈烈(今属阿富汗)等处贡使归国,途径17地,除了部分地方在今中国新疆境内,其余皆在今阿富汗和俄罗斯、中亚地区,此地当时多属于帖木儿帝国。该书使用了广义的西域定义。

其二,《钦定皇舆西域图志》(简称《西域图志》),清乾隆中叶傅恒等修纂。参与编修本部方志的人分西、北两路进入该地区,勘查了吐鲁番、焉耆、开都河等处及天山北路,进行实地测绘,编成是书。此时清廷已经平定蒙古准噶尔部,天山南北已尽入版图。西域范围则用狭义:"在肃州嘉峪关外,东南接肃州,东北直喀尔喀,西接葱岭,北抵俄罗斯,南界番藏,轮广二万余里。"❶即指今新疆包

---

❶ (清)代傅恒等纂:《西域图志》卷一,《图考一》"西域全图说",便宜书局,1893年。钟兴麒、王豪、韩慧:《西域图志校注》,新疆人民出版社,2002年。

括巴尔喀什湖以东以南的广大地区。

其三，《新疆识略》，记载新疆舆图、疆域、水道、官制、兵额、屯务、营务、库储、厂务、边卫、外夷等。《西域水道记》叙述甘肃嘉峪关以西的当时新疆水系、沿河城邑、村落、军台、民族等。该书虽延用"西域"一名，但实际是指新疆地区。1884年，清朝正式在新疆建省。此后，一些著述如《新疆大记》《新疆四道志》《新疆乡土志稿》《新疆图志》等均以新疆为题名，"新疆"之名逐渐取代了西域一词。❶

关于"西域"的界定，当代学者亦撰文论及。田卫疆❷从历史、政治、地理等方面梳理了汉代以来"西域"概念的演变，探索了一个使用长达两千多年的名称特定的政治内涵和具体的地理范围，指出"西域"的演变真实地反映了古代新疆与内地中原政权密切的政治、经济、文化关系。此外，魏长洪、管守新❸也对"西域"的概念、外延自先秦以来的变迁作了翔实的讲述。

由此看来，西域的范畴在各个时代是随着各个政权的变化而演变的。这样，长久以来，"西域"一词就形成了狭义和广义两种定义。

狭义的西域

依现代地理概念来看，狭义的西域是中亚的核心部分。中亚位于欧亚大陆中心，是一片不受海洋影响的广阔大陆腹地。它可以大到从中国的长城延伸至乌克兰—罗马尼亚—匈牙利平原的边缘，也可以仅限于苏联中亚地区。

---

❶ 1864年，沙俄通过《中俄勘分西北界约记》，割占了中国西北边疆44万多平方公里领土。1881年，沙俄又通过《伊犁条约》及其所附的五个边界子约，又占去霍尔果斯河以西等7万多平方公里的中国领土。根据两个条约可知，清末新疆建省的辖地与乾隆时期西域的疆土相比，减少了约50万平方公里。

❷ 田卫疆:《"西域"的概念及其内涵》，《西域研究》，1998年第4期。

❸ 魏长洪、管守新:《西域界说史评》，《新疆大学学报》，2004年第1期。

由于界定标准的不断变化，对中亚很难有一个准确的定义。广义而论，本书的中亚概念是指亚洲内陆整个干旱中心地区，包括中亚五国（中亚西部），我国新疆、青藏高原至内蒙古本部和内蒙古南部（中亚东部），即古地中海的大部分，中亚—中国的关系基本上是在西域的地缘政治关系，归属于中国的中亚地区——新疆，就是本书研究的主要地理区域。

在古代，中亚在中国被认为是"西域"或"西部地区"。中国对西域的定义是模糊的，没有清晰的地理边界，且随着历史发展而变化。广义上，西域是这样一个地理范围：东起今天甘肃嘉峪关（长城的西起点），一直向西延伸，包括今天新疆全部、克什米尔、阿富汗、中亚五国（哈萨克斯坦、乌兹别克斯坦、塔吉克斯坦、吉尔吉斯斯坦和土库曼斯坦）、伊朗，甚至到达罗马帝国边界。❶ 这一广阔地区有大量的戈壁荒漠，绵延不绝的山脉、盆地与河谷。作为巨大的天然屏障，这些荒漠与山脉将该地区同东亚、南亚以及欧洲区隔。同样，它们也使该地区远离海洋。如果没有现代交通工具，从中国的中原腹地很难到达这一地区。

狭义上，西域基本上就是今天的新疆。❷ 新疆是中国最大的省级行政区，面积达160万平方公里。它西临三个中亚国家——哈萨克斯坦、吉尔吉斯斯坦和塔吉克斯坦，东北与蒙古国交界，南接阿富汗、巴基斯坦、克什米尔和西藏，东面则是青海和甘肃。

从地理上看，新疆被群山环绕，为戈壁所限，处于欧亚大陆的心脏。它又可划分为塔里木盆地和准噶尔两大地理区域，以及伊犁河谷与吐鲁番盆地。从帕米尔高原向东横亘的天山山脉，在准噶尔与塔里木盆地间形成一道难以逾越的屏障，使两地的直接交通变得极其困难。由于中国在西域的地缘政治行为主要集中在新疆地区，

---

❶ 吕振羽：《新疆和祖国的历史关系》，《中国民族关系史论文集》，民族出版社，1982年。
❷ 复旦大学历史地理研究所：《中国历史地名词典》，江西教育出版社，1988年。

史学界在研究古代中国与中亚关系时，多把重点放在新疆。

中国的中亚地区，即新疆的一个重要地理特征，就是其自然封闭性与交通的不便，在地理上与中原地区相隔绝。取道新疆西部边境山脉的一系列战略通道和低地关隘，从中亚地区进入该地区相对容易。但在东部，直到目前为止，连接新疆与中原地区唯一可行的陆上通道便是河西走廊。

新疆的自然封闭性还在于它远离中原的政治、经济和文化中心，在历史上总是较难融入中原地区的政治、经济和文化。中原的正统儒学也未能真正越过戈壁在新疆扎根。尽管自元朝以来在中国的中原地区也有了众多的伊斯兰教信徒，但伊斯兰教同样未能真正越过东部的戈壁和高山成为中原地区的主流宗教。

广义的西域

广义的西域所指的，大多数也在中亚的地理范围内。所以，中国学术界往往就把"西域"和"中亚"等同起来，把"西域史"等同于国际学科划分中的"中亚史"。严格说来，这样做是不科学的。但我国从事中亚史研究的学者，其主要的研究对象是狭义的西域，就约定俗成地把中亚叫作西域；我国的中亚史研究也主要是狭义的西域史研究。本书内容即以狭义的西域史研究为主，兼顾整个中亚史研究的范围。

近代以来，狭义的西域成为清朝的一个省份，而国家之间的界线也日益分明，古代的"西域"概念渐渐消失。本书所谈的西域史，按一般的历史分期到1840年止。因内文需要，往后稍有延拓。

丝绸之路对西域的影响

丝绸之路的畅通，对欧亚大陆的交流产生了深远的影响。其被认为是古代中国、欧亚草原、南亚、中亚、西亚和地中海之间的商品贸易、民族迁徙以及思想、文化传播之路,也是沟通农耕文明和游牧文明的桥梁。

丝绸之路的开通和发展,首先反映了中国与亚欧各国之间、中原与西域之间经济交流的需要。因此,商品交换、贸易往来成为这条横贯亚洲、联结亚欧的陆路通道的重要内容。正是这种东西方经济发展的需要,促使古代的中外商贾不畏艰难险阻,长期奔波于这条通道上。他们把古代亚洲和欧洲的各种名贵产品带到了中国,同时把古代中国的精美手工艺品和珍贵药材等输向亚洲和欧洲。❶

西域史前文化的一些特征与安德罗诺沃甚至更早的阿凡纳谢沃等欧亚大陆的草原文化也有联系。《尚书》《尔雅》等先秦文献及汲冢所出《逸周书》《竹书纪年》和《穆天子传》有关昆仑与西王母的记载,又将西域与中原直接连接起来,甚至在中国内地还发现有产自和田的商代玉器。

中国与更远西方的早期交往,还可在西方文献关于中国名称和丝绸的记载中找到蛛丝马迹。看起来这些蛛丝马迹都指向先秦时期甚至更早时期,西域在中西方之间扮演着中间人的角色。

但更多迹象表明,早期的西域可能比较孤立且被长期封闭于中原之外。波斯文献记载,发生于距西域最近的重大事件中,公元前6世纪波斯大流士征服大夏、康居、粟特,公元前4世纪亚历山大远征至费尔干纳盆地,都止于西域的西缘。有足够证据显示,西汉初期与西域是隔绝的。张骞穷河源,以为河源出于阗,汉武帝"案古图书,名河所出山曰昆仑云"❷,才将于阗南山与昆仑对应。至"宣、元后,单于称藩臣,西域服从"❸,西汉才掌握西域土地、山川、王侯、户数、道里的情况。

---

❶ 杨建新:《丝绸之路 外国考察家在我国西北》,民族出版社,2013年。
❷ (西汉)司马迁:《史记》卷一百二十三,《大宛列传》,中华书局,2006年,第718页。
❸ (东汉)班固《汉书·西域传上》,岳麓书社,1993年,第1687页。

这种隔绝局面的形成甚至可追溯到战国时的筑长城屏藩中国。当亚历山大从西面靠近西域时，忙于中原兼并战争的燕、赵、秦却不得不同时应付北方游牧民族的侵袭。于是，秦灭义渠后，沿陇西、北地、上郡，赵武灵王破林胡、楼烦后，"自代并阴山下至高阙为塞"❶，治阴山筑长城，燕却东胡后"自造阳至襄平"❷修筑长城。秦统一后，在此基础上并连修缮以拒匈奴。

　　楚汉战争之际，匈奴冒顿单于破东胡，击走月氏，并楼烦、白羊河南王，收复蒙恬所夺河南地区，建立强大的匈奴帝国。汉高祖与匈奴单于达成以长城为界，互不侵犯的和约。长城在阻挡匈奴袭扰的同时，也将中原封闭于北方游牧世界之外。

　　西汉前期对长城以外完全缺乏了解，说明了封闭的严重程度。对月氏，汉武帝是通过询问投降的匈奴人了解到的；而关于乌孙的情况，也是张骞在匈奴时听到的。这两国都是汉对匈奴作战的结盟对象，汉代初期两国就活动在离长城并不太远的河西走廊。因此就不难理解为什么张骞在大夏见到产自四川的竹杖、蜀布时感到奇怪。

　　汉武帝曾试图打通避开匈奴的西南路线而"发间使四道并出"，结果也不得不因北方为氐、莋，南方为嶲、昆明所闭而作罢。在这种情况下，中原与西域是不可能相通的，因而不可能有从中原经西域至中亚的丝绸之路。"大宛闻汉之饶财，欲通不得"❸，正好从另一个角度说明了当时的隔绝状况。但并非说中国产品不能出塞。事实上，中原的絮缯、酒、食物通过关市、贡奉、战争等形式不断输出到匈奴，其中部分可能通过匈奴输往欧亚草原和其他各地，同时游牧民族的皮毛等制品传入中原。中原与西域即使存在某种商品联系，

---

❶（西汉）司马迁：《史记》卷一一〇，《匈奴列传》，中华书局简体字本，1999年，第2209页。

❷（西汉）司马迁：《史记》卷一一〇，《匈奴列传》，中华书局简体字本，1999年，第2210页。

❸（东汉）班固：《汉书》卷六十一，《张骞传》，中华书局白文普及本，2007年，第608页。

也是间接的转手贸易。

汉武帝时期,这种局面才开始有所改变,故谓"西域以孝武时始通"❶。公元前119年,张骞第二次出使西域联络乌孙以图彻底打败匈奴。与张骞第一次出使单纯为建立军事联盟不同,这次重在与西北诸国建立直接的政治和贸易关系。副使到达大宛、康居、大月氏、大夏、安息、身毒、于阗及其旁诸国。张骞回国后,"西北国始通于汉"❷,实现了西汉与中亚地区的双向交往。

这次出使之所以顺利,是因为公元前120年,汉已击破匈奴居河西的浑邪王,以其地置武威、酒泉二郡。"而金城、河西并南山至盐泽空无匈奴"❸,清除了匈奴这一自长安至西域交通的最大障碍。公元前111年,汉政府又分置张掖、敦煌两郡,筑长城亭障至盐泽。公元前102年,李广利伐大宛后,中原与中亚间交往的安全通道正式建立起来。

丝绸之路的主干线东起长安(或洛阳),西至东罗马帝国首都君士坦丁堡,全长7000多公里,横贯欧亚大陆。这条东西交通主干线在我国境内有1700多公里。人们通常把丝绸之路分作三段:

东段:从长安出发,经陇西高原、河西走廊到玉门关、阳关,称为关陇河西道。

中段:从阳关、玉门关以西到帕米尔和巴尔喀什湖以东以南地区,称为西域道。

西段:西域道以西,南到印度,西到欧洲、非洲,通常称为中国境外路段。

在各个不同历史时期,丝绸之路的走向、路线多有变化。每一

---

❶ (东汉)班固:《汉书》卷七十六,《西域传序》,中华书局白文普及本,2007年,第961页。
❷ (西汉)司马迁:《史记》卷一百二十三,《大宛列传》,中华书局简体字本,1999年,第2404页。
❸ (西汉)司马迁:《史记》卷一百二十三,《大宛列传》,中华书局简体字本,1999年,第2402-2403页。

路段内都有几条并行的路线，它们的大致走向和一些主要路段虽然是清楚的，但是由于文献记载的局限和不同历史时期地缘政治形势的变化，也存在局部地区的变化。

丝绸之路的地理区域以欧亚大陆为主，中枢地域就是"西域"，狭义上即指历史上的新疆。汉唐时期是西域丝绸之路最为辉煌的时期。这一时期，丝绸之路从不同区域、种族缓慢过渡的自然交流状态一举转变为几大文明地区直接沟通的局面。在楼兰道、西域道、草原丝绸之路上留存下来的古代遗迹，都见证了丝绸之路曾经的辉煌。这种局面的出现在极大地推动人类文明发展的同时，也造就了许多璀璨的丝绸之路明珠——文明高度发展的西域城郭诸国。不过这一切都得从"最早的丝绸之路"——楼兰道说起。

楼兰道

楼兰道指从敦煌以西的玉门关、阳关，越三垄沙，过阿奇克谷地和白龙堆，经上垠或楼兰城沿孔雀河或车尔臣河河岸进入西域腹地的荒漠、沙漠道路。楼兰道的开通约在公元前100年，此时玉门关"西至盐水往往有亭"，它标志着世界几大文明直接接触的开始。《汉书·西域传》记载："自玉门、阳关出西域有两道。从鄯善傍南山北，波河西行至莎车，为南道……自车师前王庭随北山，波河西行至疏勒，为北道。"

整个西汉时期，由于天山东部一直处于匈奴控制之下，"伊吾路"不通，楼兰道始终是西汉通西域的唯一交通干线。西汉出玉门关、阳关之后都走楼兰道，而西汉通西域主要出玉门关；西域南北道的分途点即为楼兰道的枢纽——居庐仓，东汉时居庐仓被废弃，分途点改至楼兰城。楼兰道的出现标志着丝绸之路全线正式贯通。

西域道

西域道是丝绸之路主干线各段中最为重要和复杂的路段。西域是两河、地中海、印度和中国四大文明的交汇地和传播中介，也是中西交通最为重要的枢纽地带。西汉西域道由敦煌出阳关，沿昆仑山北麓，经鄯善、于阗到莎车，越过葱岭，进入大月氏、安息等国，为南道。另外，由敦煌出玉门关，经过楼兰，到车师前王庭，沿天山南麓，经焉耆、龟兹到疏勒，越过葱岭，进入大宛、康居、奄蔡等国，叫作北道。

东汉时期，丝绸之路西域道干线变化不大。南道一如西汉；北道略有区别，改为间或经由伊吾至车师或高昌。

魏晋南北朝时期，西域道在北道基础上开辟出北新道，成为三条道路。南北两道与两汉时期相比变化不大，北新道从高昌出发北越天山，沿天山北麓西行。这条道以两汉至前凉时期最盛，又以丝绸贸易为主要特色，李希霍芬将其命名为丝绸之路。丝绸之路的建立极大地促进了中原与西域的贸易往来。

隋唐时期，西域道有了进一步的发展。从敦煌出发到西海，有北、中、南三条道路。北道从伊吾越过天山，沿天山北麓西行，经过铁勒、突厥等游牧民族地区，一直到达东罗马；中道从高昌沿天山南麓西行，经焉耆、龟兹、疏勒，翻越葱岭，经瓦罕山谷，进入粟特地区，直到波斯、地中海；南道从鄯善到于阗、朱俱波、羯槃陀，越过葱岭，经瓦罕山谷、吐火罗地区，进入印度。

草原丝绸之路

宋、辽、金时期，战事不断，西行之路基本上被阻绝，陆上丝绸之路开始步入衰落。改变这一局面的是蒙古人。成吉思汗及其子孙的西征，使亚洲大陆绝大部分地区处在蒙古人的统治之下。从波斯的伊利汗国到中国的元朝，从伏尔加河下游钦察汗国的都城萨莱到蒙古草原的哈喇和林，道路纵横交错，驿站沿途布设。丝绸之路进入又一个繁荣昌盛时期。

丝绸之路西域道的枢纽路段，从最初的南、北两道发展成为南、中、北三道。在这一漫长的历史过程中，那些标识古道的绿洲城镇大都已湮没在历史的黄沙中。不过，保留下来的遗址仍然顽强地昭示着丝绸之路曾经辉煌的路线。

毋庸讳言，中国历代王朝经营西域、开拓丝绸之路的事业富有浓厚的"怀柔远同"的政治理想色彩，其本身也反映出强大的国力水平、东西方文化交流，以及国际贸易的动因。历史上所谓"大汉、盛唐"气象，也就是指随着丝绸之路的发展和丝绸之路贸易的繁荣而带动的政治、经济和文化思想飞跃发展时期的社会面貌和精神风貌。通达的丝绸之路将西域与中原王朝紧密联系在一起，促进了汉代之后西域地区经济社会的发展和多元文化在这一地区的交融。

伴随丝绸之路的开辟和发展同时进行的是欧亚大陆的民族迁徙和融合。从这一角度而言，丝绸之路也是匈奴、鲜卑、柔然、哒、突厥、粟特、吐谷浑、昭武九姓和曷萨人、西徐亚人、回鹘等民族在欧亚大陆广阔区域内进行民族迁徙和商业活动的历史舞台。

西域春秋——翻开2000年的西域卷轴

我国西域史研究的起步与逐步深入

古代西域有着丰厚的文化遗产、璀璨的古代文明，汇聚了东西方众多民族的文化。从我国学术史上看，对西域史的研究出现过三次热潮。尽管三次热潮的时代背景不同，但明清时期的西北史地始终为研究的主要对象。由地缘政治角度关注中国西北边陲安危，充分地体现了士人以天下为己任的强烈社会责任感，以及学术经世致用的精神。

今天，我们把目光聚焦于新疆，掀起新的西域研究热，真正建立我们自己的"西域学"。中国人民大学西域历史语言研究所所长沈卫荣先生就当代西域研究的现状指出："西域研究，我们有天然的地域优势，岂可成为'绝学'。"[1]

清朝中后期的西北舆地学

我国西域史研究的起步，可追溯到清朝中后期的西北舆地学。18世纪中期至19世纪，正是西北舆地学研究的兴盛时期，是我国西域研究的起步，也是我国西域研究的第一次热潮。

从乾隆年间（1736—1796）清朝征服占领天山南北的准噶尔部和回部，到1884年新疆省设立，有关新疆地区的山川地貌、行政建置、民族宗教等方面的情况，渐次记录到清朝的官书和地图中，使内地人初步掌握了相关的知识。

另外，鸦片战争前后，西方殖民列强纷至沓来，中国的边疆问

---

[1] 庄建：《攀西域研究的珠峰——纪中国人民大学国学院西域历史语言研究所》，《光明日报》，2013年6月17日。

第 1 章 西域研究热的兴起

题日益严重，民族危亡迫在眉睫。一批有识之士如龚自珍、徐松、沈垚、张穆、何秋涛等，从民族忧患意识出发，注重探讨边疆史地问题，西北的新疆成为关注的重点。这一时期的研究主要集中在西北边疆史地。不少知识分子亲赴新疆，为西北舆地之学在此时产生一批重要著述提供了机遇。清代学者的代表著作有祁韵士（1751—1815）的《皇朝藩部要略》、徐松（1781—1848）的《西域水道记》、张穆（1805—1849）的《蒙古游牧记》、何秋涛（1824—1862）的《朔方备乘》、陶保廉（1862—1938）的《辛卯侍行记》。

祁韵士，19世纪西北边疆史地学第一人，他开西北边疆史地学研究的风气，以其丰硕的成果奠定了西北边疆史地学的基础。1805—1809年，他被流放到伊犁，参加《西陲总统事略》的编纂，在此基础上著《皇朝藩部要略》（共18卷），对蒙古、厄鲁特蒙古、西藏、回部历史加以系年，记述各部的分合演变。其著有《西域释地》（共2卷）、《万里行程记》（1卷）；编《伊犁总统事略》（共12卷），后精简为《西陲要略》；参与编纂《西域同文志》（共24卷）。

1812年，徐松因科场案流放伊犁，继续《西陲总统事略》的编纂。他又把祁韵士编纂的《伊犁总统事略》加以增删修订，编成了《新疆识略》（共12卷）。在新疆期间，徐松遍访天山南北各地，做了翔实的实地考察，于1821年撰成《西域水道记》（共5卷），记述嘉峪关以西和新疆境内的水系湖泊，如哈喇淖尔、罗布淖尔等共十一大湖。全书释文中参考史籍和亲历考察的结果，详细记载了沿河的城邑、村庄、军台、卡伦、厂矿、交通、古迹、民族、史事等。他还撰有《新疆赋》《汉书西域传补注》各2卷，前书用韵文体的形式记述了新疆的山川形势和民族物产等情况，后书不仅对史料进行了大量订正，而且结合实地考察，指出今地所在。

张穆，清朝学者，精于西北地理。曾校订《皇朝藩部要略》，重点研究蒙古史地。自著《蒙古游牧记》共16卷，详记蒙古各部游牧所在，记录蒙古、新疆、青海、宁夏等地蒙古各部的历史地理，弥补了他审校的《皇朝藩部要略》等书"详于事实而略于方域"的缺失。撰有《元裔表》《外藩碑目》等。

何秋涛，鸦片战争时期主要从事西北边疆史地研究，代表作有《北徼汇编》（共6卷），内容包括中国东北、蒙古、新疆的民族、山川、镇戍、地理沿革，以及中俄边界、中俄关系、中俄贸易、中亚史事等。后人在此基础上加以增补，辑成《朔方备乘》。该书记载从汉至清道光年间的东北、蒙古、新疆乃至中亚、俄罗斯、东欧的历史、地理，尤其对蒙元时期的北方边疆和中西交通详析备至，是当时西北舆地学的集大成之作。

19世纪末，西北边疆史地研究成为史学界的一门"显学"。徐松巍的《关于十九世纪边疆史地研究的若干思考》❶一文，较系统地概括了这门"显学"的发展历程，将边疆史地的研究追溯至清初，而真正成为专门之学，乃始于19世纪。其前期边疆史地研究的方向大多集中在西北边陲，其著述以考据历史地理沿革为主，具有明显的经世致用之意。

鸦片战争爆发前夕，西北边疆史地研究发生了新变化，即将边疆史地研究同安边固防结合，加强对新疆的行政管理，强调安边固防要同处理好民族关系紧密结合，提出了新疆置省的建议。后期研究出现将边疆史地同外国史地研究相结合的新趋势，扩大了研究领域，打破了传统史学的狭窄封闭性，加速了中国古代史学向近代史学的转变。

侯德仁的《清季西北边疆史地学研究的学术成就与时代特征》❷一文指出：清季西北边疆史地研究是在我国边疆地区陷于全面危机

---

❶ 徐松巍：《关于十九世纪边疆史地研究的若干思考》，《清史研究》，1999年第4期。
❷ 侯德仁：《清季西北边疆史地学研究的学术成就与时代特征》，《天津社会科学》，2007年第2期。

的背景下进行的，以1876年左宗棠率兵挺进西北为标志，西北史地研究分成两个阶段。前段为同治年间，此研究一度陷入低潮，成果寥寥；后段是光绪、宣统年间，研究成果丰富。此学兴起显示时人强烈的反侵略和爱国主义思想，以及国家与主权意识的觉醒，有意识地将西域研究置于世界范围考察，总结清代西北边疆史地学，开始向近代意义的地理学研究转型。

陶保廉在1891年随新任新疆巡抚的父亲赴新疆，一路从山东、天津、北京，经陕西、甘肃，入新疆，由哈密，经吐鲁番到迪化，著成《辛卯侍行记》，对沿途的城镇沿革、山川道路、古迹名胜、人物风俗均有记述，特别是对古今地名的勘定，为今人所重。

清朝各级官府组织学者编纂的一些地理志书也反映了当时西北舆地学的盛行。这类书籍主要有《皇舆西域图志》（共52卷），1756—1782年修成；《新疆图志》（共160卷），1909—1911年修成。两书为西域史特别是清代新疆史的研究提供了丰富的史料。

以上述成果为代表的清朝西北舆地学，开创了西域史研究的新天地。

欧洲汉学家的西域史研究

在西北舆地学兴起的同时，欧洲的一批汉学家也正在成长起来，他们是不同于传教士和殖民主义者的汉学家。这些汉学家研究的一个重点是有关西域的史料。

法国学者对西域的研究具有悠久的历史。法国历代汉学家大都以对西域的研究而名噪一时，或曾从事过西域研究。他们的研究成果受到了世界学术界的高度重视。他们对"西域"的理解要广泛得多，包括了西蒙古、新疆、青海、甘肃，甚至连长安所在的陕西部分地区也包括在内。

法国最早关注中国西域史的是入华耶稣会士。如宋君荣（Antoine

Gaubil,1689—1759),他于1742—1748年任北京法国传教团住院的会长,他曾在中国根据汉语资料,将有关成吉思汗的历史翻译成法文,并结合自己的研究,编撰成书,寄回法国后于1739年在巴黎以《成吉思汗本纪和元朝史》出版,他还有一些始终未出版的蒙古历史和地理论著。

钱德明(Jean Joseph Marie Amiot,1718—1793),曾从事对西蒙古的研究,1772年将《土尔扈特全部归顺记》的满文碑译成法文,于1776年出版,首次向西方介绍了中国土尔扈特人的历史。

法国早期的汉学家德经(Joseph de Guignes,1721—1800)是在法国开创中国研究的傅尔蒙(Etienne Fourmont,1683—1745)的弟子,曾任皇家文库的翻译。他的作品有《论匈奴民族的发祥史》(1748)、《北狄通史》(1756—1758)、《从汉文史料看印度佛教史及其基本教义书》(1776)。

法兰西学院的中国学讲座设于1814年,其第一位主持人雷慕沙(Abel Rémusat,1788—1832)终生以汉语语言、中国医学和史地研究为主。1825—1829年,他出版《亚洲论文集》(共4卷),其中大部分是关于高地亚洲历史和语言的。他著有《于阗城史》(1820),利用《古今图书集成·边裔典》,整理了于阗的历史资料。他的主要著作是《法显传·佛国记》的译注(1836)。

雷慕沙的弟子儒莲(S. Julien,1797—1873)翻译了玄奘的《大唐西域记》(1857—1858)和慧立、彦悰的《大慈恩寺三藏法师传》(1853)。

儒莲的继承人德理文(H. de Saint Denys,1822—1892)是欧洲最早关心中国诗词的人,他同时也关注中国的西北民族。其著有《中国胡族民族志》(1867—1883),该书实际上是对马端临《文献通考》中的《四裔志》的译注。

1893年,德理文的继承人沙畹(Ed. Chavannes,1865—1918)

继任法兰西学院教授职位,他更偏重于西域史的研究。他译出一些不同时代的重要史料,并附以注释或研究,如《魏略西戎传笺注》《宋云行记笺注》等,其中尤以《西突厥史料》(St. Petersburg,1903)一书最为世人所重。此书译出有关西突厥的大量汉文史料,证以西文史料,对隋唐时期占领西域广大领土的西突厥汗国及其在东西交往史上的作用作了详细的考述。

伯希和(Paul Pelliot,1878—1945)是法国西域史研究的代表人物,他于1906—1908年在中亚西域探险,尤其是在敦煌掠夺了大量中国文物。所以法兰西学院于1909年为他专设了"中亚语言、历史和考古讲座"。他发表了大量有关中亚史地、宗教和语言的论文。伯希和在研究《马可·波罗游记》上倾注了大量的心血。其遗作《马可·波罗游记注释》(三大卷)对游记中出现的西域人物、地产、民俗、历史、地理作了长篇考证,至今仍是马可·波罗研究的代表作。伯希和自西域携归的资料已陆续出版。

L. 布尔努瓦(Lucette Boulnois,1931—2009)积极从事中亚和南亚的研究,从自然科学和社会科学相结合的角度来研究西域史。她的《丝绸之路》一书是近年来出版的这类著作中的佼佼者,特别是她不同意丝绸之路仅从中国到罗马,而认为应到里昂。书中运用了丰富的波斯—阿拉伯、希腊、罗马和汉文史料。此书在国际上引起了强烈的反响。

法国籍伊朗学者阿里·玛扎海里(Aly Mazaheri)过去曾写过《中世纪伊斯兰教徒的日常生活》一书。他于1983年出版了一部重要的西域史和中西交通史著作《丝绸之路》。书中前三章介绍了波斯史料、汉文史料、希腊—罗马史料,这三章都是原始史料的译注。第四部分是《丝绸之路和中国文明》。

相对于19世纪末20世纪初西方对西域史的研究,更为重要的是中国西北地区考古时代的到来。在西域的历史上,由于民族的迁徙、战争、同化较为频繁，本地留存的史料不多，上述东西方的研究成果主要是依赖于周边较大的文明所遗留下来的文字材料，如汉文、阿拉伯文、波斯文、希腊拉丁文史料。

自从1890年英国鲍威尔（H.Bower，1858—1940）在库车获得梵文写本后，英、俄外交人员开始在新疆攫取古物。随后，西欧各国派考察队前往新疆、甘肃、蒙古、西藏等地，发掘古代城堡、寺院、石窟、墓葬，其中以英国斯坦因（A.Stein，1862—1943）、德国格伦威德尔（A.Grunwedel，1856—1935）和勒寇克（A.von Lecoq，1860—1930）、日本大谷光瑞（1876—1948）、法国伯希和（P.Pelliot，1878—1945）、俄国科兹洛夫（P.K.Kozlov）和奥登堡（S.F.Oldenburg，1863—1934）等各自所率的中亚考察队收获最大。新疆和田、楼兰、库车、焉耆、吐鲁番出土的艺术品，揭示了该地区伊斯兰化以前的文化面貌，各处遗址特别是敦煌藏经洞、吐鲁番石窟与墓葬出土的各种语言的文献材料，为西域历史、语言、宗教、民族等方面的研究提供了全新的第一手材料。

法国对中国西域史的研究还有一个重要领域——敦煌学，在该领域中汇聚了一大批人才并出了很多研究成果。其主要有《敦煌学论文集》（1979、1981和1984）、《敦煌的壁画和写本》（1984）、《1979年巴黎国际敦煌学讨论会文件集》（《亚细亚学报》1981未刊号）、《吉美博物馆所藏敦煌木制品目录》（1976）等。法国的各种东方学刊物上都不断发表有敦煌学研究的论文。

在西方列强到来之前，当地的一些学者已经看到过这类材料。当时，许多唐人写经只是作为书法作品而被士大夫赏玩，没有人留意它们的学术价值。清末民初，不少清朝官僚手中都持有多少不等的出土文献材料。然而，当时的中国，考古学还没有起步，少有人认清这些文物在学术研究上的分量。

民国时期中国学者对西域文献有限的研究成果

清朝末年，大量的古代西域文献和文物流失国外。文物的流失使得中国学术失去的不仅仅是文物本身，而是20世纪相当长时间里对西域研究的竞争力。

1915年，《浙江图书馆丛书》收录丁谦对先秦至明清有关西域地理文献的考证文字，因难以参考出土文献和实地考察报告，所取得的成果十分有限。此时，西方学术界一下子获得了数以万计的新资料，马上全力以赴，投身于西域出土资料的研究工作。斯坦因写出了一册比一册厚重的考古报告：《古代和田》二则（1907）、《西域考古记》四册（1921）、《亚洲腹地考古记》五册（1928）。除了详尽的考古调查记录外，还有大量的考证和分析研究，远远超出了徐松《西域水道记》的水平。

当时欧洲最有成就的汉学家很快就投入到这些新材料的解读工作中。其中与西域史关系较为密切的有：沙畹和马伯乐（H.Maspero，1883—1945）对汉文，吕德新（H. Lüders，1869—1943）对梵文，西格（E. Sieg）、西格林（W. Siegling）和列维（S. Lévi，1863—1935）对吐火罗文，缪勒（F. W. K. Müller，1863—1930）对回鹘文、粟特文，柯诺夫（S. Konow，1867—1948）对于阗文等的新疆、敦煌出土文书的研究，阐明了西域历史上的许多问题，成为今天研究西域史的重要参考文献。

对于硕果累累的西方中亚史研究成果，一些中国学者也没有等闲视之。

1909年，近代国学大师罗振玉（1866—1940）等人在北京见到伯希和带来的部分敦煌写本后，立刻抄写影印。罗振玉陆续编撰了《敦煌石室遗书》（1909）、《鸣沙石室佚书》（1913）等，刊布并考释了一些有关西域的重要敦煌文书，如《沙州图经》《西州图经》《慧超往五天竺国传》《景教三威蒙度赞》和《摩尼教残经》。蒋斧编《沙州文录》(1909)，专门抄录有关敦煌史地的官私文书，其所抄碑文多为徐松的《西域水道记》所录原碑之缺。他还撰有《摩尼教流行中国考略》(《敦煌石室遗书》，1909)。

著名国学大师王国维(1877—1927)也是这一时期的代表人物。他译出了斯坦因的《中亚细亚探险记》、伯希和的《近日东方古言语学及史学之发明与其结论》(《观堂译稿》，1919)，特别推崇伯希和所论敦煌迄于阗古代通行伊兰语的观点。王国维和罗振玉在接到沙畹寄送的《斯坦因在东突厥斯坦沙漠中发现的汉文文书》稿本后，即着手考释这些敦煌、罗布泊、尼雅等地出土的汉晋简牍，辑成《流沙坠简》(1914)，根据日本"京都支那学"的开创者狩野直喜所录的伦敦藏敦煌写本，编撰一系列跋文(1919)，撰写《摩尼教流行中国考》(1921)，写出了一系列重要的西域史论文，如《西胡考》(1919)、《西域井渠考》(1919)、《高昌宁朔将军麴斌造寺碑跋》(1919)、《书虞道园高昌王世勋碑后》(1919)、《西辽都城虎思斡耳朵考》(1925)、《鞑靼考》(1925)、《辽金时代蒙古考》(1925)，并著《古行记校注》(1925)、《蒙古史料校注四种》(1926)，接触到了从两汉到元明西域史上的许多重要问题。王国维的西域史研究成果不仅为国人奉为经典，也受到伯希和这样的海外中亚学者的重视。

另一位开风气的学者是陈寅恪(1890—1969)。他早年长期游学欧美，在回国后的1926—1930年，为西域史研究做出了贡献。他发表有《大乘稻芊经随听疏跋》(1927)、《有相夫人生天因缘曲跋》(1927)、《童受〈喻鬘论〉梵文残本跋》(1927)、《忏悔灭罪金光明经冥报传跋》(1928)、《须达起精舍因缘曲跋》(1928)、《敦煌本十诵比丘尼波罗提木叉跋》(1929)、《元代汉人译名考》(1929)、《大乘义章书后》(1930)、《敦煌本维摩诘经文殊师利问疾品演义跋》(1930)、《灵州宁夏榆林三城译名考》(1930)、《吐蕃彝泰赞普名号年代考》(1930)、《敦煌本唐梵翻对字般若波罗蜜多心经跋》(1930)。

王国维和陈寅恪对西域史的研究综合中外史料、胡汉文献以及考古材料的研究方法,对以后的西域史研究产生了强烈的影响。

20世纪二三十年代的西域史研究产生了一批重要的成果。史学大家陈垣(1880—1971)对中西交通史的研究,特别是外来宗教的讨论,澄清了许多外来宗教在西域的流行以及西域人来华等问题。他的主要论著有《元也里可温教考》(1918)、《火祆教入中国考》(1923)、《摩尼教入中国考》(1923)、《元西域人华化考》(1927)、《回回教入中国史略》(1928)。

中西交通史专家张星烺(1888—1951)分类汇辑了中外史籍中的有关材料,编成《中西交通史料汇编》(全6册,1930),其中中亚一册实为西域史料的一次系统整理。

冯承钧(1887—1946)在翻译法人西域史研究论著中附加大量自己的考证,写有《楼兰鄯善问题》(1932)、《鄯善事辑》(1943)、《高昌城镇与唐代蒲昌》(1942)、《高昌事辑》(1943)、《辽金北边部族考》(1939)等论文,为鄯善和高昌国史的研究奠定了史料基础。

向达(1900—1966)的《唐代长安与西域文明》(1933)系统地探讨了西域文明对中原文化的影响,并著有《汉唐间西域及海南诸国古地理书叙录》(1930),成为其后来整理西域史书的先声。

此外,张凤的《汉晋西陲木简汇编》(1931)考释了斯坦因第三次中亚考察所获敦煌和尼雅等地的简牍文书。曾问吾的《中国经营西域史》(1936)则从中原王朝的角度全面考察了西域史。20世纪40年代,邵循正(1909—1973)据法国东方学家布洛舍刊剌失德丁的波斯文《史集》,译出若干篇,兼做考释(1985)。

总体来看,这一阶段的研究取得不少成绩,最突出的成就是把中文史料做了许多分类整理。但不少有分量的论著主要的着眼点是中西交通史,西域的史事只是连带论及。对某些汉籍做了专题整理,但对出土文献利用不多,所以对西域史的研究尚不系统全面。

1927—1935年,中瑞西北科学考察团的中方成员黄文弼(1893—1966)先后三次前往新疆做考古调查和发掘,足迹遍及塔里木盆地周边重要的遗址,重点发掘了罗布泊地区、吐鲁番盆地,以及库车、和田的墓葬、城址、寺院、石窟等。在此考察的基础上,黄文弼先后出版了考古报告《高昌》(1931)、《罗布淖尔考古记》(1948)、《吐鲁番考古记》(1954)、《塔里木盆地考古记》(1958)。黄文弼还根据考察所得,撰写过一些专题研究论文,尤其注重一些考古遗址和古籍记录的对证。

20世纪30至40年代,出现了西域研究的第二次热潮。1931年,日本发动"九一八"事变,东北沦陷。南京国民政府决计迁都洛阳,建设西安,并明确提出"开发西北"的口号,营造西部为救国的后方基地。这一举措得到一批官员以及高等学校、科研机构、新闻出版界等人士的响应,他们研究西北史地,亲赴西北实地考察,撰写论著,提出开发边疆的真知灼见。第二次西北史地研究成果卓著,发表了20世纪边疆研究的标志性人物华企云的《新疆问题》、曾问吾的《中国经营西域史》、近代地理学家葛绥成的《中国近代边疆沿革考》、蒋君章的《新疆经营论》等著作,以及钱孟材的《赴新疆考察记》、陈赓雅的《西北视察记》、黄汲清的《天山之麓》等西北考察纪行,约有130余种。出版的西北专刊有《西北杂志》《西北论衡》《西北研究》等85种,其他名曰"边疆"的刊物等达49种,发表了大量的学术论文,推动了西北史地研究的深入。沈社荣的《九一八事变后"开发西北"思潮的兴起》、韦清风的《近代中国边疆研究的第二次高潮与国防战略》等论文,皆论述了边疆史地兴起的原因、目的和作用。赵夏的博士论文《民国时期国人西北研究之考察》和丁建伟的《近代以来中国西北边疆安全问题研究》一书,对这一时期的西北边疆研究作了较全面的综述。第二次西北研究热潮比第一次热潮规模更大,问题研究更全面和深入。但囿于当时的历史条件,西北实际开发的成效不大。

在20世纪前半叶的西域史研究中,翻译西方和日本西域史研究的优秀著作占有很大的比重。其中重要的译著有:冯承钧译烈维(Sylvain Lévi,1863—1935)的《大孔雀经药叉名录舆地考》(1931),又译法国沙畹与伯希和合著的《摩尼教流行中国考》(1931)、沙畹的《西突厥史料》(1934)、格鲁赛(Grousser Reńe,1885—1952)的《蒙古史略》(1934)、瑞典多桑(A.C.M.D'ohsson,1780—1855)的《多桑蒙古史》(1935)、法国沙海昂(Antoine Joseph Charignon,1870—1930)的《马可波罗行纪》(1935),钱稻孙译日本羽田亨(1882—1955)的《西域文明史概论》(1931),陈捷和陈清泉合译箭内亘的《蒙古史研究》(1932),贺昌群译日本羽溪了谛(1883—1974)的《西域之佛教》(1933),向达译帕克(E.H.Parker,汉名庄延龄,1849—1926)的《匈奴史》(1934),又译《斯坦因西域考古记》(1936),郑宝善译勒库克的《新疆之文化宝库》(1934),郑元芳译日本羽田亨的《西域文明史概论》(1934),梁园东译俄国布莱资须纳德(E.V.Bretschneider,1833—1901)的《西辽史》(1934),杨炼译藤田丰八(Fujita Toyohachi,1869—1929)的《西域研究》(1935),傅勤家译日本白鸟库吉(shiratori Kurakichi,1865—1942)的《康居粟特考》(1936),向达和黄静渊合译帕克的《鞑靼千年史》(1937),何健民编译桑原骘藏(Kuwabare Jitsuzo 1870—1931)的《隋唐时代西域人华化考》(1939),王古鲁译白鸟库吉的《塞外史地论文译丛》第1、2辑(1939—1940)。

在众多的翻译者中,尤以冯承钧的贡献最多。他的译作曾汇辑为《史地丛考》(1931)、《史地丛考续编》(1933)、《西域南海史地考证译丛》(共9编,1934—1962)、《吐火罗语考》(1957)。西域史的翻译著作如《西突厥史料》《斯坦因西域考古记》等,对中国西域史研究产生了极大的影响。我国学者翻译外国同行西域史著作的传统迄今仍存，但像冯承钧那样精心选择、校订原著，间加己见者，实不多见。

受日本侵华和内战的影响，我国西域史研究一度沉寂下来。但欧美、日本仍然有相当有分量的成果出版，如俄国著名东方学家巴托尔德（W.Barthold）的《中亚突厥史十二讲》（1935），英国籍伊朗学家米诺尔斯基（V.Minorsky）译注的《世界境域志》（1937），粟特语专家恒宁（W. B. Henning）译释的吐鲁番伊朗语文书，英国学者托马斯（F. W. Thomas）整理的敦煌及新疆出土古藏文文书，日本学者桑原骘藏、藤田丰八、羽田亨等人的著作。

当代西域史研究的突破性进展

相对而言，新中国成立初期对西域的研究成果较少，这是由于新中国成立前的战乱使得整体的研究积累不够；且当时的各种政治运动也虚耗了许多学者的精力。不少学者丧失了学术研究的自由。这些因素都影响了西域史研究的发展。进入20世纪80年代后，西域史的研究逐步获得了重大的突破。

新中国成立后西域研究的进展

新中国成立后，西北交通取得了很大的进步，使得学者到新疆地区考察变得较从前方便多了。西域史研究取得了突破性进展。一些对西域史研究有过贡献的学者出版了他们的研究专集，如冯承钧的《西域南海史地考证论著汇辑》（1957）、向达的论文集《唐代长安与西域文明》（1957）、黄文弼出版的考古报告。中古史研究的大师岑仲勉（1886—1961）出版了《西突厥史料补阙及考证》（1958），对沙畹的《西突厥史料》所辑资料的不足进行了补充，编著《突厥集史》2册（1958），专门辑录东突厥史料，利用西人的译本转译了

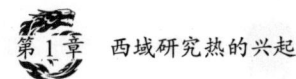

古突厥碑铭。

著名民族学家马长寿撰写了《突厥人和突厥汗国》(1957)、《论突厥人和突厥汗国的社会变革》(1958)、《乌桓与鲜卑》(1962)、《北狄与匈奴》(1962)等,对西域史上一些重要的北方民族做了系统的考证研究。这些著作代表了西域史研究的水平。

受时代影响,新中国成立初期,出现了不少中原与西域或中国与中亚诸国的关系史研究,如陈寅恪的学生周一良的《中国与亚洲各国和平友好的历史》(1955)、著名历史学家贺昌群(1903—1973)的《古代西域交通与法显印度巡礼》(1956)、《史学》双月刊编《中国与亚洲各国友好关系史论丛》(1957)、季羡林的《中印文化关系史论丛》(1957)、中山大学教授陈竺同的《两汉与西域等地的经济文化交流》(1957)、著名史学家安作璋的《两汉与西域关系史》(1959)等。它们也是西域史研究的重要组成部分。

翻译仍在继续,但成果不多,有我国著名的历史学家章巽译美国汉学家麦高文的《中亚古国史》(1958)。当时,国家组织大批专家赴少数民族地区进行调查,并在此基础上编纂各民族简史和简志,其成果大多数是"文化大革命"以后才陆续出版的。在民族调查研究的热潮鼓舞下,20世纪50年代已经产生了一些初步成果。如著名学者冯家升、程溯洛和穆广文合编的《维吾尔族史料简编》上册(1958),对此后的维吾尔族历史研究起到了推动作用,以及翦伯赞出版的《历代各族传记汇编》(1958—1959)、中科院历史研究所出版的《柔然资料辑录》(1962)等。

新中国成立后新疆地区的考古发掘也为"文化大革命"后的研究准备了素材。尼雅(特别是吐鲁番墓葬的发掘)陆续刊布了考古简报,不少精美的图版刊布在《文化大革命期间出土文物》(1972)、《丝绸之路——汉唐织物》(1973)、《新疆出土文物》(1975)等刊物上。但除了现代历史学家郭沫若(1892—1978)的《出土文物二三事》、现代考古学重要奠基人夏鼐（1910—1985）的《新疆吐鲁番墓最近出土的波斯萨珊朝银币》（1966）、西域史研究专家马雍（1931—1985）的《略谈有关高昌史的几件新出土文书》（1972）等少数文章讨论考古资料外，"文化大革命"期间的西域史研究几近停顿。

由于第二次世界大战，20世纪40年代的东西方学者都受到了严重影响。但当20世纪50年代西方和日本学术重新进步，至70年代西域学的研究突飞猛进之时，中国的西域史研究仍然停滞不前。在欧美，有葛玛丽（A. von Gabain）的突厥回鹘研究、贝利（H. W. Bailey）的于阗文解读、乌瑞（G. Uray）的古藏文考释、普里察克（O. Pritsak）对黑韩王朝的研究等；在日本，长期从事西域学研究的学者有江上波夫、护雅夫、山田信夫、嶋崎昌、榎一雄、山口瑞凤等。当国人意识到西域学研究的重要性时，已经大大落后于西方和日本。

西部大开发对西域史研究的推动

1980年，新疆社会科学院成立，全面开展地方的政治、经济、历史、文学、宗教等研究。20世纪80年代初以来，成立了中亚文化研究协会、敦煌吐鲁番学会等学术团体，这些科研机构组织和承担国家和地区的重大科研项目。有关西域史、敦煌吐鲁番学、丝绸之路、中外关系史等方面的学术会议，几乎每年都在不同地方召开，并出版了一些学术刊物，如《中亚学刊》《新疆社会科学》《西域研究》《新疆文物》《敦煌学辑刊》《敦煌研究》《西北史地》《西北民族研究》《元史及北方民族史研究集刊》等，还陆续出版了一些西域史的论文集，如《新疆历史论文集》（1978）、《新疆历史论文续集》（1982）、《西域史论丛》（1—3辑，1985—1990）等，极大地推动了西域史研究。

为了推动西部大开发的进展，学者建言献策。例如，戴逸的《清代开发西部的历史借鉴》、马大正的《新疆历史纵论》从宏观角度对现阶段新疆历史研究作了分析，提出现阶段新疆历史研究的五个基本问题，即历代王朝对新疆的治理，新疆是各民族共同生活的大家园，多种宗教在碰撞中并存，多元文化的共存、交融与互补，屯垦戍边的历史与现实，使得以往学术注重地方性的探索向区域性研究转化。20世纪90年代以来，我国先后出版了几套丛书，如余太山、赵云田、李治亭、张伟、方堃、马大正等著编的《中国边疆通史丛书》，马大正主编的《中国边疆经略史》，余太山主编的《西域通史》，赵云田主编的《北疆通史》以及厉声、杨圣敏和华涛合著的《多民族区域的历史发展》等，有明清时代对新疆的评价。

这一阶段研究的一个突出特色就是社会科学与自然科学相结合，利用多种学科交叉的理论和方法研究，拓宽了研究领域。

20世纪末，我国政府开始实施开发大西部的战略决策，学界又一次掀起了西北史地研究的热潮，形成我国西域史研究的第三次热潮。第三次热潮扩大了第二次热潮的研究范围，促进了西北大开发的实践，取得了明显成效。

2004年9月，作为国家社科规划重大项目的《新疆通史》编撰工作正式启动，共14卷16册，志在打造经得起历史检验的史学精品，还定期或不定期地举办各种类型的学术会议，促进学术交流。西北地区出版多种专门学术刊物，交流科研成果，如新疆社会科学院的《西域研究》、新疆大学的《新疆大学学报》、兰州大学的《西北史地》等，发表了不少质量较高的论述明清时期西域的专文。

重拾西域研究话语权的方略

当代西域（新疆）在漫长的历史发展过程中，不仅累积了繁盛的物质财富，也孕育了丰富的精神财产。近年来，西部地区的发展受到多元文化和价值取向的冲击，更多地聚焦于地域辽阔、族群复杂的边陲，升华了西域文化发展的内涵。

继往开来，跟进"一带一路"建设，繁荣西域文化，尤其需要明确了解西域的文化底蕴,把发展西部文化贯彻到西北边疆社会生活的各个方面。未来,以强大的政治、经济实力为基础,跨国经济投资、文化产品出口和媒体信息传播、融合,形成一种价值枢纽,让中亚、西亚、南亚各国向往我们的生活方式,凝聚人们的思想、意志和价值观,在此基础上建立文化向心力也就指日可待。

如今,中国崛起频繁遭遇外部势力围剿的困扰,国内与国际形势的瞬息万变,使得人们对西域(新疆)的发展形势不能作出前瞻性的准确研判,这就使得新疆未来的发展,是充满风险的探索。无论是内部转型、外交战略,还是民族精神的成熟,都是摸着石头过河。边疆民族地区在外在发展与内在转型之间存在着许多实际操作层面的问题,导致许多有效的发展策略往往应对失据。西域的全面发展需要科学的价值观,而这恰恰是国家软实力的重要组成部分。丝绸之路的复兴,需要凝练提升国家的核心价值体系,既要有策略,又要有战略,还要重视战略背后的价值观。

西域(新疆)因其独特的地理位置,成为我国战略资源的重要储备区,也是中亚、西亚、南亚的重要资源枢纽和我国商品远销亚非欧的桥头堡。回首千年,丝绸古道曾经呈现出一个网络状的贸易发展路线,为世界文明做出了不朽的贡献,并将丝绸之路沿线各个分散孤立的部族、城镇和诸多的国家串联起来。丝绸之路也促进了经贸、文化、艺术、宗教、音乐、民俗等各个领域的碰撞、交流和互动。丝绸之路的交通线延伸所到之处,是中华文明拓展之地,中华文明在丝绸之路沿线广泛渗透,融入欧亚各国。

西域(新疆)是我国西北地区的经济发展重心、军事前沿阵地和文化安全前哨。中国文化作为精神动力,是中华民族智慧的结晶,西域文化表现为一种历史积淀,也体现为一种生活方式与价值选择。国家文化安全隐藏于军事、政治和经济安全背后,影响力大,持续时间长,在新疆及毗邻的中亚、西亚、南亚不断凸显出文化地位上的战略意义。文化、经济和政治的综合力量凸显出中华文明强大的凝聚力。

　　丝绸之路走过了1600多年的发展历史，完成了它的历史使命。今天，重拾西域话语权，再建丝绸之路的文化历史观，是历史发展的必然。千年丝绸之路，从先秦到清初，中华民族一直占据着西域暨丝绸之路的话语权。但从郑和下西洋后，尤其是在清末迄民国，国力衰微，欧美、日本等国一直掌控着西域暨丝绸之路的话语权。尽管近年来，我国在西域研究领域取得了显著的进展，如今新疆文化遗址、出土文物已远远超过当初西方探险家所获，但西域研究的滞后，使我国至今仍未能超越西方，重获西域暨丝绸之路的话语权。

　　今天，重拾西域研究话语权，重建丝绸之路文化历史观的迫切性，需要我们重视文化线路的保护，焕发西域古迹的青春活力，大力推动西域研究。回溯古代丝绸之路的发展史，各游牧族群与农耕民族不断融合，最终成为一体。

　　古老的西域曾经拥有共同伦理意识、共同历史记忆、共同文化产物促成的思乡情感。这使中原华夏文明成为西域文化的精神内核，中华文化成为各族群共有的精神家园。从丝绸之路畅通之后的1600多年里，中华文化主导着西域暨丝绸之路的历史发展。今天，我们透视西域历史上共同感情、共同记忆、共同习惯和共同语言的社会文化，就会明白，中国各地历史演进的多样性中又蕴含着鲜明的统一性。历代政权的屯垦戍边政策都是中原与西域的多元律动，各朝各代都从未轻忽华夏文化西渐，自然没有放弃西域话语权的构建。

　　在这1600多年中，西域文化思想主要以中原文化为根基，并将自身的马背文化融合于其中。尽管历朝历代都较为重视中华西域发展史中的各种文化，但基本上都是全力聚焦于凸显"家国一体"的合理性，重视塑造中华民族的文化认同，因此，有关西域经营史的各种叙述都基于一个共同的精神象征，有一个文明开化的脉络和历史时间的指向，更有一个主轴和指向清晰的路标，使得一系列的中华历史西域传显得意脉清晰。

丝绸之路文明对话的开放姿态，使历史以雄健的步伐迈向统一和进步，并且使中国人在物种传播和心灵精神上，与"中国""文化""历史"的概念紧密相连，即便西域居于相对封闭的地理环境中，也无法妨碍或阻挡中国人传统文化观念中的世界意味。伊斯兰教的进入，只是引起了中国社会秩序的新调整，只是扩大了中国思想领域的新疆界。一份共同回忆的遗产、一些旨趣相似的风俗，经文字记录与传递，开始清晰地凸显出来，形成西域独有的文化资源，民族"文化认同"与国家"政治认同"的基础由此形成。

元明时期，西域逐渐朝着中华文化与伊斯兰文化两大体系演进。伊斯兰教真正影响新疆，则是乾隆平定和卓叛乱，准噶尔灭亡后的二三百年，伊斯兰教从此遍布新疆，对西域民众影响巨大，增强民族凝聚力，复兴丝绸之路，应以中华文明为主轴，以西域文化为脉络，以丝绸之路为路标，重建丝绸之路文化历史观，全力推动西域传统文化的复兴。

重塑中华文明体系，离不开对丝绸之路和西域发展史的全面考察，清晰地设立丝绸之路发展史的路标，清理西域开拓史的主轴，从而形成文化寻根。通过对西域历史的追溯与保存，让人们理解西域文化，深入认识保存西域暨丝绸之路历史记忆的重要意义。通过确立中华文化的主体地位，为西北地区的长治久安奠定坚实的基础，通过紧扣形塑西域的各种要素，对国家的文化形塑和文化的国家认同进行明确的论述，最终达到建立国家文化整体趋向的目标。

历代中央政府在西域设立经营和管理的地方派出机构，治理边疆，这是中华文明在西域的历史存在和文化浸润，是中国主导西域历史发展的运行模式。历史实践表明，当中央政权重视和主导西域发展时，西域就是乐土，是各民族的共同家园；当中央政权忽视西域的经营和中华文化边缘化之际,西域就会沦为战场,各族群陷入争斗不休的动荡生涯。显而易见,以中华文明为主轴,以西域文化为脉络,以丝绸之路为依托,牢牢把握西域的话语权,重建丝绸之路文化历史观具有战略意义。

历代王朝在西域设立的地方行政机构也是先进生产力的代表和先进文化的原动力。历代中央政府的西域管理机构是中华文化在边远塞外的守夜人。其借助散落在西域大地上的城池、关隘、烽燧、戍堡,一次次让文明之光在丝绸之路上薪火相传。今天,稳疆兴疆,赢得边疆治理的话语权,具有很强的现实意义。西域的薪火相传,需要当代人肩负起新疆乃至西域复兴中华文明的神圣使命,以长远方略达到边疆治理的晏然高卧,激发人民奋起直追的勇气和力量,真正实现新疆的跨越式发展和长治久安。

研究西域的历史对当代"一带一路"的重要意义

伟人思虑远,奋斗不言空。极目天穹碧,映梅春雪红。丝茶担重任,陆海起东风。当前推行的"一带一路"战略("一带一路"是"丝绸之路经济带"和"21世纪海上丝绸之路"的简称),贯穿欧亚大陆,东边连接亚太经济圈,西边进入欧洲经济圈。许多沿线国家将由此同中国有着共同的利益诉求,这必将为世界人民带来福祉。

倡导"一带一路"建设,首先要加强对西域的研究,不仅对当代,还要对古代西域的历史文明有深入了解。实际上,西域研究的范围非常广泛,在地理范围上与丝绸之路有许多重合之处,我们讲的"一带一路",在古代就已形成了中外交通的网络。因此,西域研究与丝绸之路研究、中外交通史研究的关系极为密切。

国外其实是没有西域的说法的。研究古代中亚历史和文明的著名学者徐文堪先生长期从事古代中亚和内亚文明（特别是吐火罗问题）、古代中外关系、欧亚大陆史前史、语言学、辞书学、人类学和域外东方学史等方面的研究。他认为，"西域"一词，似可理解为"最西的疆域"，最早出现在《史记》中，《史记》中的"西域"实际是指汉朝疆域外的"西北国"。《史记》也记载了西域的种种事情，但未列《西域传》。从《汉书》始列有《西域传》。

19世纪末20世纪初，欧美各国形成了一股西域探险热，涌现出一批伟大的探险家，包括瑞典的斯文·赫定，英国的斯坦因，德国的勒柯克，俄国的鄂登堡、柯兹洛夫，法国的伯希和，日本的大谷光瑞等。各国对西域的考察虽然没有侧重和分工，但彼此之间却有一些竞争的味道，只是各自的目的不同罢了。1983年出版的《丝绸路上的外国魔鬼》一书真实地记录了这些人劫掠我国文化宝藏的历史，揭露了他们在中国西域犯下的劫掠文物的罪行。日本人大谷光瑞、吉川小一郎，法国人伯希和，英国人斯坦因，俄国人鄂登堡、科兹洛夫，美国人华尔纳等均榜上有名。原来西方学者对斯坦因、伯希和都是一味赞扬的，但从《丝绸路上的外国魔鬼》的出版开始，西方学者也对他们的行为开始进行批评和反省，当然肯定的还是比较多。

此外，国外还有很多西域研究者没有亲自到实地考察，他们更多的则是整理、释读那些西域出土的写有中亚文字的古代文书。当然，像伯希和这种既是探险家，同时又拥有强大语文学造诣的天才型学者则是其中的佼佼者。

在国内，也有不少学者专门考察和研究过丝绸之路上的探险活动，如北京大学的荣新江和兰州大学的王冀青。王冀青曾经在英国、日本等地看过不少没有发表过的原始材料。中国学者在西域研究方面也做出了较大的贡献。但从考释文书来看,中国学者对汉文文书的研究最多,对西域语言的文书则研究较少,到现在还有不少空白,在这方面不如国外研究者。许多出土的文书国内学者不能释读,要请国外的学者来释读。如近年来,粟特文的研究很热,中国也有学者去国外学习过,但目前还缺乏独立的释读成果。再如,自季羡林先生去世后,国内几乎就没有人能释读吐火罗文了,这不得不说是一大遗憾。此外,还有其他方面的研究空白,如高加索学和乌拉尔学,现在中国也没有人研究。

中国学者对西域研究确实做出了不朽的贡献。原来薄弱的敦煌吐鲁番学,由过去寂寞的学问变成了显学。每年都有大量的研究成果发表,相关资料和工具书也都大量涌现。

今天,国内对西域的研究有较大突破,新人辈出,如北大历史系教授荣新江,老一辈的有中西交通史领域专家张广达,还有著名突厥学家耿世民,都做出过很大的贡献,受到国际学界的重视。季羡林还释读了吐火罗语的《弥勒会见记》。中外关系史专家余太山也发表了不少中外民族史和关系史的著作。2013年,联合国教科文组织编写过一套《中亚文明史》(6卷),全世界有300多位作者参与,中国也有不少学者参与。

相较于传统中央王朝的历史研究,西域历史的研究直到今天还较为冷僻,一些造诣颇高的专家学者更是被长期湮没。如现代旅法学者吴其昱(1915—2011),他对西方语言和东方学的学术知识颇有研究,他对藏文、西夏文、伊朗语、希伯来语都有涉猎。除研究过藏于法国的敦煌汉文卷外,吴其昱还参加了法国的敦煌文书编目。他对西域语文具有高度的修养,发表了《景教三威蒙度赞研究》等论文。

因此,今天我们讲"一带一路",更应加强这方面的研究。在这方面，日本做得较好，他们几乎对世界各个国家和地区都有研究，在南美、埃及、阿富汗等地都派出了考古队。

第2章 世纪初年连接西域的四大世界帝国

从公元前2世纪到公元2世纪,尤其是世纪初年,沿着欧亚内陆交通干线,自西向东,欧亚大地上有四大帝国并列其间,即欧洲的罗马、东亚的汉朝、中亚的贵霜、西亚的安息。在四个帝国之中,东汉与罗马在历史上的地位尤为重要,其在幅员、人口、经济和文化的发展程度上是其他两个帝国不能比拟的。四大帝国在前后两百年间,都处在国势昌盛的时期,积极向外扩张,使东西方世界直接联系起来。中国、印度、西亚和希腊罗马的古代文明有了直接的交流和影响。此后,它们演绎了西域地区诸多丰富多彩的文化和令人荡气回肠的光辉篇章。

西域古国的风采

两汉时期,今甘肃敦煌境内的玉门关和阳关是当时的重要分界线。两关以西,包括今新疆全境乃至更远的地方,被称作西域。

西域诸国

今新疆境内的西域,以天山为界,分为南北二部,南部为塔里木盆地,北部为准噶尔盆地。西汉时,"本三十六国,其后稍分至五十余"[1],这些国家大多分布在塔里木盆地南北边缘,皆在水草丰美的绿洲之上。盆地南缘有且末、扞弥、于阗、莎车等国(南道诸国),盆地北缘有尉犁、焉耆、龟兹、姑墨、疏勒等国(北道诸国),盆地东端有楼兰国。这些国家大多数以城郭为中心,兼营农牧,有的还自铸兵器,只有少数国家逐水草而居。这些国家互不统属。由于自然条件等原因的限制,每个国家的人口都不多,一般只有几千人到两三万人,人口最多的龟兹才8万人,最少的依耐国仅有125户,670人,为一游牧小国。

天山北路,北抵西伯利亚南部边缘,全是大山阔谷,山谷之间有很多湖泊与河流。天山东北部与蒙古高原接壤,属蒙古高原西北的山丘地带,有阿尔泰山由西北向东南纵贯。在天山与阿尔泰山之间有一块很大的平原,即准噶尔盆地及其周边地区。这里气候湿润,水草丰美,是天然的优良牧场,所以自古为各族游牧人生息繁衍的地方。西汉初年,分布于此的游牧部落纷纷建立了政权,史书称他

---

[1] (东汉)班固《汉书》卷九十六上,《西域传第六十六上》,岳麓书社,1993年,第1685页。

第2章 世纪初年连接西域的四大世界帝国

们为"行国"。乌孙人负责为匈奴监视天山北路诸国。

天山南路,因北阻天山,南障昆仑,气候特别干燥,仅少数长有水草的绿洲宜于农桑种植。因此居住在这里的人们大多以农业为生,又皆有城郭庐舍,与匈奴、乌孙等游牧民族不同,故称"城郭诸国"。从其地理分布来看,由甘肃出玉门关和阳关南行,傍昆仑山北麓向西,经且末和于阗至莎车,为南道诸国。出玉门关和阳关后北行,由姑师沿天山南麓向西,经焉耆、轮台和龟兹至疏勒,为北道诸国。南北道之间横亘着塔克拉玛干沙漠。

张骞通西域前,匈奴已征服天山南路诸国,并设僮仆都尉,常驻焉耆,负责征收粮食、牲畜与税赋劳役,南路诸国因此成为匈奴发动对外战争的一条重要补给线。史载:"自玉门、阳关出西域有两道,从鄯善傍南山北,波河西行至莎车,为南道;南道西逾葱岭则出大月氏、安息,自车师前王庭随北山,波河西行至疏勒,为北道;北道西越葱岭则出大宛、康居、奄蔡、焉耆。"❶ 这就是与新疆相邻的中亚诸国了。

葱岭以西,当时有大宛、大月氏、康居、大夏诸国,由于距离匈奴颇远,故而未沦为其直接统辖的属国。在张骞凿空西域前,东方的汉朝和西方诸帝国对它们也都还没有什么影响。匈奴理所当然是该地区唯一具有话语权的势力,因此葱岭诸国都受制于匈奴。从整个形势来看,联合大月氏人沟通西域,在葱岭东西打破匈奴一家独大的局面,建立汉朝的威信和影响,确实是孤立和削弱匈奴,乃至最后战胜匈奴的具有战略意义的步骤。

对于中原人民而言,当时的西域不仅陌生而遥远,更是九死一生之地。一方面,强大的匈奴横亘其间,它的范围以蒙古高原为中心,东至今内蒙古东部一带,南沿长城与汉相接,并一度控有河套及鄂

---

❶ (东汉)班固《汉书》卷九十六上,《西域传第六十六上》,岳麓书社,1993年,第1686页。

尔多斯一带，向西以阿尔泰山为界，北达贝加尔湖周边，被称为"百蛮大国"。若想不经匈奴而至西域，无异于痴人说梦。另一方面，对于西域其国、其人、所产、所有，汉人知晓的不是通过口耳相传得来，便是取自前人所著的传说神话，全无确切翔实可言。张骞虽然了解了月氏之怨，但他的出使最终也落了个"竟不能得月氏要领"[1]的评价。还有，出使西域一路，万里征途亦是风云变幻，动辄便是生死大事。

天山以北的准噶尔盆地是游牧区，盆地以南的天山缺口由车师控制着。西部的伊犁河流域先后有塞种人、月氏人、乌孙人居住和占领。

西汉时期的西域

直到西汉时期，西域与内地之间的交流才开始有了明确的文字记载。例如，在司马迁的《史记》中，首先出现的就是匈奴、大宛等西域古国的列传。又如，班固在《汉书·西域传》中记载："西域以孝武时始通，本三十六国，其后稍分至五十余。"可见，西汉初年，西域共有36个城郭国和行国（即游牧部落政权）分布在新疆境内的天山南北及部分中亚地区，后来分裂为50多个。

所谓"西域三十六国"，实际是地理意义上的"城郭之邦"。尽管其也有君臣王侯以及配套的等级政权机构，却并非严格意义上的国家。在天山以南及塔里木盆地边缘，由于山前降雨及山上积雪，形成了很多河流、冲积扇地形和绿洲，几个邻近的绿洲组成一个相对独立的地区。城郭则是以一个大的绿洲为中心建城堡，以四周较小的绿洲为屏障而形成的独立的区域或国家。其氏人既垦荒农耕，也养牲畜。有的国家因绿洲面积小，农耕生活不足以养民，就以扩

---

[1] （西汉）司马迁：《史记》卷一百二十三，《大宛列传》，中华书局简体字本，1999年，第2396页。

第2章 世纪初年连接西域的四大世界帝国

大游牧来补足,从而以"能胜兵者"(可以用来当兵的人)数量的多少来衡量国家国力的盛衰。而天山以北的"行国"以游牧狩猎为生,随牧场迁徙,以"控弦之士"(即士兵)数量的多少为国力的标志。

在西域三十六国中,生活在天山以北准噶尔盆地附近的有蒲类海、车师前国、车师后国、卑陆、且弥、单桓和乌孙。这些国家均以游牧生活为主。

在天山以南的塔里木盆地南缘有蒲昌海,附近有婼羌和楼兰,自此往西有且末、小宛、精绝、戎卢、扜弥、于阗和莎车;在盆地的北缘,自东向西有尉犁、焉耆、乌垒、龟兹、姑墨、温宿、尉头和疏勒。塔里木盆地周围的这些国家多以城郭为中心,兼营农牧,只有少数国家逐水草而居。而在盆地以西葱岭以南,还有依耐、难兜等小国,它们有的城居,有的游牧。

此外,葱岭之外还有大宛,其农业与畜牧业均较发达。大宛西南有大月氏,大宛以西有康居,二者均从事游牧。

上述西域诸国中,以乌孙人口最多,达63万,最小的单桓还不足200人。至西汉初年,天山北部的游牧部落和天山南部的绿洲诸国的社会经济已有了很大的发展。

细说西域三十六国

西域三十六国是汉时对西域诸国的概称,大多分布在天山以南塔里木盆地南北边缘的绿洲上和天山山谷一带。公元前177年,匈奴占领西域,征服三十六国,对这些小国进行奴役和剥削。公元前138年张骞出使西域时,了解到西域存在三十六国。西域一带,地形广袤,东西六千余里,南北千余里,东接玉门关和阳关,西限葱岭。葱岭以外,尚有数国。

据《汉书》记载,西域共三十六国,东汉时分作五十余国,与汉朝往来通使,计有南北二道,南北二道的终点就是葱岭。

对于三十六国，众说颇异。两《汉书》述三十六国，并三十六国以外诸大国，形势颇详。今特举其大略，而以今地证之如下：葱岭以西，以洪钧的《元史译文证补》为主；葱岭以东，以徐松的《汉书·西域传补注》为主。

据徐松的《汉书·西域传补注》，西域在孝武（即汉武帝）时始通三十六国，即婼羌国、楼兰国、且末国、小宛国、精绝国、戎卢国、扜弥国、渠勒国、于阗国、皮山国、乌秅国、西夜国、子合国、蒲犁国、依耐国、无雷国、难兜国、大宛国、桃槐国、休循国、捐毒国、莎车国、疏勒国、尉头国、姑墨国、温宿国、龟兹国、尉犁国、危须国、焉耆国、姑师国、墨山国、劫国、狐胡国、渠犁国和乌垒国。

公元前60年，西汉设西域都护府进行管辖。西汉末分至五十余国。姑师分为车师及山北六国；车师分为前、后国；且弥国分为东、西两国；蒲类分为蒲类前国、蒲类后国；卑陆分为卑陆前国、卑陆后国。至后汉，又相兼并，仅余二十余国。其地在匈奴之西，乌孙之南，今伊犁之地，西羌之北，即今所谓新疆南路。南北有大山。北为天山，南为新疆、西藏间之诸山。中央有河，即今塔里木河。东西六千余里。其人或城郭，或游牧，不一种。孝武以前，盖属役于匈奴，匈奴呼衍王领其地，置僮仆校尉。其种族素弱，从古不能独立，不及胡与羌之强悍。孝武欲伐匈奴，乃先开西域，以断匈奴与西羌相通之道。于是西域诸国，终汉之世，皆服属于中国。东汉并为十余国。三国时仅存鄯善、于阗、焉耆、龟兹、疏勒和车师。

一、婼羌国

婼羌国是由羌人创建的小国。羌是部族名，而婼为羌的一支，故名婼羌。据《汉书·西域传》记载："婼羌国王号去胡来王，去阳关千八百里，去长安六千三百里，辟在西南，不当孔道。户

第2章 世纪初年连接西域的四大世界帝国

四百五十,口千七百五十,胜兵者五百人,西与且末接。随畜逐水草,不田作,仰鄯善、且末穀。山有铁,自作兵,兵有弓、矛、服刀、剑、甲。西北至鄯善,乃当道云。"经济以畜牧业为主,无农业生产;国民口粮依靠鄯善和且末供应;但其地有铁矿,会冶铁锻造兵器,有弓箭、长矛、短刀、剑甲等。

二、楼兰(鄯善)国

楼兰国曾经是塔克拉玛干沙漠中罗布泊地区一个富庶繁荣的国家。"楼兰"这个西域古国名最早见于《史记》。根据《史记》的记载,大约在公元前3世纪,楼兰人建立了自己的国家。当时的楼兰受大月氏的统治。公元前177年至公元前176年,匈奴打败了大月氏,楼兰又被匈奴所管辖。

早在公元前2世纪,楼兰就是西域最繁华的地区之一。古楼兰国有人口14000多人,士兵近3000人,在西域可谓是一个泱泱大国。《史记》曾记载:"楼兰,姑师邑有城郭,临盐泽。"这是文献上第一次记载楼兰城。城周绿树环绕,水流清澈,水土肥美。城内寺院林立,商业发达。其位置在新疆若羌县境内,所领范围围绕罗布泊,北到古代的孔雀河河道,南至今米兰河流域及其以东地区;东通敦煌,西限流沙,王都扜泥城。其国经济以游牧为主,产驴、马和骆驼,会制作兵器。由于它处在古丝绸之路南北两道的交汇点,从而成为当时亚洲腹地的一个交通要冲。汉朝和匈奴对楼兰曾反复争夺。

西汉时,楼兰商旅云集,市场热闹,还有整齐的街道,雄壮的佛寺和宝塔。那时的楼兰国,有时充当匈奴的耳目,有时归附于汉朝政府,周旋在汉和匈奴两大势力之间。由于楼兰地处汉与西域各国的交通要冲,汉朝不能越过这一地区去进攻匈奴,匈奴如果不假借楼兰的力量,也无从威胁汉朝。因而,汉和匈奴这两大集团对楼兰都尽力实施怀柔政策。为表示降服,楼兰将王子送到汉朝作为人质；同时，也向匈奴送去了一个王子，以表示在匈奴和汉朝之间严守中立。

后来，匈奴战败，汉朝兴起，丝绸之路畅通无阻，亲附汉朝的楼兰得到了好处。楼兰是古代丝绸之路西出阳关后的第一站，是丝绸之路的主要中转站。张骞通西域后，汉武帝屡派使节至西域各国，楼兰地当交通要冲，与姑师经常劫掠汉使。公元前108年，汉武帝派赵破奴击车师，赵破奴先至楼兰，俘其王，楼兰首次降汉。但尔后的三四十年间，仍首鼠两端，多次留难汉使，梗阻丝绸之路。公元前77年，汉大将军霍光派平乐监傅介子前往楼兰，刺杀楼兰王尝归，另立尝归之弟为王，将都城南迁，改国名为鄯善国。从此，楼兰国的国名被废弃。改国名后，即以"鄯善国"的名称又延续了近500年之久。属西域都护时，有14100人，1570户，养兵2912人。然而，到4世纪时，楼兰国急剧衰亡，最后不知所终。

三、且末国

且末国为西域古代三十六国之一，位于今且末县车尔臣河上游。《汉书·西域传》称："王治且末城，去长安六千八百二十里。户二百三十，口千六百一十，胜兵百二十人。""西北至都护治所二千二百五十八里，北接尉犁，南至小宛可三日行。"且末东连婼羌，西通精绝，为丝绸之路南道城国。其地产葡萄等水果，出牛、骡、驴，公元前60年属西域都护。

由于诸多原因，且末古城如同楼兰、尼雅古城一样，成为世人神往和渴求探险之地。所不同的是，且末古城鲜为人知，更具神秘色彩。且末古城已消失在漫漫黄沙中。据史料记载，曾经有楼兰人为了躲避战乱逃到且末。隋朝时设且末郡。

第2章 世纪初年连接西域的四大世界帝国

四、小宛国

小宛国是丝绸之路南道之南的小国，位于今新疆且末县境内的南部山区。《汉书·西域传》云："小宛国，王治扜零城，去长安七千二百一十里。户百五十，口千五十，胜兵二百人。辅国侯、左右都尉各一人。西北至都护治所二千五百五十八里，东与婼羌接，辟南不当道。"

小宛国是吐火罗人所建立的国家，其国内主要为吐火罗人，至迟在西汉以前，已有一千多名吐火罗人聚居于此，并建立了自己的国家。至于小宛国何以不见于《史记》，有学者认为："所谓'小宛国'，人口不过千余人，位于婼羌之西，又'辟南不当道'，故张骞首次西使虽取南道归国，未必得闻其名。"岑仲勉则认为："汉代大沙漠之南缘，远在现时通道之北方，可于精绝故址在今尼雅北七十五英里一节见之。故汉人西行，当系由车尔成（即且末）取直向西南，不是先南行而后折西；到唐代则车尔成以西之漠缘，更向南展开，行旅不得取南折之一途，于是昔所谓辟南不当道乃变成通行之道。"其经济生活方式以绿洲农业为主。

五、精绝国

精绝国是西域三十六国中的一个袖珍小国。《汉书·西域传》对精绝国作了如下描述："精绝国，王治精绝城。去长安八千八百二十里，户四百八十，口三千三百六十，胜兵五百人。精绝都尉、左右将、译长各一人。北至都护治所二千七百二十三里，南至戎庐国四日行，地厄狭，西通扜弥四百六十里。"西汉时，精绝国受西域都护统领，不过离都护治所有2723里。有学者据此记载推算，认为精绝国位于天山南路，大致在尼雅河流域。尼雅河的一头是巍巍雪山，一头是塔克拉玛干沙漠。汉代时，尼雅河可能更长，河的流域有大片的绿洲，分布着好几个城市。这些城市有可能都归精绝国所有。东汉后，精绝国并入鄯善，但精绝城还在。从文献记载看，精绝国既与中原王朝保持着密切的联系，又有自己的独立性，特别是在文化方面，具有自己的特色。

六、戎卢国

戎卢国是丝绸之路南道上的小国。《汉书·西域传》记载："戎卢国，王治卑品城，去长安八千三百里。户二百四十，口千六百一十，胜兵三百人。东北至都护治所二千八百五十八里，东与小宛、南与婼羌、西与渠勒接，辟南不当道。"其大致方位在今新疆且末县与民丰县之间偏南的山区。

七、扜弥国

扜弥国是丝绸之路南道较大的王国，位置在今新疆于田县境内的克里雅河流域。《汉书·西域传》记载："扜弥国，王治扜弥城，去长安九千二百八十里。户三千三百四十，口二万四十，胜兵三千五百四十人。辅国侯、左右将、左右都尉、左右骑君各一人，译长二人。东北至都护治所三千五百五十三里，南与渠勒、东北与龟兹、西北与姑墨接，西通于阗三百九十里。今名宁弥。"

扜弥西与于阗国接壤。129年，其国王兴被于阗王放前所杀。132年，敦煌太守徐由命疏勒王臣磐攻破于阗，改立扜弥王兴的族人为王。175年，于阗又破扜弥，杀扜弥王，扜弥国民死伤甚众。为制止于阗王对扜弥的攻掠，东汉戊己校尉及西域长史均发兵前往扜弥，扶持扜弥王的儿子定兴为新的扜弥王。但经过这次战乱，扜弥国人口减少至千余，后遂不见于史书。

八、渠勒国

渠勒国位于和田地区东部，是丝绸之路南道的一个重镇，在西域是个较小的国家。《汉书·西域传》记载："渠勒国，王治鞬都城，去长安九千九百五十里。户三百一十，口二千一百七十，胜兵三百人。东北至都护治所三千八百五十二里，东与戎卢、西与姑羌、北与扜弥接。"渠勒国为防止外敌入侵，崇尚武艺。渠勒古国灌溉便利、水草丰美、生态优越，生产结构以农为主，兼营畜牧。短短百年间，因战乱和自然等原因，土地大面积沙化，耕地、草场被流沙掩埋，渠勒古国被迫搬迁。热瓦克是渠勒古国的第二处遗址，位于现在的策勒县城西北部。热瓦克，维吾尔语即"宫殿"之意，从名字中即折射出当时的繁华。现在的策勒县城是渠勒国第三次搬迁的位置。据考，玄奘所经位于尼壤城之西的媲摩城，有可能就是渠勒国王城所在地。

九、于阗国

于阗国是西域城郭王国。古代居民属塞种。于阗国地处塔里木盆地南沿，中心地区在发源于昆仑山的喀拉喀什河和玉龙喀什河之间，东通且末和鄯善，西通莎车和疏勒，鼎盛时领地包括今和田、皮山、墨玉、洛浦、渠勒、于阗、民丰等县市，定都西城。《汉书·西城传》记载："于阗国，王治西城，去长安九千六百七十里。户三千三百，口万九千三百，胜兵二千四百人。辅国侯、左右将、左右骑君、东西城长、译长各一人。东北至都护治所三千九百四十七里，南与婼羌接，北与姑墨接。于阗之西，水皆西流，注西海；其东，水东流，注盐泽，河原出焉。多玉石。西通皮山三百八十里。"

东汉初，于阗被莎车王贤攻破，另立国王位侍，后又杀之，不立国王，而由莎车将君得镇守于阗。公元60年，于阗贵族都末兄弟杀君得，旋即为贵族休莫霸和汉人韩融所杀。休莫霸自立为王，两败莎车，但未捷先死。兄子广德继位灭莎车，从精绝西北到疏勒十三国皆服从于阗。匈奴得知，遣五将率焉耆、龟兹等十五国兵围于阗。广德降，以太子入质匈奴，匈奴派使者监护其国。

公元73年，班超至于阗，广德杀匈奴使者降汉，班超以此为根据地，北攻姑墨，西破莎车、疏勒，于阗都出兵相助。公元86年，于阗杀匈奴所立莎车王，另立新主。106年后，西域复乱，莎车叛归疏勒。127年，班勇攻降焉耆，于阗服属于汉。129年，于阗王放前杀扜弥王兴，立己子为扜弥王。131年，遣侍子赴汉贡献。132年，敦煌太守徐由派疏勒王臣磐击破于阗，立扜弥王成国而还。151年，西城长史赵评在于阗病死。翌年，王敬继任长史，扜弥王成国诬称赵评为于阗王建害死，王敬遂杀于阗王建。于阗侯将输率众斩敬，欲自立为王。国人不服，杀之而立于阗王建子安国。175年，安国攻杀扜弥王，西域长史立扜弥在汉的侍子定兴为王，时仅辖人口千余。于阗在东汉时势力强盛，户增至3.2万，人口8.3万，兵3万人。

十、皮山国

皮山国是丝绸之路南道小国，西汉时王都为皮山城。《汉书·西域传》记载："皮山国，王治皮山城，去长安万五十里。户五百，口三千五百，胜兵五百人。左右将、左右都尉、骑君、译长各一人。东北至都护治所四千二百九十二里，西南至乌秅国千三百四十里，南与天笃接，北至姑墨千四百五十里，西南当罽宾、乌弋山离道，西北通莎车三百八十里。"从此向西南过桑株达坂即可抵达今日的喀喇昆仑山口，过山即克什米尔，亦为丝绸之路入罽宾、乌弋山离和印度的一条支线。东汉时国尚存，至唐朝时其国已并入于阗。

十一、乌秅国

乌秅国是昆仑山山麓中的古代小国，地处古代中国与克什米尔之间的交通要冲。《汉书·西域传》记载："乌秅国，王治乌秅城，去长安九千九百五十里。户四百九十，口二千七百三十三，胜兵七百四十人。东北至都护治所四千八百九十二里，北与子合、蒲犁，西与难兜接。山居，田石间。有白草。累石为室。民接手饮。出小步马，有驴无牛。其西则有县度，去阳关五千八百八十八里，去都护治所五千二十里。县度者，石山也，溪谷不通，以绳索相引而度云。"汉通西域后臣属于汉。其王居住乌秅城，其民种田于石块间，以垒石为屋，捧手饮水。地出小步马。公元前60年始属西域都护。北魏时国名改为龄摩国或权龄摩，役属哒哒。以后则国亡，领地大部被羯槃陀国占有。后属唐。

十二、西夜国

西夜国为丝绸之路南道小国，又名漂沙，国都在呼犍谷。《汉书·西域传》记载："西夜国，王号子合王，治呼犍谷，去长安万二百五十里。户三百五十，口四千，胜兵千人。东北到都护治所五千四十六里，东与皮山、西南与乌秅、北与莎车、西与蒲犁接。蒲犁及依耐、无雷国皆西夜类也。"西夜与胡异，人种与羌人相类，经济以游牧为主，地产玉石。随畜逐水草往来。公元前60年属西域都护府。东汉时国分为西夜与子合两部。东汉初，为莎车所破，东汉末被疏勒所并。北魏时国名又改称"悉居半"，唐代称"朱俱波"或"朱居盘"，国力且有发展，曾并吞帕米尔高原上的蒲犁国、德若国和依耐国。其王族为疏勒人。

十三、子合国

子合国的国都在呼犍谷。据王文利、周伟洲考证，两汉西域南道的西夜国、子合国，因文献记载简约和阙遗，历代史家争议颇多。西汉时西夜、子合为两国，而《汉书·西域传》只记载一国，故引

---

① 王文利、周伟洲：《西夜、子合国考》，《民族研究》，2010年第6期。

起混乱。两国地理位置在今新疆叶城南,而非今帕米尔高原。其居民为原土著羌氏与迁入该地的塞种人,两者处于融合过程中。

在历史记载中,西夜、子合是两个非常特殊的国家。其特殊之处为:史书明确记载它们属于黄种的羌系游牧部落(依耐、蒲犁等国都被形容为"种俗与子合同"或"皆西夜类"),这是因为当时的观察者并不十分清楚它们到底是一个国家还是两个国家。《后汉书》中称这是两个相邻的游牧国家。其中,子合国的人口为四千,而西夜国则人口过万。而在汉书的记载中,只记录有西夜国。这个国家的"王"却又被记录为"子合王"。

西夜国于曹魏时为疏勒所并,子合国犹存,后并周围诸国建悉居半国,公元前60年后属西域都护府。子合国使用婆罗门的文字。东汉时并入莎车,属羌,位于新疆叶尔羌城东南部。其异名颇多,《汉书》《后汉书》之《西域传》与法显的《佛游天竺记》皆作"子合",《洛阳伽蓝记》作"朱驹波",《魏书》卷一〇三作"朱居",《隋书》卷八十三作"朱俱波",《历代三宝纪》卷十二作"遮句迦",《法华经传记》作"遮居盘",《大集经》作"遮居迦",杜佑的《通典》及《新唐书》作"朱俱盘",《大唐西域记》作"斫句迦"(又作"沮渠")。

十四、蒲犁国

蒲犁国是丝绸之路葱岭险道的小国,位于今新疆塔什库尔干塔吉克自治县境内,王都在蒲犁城。《汉书·西域传》记载:"蒲犁国,王治蒲犁谷,去长安九千五百五十里。户六百五十,口五千,胜兵二千人。东北至都护治所五千三百九十六里,东至莎车五百四十里,北至疏勒五百五十里,南与西夜子合接,西至无雷五百四十里。侯、都尉各一人。"民俗与子合国相同,谷物靠莎车国供应。其地处高寒山区,可供居民生息繁衍的地方最低在海拔3700米上下。丝绸之路

第2章 世纪初年连接西域的四大世界帝国

南道和北道均需经过这个小国,《汉书·西域传》所谓的"大头痛、小头痛之山,赤土、身热之阪"即指国境南面的喀喇昆仑山东麓,海拔5000米左右,过此即可进入印度河河谷或瓦罕走廊。

十五、依耐国

依耐国是丝绸之路南道与北道会合处的小国,位于今新疆英吉沙、莎车之间。《汉书·西域传》记载:"依耐国,王治去长安万一百五十里。户一百二十五,口六百七十,胜兵三百五十人。东北至都护治所二千七百三十里,至莎车五百四十里,至无雷五百四十里,北至疏勒六百五十里,南与子合接,俗相与同。少谷,寄田疏勒、莎车。"民俗与子合国相同,而经济以游牧为主。到东汉时史书已不载,可能已经灭亡。

十六、无雷国

无雷国是丝绸之路小国,位于今帕米尔高原中部大、小帕米尔一带。《汉书·西域传》记载:"无雷国,王治卢城,去长安九千九百五十里。户千,口七千,胜兵三千人。东北至都护治所二千四百六十五里,南至蒲犁五百四十里,南与乌秅、北与捐毒、西与大月氏接。衣服类乌孙,俗与子合同。"东汉时已不见于历史记载。

十七、难兜国

难兜国为西域古国,在今新疆西部叶什勒一带。《汉书·西域传》记载:"难兜国,王治去长安万一百五十里。户五千,口三万一千,胜兵八千人。东北至都护治所二千八百五十里,南至无雷三百四十里,西南至罽宾三百三十里,南与婼羌、北与休循、西与大月氏接。种五谷、蒲陶诸果。有银、铜、铁,作兵与诸国同,属罽宾。"其民大约亦系塞种。

十八、大宛国

大宛国在葱岭西北,是与汉联系较早较多的一个国家。《汉书·西域传》记载:"大宛国,王治贵山城,去长安万二千五百五十里。户六万,口三十万,胜兵六万人。副王、辅国王各一人。东至都护治所四千三十一里,北至康居卑阗城千五百一十里,西南至大月氏六百九十里。北与康居、南与大月氏接,土地风气物类民俗与大月氏、安息同。"大宛国在大月氏国的北面,两国毗邻。大宛国是西域的膏腴之地,盛产快马、苜蓿和葡萄。大宛国的东面就是匈奴国。

在张骞出使西域之前,西汉与大宛国之间从未有过正式交往,因此西汉对大宛国的情况一无所知,而大宛国则已"闻汉之饶财,欲通不得"。于是在张骞到达之后,双方之间有一定的亲近感。汉武帝听说西域大宛国盛产汗血宝马,能日行千里,于是遣使大宛,欲以重金换取宝马。大宛国曾经不知深浅地杀了汉朝的使臣,为了报仇,汉武帝派李广利去攻打大宛,胜利而回。沿途的那些国家听说汉军已经制服了大宛,都纷纷跟汉朝示好。

十九、桃槐国

桃槐国为西域古国,徐松认为是葱岭西小国,大约位于今帕米尔北部阿赖谷地一带,与捐毒、休循同处。公元前60年始属西域都护。《汉书·西域传》记载:"王去长安万一千八十里。户七百,口五千,胜兵千人。"

二十、休循国

休循国为西域古国,在今帕米尔北部阿赖谷地一带。民俗、衣服类乌孙,民随畜逐水草。公元前60年始属西域都护。东汉后并

第2章 世纪初年连接西域的四大世界帝国

于疏勒。《汉书·西域传》记载:"王治鸟飞谷,在葱岭西,去长安万二百一十里。户三百五十八,口千三十,胜兵四百八十人。东至都护治所三千一百二十一里,至捐毒衍敦谷二百六十里,西北至大宛国九百二十里,西至大月氏千六百一十里。"

二十一、捐毒国

捐毒国为古西域游牧部落名和国名,位于今新疆乌恰县境内。《汉书·西域传》记载:"捐毒国,王治衍敦谷,去长安九千八百六十里。户三百八十,口千一百,胜兵五百人。东至都护治所二千八百六十一里。至疏勒。南与葱岭属,无人民。西上葱岭,则休循也。西北至大宛千三十里,北与乌孙接。衣服类乌孙,随水草,依葱岭,本塞种也。"捐毒居民原属塞人,境内山峻多雪,不宜耕种,故皆从事游牧。汉通西域后,先后属西域都护和西域长史管辖。三国时为疏勒所并,隶属于魏。

二十二、莎车国

莎车国为丝绸之路大国。《逸周书·王会解》中即有其名,位置在今新疆莎车、麦盖提县境。《汉书·西域传》记载:"莎车国,王治莎车城,去长安九千九百五十里。户二千三百三十九,口万六千三百七十三,胜兵三千四十九人。辅国侯、左右将、左右骑君、备西夜君各一人,都尉二人,译长四人。东北至都护治所四千七百四十六里,西至疏勒五百六十里,西南至蒲犁七百四十里。有铁山,出青玉。"

汉武帝开拓西域之后,即归西域都护府辖制。汉宣帝时,乌孙公主的儿子万年为王。弟呼屠徵不服,杀万年,且阴约西域诸国叛汉。公元前65年,汉卫侯冯奉世途经莎车,斩呼屠徵,立其兄为王。

西汉末年,西域动乱,丝绸之路各国大都背叛汉朝,归属匈

西域春秋——翻开2000年的西域卷轴

奴,唯莎车国王坚持属汉。公元18年,莎车王延死,子康立。东汉初,康与邻国抵抗匈奴进攻,保护汉朝都护及其他官吏、家属千余口。公元29年,河西大将军窦融按西汉制度立康为莎车王,封为西域大都尉。公元33年,康死,弟贤代立为王。公元41年,光武帝授贤为汉大将军,而贤自称西域都护。于是葱岭以东各国都受辖于贤。公元46年,贤灭鄯善、龟兹。后又向西灭妫塞王国,俘大宛王延留,势力达到帕米尔以西。公元60年,于阗背叛莎车,莎车灭,后又复国。公元86年,班超发西域各国兵攻莎车,莎车降汉。北魏时,莎车改名为渠莎,但国势已大衰,后并于疏勒。

二十三、疏勒国

疏勒国是丝绸之路北道大国,位于今新疆喀什市、疏勒、疏附、伽师一带。《汉书·西域传》记载:"疏勒国,王治疏勒城,去长安九千三百五十里。户千五百一十,口万八千六百四十七,胜兵二千人。疏勒侯、击胡侯、辅国侯、都尉、左右将、左右骑君、左右译长各一人。东至都护治所二千二百一十里,南至莎车五百六十里。有市列,西当大月氏、大宛、康居道也。"

东汉时国力发展,公元73年,匈奴唆使龟兹攻疏勒,杀其国王,派兜题为疏勒王。班超间道至疏勒,捉兜题,扶持原国王成之侄忠为王。从此,疏勒便成了班超经营西域的大本营。公元84年,疏勒王忠听从莎车王的教唆,背叛班超,并引康居兵入境,在乌即城与班超对抗。班超劝退康居兵,忠又降班超。公元87年,忠又向康居借兵叛乱,班超遂杀忠。汉安帝时,疏勒王安国流放其舅臣磐到大月氏。安国死后,臣磐请大月氏王派兵护送他归国夺位。127年,汉顺帝拜臣磐为汉大都尉。168年,臣磐被叔父和得所杀,和得反汉,东汉无法控制。东汉以后,疏勒与晋、北魏、隋等各政权均保持密切关系。

第2章 世纪初年连接西域的四大世界帝国

二十四、尉头国

尉头国是丝绸之路北道的小国。《汉书·西域传》记载:"尉头国,王治尉头谷,去长安八千六百五十里。户三百,口二千三百,胜兵八百人。左右都尉各一人,左右骑君各一人。东至都护治所千四百一十一里,南与疏勒接,山道不通,西至捐毒千三百一十四里,径道马行二日。田畜随水草,衣服类乌孙。"东汉时尉头国名尚存。《后汉书·西域传》"疏勒"条称:"东北经尉头、温宿、姑墨、龟兹至焉耆。"由此可知,到东汉时,尉头的疆域又向南有所发展,已经地跨北道两侧,达到今柯坪以南,巴楚县图木休克以北一带。

二十五、姑墨国

姑墨国为塔里木盆地的古代小国,地处丝绸之路北道要冲,东通龟兹,南到于阗,北与乌孙国接壤。汉朝时其王所在都城称南城。《汉书·西域传》记载:"姑墨国,王治南城,去长安八千一百五十里。户三千五百,口二万四千五百,胜兵四千五百人。姑墨侯、辅国侯、都尉、左右将、左右骑君各一人,译长二人。东至都护治所二千二十一里,南至于阗马行十五日,北与乌孙接。出铜、铁、雌黄。东通龟兹六百七十里。王莽时,姑墨王丞杀温宿王,并其国。"

汉武帝开西域后即与汉朝建立臣属关系,后属西域都护府统辖。王莽新朝时,其王丞杀温宿王,兼并温宿国。北魏时被龟兹国吞并。

二十六、温宿国

温宿国是塔里木盆地的古代小国,位于今新疆温宿县境内。《汉书·西域传》记载:"温宿国,王治温宿城,去长安八千三百五十里,户二千二百,口八千四百,胜兵千五百人。辅国侯、左右将、左右都尉、左右骑君、译长各二人。东至都护治所二千三百八十里,西至尉头三百里，北至乌孙赤谷六百一十里。土地物类所有与鄯善诸国同。东通姑墨二百七十里。"

汉武帝开通西域以后，温宿国臣属汉朝，后归西域都护府辖制。其王所在都城称温宿城。从此向北有小道，过天山可到乌孙国的王都赤谷城。西汉末被姑墨国吞并，北魏时其地尽归龟兹。

二十七、龟兹国

龟兹国为我国古代西域大国。《汉书·西域传》记载："龟兹国，王治延城，去长安七千四百八十里。户六千九百七十，口八万一千三百一十七，胜兵二万一千七十六人。大都尉丞、辅国侯、安国侯、击胡侯、却胡都尉、击车师都尉、左右将、左右都尉、左右骑君、左右力辅君各一人，东西南北部千长各二人，却胡君三人，译长四人。南与精绝、东南与且末、西南与扜弥、北与乌孙、西与姑墨接。能铸冶，有铅。东至都护治所乌垒城三百五十里。"

汉唐时期，中央政府都以龟兹为政治中心，设立政权机构，管理西域地区。管辖范围以今库车为中心，包括今轮台、沙雅、新和、拜城、阿克苏和乌什等地。

二十八、尉犁国

尉犁国是塔里木盆地孔雀河流域的古代小国，位于今新疆尉犁县。《汉书·西域传》记载："尉犁国，王治尉犁城，去长安六千七百五十里。户千二百，口九千六百，胜兵二千人。尉犁侯、安世侯、左右将、左右都尉、击胡君各一人，译长二人。西至都护治所三百里，南与鄯善、且末接。"

西汉时此国属西域都护府辖制，至唐朝时被焉耆国吞并，成为焉耆国的属地。

二十九、危须国

危须国为塔里木盆地博斯腾湖东岸的古代小国，位于今新疆维吾尔自治区和硕县，一说今曲惠故城即其王都危须城。此国在汉武帝之前属匈奴。《汉书·西域传》记载："危须国，王治危须城，去长安七千二百九十里。户七百，口四千九百，胜兵二千人。击胡侯、击胡都尉、左右将、左右都尉、左右骑君、击胡君、译长各一人。西至都护治所五百里，至焉耆百里。"西域开通后臣于汉朝。唐朝时其国已被焉耆国吞并。

三十、焉耆国

焉耆又称乌夷、阿耆尼，是新疆塔里木盆地古国。《汉书·西域传》记载："焉耆国，王治员渠城，去长安七千三百里。户四千，口三万二千一百，胜兵六千人。击胡侯、却胡侯、辅国侯、左右将、左右都尉、击胡左右君、击车师君、归义车师君各一人，击胡都尉、击胡君各二人，译长三人。西南至都护治所四百里，南至尉犁百里，北与乌孙接。近海水多鱼。"

匈奴日逐王置僮仆都尉，使领西域，常居焉耆、危须、尉黎间。公元前122年，汉骠骑将军霍去病将万骑出陇西，过焉耆山千余里。公元13年，西域诸国中焉耆先叛王莽，杀都护但钦。公元18年，王莽遣大使五威将军王骏、西域都护李崇率戊己校尉出西域，诸国皆郊迎贡献。诸国前曾杀都护但钦，王骏欲攻击诸国，命佐帅何封、戊己校尉郭钦别将居后。焉耆诈降，伏兵击王骏等。西域自此绝。

《旧唐书》载焉耆都督府本焉耆国，在安西都护府东八百里。焉耆国王姓龙，名突骑支，常役于西突厥。英国汉学家理雅各在所译《高僧法显传》中考证"乌夷国"就是焉耆。玄奘在《大唐西域记》中写道："出高昌近地，自近者始，曰阿耆尼国。旧曰焉耆。"法国汉学家儒莲最早指出"阿耆尼"是梵文 Agni 的对音。伯希和指出，以 Agni 称呼焉耆见于566年的梵文典籍，是在焉耆国受印度影响而崇信佛教之后，因此国名梵语化，早已存在的是土名"焉耆"。

三十一、姑师（车师）国

姑师和车师应是同一名词的不同汉字音译，拟其原音，应作"guz""ghuz"。车师人有自己的语言，他们不操汉语。车师位于今吐鲁番盆地和吉木萨尔一带。国分前王和后王两部，前部王庭治交河城，后部王庭治务涂谷。其国名最早见于《史记·大宛列传》，译作"姑师"："盐泽潜行地下，其南则河源出焉，多玉石，河注中国。而楼兰、姑师邑有城郭，临盐泽。"

司马迁生活在张骞开通西域后不久，对西域的地理情况不甚熟悉。上引文字中的"盐泽"，显然是指罗布泊。如果楼兰城位置临近罗布泊是正确的，则姑师城临近罗布泊的说法肯定是不正确的。出现这种情况有两种可能：一是今吐鲁番盆地的最低处在汉初仍是一个含盐分很大的湖泊，姑师城所临近的是这个盐泽，不是罗布泊；二是姑师城并不像楼兰城一样临近"罗布泊"这个盐泽，是司马迁或给司马迁提供地理信息的人弄错了。

到汉宣帝时，"姑师"开始改译为"车师"。《汉书·西域传》记载："至宣帝时，遣卫司马使护鄯善以西数国。及破姑师，未尽殄，分以为车师前后王及山北六国。"

汉军击破姑师，姑师投降汉朝，是公元前68至公元前67年的事，将姑师国分割为前部、后部和山北六国，应是公元前60年后的事。与此同时，汉朝将"姑师"的名称改译为"车师"。此后六百多年，"车师"的译名一直未变。

三十二、墨山国

墨山国得名于"墨山"，属于汉代西域三十六国之一，又称"山国"或"山王国"。《汉书·西域传》记载："山国，王去长安七千一百七十里，户四百五十，口五千，胜兵千人。辅国侯、左右将、左右都尉、译长各一人。西至尉犁二百四十里，西北至焉耆百六十里，西至危须二百六十里，东南与鄯善、且末接。山出铁，民山居，寄田籴谷于焉耆、危须。"

尉犁这个古地名一直保留至今，也就是今天新疆库尔勒市南面的尉犁县。从尉犁县城东行120公里，则进入墨山国境内，地处库鲁克塔格山与孔雀河之间，东与汉代楼兰国相邻。汉代的墨山显然指库鲁克塔格山。

《水经注》卷二《河水》提到墨山国。文中记载："河水又东迳墨山国南，治墨山城，西至尉犁二百四十里。"这里的"河水"是指库鲁克塔格山南面的孔雀河。张骞通西域的时代，库鲁克塔格山南麓的墨山国已创造了城市文明。

东汉初年，墨山国一度被北方强邻焉耆国占领。公元94年，西域都护班超发兵讨伐焉耆，才使尉犁、危须、山国等西域小国摆脱焉耆王的羁绊❶。东汉末，各地不断爆发农民起义，东汉统治者再也无力顾及西域，不得不从西域撤军。于是塔里木盆地诸国相互攻伐，发生了一系列弱肉强食的兼并战争，丝绸之路中道的"尉犁国、危须国、山王国皆并属焉耆"❷。墨山国此后一直在焉耆国的统辖之下。楼兰出土的魏晋文书提到"山城"❸，楼兰附近的山城就是原来墨山国都——墨山城，这时墨山国早就被并入焉耆版图。

三十三、劫国

---

❶ （南朝宋）范晔：《后汉书》卷八十八《西域传》记载，"永元六年，都护班超发诸国兵讨焉耆、危须、尉黎、山国，遂斩焉耆、尉黎二王首，传送京师，县蛮夷邸。"
❷ （晋）陈寿：《三国志》卷三十《乌丸鲜卑东夷传》裴松之注，引三国魏鱼豢《魏略·西戎传》，崇文书局，2009年，第389页。
❸ 林梅村：《楼兰尼雅出土文书》，文物出版社，1985年。

劫国是西域古国，在今昌吉市区北。因为一个广为流传的与观音出生相关的美丽传说，汉西域三十六国之一的劫国成为关注点。昌吉一地更宣称它是观音的"老家"。为什么呢？相传西域曾有劫国，国王有三女，大曰妙庄，次称妙音，三女则叫妙善。这妙善便是观音，后来修到普陀山，成了仙人菩萨……《汉书·西域传》记载："劫国，王治天山东丹渠谷（今新疆乌鲁木齐附近），去长安八千五百七十里。户九十九，口五百，胜兵百一十五人。辅国侯、都尉、译长各一人。西南至都护治所千四百八十七里。"西汉神爵二年（公元前60年），始属西域都护，后并于车师后部。

三十四、狐胡国

狐胡国是西域城郭诸国人数较少的一个绿洲农业小国，又称"狐胡"。《汉书·西域传》记载："狐胡国，王治车师柳谷，去长安八千二百里。户五十五，口二百六十四，胜兵四十五人。辅国侯、左右都尉各一人。西至都护治所千一百四十七里，至焉耆七百七十里。"

三十五、渠犁国

渠犁国是西域古代小国，与且末、精绝等国相接，《汉书·西域传》记载："渠犁，城都尉一人，陌三十，口千四百八十，胜兵百五十人。东北与尉犁、东南与且末、南与精绝接。西有河至龟兹五百八十里"李广利伐大宛后，西汉即在此屯田，设使者校尉领护。公元前60年始属西域都护。东汉时并于焉耆。唐在其地置渠犁都督府。

三十六、乌垒国

乌垒为古西域国名，在今轮台县境内。《汉书·西域传》记载："乌垒，户百一十，口千二百，胜兵三百人。城都尉、译长各一人。

第2章 世纪初年连接西域的四大世界帝国

与都护同治。其南三百三十里至渠犁。"西汉神爵二年（公元前60年），为西域都护府治所。唐属龟兹都督府管辖。

小宛、戎卢、扜弥、渠勒四国全部在今和田地区东部一带，均已被塔克拉玛干大沙漠淹没。

此外，还有大宛、安息、大月氏、康居、浩罕、坎豆提、罽宾、乌弋山离等十几个当时属于西域的国家，现都不在我国境内了。

按蔡东藩的《前汉通俗演义》的考证：

南道诸国：婼羌国、楼兰国（后名鄯善）、且末国、小宛国、精绝国、戎卢国、扜弥国、渠勒国、于阗国、皮山国、乌秅国、西夜国、蒲犁国、依耐国、无雷国、难兜国。

北道诸国：乌孙国、康居国、大宛国、桃槐国、休循国、捐毒国（与身毒不同，身毒不入《西域传》）、莎车国、疏勒国、尉头国、姑墨国、温宿国、龟兹国、尉犁国、危须国、焉耆国、车师国（亦名姑师）、蒲类国、狐胡国、郁立师国、单桓国。

葱岭外诸国：大月氏国、大夏国、罽宾国、乌弋山离国、犁靬国、条支国、安息国、奄蔡国。❶

西汉政府每年都派使者到西域各国巡察，主要职责是册封小国国王和任免主要官吏，帮助西域都护处理西域各国的重大问题。

西汉政府保留西域小国，立其属国王族为王，用其属国人为官，治理其土地，统率其人民，不设郡县，不征租赋，目的是联合西域各国共同对付匈奴，保卫西北边防，维护国家的统一。这个根本目的基本上实现了。这个政策也得了西域各国的拥护。《汉书·西域传》结尾记载："西域思汉威德，咸乐内附。"但这个政策有很大的局限性，它不利于改变西域各国的落后习俗，不利于减轻西域各族人民的负担，不利于促进西域各地社会经济的发展。一旦中央政府衰弱，西域小国便会乘机分裂叛乱，破坏国家的统一。这是这个政策的致命弱点。

---

❶ 蔡东藩：《前汉通俗演义（下）》，线装书局，2014年，第336页。

域外的几个丝绸之路大国

上文所述的都是汉代归属中国境内的西域诸国。大西域的范围则包括今亚洲中、西部,印度半岛,欧洲东部和非洲北部的这一大片区域,即葱岭以西的整个西方世界。如上文提到的大宛、安息、大月氏、康居、浩罕、坎豆提、罽宾、乌弋山离等国,都不在我国境内了。另外,还有西汉末的五十五国与三十六国变动的国家等。这些葱岭外诸国和从三十六国衍变出的国家如下。

一、罽宾国

罽宾国又作凛宾国、劫宾国、羯宾国,位于喀布尔河下游和克什米尔,国都为循鲜城,也是邻接中国的大国。地处南道干线罽宾乌弋山离道的要冲,是从中国、中亚、西亚进入印度次大陆的必经之地。《汉书·西域传》记载:"罽宾国,王治循鲜城,去长安万二千二百里。不属都护。户口胜兵多,大国也。东北至都护治所六千八百四十里,东至乌秅国二千二百五十里,东北至难兜国九日行,西北与大月氏、西南与乌弋山离接。昔匈奴破大月氏,大月氏西君大夏,而塞王南君罽宾。塞种分散,往往为数国。自疏勒以西北,休循、捐毒之属,皆故塞种也。"

公元前2世纪中叶,天山以北的塞人受到大月氏人的压迫而南迁,一部分由塞王统率从悬度进入克什米尔,另一部分被迫南迁大夏。

大月氏占领阿姆河流域牧地后,西南方的塞人部落联盟受到很大的威胁。张骞从大月氏归国后不久,马萨革泰、萨卡拉瓦克和帕喜等塞人便冲破安息北部边疆。公元前127年,塞人从马里和赫拉特大道大举南侵,杀害了安息王弗拉特二世,占据了德兰琴亚那和阿拉科西亚二郡。以后大部分塞人和安息人杂居,占领了这块称为锡

第2章 世纪初年连接西域的四大世界帝国

斯坦的地方。

另一部分塞人不愿受安息人控制,在公元前120年左右向东越过苏里曼山的木拉山口到达印度河中游。二三十年后,这些塞人陆续南下占据了次大陆西海岸巴塔拉和苏拉斯特拉一带,建立了若干个塞人小国。部分塞人溯印度河北上,由喀布尔河流域和旁遮普进入克什米尔。在弗拿那统治时期,阿拉科西亚和喀布尔就由贵族斯帕立里斯和斯帕拉卡达姆父子掌权。《汉书》上的罽宾国王乌头劳就是斯帕立里斯钱币上铭刻的"王兄"或"王弟"的音讹,意思是"宰辅"。

罽宾地处丝绸之路南道上的一条重要支线之上,罽宾商人经常来往中国。从汉武帝以来,罽宾和中国已有往来。自汉武帝始通罽宾,罽宾王自以为自己地处偏远,汉兵不能至,所以在公元前55年前后,罽宾王乌头劳和他的继任者贪图中国使者的财物,数次剽杀汉使。鉴于罽宾王态度反复无常,汉朝对罽宾的通使逐渐冷淡。乌头劳死后,子代立,汉成帝时罽宾又遣使要求言好。汉使关都尉文忠送其使。罽宾王复欲害汉使关都尉文忠。文忠察觉后,与容屈王子阴末赴合谋,攻罽宾,杀其王,立阴末赴为罽宾王,授印绶。当时以奉献为名的罽宾使者,实都是"行贾贱人,欲通货市买,以献为名,故烦使者送至悬度"[1],沿途行旅艰困,"凡遣使送客者,欲为防护寇害也"[2]。因到罽宾的路起自皮山以南,须经都护管辖以外的小国四五,历大头痛、小头痛山、赤土、身热之阪,又有三池、磐石阪,"行者骑步相持,绳索相引"[3],经两千余里才到悬度陡谷。因此,汉使也常仅至皮山而还,而罽宾贪图汉的馈赠和商货,常数年派遣一次,保持不断。

---

[1] (东汉)班固:《汉书》卷九十六上,《西域传》,中华书局普及本,2007年,第965页。
[2] (东汉)班固:《汉书》卷九十六上,《西域传上》,中华书局普及本,2007年,第966页。
[3] (东汉)班固:《汉书》卷九十六上,《西域传》,中华书局白文普及本,2007年,第966页。

二、乌弋山离国

乌弋山离国为中国西汉时不受西域都护府辖制的西域古国。《汉书·西域传》记载:"王去长安万二千二百里。不属都护。户口胜兵,大国也。东北至都护治所六十日行,东与罽宾、北与扑挑、西与犁靬、条支接。"其所在位置有二说:一说认为其所在之地应为今阿富汗西北部的赫拉特一带,一说此国应在今伊朗东南的卑鲁斯斯坦。

三、乌孙国

乌孙是中国西北古代国名。乌孙于西汉初期至南北朝初期游牧于天山以北伊塞克湖南岸至伊犁河流域一带,国都赤谷城位于伊塞克湖南岸,另说在纳林河畔。乌孙有"户十二万,口六十三万,胜兵十八万八千八百人",是一个游牧国家,"不田作种树,随畜逐水草,与匈奴同俗。国多马,富人至四五千匹,民刚恶,贪狠无信,多寇盗,最为强国"❶。

公元前2世纪初叶,乌孙与月氏均在今甘肃境内敦煌、祁连间游牧,北邻匈奴。乌孙王难兜靡被月氏攻杀,他的儿子猎骄靡在匈奴冒顿单于的帮助下,得以复国。后来联合匈奴冒顿单于进攻月氏,获得大胜。在月氏大部南下后,乌孙便放弃了敦煌、祁连间故土,迁至伊犁河流域游牧,后来与汉朝共同对付匈奴,为此与汉朝联姻。先后有细君、解忧公主下嫁乌孙,汉朝每次都赠送甚丰。

公元前72年,解忧公主与昆弥翁归靡遣使上书,热望汉朝出兵以救乌孙。汉发兵15万骑,分道并出,助乌孙作战。至公元前71年,大败匈奴。同年冬季,匈奴单于率数万骑兵进攻乌孙,遇到天降大雪,一日深丈余,人、畜生还者不及十分之一。公元前70年至公元前69年,丁零、乌桓、乌孙乘机三面进攻匈奴,匈奴人、畜大减,从此更见

---

❶ (东汉)班固:《汉书》卷九十六下,《西域传》,中华书局,2005年,第2875页。

第2章 世纪初年连接西域的四大世界帝国

衰弱,属国瓦解。汉武帝联合乌孙"断匈奴右臂"的计划经过整整半个世纪的经营,终获成功。

从公元前53年起,乌孙有了大小昆弥两个王统,分疆而治。二者都是内讧迭起,变乱丛生。终西汉之世,汉朝皇帝和西域都护尽力设法为乌孙排难解纷。《汉书·西域传》总结这一情况说,从乌孙分立两昆弥后,"汉用忧劳,且无宁岁"。公元74年至公元83年,乌孙仍有大小昆弥之分。

四、康居国

康居是古代中亚的游牧民族,游牧范围大致在今哈萨克斯坦南部及锡尔河中下游,在中亚形成一个大部落联盟。西汉时,地处大宛西北,大月氏之北,乌孙以西,奄蔡之东,丁令、坚昆以南。《汉书·西域传》记载:"康居国,王冬治乐越匿地。到卑阗城。去长安万二千三百里。不属都护。至越匿地马行七日,至王夏所居蕃内九千一百四里。户十二万,口六十万,胜兵十二万人。东至都护治所五千五百五十里。与大月氏同俗。东羁事匈奴。"康居东界乌孙,西达奄蔡,南接大月氏,东南临大宛,约在今巴尔喀什湖和咸海之间。北部是游牧区,南部是农业区。南部城市较多,有五小王分治。

康居与大月氏同是突厥系的游牧民族。自锡尔河下游至吉尔吉斯平原,是康居疆域的中心地带。康居随季节的变化而迁移牧地,冬季南下栖息于锡尔河一带"乐越匿地",夏季北上至"蕃内",两地相距数千里。

康居是最早与汉朝建立联系的西域诸国之一。张骞通西域以前,汉朝已传闻遥远的西方有康居人。张骞从西域归国后说,康居在中亚虽然部众不少,但仍然南羁事月氏,东羁事匈奴。

公元前103年,西汉伐大宛时,康居曾有意援助大宛,未遂。公元前58年始,匈奴内乱,五单于纷争。汉拥立呼韩邪单于,而郅支单于怨望,杀汉使者,西阻康居。至公元前56年,郅支单于与其弟呼韩邪单于对立。呼韩邪南迁归汉,郅支则率部众向西北迁徙,先设王庭于坚昆,后移至康居领域内,在都赖水上兴建了郅支城,扩张势力。公元前36年,西域都护甘延寿、副校尉陈汤率兵发西域诸国,兵西越帕米尔至康居,诛灭郅支单于,稳定了西域形势,但康居对汉仍长期采取敌对态度。至成帝时,康居遣子侍汉,贡献,然自以绝远,独骄慢,不肯与诸国相望。

公元元年前后,康居强盛,曾威胁其南邻大月氏。1世纪中叶,贵霜统一大月氏,国势转盛,康居则渐趋衰败。至3世纪时似仍游牧于锡尔河中游,势力远不如两汉时代。

康居人擅长经商,常常往返于中亚全境,康居因而成为中亚各国交换国情及传播文化的媒介站。张骞出使大夏时,康居还是一个弱小之国,经常派遣质子来汉,且常贡献礼品。

五、蒲类国

蒲类国原址在今新疆巴里坤湖附近。《汉书·西域传》记载:"蒲类国,王治天山西疏榆谷,去长安八千三百六十里。户三百二十五,口二千三十二,胜兵七百九十九人。辅国侯、左右将、左右都尉各一人。西南至都护治所千三百八十七里。"当地人能做弓矢,训好马,勇猛善战,早期信仰萨满教。自古以来,蒲类就是兵家必争之地。随着丝绸西传和佛教东传引发的利益冲突,蒲类更是战火连年,狼烟四起。公元前60年,汉军破姑师,分置车师前后国、蒲类前后国等共八国,东汉时唯蒲类前国尚存。东汉末至隋,蒲类曾先后为鲜卑、突厥属地,也曾为匈奴右部地,后属姑师。

六、大月氏国

大月氏国在大宛西南。公元前5至公元前2世纪初游牧于张掖至敦煌一带,势力强大,为匈奴劲敌。后为匈奴所迫,迁徙到中亚地区。《汉书·西域传》记载:"乃远去,过大宛,西击大夏而臣之,都妫水北为王庭。"其在先秦时代的古籍中译作禺知、禺氏、牛氏等,后来也有译作月支的。

张骞通西域,最早就是和大月氏人打交道,从他们那里得知一些更远的国家,如安息。安息是当时一个重要的国家。《汉书·西域传》记载:"其属小大数百城,地方数千里。最大国也。"其疆域北至里海,南抵波斯湾,东接大夏、印度,西到幼发拉底河,从安息西行可通罗马帝国的安提阿克和利凡特等工商城市,通过条支也可由海道前往埃及,可以沟通欧、亚、非三洲。

月氏与汉朝面临着一个共同的强敌——匈奴。所以大月氏是汉朝的"同盟军",在西域多次支持汉西域长史班超,助其平定疏勒,击破莎车。后来,阎膏珍自恃为大国之君,且有功于汉,欲求娶汉室公主以结盟好。但在班超眼里,月氏(贵霜)同西域属国一样,是汉朝的藩属,不应同汉室分庭抗礼,断然拒绝了阎膏珍的请求。此事大大刺伤了阎膏珍的自尊心,于是于公元90年派副王谢来攻班超,结果败归求和,自此年年向东汉朝献贡。

七、大夏国

大夏国是张骞出使西域回来后首次提及的西域古国之一,其居民可能是塞种人的一支。公元前255年,希腊人狄奥多特斯据巴克特里亚独立。"大夏"应为 Tochari 的汉译。中国史籍将主要由塞种人诸部控制的巴克特里亚地区称为大夏。大月氏西迁后,在阿姆河北建立王庭,仍然是拥有40万人、胜兵10万人的游牧大国,南接罽宾,西通安息,北连康居。公元前126年,大月氏又吞并大夏。

斯特拉波引阿波罗多勒斯的著作《希腊神话志》,提到四种外国人征服了巴克特里亚,其中的 Tokhari(吐火罗)便是中国所称"大夏"的由来。大夏古读Tokha，指入侵阿富汗的月氏人。公元前2世纪，大夏各部独立，物产富饶，人口多达100多万，而民风羸弱，大月氏迁入河间地，立即臣服了大夏，不久又加以吞并，大夏故地成为大月氏的国土，大月氏也随之南迁到阿姆河南的蓝氏城。北道出葱岭由大宛经康居，南至大月氏，必须经过粟特。南道出葱岭由休密而西至大月氏，所经都是大夏故地。

月氏各部族在1世纪上半叶由贵霜翕侯丘就却统一五翕侯，又吞并濮达、罽宾，席卷喀布尔河流域和印度河地区，驱除了帕提亚人统治的残余，在阿姆河流域和印度河流域之间建立了强大的贵霜帝国。丘就却的儿子阎膏珍继位，向东拓土到马图拉，塞人向古查拉特迁徙，臣服于贵霜。不久以后，贵霜王朝在迦腻色迦王统治时期达到极盛，领土北起河间地，南至印度河口和德干高原，东至孟加拉西部，并一度越过葱岭入侵于阗、莎车和疏勒。

史书论证，大夏国与吐火罗完全就是同音异写，大夏即吐火罗。如果真是这样的话，那么大夏故地在中国西北地区，大夏人生活中心大致在今新疆和田一带，属东伊朗人种，是塞种人的近亲。大夏很早就与中原地区有交往。

八、犁靬国

犁靬国是中国史籍对大秦（即罗马，包括埃及、叙利亚在内的罗马帝国的东方领土）的别称，是古代中国对罗马帝国及近东地区的称呼。随着丝绸之路的开通，东西方文明加速了交流。当时的中国认为，罗马帝国就像中国一样拥有高度文明，而罗马正位于丝绸之路的终点，因此把她命名为"大秦"。

犁靬，又作犁鞬、黎轩。《后汉书·西域传》记载："大秦国一名犁鞬。"《魏书·西域列传》记载："大秦国，一名黎轩。"据此，则犁靬应指古罗马帝国。自两汉时已和我国有交通关系。

西汉使者从未直接到达罗马,东汉时期足迹最接近罗马的大概是班超与甘英。班超于公元97年率军到达里海,并派遣部下甘英出使大秦,而甘英最远到达地中海西岸,准备渡海去罗马帝国的首都时,被安息人阻止。由此可见古代中国人冒险远行的辉煌。

九、条支国

条支国在今叙利亚、伊拉克一带,也是西域丝绸之路上的一小国。条支为西亚古国名,在今伊拉克境内底格里斯河和幼发拉底河之间,为塞琉古(塞琉西)王国建立。

早在公元前139年,张骞就得知西方有一个条支国,并遣使该地。条支的地理位置泛指美索不达米亚地区。美索不达米亚包括在阿拉伯半岛地区的伊朗高原,其西有塞姆语系的古代阿拉伯人居住。在甘英之前,汉朝派往西域的使节最远到达乌弋,没有一个人到达条支。公元前64年,条支亡于罗马。公元97年,班超派甘英出使大秦。

据《后汉记》记载,当时汉人又称大秦国为黎轩,在条支国大海之西。甘英历尽艰辛,从皮山出发,西南向经悬度,历罽宾,又经60余日行至乌弋山离国。甘英一行又自乌弋山离向西南行百余日到达条支。条支国都城在山上,城周40余里。甘英在条支国的西境准备乘船前往大秦。甘英在安息人的恫吓下,没有踏上罗马帝国的土地。安息国人之所以要夸大航海的艰难,目的是阻断汉朝与罗马帝国间的直接交往,垄断丝绸贸易。

十、安息国

安息国即帕提亚王国,为西亚古国,位于伊朗高原,建于公元前247年,开国君主为阿尔萨息,汉朝取阿尔萨息王朝的汉语音译"安息"作为国名。其原为波斯帝国一行省,公元前3世纪中叶独立。

安息王朝长期和中亚游牧部落密切来往。初期，阿尔萨息尚承认塞琉西王国的宗主权。公元前190年，塞琉西王国被罗马打败后，安息乘机大举西进。公元前147年，占领米底。公元前141年，占领两河流域重镇塞琉西。公元前129年，占领伊朗本土和两河流域。

安息王朝的政治制度基本延续波斯旧制，又受到希腊化制度的影响，且本身也长期保持较多的游牧部落遗风。国王由御前会议从宗室成员中选举产生，且权力有限，王权不如前代强大。密特里达特司二世上台后改革兵制，建立骑兵为主的军队。安息王朝曾东面击败游牧部族塞种人，扩张至阿姆河；西面多次打败塞琉西，迁都至塞琉西附近的泰西封城。

安息为丝绸之路必经之地。从公元前1世纪中叶起，安息与罗马之间的战争不断，但与中国关系密切。张骞出使西域时，安息积极配合，东西方形成了一条重要的国际商道——丝绸之路。

《汉书》记载："安息国，王治番兜城，去长安万一千六百里。不属都护。北与康居、东与乌弋山离、西与条支接。土地风气，物类所有，民俗与乌弋、罽宾同。亦以银为钱，文独为王面，幕为夫人面。王死辄更铸钱。有大马爵（即鸵鸟）。其属小大数百城，地方数千里，最大国也。临妫水，商贾车船行旁国。书革（即书写于皮革），旁行（横行）为书记（书信）。武帝始遣使至安息，王令将将二万骑迎于东界。东界去王都数千里，行比至，过数十城，人民相属（即连接不断）。因发使随汉使者来观汉地，以大鸟卵及犁靬眩人（玩魔术的艺人）献于汉，天子大悦。安息东则大月氏。"[1]

公元97年，甘英出使大秦（罗马），行抵安息西境。公元前1世纪，安息和罗马交往，但是由于罗马的狂妄，双方很快兵戎相见，交战不断，互有胜败。国内的内乱和分裂使得安息衰落下去。各地建立起许多独立或半独立的小王国，安息仅为名义上的宗主。尤其是波

---

[1]（东汉）班固：《汉书》卷九十六，《西域传》，中华书局，2005年，第2867页。

第2章 世纪初年连接西域的四大世界帝国

斯地区,历来自视为伊朗文明的正统,鄙视安息人。波斯斯塔赫尔城王公阿达希尔一世于224年击毙安息国王阿塔巴努斯五世,占领泰西封。安息灭亡,伊朗历史进入封建时代。

十一、奄蔡国

康居西北有奄蔡国,奄蔡国是古代游牧民族建立的西域古国,位于丝绸之路上。康居、大月氏、匈奴人都是西迁的东方游牧民族,他们的风俗习惯与西方的游牧民族不同,而奄蔡的风俗习惯却与康居、大月氏、匈奴相同,可见奄蔡人早先也是东方的游牧民族。张骞到康居国时,就已知道康居西北的邻国为奄蔡国,故奄蔡人的西迁至迟应在秦汉之交。奄蔡国在西域算是一个中等国力的国家。奄蔡国于东汉时改称阿兰、聊国,属康居。

十二、身毒国

身毒即天竺。张骞出使西域于大夏就听闻有身毒国。据《史记》所载,"身毒"一词系张骞在大夏时从大月氏人处得知的印度名称。《史记·西南夷列传》记载:"及元狩元年,博望侯张骞使大夏来,言居大夏时见蜀布、邛竹杖,使问所从来,曰'从东南身毒国,可数千里,得蜀贾人市。'或闻邛西可二千里有身毒国。"身毒,汉时又称作天笃、捐毒、县(悬)度、天督,后又有译作天竺、贤豆等。捐毒和县(悬)度见于《汉书》。《汉书·西域传》记载,皮山国"南与天笃接",无雷国"北与捐毒,西与大月氏接"。"捐毒国,王治衍敦谷……东至疏勒,南与葱岭……西上葱岭,则休循也。西北至大宛千三十里,北与乌孙接。"《后汉书·西域传》记载:"天竺国一名身毒,在月氏之东南数千里。"

西南丝绸之路是中国和南亚、东南亚商贸交往的重要陆上通道。从《史记》的记述中了解到西汉时通过"蜀身毒道"交易到印度的商品至少有邛竹杖和蜀布。随着历史的发展,沿西南丝绸之路进行的商贸往来愈加频繁，商品种类不断丰富，中国和南亚、东南亚诸国的经济联系更加紧密。

十三、郁立师国

郁立师国约在阜康至米泉一带。《汉书·西域传》记载："郁立师国，王治内咄谷，去长安八千八百三十里。户百九十，口千四百四十五，胜兵三百三十一人。辅国侯、左右都尉、译长各一人，东与车师后城长、西与卑陆、北与匈奴接。"

十四、单桓国

单桓国是汉西域三十六国之一，地在今乌鲁木齐西北郊。《汉书·西域传》记载："单桓国，王治单桓城，去长安八千八百七十里。户二十七，口百九十四，胜兵四十五人。辅国侯、将、左右都尉、译长各一人。"单桓国人口在当时西域诸国中是最少的。

西汉末西域五十五国

西汉后期，由于政治腐败，社会经济衰落，西域都护在西域地区的权威和作用也日益下降。西域地区各国互相攻伐，内部不断发生内乱，到哀帝、平帝时期，西域由原来所谓的三十六国分裂为五十五国。除康居、大月氏、安息、罽宾、乌弋山离五国在今帕米尔之西、之南，不属西汉领土外，其余50国都属西域都护管辖。也就是说，在公元2年，西域的行政区域分为50国。再后来散为百余国。三国时期，百余国分别被鄯善、于阗、龟兹、车师、疏勒、焉耆六国吞并。

按史籍记载，西汉后期的变乱导致西域的"国"变动较大。

一、且弥国

且弥国的故址在今新疆乌鲁木齐和昌吉、呼图壁县境内，后分

第2章 世纪初年连接西域的四大世界帝国

为东、西二国。西且弥国都城在天山东于大谷，距长安8670里。国有332户，人口1926人，军队738人。设西且弥侯、左右将、左右骑君各1人。西南至都护治所1487里。东且弥国都城在天山东兑虚谷，距长安8250里。国有191户，人口1948人，军队572人。设东且弥侯、左右都尉各1人。西南至都护治所1587里。后分为东西两部。东汉时并入车师后部。且弥国在天山脚下，水草丰美，也是西北重镇。这里又属汉代都护府所辖，与城郭诸国进行着经济贸易，促进了文化和技术的交流。

二、卑陆国

《汉书·西域传》记载："卑陆国，王治在天山东乾当国。去长安八千六百八十里。户二百二十七、口千三百八十七，胜兵四百二十二人。辅国侯、左右将、左右都尉，左右译长各一人，西南至都护治所千二百八十七里。"卑陆国分布在今准噶尔盆地南缘至乌鲁木齐市东南一带。

三、乌贪訾离国

乌贪訾离国是天山北诸国中除乌孙外最北边的一个小国，分布在今乌鲁木齐西北的玛纳斯。《汉书·西域传》记载："乌贪訾离国，王治于娄谷。去长安万三百三十里。户四十一，口二百三十一，胜兵五十七人。辅国侯、左右都尉各 人。东与单桓、南与且弥、西与乌孙接。"

四、卑陆后国

卑陆后国在卑陆国西，准噶尔盆地东南缘。《汉书·西域传》记载："卑陆后国，王治蕃渠类谷。去长安八千七百一十里，户四百六十二，口一千一百三十七，胜兵四百二十二人。辅国侯、都尉、译长各一人，将二人。东与郁立师、北与匈奴、西与劫国、南与车师接。"

五、蒲类后国

蒲类后国是古西域国名。《汉书·西域传》记载:"蒲类后国,王去长安八千六百三十里,户一百,口千七十,胜兵三百三十人。辅国侯、将、左右都尉、译长各一人。"蒲类后国人数较少,且游牧无定居之所,故王无治所。其地域范围为今巴里坤湖西至木垒哈萨克自治州之间,北面与匈奴为邻。

六、车师前国

车师前国为古西域国名,其所在地即今天的交河故城,位于新疆吐鲁番市西郊的亚尔乃孜沟西河床之间的一个呈柳叶形的河心洲上。车师原名姑师,公元前48年,分其地为前、后两部,皆属西域都护府。前部治交河城,后部治务涂谷。《汉书·西域传》记载:"王治交河城。河水分流绕城下,故号交河。去长安八千一百五十里。户七百、口六千五十,胜兵千八百六十五人。辅国侯、安国侯、左右将、都尉、归汉都尉、车师君、通善君、乡善君各一人,译长二人。西南至都护治所千八百七十里,至焉耆八百三十五里。"

交河故城是古代西域三十六国之一的车师前国的都城,现存遗址均属唐代时期建筑群落,是目前全国现存面积最大的、保存最完整的生土建筑遗址。西汉初年,匈奴的势力伸展到西域,征服了塔里木盆地北缘诸国,匈奴大单于置"僮仆都尉"于北道的焉耆、危须、尉犁之间,把被征服各国人民视为僮、仆,百般虐待,榨取他们的财富,统治非常严苛。在匈奴的策动下,车师、楼兰常常劫掠汉使,遮断道路。公元前108年,汉将王恢率轻骑破楼兰,赵破奴破姑师。以后汉军在车师一带与匈奴交战,匈奴在宣帝时分裂,日逐王于公元前60年归汉。匈奴设在西域的"僮仆都尉"遂废。汉于其地设"西域都护"治乌垒城,诸国完全臣属于汉,天山南北丝绸之路完全打通。汉设戊己校尉屯车师前王庭,东汉班勇任西域长史时,屯前部柳中。

第2章 世纪初年连接西域的四大世界帝国

七、车师后国

车师后国是古西域国名。《汉书·西域传》记载:"车师后国,王治务涂谷。去长安八千九百五十里,户五百九十五,口四千七百七十四,胜兵千八百六十五人。击胡侯、左右将、左右都尉、道民君、译长各一人。西南至都护治所千二百三十七里。"车师后国的地域在今博格多山脉北麓至奇台西南,务涂谷在二者之间。

八、车师都尉国

车师都尉国是古西域国名。《汉书·西域传》记载:"车师都尉国,户四十、口三百三十三、胜兵八十四人。"其位于天山南麓,即今高昌古城一带。车师都尉国是西域中人口较少的国家。由于其地理位置重要,东汉戊己校尉曾居于此,治所在高昌壁。

九、车师后城长国

车师后城长国在今新疆昌吉回族自治州奇台县周围。《汉书·西域传》记载:"车师后城长国,户百五十四、口九百六十、胜兵二百六十人。"

东汉时期的西域

王莽篡汉后,实行歧视西域诸国的政策。例如:把西域诸国的国王一律改封为"侯",收回西汉政府赐给匈奴的"匈奴单于玺",改赐"匈奴单于章",降低了匈奴的地位。这引起了西域诸国和匈奴的不满。另外,西汉原来设立的戊己校尉刀护的副贰史陈良、终带不满王莽篡汉,杀戊己校尉,自称"废汉大将军",亡入匈奴,西域诸国也纷纷投靠匈奴。匈奴再次控制了西域,加重了西域各国的赋税。

当时,只有莎车一国不肯归附匈奴,并率附近小国与其对抗。莎车王延在西汉元帝时曾经作为侍子久居长安,对中原文化非常倾慕。由于莎车的存在,匈奴未能控制整个西域。

公元29年，河西大将军窦融立莎车王延的儿子康为"莎车建功怀德王、西域大都尉"。据说当时西域有55个国家，都归康统辖。公元33年，莎车王康去世，其弟贤即位，继续奉行亲汉的政策，贤和鄯善王共同遣使至东汉，请求向西域派遣都护，中原与西域从此恢复了中断数十年的直接联系。莎车王贤希望自己做东汉的西域都护，借助东汉的力量兼并周边诸国。

但是汉光武帝只是赐给贤"汉大将军"的印绶，没有满足他的要求。贤因此怀恨在心，诈称自己是东汉的"大都护"，通告各国。各国都表示服从，尊称他为"单于"。由于贤借势压榨西域各国，鄯善、车师等西域18国请求东汉派出西域都护。光武帝因中原未完全平定，没有答应他们的请求。莎车王贤发动了对西域诸国的战争。他发兵攻打鄯善，杀死龟兹王，远征大宛，征服于阗。西域诸国得不到东汉的援助，只好投靠了北匈奴。而莎车由于连年用兵，又遭匈奴围攻，日益衰落，于公元61年被于阗所灭。

不断壮大的北匈奴又开始入侵河西地区。73年，汉明帝派大将窦固出击北匈奴，将北匈奴呼衍王驱逐到天山的蒲类海。这是东汉首次进入西域，并留官兵在伊吾屯田，后又降服了车师。公元74年，东汉恢复设立西域都护和戊己校尉，再次对西域进行有效的管辖。

两年后，在北匈奴的支持下，焉耆、危须、尉犁等国叛乱，攻杀西域都护、戊己校尉。时逢东汉社会动荡，东汉政府遂废弃了都护府制度，取缔了伊吾屯兵。自此，西域与中原的联系再次中断。

与此同时，时任假司马（官职名，司马的副职）的班超正出使西域，受命在天山南麓联合西域各国对抗匈奴。班超收复了鄯善、于阗、疏勒、姑墨等国，并在疏勒留居18年，对抗匈奴的进攻，有力地稳定了西域的政治局势。而此时的北匈奴已四面受敌，又不断受到南匈奴、鲜卑的攻击，部落叛离，实力锐减。87年，班超降服了莎车，丝绸之路南道得以畅通。和帝继位后，重又经营西域，派窦宪、耿夔攻打北匈奴。公元91年，北匈奴大败，匈奴王逃跑。班

第2章 世纪初年连接西域的四大世界帝国

超也击退了葱岭以西的贵霜帝国的进攻，龟兹等国都投降了班超。东汉在西域龟兹再设都护，班超任西域都护。后来，班超又征服了焉耆等国。由此，西域诸国全部归附东汉。

公元97年，班超因年老返回洛阳，由任尚接任都护。从汉和帝即位到班超卸任这段时期，是东汉经营西域的鼎盛期。班超离开后，西域诸国复叛。这次叛乱主要是因为任尚举措失宜、不得人心，汉安帝下旨罢黜都护。东汉势力撤出西域后，北匈奴重新控制西域，侵犯东汉西北边疆十多年。

123年，东汉派班超之子班勇为西域长史，进驻西域，驻守柳中屯田。班勇首先降服了鄯善、龟兹、姑墨、温宿等国，然后发兵车师前国和车师后国，击退了那里的北匈奴势力。127年，焉耆请降，天山南北再度归属东汉。这是东汉政府经营西域的第二个高峰期。

然而，至桓帝、灵帝时，东汉政权已无力掌控西域。西域诸国的离心倾向日益明显，与中原的关系终于在灵帝后期再度中断。

通往西域的道路

塔克拉玛干大沙漠古时就是一片浩瀚的沙海，因气候干燥、自然条件险恶、人迹罕至而一直被世人视作神秘的不毛之地。人类绕过这片沙漠中心地带，在北边或南边借助于一个个绿洲生存、游走。经过千百年，终于在流沙与山麓间走出了两条生命通道。这些道路经常被恶劣的狂风与流沙淹没，行走的人们和牲口因饥渴寒热而暴尸荒漠，于是这些路上经常白骨累累。

早在西汉以前，中国西北边陲的少数民族在向西迁徙时，就已经为这些道路的开通做了铺垫。汉通西域后，从玉门关、阳关往西的道路才终于被打通，丝绸之路才开始兴旺起来。《史记·大宛列传》记载，赴西域的使者"相望于道"，"一辈大者数百，少者百余人"从安息、身毒（印度）、大宛、大月氏、康居等地来的使者、商人络绎不绝，为了使人和货物沿着新开辟的道路畅行无阻，汉武帝在河

西域春秋——翻开2000年的西域卷轴

西走廊设立了武威、张掖、酒泉、敦煌四郡,后来汉朝又设使者校尉、西域都护,为丝绸之路的畅通提供军事保障。从此,丝绸之路的通行进入了一个崭新的阶段。在以后的1500多年间,虽因战乱侵扰、时局变迁、天灾降临,此路时断时续,但直到宋代海运发展之前,这条道路一直是我国与西方诸国对外交往的纽带与桥梁。

这条路以长安为起点,经河西走廊,出阳关和玉门关,沿塔克拉玛干沙漠周边,越过葱岭进入中亚细亚,最远到达地中海沿岸。

欧亚帝国之间的相互联系

1世纪初,世界上有四大帝国,分别是罗马帝国、汉帝国、贵霜帝国、安息帝国。这四大帝国都处在丝绸之路上,它们为丝绸之路文化的繁荣做出了贡献。在认识和探索西域发展史的过程中,尤其不能忽视它们在1世纪初的重要影响。正是这些不同的国家和民族、人种以及特殊的自然环境等,演绎了西域地区诸多丰富多彩的文化和荡气回肠的历史篇章。

威震一时和昙花一现的秦帝国与孔雀帝国

中国的主体民族是汉族,汉族得名于汉朝。这个赋予汉族为华夏主要民族的朝代——汉朝,是1世纪前后统治世界的四个帝国之一,也是中国历史上最强盛的王朝之一。

公元前221年,秦完成统一大业,便南取百越之地,设置桂林、南海、象郡,北却匈奴七百里,使胡人不敢南下而牧马。秦王政成为统一国家的元首,称始皇帝。

秦始皇多次巡游各地,勒石纪功,消除割据。他采取廷尉李斯不封侯王的主张,说:"天下共苦战斗不休,以有侯王。赖宗庙,天

第2章 世纪初年连接西域的四大世界帝国

下初定,又复立国,是树兵也,而求其宁息,岂不难哉?廷尉议是。"他的这一决定,一方面抑制了"封建"的再起,另一方面排除了宗法在政权结构中的作用。这是符合历史发展的客观趋势的,对以后的历史具有深远的影响。

然而,秦以暴力灭六国,同样以残暴的手段对待人民,在人民心中播下了反秦的火种。公元前210年,秦始皇死,次年农民起义爆发。公元前207年,秦亡。

与秦的兴起大体同时,在南亚次大陆出现了孔雀帝国。旃陀罗笈多于公元前4世纪末在摩揭陀建立了孔雀王朝。这个王朝通过兼并战争不断扩张。到第三代君主阿育王时期,除半岛南端以外,印度次大陆基本归于帝国版图。阿育王死后不久,孔雀帝国便四分五裂。孔雀帝国约维持到公元前187年,为巽加王朝所代替。

孔雀帝国和秦帝国都曾威震一时。但是,由于内部结构的不同,两大帝国瓦解以后的历史发展有了很大的差异。在印度,孔雀帝国解体后,直到4世纪才出现笈多王朝的局部统一局面。在中国,秦亡后,紧接着出现的是两汉四百年大一统的局面。

汉统一西域,开辟丝绸之路

两汉四百年间,金戈铁马,东临大海,西征西域,南服百越,北击匈奴……就西域来说,汉朝在丝绸之路的开拓上做出了史无前例的贡献。

汉朝和约同时期欧洲的罗马帝国并列为当时世界上的强大帝国。两汉时期奠定汉地范围,极盛时东并朝鲜、南包越南、西越葱岭、北达阴山。公元2年,在籍人口为六千万左右,占当时世界人口的三分之一。

汉朝文化统一,科技发达,中国四大发明中的造纸术,张衡发明的地动仪、浑天仪等就是在汉朝完成的。东亚文化圈正式成立,两汉为华夏文明的进一步发展和延续做出了巨大贡献。

汉朝是继秦朝之后的大一统王朝。公元前202年，刘邦建汉，在消灭异姓王和诸吕之乱后政局趋于稳定。汉文帝、汉景帝开创"文景之治"，汉武帝攘夷扩土，史称"汉武盛世"。至昭、宣时，西汉国力达到极盛。公元8年，王莽篡汉，西汉灭亡。公元23年，新莽覆灭。公元25年，东汉建立，确立与民休息的国策，开创了"光武中兴"。汉明帝、章帝沿袭轻徭薄赋的政策，开创"明章之治"，汉和帝继位后，开创"永元之隆"，东汉国力达到极盛。东汉中后期发生了戚宦之争和党锢之祸，于公元184年爆发黄巾起义，董卓之乱后，东汉名存实亡。公元220年，曹丕篡汉，东汉灭亡后，刘备建立蜀汉，中国进入三国时期。

西域对于中原政权的意义

从地理上看，西域（广义上的中亚地区）是中华文明区（以黄土高原和华北平原为核心）与西亚文明区及欧洲文明区之间的缓冲地带和交通通道。对于中原政权来讲，西域不仅是与欧亚其他文明交流的一个通道，更是防御和包抄蒙古草原游牧民族的有力手臂。

天山、阿尔泰山的山地牧场，伊犁河谷及沙漠中的绿洲，相当丰饶，这里的畜牧条件优于蒙古草原（不算沙漠地区的话）。由于沙漠和山地的阻隔，这里的游牧民族（一般都有少量农耕，农耕比例远远大于蒙古草原）无法像在蒙古草原那样纵横驰骋，但都占据一块相对固定和相对独立的牧场或绿洲。

定居比游牧更有利于文明的创造，所以西域地区较早时期便有一些小国创造了辉煌的文明。但沙漠地区水源不稳定，导致无法组织足够的军事力量抵御草原游牧民族的入侵。地理的阻隔使其无法形成相对统一的政治军事力量，易沦为大国的附庸，也形成了民族和语言的多样化。这种多样化不仅增加了沟通的困难，也使小国之

第2章 世纪初年连接西域的四大世界帝国

间易发生矛盾和战争。

到秦汉时期,随着中原地区形成一个强有力的帝国,生产力的发展增强了人们的远行能力,使中原帝国的力量进入西域成为可能。而此时蒙古草原上匈奴的强盛使西域成为汉匈之间争夺的重要场所。张骞出使西域的最重要目的,便是联合西域小国共同打击匈奴。汉朝在西域开拓的成功,除了军事上的强大保障外,根本的内因在于,汉朝先进的文明让西域诸国折服,中原地区的工具、技术及文化都远胜于匈奴,且与汉的交通往来能使西域诸国在经济上受益。

西域都护府的设立,打破了西域诸国林立、互不往来的隔离状态,在中央政府的统一管理之下,西域各地相互交流日益增多,增进了西域诸国、各族间的相互了解与信任,丝绸之路也增进了西域与内地的密切联系,增强了西域各地对中央政权的认同。

西域都护府的设立,保证了丝绸之路的畅通无阻,使西域与中原经济之间产生了持久而良性的互动,从而使西域地区的区域经济被纳入到整个汉朝的经济体系之中。汉朝发达的农业、手工业和商业对西域经济与社会的发展产生了重要影响。中原地区先进的生产技术、生产经验及熟练的劳动力给西域发展带来了新的因素,有效地促进了西域经济的发展。西域与中原地区的经济有着很强的互补性。西域与中原地区的文化交流也日益增多,中原地区的文化制度对西域产生了很大影响,如龟兹王绛宾从中原返回龟兹后,将中原的礼仪制度带回龟兹并加以实施。西域地区的音乐、舞蹈也传入内地,丰富了中华文化的内涵。

各国人民在这条中西交通要道上撒下了友谊的种子。生产商品互相流动,生产技术互相交流,西域的胡麻(芝麻)、胡豆(蚕豆、豌豆等)、胡瓜(黄瓜)、胡葱(大葱)、胡萝卜等植物和骆驼、驴、马的优良品种传入中原,内地的丝绸织品和铁器等工艺品、生产品不断输往西域,东西方的交流达到了前所未有的程度。陶器制造、冶金、毛纺织、皮革加工业等互相交流和发展。各国商人往来于丝绸之路上，形成了丝绸之路的兴盛。

十六国后凉吕光在统一西域后，曾设置西域大都护，行使主权。唐代时，边区各族先后统辖在唐朝政府下，之后也分别设置了都护府等。这些都是借鉴于汉代，适应了统一的多民族国家进一步形成和巩固的需要，有着积极的历史作用。

丝绸之路在西域境内的走向及影响

陆上丝绸之路以长安为起点，经过今陕西、甘肃及新疆等地前往中亚、西亚乃至西方各地。这条交通路线共分为东、中、西三段：从长安出发，途经陇西高原、河西走廊到玉门关一带为东段；由此往西，经过今新疆境内至帕米尔以东诸地为中段；再由此西行南到印度，西到中亚、西亚和欧洲各地为西段。在这中间，新疆地区是丝绸之路上最重要的路段。

两汉时期，丝绸之路的交通路线在离开起点长安后，西行经过河西走廊，分南北两道穿过新疆诸地，亦即《汉书·西域传》记载："自玉门、阳关出西域有两道。从鄯善旁南山北，波河西行至莎车，为南道，南道西逾葱岭则出大月氏、安息；自车师前王庭随北山，波河西行至疏勒，为北道，北道西逾葱岭则出大宛、康居、奄蔡焉。"

汉朝丝绸之路的拓展极大地带动和促进了西域社会经济的发展。丝绸之路经历的区域不同，使得更多区域的经济、生产技术、文化等丰富了汉朝的诸多领域，成为保障丝绸之路在当时蛮夷、荒芜的背景下得以延续下来的重要条件。所以，汉朝对凿通丝绸之路有着重要作用，而张骞以勇敢和强大的毅力出使西域，为东西方经济、文化交流开拓了一条史无前例的通道，同时也为我国的商业、生产和文化注入了新的血液和生机。

中西文化交流约始于秦汉时期，特别是汉武帝时代。公元前138年，

第2章 世纪初年连接西域的四大世界帝国

张骞第一次出使西域,越葱岭,经大宛、康居,抵大月氏,沟通了汉与西域诸国及中亚的关系。公元前119年,张骞受命再次出使西域。张骞在乌孙又分派副使到大宛、康居、大月氏、大夏,并与大秦(罗马帝国)建立了联系。此行使汉对西域与中亚诸国有了进一步的了解,且与大秦建立联系,使汉文化与希腊—罗马文化开始了解和交流。所以,张骞"凿空"标志着中西文化的交流,丝绸之路两端的沟通。

公元97年后,中国与西方罗马的文化和经济交流日趋频繁。2世纪时,以中国和罗马为两端的世界经济与文化交往,达到了一个高潮。罗马和中国的货物实现自由流通。中国的丝绸和香料沿着丝绸之路运往罗马帝国或中亚,从罗马换回金银。处在丝绸之路上的贵霜帝国和安息帝国,在维护交通、保护道路和保护商队方面,对促成东西方文化交流发挥了重要的居间作用。它们也从中征收通行税,得到利益。

两汉时代是古代中国的一段盛世时期。国都长安的地理位置使得中国的政治中心和最大的贸易市场更近于西域而远于海洋。与此对应,两汉时代对西域的政策也以积极互动为主流。由于当时中国是大一统帝国,对西域众多独立小国有着实力上的优势。因此,尽管新莽政权一度自绝于西域,两汉时期的丝绸之路贸易大体上仍处于起伏相通和绵延相续的状态。

西域春秋——翻开2000年的西域卷轴

连接南亚和中亚的大夏与贵霜帝国

贵霜帝国与中国渊源深厚。1世纪时，月氏族在中亚建立的贵霜帝国曾与当时的罗马帝国、安息帝国等并驾齐驱，而月氏发源于中国甘肃酒泉。月氏、乌孙"俱在祁连山敦煌间"，后迁往伊犁河流域。他们对中亚乃至世界历史产生过重大影响。

贵霜帝国地处东西方交通要道。贵霜王国作为文明和经济交流的枢纽，在丝绸之路的发展中发挥着举足轻重的作用。贵霜境内有各种文化传统、宗教信仰迥然相异的民族，这为东西方文化在其境内融合创造了有利条件。西方文化和商品的东传也为西部边疆乃至中原内地的文化生活等注入了新的元素。

史学界关于大夏名称的考证

大夏是张骞出使西域回来后首次提及的西域古国之一。张骞强调，大夏"在大宛西南二千余里，妫水南。其俗土著，有城屋，与大宛同俗。无大君长，往往城邑置小长。其兵弱，畏战。善贾市。及大月氏西徙，攻败之，皆臣畜大夏。大夏民多，可百余万。其都曰蓝市城，有市贩贾诸物。其东南有身毒国"。❶

公元前2世纪前的阿富汗斯坦，西方史籍中称其为巴克特里亚，是亚历山大东征后在中亚建立的殖民地之一。公元前2世纪中叶，里海北岸游牧人南下，进踞巴克特里亚。这批南下的游牧人中有一支自称为"吐火罗"。在这片土地上，自此又有"吐火罗"之名。之后，

---

❶（西汉）司马迁：《史记》卷一百二十三，《大宛列传》，中华书局，1959年，第3164页。

第2章 世纪初年连接西域的四大世界帝国

大月氏人进入该地。张骞西使入大宛,旋又转进康居、大月氏、大夏。

史载大月氏人原居我国甘肃敦煌一带,公元前170年,为匈奴人击败,西迁至伊犁河流域,后又再西迁至阿姆河与锡尔河一带。在张骞通西域见到大月氏时,他们的活动中心还在阿姆河的北部。公元前125年,大月氏南渡阿姆河,占领了阿姆河南部的巴克特里亚地区,史称大夏。大月氏人很快与大夏各族融合。在此民族融合的过程中,大月氏人占据统治地位。大月氏人把大夏分为五部,每部皆由首领统率,其首领称为翕侯。

大夏究竟是指哪个国家,目前学术界大致有两种意见。《简明不列颠百科全书》(1985年版)一书指出,大夏即希腊人所建的巴克特里亚王国,这种说法大多将吐火罗对应原籍在中国后来西迁至西域的大月氏或为大月氏的一部分。《辞海》(1999年版)一书指出,大夏即吐火罗。这种说法则认为大夏人原籍在中国,后西迁至西域并攻占了巴克特里亚。古希腊地理学家斯特拉波在其著作《地理学》中,记载了吐火罗等四民族渡药杀水(即锡尔河)南下,从希腊人手中夺取巴克特里亚的事件。❶ 而这一事件发生的时间几乎与张骞出使西域在同一时期。这使得学术界至今仍难以确定大夏究竟是吐火罗,还是被吐火罗推翻的巴克特里亚。

大夏之名始见于《史记》。与大夏常同时出现的国家还有大月氏。《汉书》《后汉书》等对大夏和大月氏的记载与《史记》基本相同。《三国志》中未见大夏和大月氏之名。《晋书》在"大宛国"条中提到了大月氏,但未提到大夏。研究证实,大夏即吐火罗。

从地域角度看,无论是巴克特里亚、大夏,还是吐火罗、大月氏,它们都曾经被用作今阿富汗北部阿姆河流域的地名。但作为国家或民族,巴克特里亚、吐火罗、大月氏的概念则是完全不同的。中国

---

❶ (苏)加富罗夫:《中亚塔吉克史》,肖之兴译,中国社会科学出版社,1985年,第20—21页。

西域春秋——翻开2000年的西域卷轴

史籍所载的西域大夏国,应当是后期中国史籍中记载的吐火罗,也是西方史料中的吐火罗,而非巴克特里亚王国。

大夏位于兴都库什山北麓及阿姆河上游一带。这里先后经历了波斯帝国、亚历山大帝国及塞琉古王国的统治。公元前3世纪中叶,大夏的总督狄奥多特脱离塞琉古王国独立。独立后的大夏统治者仍然是希腊移民出身之人,所以史书上又称之为希腊—大夏王国。狄奥多特二世时,大夏北部的一个总督欧提德摩斯夺权自立为王。公元前208年,塞琉古国王安条克三世击败大夏军队,围攻大夏都城,但未能攻下。公元前206年,双方取得和议:欧提德摩斯仍保留大夏王号,但对塞琉古王国纳贡称臣。

欧提德摩斯之子地米特留斯继位后,大举向南扩张,将约相当于今阿富汗和巴基斯坦所在的地区纳入大夏版图,开创了大夏王国的极盛时代。地米特留斯又迁都至古印度西北部的呾叉始罗,并重视希腊文化与印度文化的交融。但大夏的希腊人阻挠他的这种政策。公元前168年,希腊贵族欧克拉提德自立为王。于是大夏一分为二:一在大夏本土,一在印度。以后两国各分为若干小国。希腊—大夏王国作为统一国家存在的时间,总共还不到1个世纪。❶

月氏的西迁与贵霜的兴起

在大夏王国分裂的同时,又发生了从东北方来的游牧部落——月氏的迁徙。

孔雀王朝瓦解后,继而代之的是巽加王朝和甘婆王朝。但它们均未能统治整个北印度。公元28年至4世纪,印度处于衰落状态。大月氏人的西迁结束了印度的这种衰落状态。

每当古印度在政治上出现分裂的局面时,往往是外族入侵的绝

---

❶ 吴于廑、齐世荣:《世界史 古代史编》上卷,高等教育出版社,2011年,第272页。

世纪初年连接西域的四大世界帝国

好时机。但外族人第一次在印度建立的强大帝国是大月氏人的贵霜帝国。❶

公元前5世纪至公元前2世纪初,月氏人游牧于河西走廊西部张掖至敦煌一带,为匈奴劲敌。公元前170年左右,匈奴冒顿单于击败月氏,迫使大部分月氏人向西迁徙至伊犁河流域,这部分被称为大月氏。大月氏在伊犁河流域居住不久,又被乌孙赶走。西迁的月氏人逐渐迁徙到葱岭以西、锡尔河一带。约公元前140年,月氏人又南下到大夏,占据塞地,迫使住在这里的塞种人向南迁入塞斯坦和印度西北部。大夏的原有居民早已是定居的农业民族,大月氏接受了当地较高的农业文化,逐渐强大起来。希腊大夏人在大夏的统治结束,希腊大夏人在这一地区的统治地位又为塞种人所取代。张骞出使西域到达月氏时,正值月氏人刚刚占领大夏不久。

没有西迁的一小部分进入祁连山与羌族杂居,被称为小月氏。

古代印度的民族情况非常复杂。雅利安人入侵之后,陆续侵入印度西北部的先后有希腊人、大月氏人和其他种人。当时月氏人共有五部落,分别为休密、双靡、贵霜、肸顿、都密。每个部落各有一个酋长,即"翕侯"。约在1世纪初,五翕侯中的贵霜翕侯丘就却统一五部落,建立起贵霜国家。这标志着大月氏统一的奴隶制国家的形成。

有学者认为,五翕侯无疑是月氏王分封的月氏人,然而,有学者在深究汉文资料,并结合近期的考古成果进行研究后,认为五翕侯是大夏人,是由月氏王所扶植起的亲月氏的大夏国王的后裔或亲族。据《后汉书》记载,五翕侯领地都在大夏国的东部山区而非大夏全部疆域,月氏王最可能任用原大夏国王的后裔来管理这些并非要害的地区。❷"初,月氏为匈奴所灭,遂迁于大夏,分其国为休密、

---

❶ 邓炎熙、张君谅:《世界古代史》,上海社会科学院出版社,1987年,第109页。
❷ (南朝宋)范晔:《后汉书》卷八十八《西域传》,中华书局,2005年,第1925页。

西域春秋——翻开2000年的西域卷轴

双靡、贵霜、肸顿、都密，凡五部翕侯。后百余岁，贵霜翕侯丘就却攻灭四翕侯，自立为王，国号贵霜（王）。侵安息，取高附地。又灭濮达、罽宾，悉有其国。丘就却年八十余死，子阎膏珍代为王。复灭天竺，置将一人监领之。月氏自此之后，最为富盛，诸国称之皆曰贵霜王。汉本其故号，言大月氏云。"

有学者据此推论，大月氏王将大夏国臣民分为五部翕侯，并非大月氏族本身分为五部。月氏早在西迁之前就有以月氏王为代表的中央政权，当时匈奴、乌孙等游牧民族也都有自己的王，这种统一的中央集权制是与其他民族和政权斗争的关键，月氏占领大夏后如果说自取衰弱，发生分裂，可能性极低。《魏略·西戎传》记载："昔汉哀帝元寿元年（公元前2年），博士弟子景卢受大月氏王使伊存口授《浮屠经》。"❶ 这是在白纸黑字的正史上明确记载的，不可能有大的纰漏，所以月氏族分成五部之事也就成了无稽之谈了。

可见，贵霜王朝与大月氏王朝是两个不同的民族所建立的王朝，贵霜王朝是建立在大月氏王朝之后的由大夏人创立的王朝。

公元前138年，张骞首次出使西域，联络大月氏夹击匈奴。张骞出使月氏，来到大夏。那时月氏人刚占领大夏不久。据张骞说："大夏本无大君长，城邑往往置小长。民弱畏战，故月氏徙来，皆臣畜之。"❷ 月氏人到大夏后，逐渐由游牧部落变为农业部落。此时，月氏人已在新迁徙的土地上定居下来，不愿再返回河西故地，于是拒绝了张骞的要求。

丘就却又南下攻击喀布尔河流域和今克什米尔地区，随后进军中亚，将索格狄亚那、巴克特里亚、喀布尔、恒叉始罗、犍陀罗、罽宾、西旁遮普并入版图，初步奠定了贵霜帝国的基础。

---

❶ （晋）陈寿：《三国志·魏志》卷三〇，《东夷传附倭传》，裴松之注引，《魏略·西戎传》，中华书局简体字本，1999年，第637页。
❷ （东汉）班固：《汉书》卷九十六，《西域传》，岳麓书社，1993年，第1695页。

第2章 世纪初年连接西域的四大世界帝国

丘就却死后,其子阎膏珍继位,再次挥师印度,征服花剌子模,吞并锡斯坦,成为中亚的大帝国。他又南向进兵,占领了恒河上游地区。贵霜帝国都城则仍在中亚。

贵霜帝国在迦腻色迦统治时期发展到鼎盛。迦腻色迦向西击败了安息,向南征服了印度,东面又对印度次大陆进行进一步征服,使西起伊朗东境,东至恒河中游,北至咸海、锡尔河、葱岭,南达纳巴达河的广大中南亚地区都囊括在贵霜的版图内。迦腻色迦又将首都从中亚迁到犍陀罗地区的富楼沙,使这一地区成为贵霜帝国的统治中心,跻身于当时世界四大帝国之列。贵霜帝国把希腊、印度和中国的文化兼收并蓄地融合在一起,创造了相当发达的精神文明和物质文明。

贵霜帝国在疆土上虽然统一,但政治上并不统一。各地具有相当的独立性。被征服的地方与中央的关系仅称臣纳贡而已。贵霜帝国为了巩固对地方的统治权,大都采取三种措施:王族联姻、派出若干王族成员为副王管理、利用佛教作为帝国统一的凝聚力。

迦腻色迦死后,贵霜帝国开始趋于没落。3世纪时,贵霜仅存大夏、喀布尔河流域及印度西北部,继而分裂为若干小国。西面兴起的萨珊波斯人占领了阿富汗一带,笈多人兴起建立了印度笈多王朝,占据印度西北部,后来贵霜人只残存于兴都库什山以北。5世纪时,面对来自东方的白匈奴(哒哒人)的进攻,这种残存也都消失了。

贵霜与汉朝的联系

阎膏珍在位时期,与东汉关系一直良好。公元73年,东汉北伐匈奴,在西域设立都护府。公元84年,疏勒王反叛,东汉派出班超镇压。此时,贵霜王国给予了很大的支持,出兵帮助东汉平定了叛乱的疏勒,后又助东汉击破莎车,此后两国一直保持着睦邻友好的关系。

西域春秋——翻开2000年的西域卷轴

到了公元90年夏,战争还是在两国之间打响了。贵霜帝国派遣其副王谢率兵七万,越过帕米尔高原,进攻汉朝西域诸属国。汉军人少,一时甚为惊恐。西域都护班超告谕部下说:"月氏兵虽多,然数千里逾葱岭来,非有运输,何足忧邪?但当收谷坚守,彼饥穷自降,不过数十日决矣。"❶班超集合西域各属国兵马,以诱敌深入之策将贵霜军围困,班超估量贵霜军粮将尽,会向龟兹求援,就派兵埋伏在要道上。谢果然派人向龟兹求援,结果全部被汉伏兵所杀。班超将这一消息告知了谢。谢自知已无出路,遣使向班超请罪。两国关系又归于好。这样,汉朝轻易化解了一场可能到来的大规模战争,使西域各国免遭灾难。有些学者认为,这次被班超打败的就是迦腻色迦本人。但是《后汉书》中并没有提到迦腻色迦的名字。

从汉朝的西域经营史看,这场战争巩固了汉朝对西域的主权,并使丝绸之路形成了一条天然的分界线——葱岭。中国对葱岭以东地区的主权,从那时一直延续到今天。

不过,当时的汉朝政府对贵霜帝国了解浅薄,甚至班超也对其充满陌生感,依然称其国王为月氏王,却不知道他的对手是贵霜历史上被称为"救世主"的贵霜王索特尔·麦格斯(即阎膏珍)。因此,这场东西方两大强国的碰撞,在汉政府的眼中仅仅是一场边境冲突而已。但是这场战争却左右了贵霜帝国之后上百年的国策,东进受阻之后,贵霜人意识到了汉朝的强大力量,对汉朝的政策转为睦邻通好,并将其军事扩张政策调整为"西进"与"南下",向南征服了印度西北部,向西打败了波斯帝国,其势力抵达咸海一带。贵霜人终于建立起了自己的庞大帝国。

---

❶ (南朝宋)范晔:《后汉书》卷四十七,《班超列传》,岳麓书社,2008年,第572页。

第2章 世纪初年连接西域的四大世界帝国

贵霜帝国在佛教传入中国过程中扮演着重要的角色

佛教的传播与大月氏有很大的关系,这支曾在"敦煌祁连间"孕育起来的民族,后来迁徙到新疆伊犁河流域及中亚地区,为中亚乃至世界历史做出了不朽的贡献。❶ 大月氏王丘就却的钱币上就有佛像,还有"正法之保护者"的铭文。

佛教是贵霜帝国的国教,在佛教东传进入中国的过程中,贵霜帝国扮演了十分重要的角色。由于贵霜国王迦腻色迦崇信佛教,所以佛教在贵霜帝国迅速传播,并且丘就却、迦腻色伽等还是佛教的赞助者。在迦腻色迦王时,佛教迅速发展,用梵文撰写、翻译、校对并讲授经论。有史料记载,东晋高僧法显巡礼印度时曾目睹贵霜建立的极其壮丽的寺院和佛塔。这些建筑主要来自迦腻色伽时期。

佛教传入中原也与大月氏有关。佛教最早传入中国中原地区是在西汉末。《魏书·释老志》记载,汉哀帝元寿元年(公元前2年)有大月氏王使伊存来长安口授佛经。"博士弟子景卢受大月氏王使伊存口授浮屠经",这是最早来到中国传播佛教的大月氏僧侣。东汉以来,有不少大月氏、安息、印度和康居等国的僧人东来中国传教。

贵霜帝国对丝绸之路的经济文化影响

贵霜帝国地处丝绸之路的交通要地。在通商贸易中东西方文化不断交流、融合而产生了独特的文明,对中亚影响颇为深远。

贵霜注重对外贸易,成为中国、东南亚和罗马的贸易物资如中国丝绸、漆器,东南亚香料,罗马玻璃制品、麻织品等的中转站;贵霜则输出胡椒、棉织品和宝石等。贵霜恒河河口、索格狄亚那、巴克特里亚、印度西海岸、喀布尔等地,都是贵霜帝国内十分繁荣的贸易市场。

---

❶ 贺华东主编:《酒泉日报20年文集·人文地理卷》,甘肃文化出版社,2012年,第15页。

贵霜境内不但有去中国的商路，而且还有南达印度、北通罗马的商路。贵霜的灌溉技术、手工业均有较大发展。其漆器和冶铸技术都源自中国，且通过大宛到达贵霜，并西传至罗马等地。

从贵霜帝国开始，中国和印度就有很好的交流往来。尤其是中古时期关系较密切，持续久远。贵霜帝国常派使者出使罗马和中国，为东西方之间的经济往来和文化交流创造了有利条件，并为佛教的东传创造了有利条件。汉帝国和贵霜帝国的友好往来和文化交流的主旋律，始终鼓舞着两地人民继续前进，影响深远。

安息帝国：丝绸之路上的商贸中心，多方文化汇聚地

安息帝国，又名阿萨息斯王朝或帕提亚帝国，位于伊朗高原东北部、里海东南一带。这里原是波斯帝国的领土。亚历山大东征，灭亡了波斯帝国，其他遂被并入亚历山大帝国的版图。亚历山大帝国瓦解后，又成为塞琉古王国的属地。

安息帝国因坐落在罗马帝国与汉帝国之间的贸易路线——丝绸之路上，成为商贸中心。鼎盛时期的安息帝国疆域，北达小亚细亚东南的幼发拉底河，东抵阿姆河。在公元元年前后，被认为是当时亚欧四大强国之一，与汉朝、罗马、贵霜并列。

安息帝国别具一格的政权管理

"安息"之名来自其立国首领阿尔萨息之名的音译，西方文献则多称其为帕提亚。汉代以阿萨息斯之名称其国为"安息"。这是中国史书有关伊朗最早的记载。

世纪初年连接西域的四大世界帝国

安息帝国应该说是古波斯帝国的继承者，它的起源要追溯到公元前247年，希腊的塞琉古王国正和埃及的托勒密王国争斗，一个叫帕奈的游牧民族乘机和当地人民一起反抗塞琉古王国，最终获得独立，即是帕提亚。

与较早期的阿契美尼德王朝比较，安息帝国政府以权力分散见称。老普林尼在《自然史》中记载，安息帝国有18个附属王国，其中11个为高地王国、7个为低地王国。这18个附属王国的君王各自管理他们的领土，并承认安息帝王的主权。因此，由安息国王兼任的帕提亚帝国元首以"万王之王"为头衔，其本质类似联邦的元首。

安息帝国的各地区基本上是自治，国王的权力往往受制于贵族。这种地方分权的突出表现，就是安息帝国没有正式的首都，安息帝国境内的许多大城市就是所属地区的政治经济中心。帕提亚王国早期的首都是赫卡东比鲁。半自治地区或王朝违抗中央政府已司空见惯，这种情形在安息帝国晚期也时有发生。

正因为如此，安息帝国的政治管理不是很稳定，这完全不同于汉朝。但在抵御外敌时，安息帝国比波斯帝国坚强有力，这是因为波斯国大，民族矛盾亦比安息多。在安息帝国，只有两河流域的民族与安息较疏远，可是两河流域人民对罗马的反抗比对安息更甚，所以在罗马入侵的情况下，安息帝国内部民族可团结御外。正因如此，罗马虽实力强于安息，却无法在双方斗争中大占优势。

安息帝国经济发展不平衡，在语言、文化上则基本上很好地继承了波斯的遗产，在很大程度上吸纳了波斯文化、希腊文化及地区文化的艺术、建筑、宗教信仰及皇室标记。

安息帝国的对华交往及为丝绸之路所做的贡献

"西亚"所指的地理范围非常广阔，自今之阿富汗往西到阿拉伯半岛和土耳其都属于西亚，而以美索不达米亚地区为中心。两汉时，中国与西亚的关系主要体现在与安息的往来上。

汉朝与西亚安息的往来

安息王朝建立之初，还是塞琉西王朝（又译塞琉古王朝）的附属国。公元前231年，塞琉西王朝镇压东部行省的居民独立运动失败，安息从此获得独立。安息建国之后便积极扩张，开始向西进攻，占领赫卡尼亚的赫卡同皮洛斯，随后又占领米底。不久，又占领古代西亚丝绸之路贸易中心塞琉西亚城。

米特里达梯一世统治时期，安息帝国实力达到鼎盛，领土西起幼发拉底河，与罗马相对，东达中亚阿姆河，与康居、贵霜为邻，北至里海，南抵波斯湾，成为当时的西亚大国。

安息王朝的建立，与帕提亚位于丝绸之路交通要道很有关系，由于丝绸之路经过当地，帕提亚从丝绸之路贸易中获得大量收入。正因为如此，安息王朝自建立起就不断扩大自己的领土，争夺对整个丝绸之路东段的控制权。安息帝国扩展版图的同时，在里海东南及木鹿地区建立了一些城市，丝绸之路畅通后，这些城市开始发挥出商业价值，发挥出国内东西运输的纽带作用。

由于汉朝与安息政府的共同努力，连接欧亚大陆交通的陆上丝绸之路和海上丝绸之路都全线贯通。陆路起自中国洛阳、长安，经新疆、中亚、伊朗、两河流域，分两路进入罗马。海路起自广州，经东南亚沿海、印度、阿拉伯海到两河流域，然后分水陆两路进入罗马。它也是当时东西方文化交流的主要道路。安息帝国控制了陆上丝绸之路的主要干线，与印度共同控制了海上丝绸之路的中段。

安息实际上是当时联系中西方世界的主要媒介。安息帝国因地处丝绸之路的必经之地，经济上因过境贸易而得到好处。安息存在的时期大致与中国秦、汉相当，自张骞二次出使西域沟通两国后，两汉与安息始终保持稳定关系。这对东西贸易的发展起到了极大的促进作用，双方在政治、经济和文化、科学技术等方面互相交流、

第2章 世纪初年连接西域的四大世界帝国

互相影响,为保障丝绸之路的畅通与促进丝绸之路贸易提供了重要的贡献和帮助。

在与安息的贸易中,汉朝主要以金银财宝、丝绸纺织品换取安息的优良战马,以应对与匈奴作战的需要。在汉朝与安息两国的互相交往中,安息由于控制了丝绸之路中段的主要干线,垄断了汉朝与安息以西各国的丝绸贸易,因而获利十分丰厚。汉朝为了发展与西域各国的友好往来,曾经多次遣使前往罗马,包括班超派遣甘英出使大秦,都被安息人所阻,其原因就在于大秦"与安息、天竺交市于海中,利有十倍"。"安息欲以汉缯彩与之交市,故遮阂不得自达。"❶当然,安息故意阻挠汉朝与罗马的直接往来,恐怕还有政治上的考虑,即害怕汉朝与罗马联合起来夹击自己。

东汉时,安息也数度遣使,如87年,安息王佛罗格斯二世遣使来汉并赠狮子、符拔(独角兽),101年,安息王满屈遣使并赠送狮子及称为安息雀的鸵鸟。著名佛教僧侣安世高据传为安息王子,148年来汉后译出佛经34部,为佛教在汉的早期传播做出了巨大贡献。

在中国历史资料中也对安息帝国历史有所记录,相比希腊和罗马,中国史书描述安息帝国时保持更中立的观点。记载安息帝国历史的著作包括《史记》《汉书》《后汉书》。这些著作提供了游牧民族迁徙、萨克人入侵安息帝国及具有价值的政治和地理知识。例如《汉书》叙述米特里达梯二世向汉朝派遣使节和赠送异国事物的情况,赠品包括帕提亚生长的农作物、葡萄酒。

---

❶ (南朝宋)范晔:《后汉书》卷八十八,《西域传》,岳麓书社,2008年,第1076页。

安息帝国对丝绸贸易的垄断

安息帝国为东西陆上商路必经之地,安息帝国所控制的波斯湾又是与罗马和印度进行海上贸易的枢纽,且安息人民自古善贾,因此安息帝国在很长时间内垄断着东西方的居间贸易。中国与欧洲的丝绸贸易无论走陆路还是海路,都完全控制在安息商人手中。甘英使大秦时,已到达安息西界的波斯湾。甘英正准备渡海前往罗马帝国时,安息因不愿丧失对丝绸贸易的垄断地位而有意阻挠汉帝国与罗马帝国建立直接联系,于是对甘英夸大海上航行的危险,甘英听信传言而致使命功亏一篑。[1]

不过,安息帝国毕竟也是东西方经济交往的积极转运者。中国丝绸最早就是通过安息帝国传入罗马帝国,两汉时期的安息更是中国丝绸远销欧洲的中介。此外,产自中国、中亚、印度的铁器、象牙、宝石、香料等都通过安息商人进入罗马,罗马的青铜器、玻璃器及金银器等也多通过安息商人而传播至东方。

公元元年前后,西方世界对中国的了解是通过丝绸得来的。西方世界对中国的兴趣最早是在商业贸易上。

纪元之前,东方的贸易货物穿越了亚洲屋脊,从甘肃的丝绸之路的高原,通过玉门关,进入戈壁滩,然后沿着塔里木盆地,一路到达大夏,经过安息来到西方市场,最后到达欧洲的宫廷。中国人见不到最后的买家,而购买者也见不到最初的出售者。许多世纪以来,中介人就是安息人。

对安息商人或安息国的商业利益而言,他们的确不希望中国与罗马越过安息而直接交往。当时罗马皇帝奥古斯都欲与汉朝通好而

---

[1] 张绪山的《整体历史视野中的中国与希腊罗马世界——汉唐时期文化交流的几个典例》考证说,甘英所听说的很可能是希腊神话中关于女妖的故事,旅行者听了女妖的歌声就会引起无限悲伤乃至死亡。见:《清华历史讲堂》初编,三联书店,2007年。

第 2 章 世纪初年连接西域的四大世界帝国

专设绘图员、探险家与地理家来探寻东方情形❶，而罗马商人甚至派遣专使探索前往东方的路途与东方消息。大秦意欲通中国的情况终究也为汉朝所了解。《后汉书·大秦传》记载："其王（即大秦王）常欲通使于汉，而安息欲以汉缯彩与之交市，故遮阂不得自达。"安息处于东西两大帝国之间，居中转手贩卖两国货物，可以获得双重收益，垄断丝绸之路贸易的高额利润。例如，经安息商人转卖给大秦人的中国丝绢，价格可涨十倍之多。安息的居中盘剥，损害了大秦的经济利益。经济利害冲突成为两国间常燃战火的主因。大秦国毕竟无力突破安息对丝绸之路交通的陆上封锁，不得不转而向海洋寻找通中国之路。据《后汉书·大秦传》记载，直到"（汉）桓帝延熹九年（166），大秦王安敦遣使自日南（越南）徼外献象牙、犀角、玳瑁，始乃一通焉"。

　　安息有效地利用了丝绸产品，而与罗马的战争又使丝绸之路这条古代商路在2世纪里被迫中断。166年，从罗马帝国派出的一个商业使团由海路出发到达洛阳。此前，安息帝国一直垄断了中国和罗马帝国之间的贸易。《后汉书》记载，这个贸易使团的到来在东西方之间开辟了一条新路线。这是丝绸之路的第二条路线，通过这条商路，一国可以不受北方匈奴部落的干预而旅行到另一个国家。当然，海路有危险，但大量的货物比缓慢的驼马队路线运输得更快，而且不受陆路狭隘的通道所限制。

　　在陆路方面，汉朝首先将疆域拓展到大夏的边境。公元前126年，张骞从大月氏返回时，就报告说在大夏的市场上有中国的货品，汉朝将它的影响推入了塔里木盆地的西端。对西域的控制总是随着中国统治者的力量而起伏，但东西方的贸易总在持续。这整个时期里，安息人控制了这条商道。

---

❶ M.R. 查尔斯沃思:《古代罗马与中国印度陆路交通考》，载《中西文化交通史译粹》，中华书局，1940年，第107页。

东西方之间的交通一旦被世人知悉后，海上交通的地位也越来越突出了。1世纪时，人们已经知道辨别印度洋的季风，并充分利用它。尸罗夫和霍尔木兹是波斯港口，由海路从中国运来的货物与来自西方的商人直接交易。亚丁也是重要的港口。从阿拉伯半岛南部或红海来的货物在波斯湾的港口被转运。

安息与罗马的争战

安息帝国在贵霜帝国以西，占有伊朗高原的中部和西部以及两河流域地区。安息帝国以西是罗马帝国。公元前1世纪至公元2世纪是罗马帝国的盛世。罗马帝国统治了多瑙河以南和莱茵河以西的欧洲地区、北非沿地中海地区、巴勒斯坦、叙利亚、小亚细亚，把地中海变为它的内海，短时期里还统治过两河流域、阿尔明尼亚、达西亚和不列颠南部。

安息与罗马的关系，从一开始就是很不愉快的。安息帝国与罗马帝国多次发生争夺领土的战争。

安息独立之初，塞琉古王国自然不能容忍安息独立，于是屡次出兵征伐，安息虽然战败，但并未丧失独立的地位。可此时罗马也在向东扩张，塞琉古王国不得不全力对付西边的罗马。安息趁机西进，一路进展顺利，于公元前155年攻占米底；公元前141年，攻占底格里斯河重镇塞琉西亚；后来又占领了巴比伦尼亚。此后虽互有争斗，但塞琉古王国已明显处于劣势。

公元前92年，罗马独裁者苏拉被元老院派往东方，恢复罗马的傀儡——卡帕多西亚国王阿里奥帕赞涅斯的王位。苏拉在东方时，接待过一个安息代表团。尽管双方这时还没有正式的双边交往，但安息人为寻求友谊而来，却因为苏拉的狂妄自大，自尊心遭到严重的伤害。

据说在这次会见中，苏拉命令在会场放置三把椅子，一把给罗马的傀儡阿里奥帕赞涅斯，一把给安息使节首领奥洛巴宙斯，自己

第2章 世纪初年连接西域的四大世界帝国

则坐在正中,俨然是双方的主人。这次会谈后,安息国王下令把奥洛巴宙斯处死,原因是他没有回击苏拉的挑衅行为。这次不愉快的交往使安息认清了罗马侵略政策的真面目,促使安息联合周边国家共同反抗罗马的侵略。

公元前64年,罗马灭亡了塞琉古王国,开始和安息直接对峙,二者不可避免地发生冲突。公元前54年,罗马"前三头"之一的克拉苏率罗马大军侵入安息。公元前53年,克拉苏在与安息的战争中战死。❶"后三头"之一的安东尼也曾与安息交过战,互有胜负。此后安息与罗马时战时和,战多和少,这种局面一直持续了两百多年。

公元前36年,安东尼再度出兵安息,企图先征服安息,再与屋大维争夺整个罗马的霸权。安东尼率领10万大军,企图由亚美尼亚直取米底,切断安息与中亚战略后方的联系,彻底消灭安息。但是,安息军队依靠当地人民的支持,利用山区的有利地势,消灭了4万名罗马士兵,使罗马遭到自卡尔莱大战以来又一次更大的失败。这次大战削弱了安东尼赖以争霸的基础,使他在后来与屋大维争霸的战争中遭到彻底失败。屋大维在战胜安东尼之后,立刻主动与安息修好,与此不无关系。

公元前20年,安息与罗马达成和约,双方结束长期的战争状态。安息承认亚美尼亚、阿特罗帕特斯米底(小米底)为罗马的势力范围。这件事被说成是罗马的重大胜利,因为亚美尼亚和小米底宗主权的取得,使罗马控制了从里海通往东方的商路,这条商路也是丝绸之路的主要干线之一。但此后不久,上述两地又落入安息的控制之下。

公元元年前后,安息分裂成十几个独立与半独立的王国,共奉安息国王为宗主。这时,罗马人已经不把安息视为一个统一的国家。公元前2年,安息国王弗拉阿特斯四世被其妻穆萨和幼子所杀。后者夺取王位之后,号称弗拉阿特斯五世。

---

❶ 具体内容参考本书姊妹篇:《大汉辉煌:丝绸之路的盛大开拓》。

1世纪中期,安息与罗马为争夺阿尔明尼亚再度发生战争。罗马一度赶走了安息在阿尔明尼亚的统治者,但是无法巩固对这里的统治。结果,安息夺回阿尔明尼亚。双方妥协了一个时期。正当此际,贵霜帝国崛起,占领中亚和印度河流域大片地区,迫使安息退往木鹿。故《后汉书》称安息东界为木鹿。107—108年,贵霜派使节往罗马,要求与罗马结盟共击安息。

113年,罗马皇帝图拉真率兵攻入亚美尼亚,一直攻到里海附近。图拉真又进攻两河流域,占领了杜拉幼罗波斯、高加美拉、泰西封、巴比伦,直达波斯湾头。就在这时,犹太发生大规模起义,图拉真被迫撤兵,前去镇压犹太起义,他在安息取得的胜利也化为乌有。

114—116年,罗马打败安息,把阿尔明尼亚和两河流域夺归己有,划为行省。不久,安息又夺回了这些土地。161年,安息人攻入罗马所占的叙利亚。罗马反击胜利,又夺去了阿尔明尼亚和两河流域,但还是不能长期占有这些地方。双方你来我往,难分胜负。

后来,安息与罗马为了争夺亚美尼亚还多次发生战争。经过上百年的争斗,罗马最终控制了亚美尼亚,可以通过里海的商路与东方直接往来。但是,这条商路与安息控制的商路相比,重要性完全不能同日而语。

3世纪初叶,安息王朝在经历了长期的内乱与对外战争之后,终于耗尽了自己的实力。226年,安息属国波西斯统治者阿达希尔占领安息都城泰西封,安息王朝灭亡,萨珊波斯代之而起。战争的另一方,罗马从2世纪中期开始,国力也由极盛点逐渐下落。到3世纪,罗马的政治危机与社会经济危机全面爆发,罗马帝国从此没落。在日耳曼人部落的打击下,于395年分裂为东西两部。476年,西罗马帝国灭亡。

第2章 世纪初年连接西域的四大世界帝国

罗马帝国：通过丝绸之路展开贸易，将东西文化联系起来

公元前1世纪的末期，欧洲罗马帝国和中华帝国形成。这是人类历史的重要一页。在这两大帝国形成之前，公元前5世纪左右，正是史学家所说的"轴心时代"，世界各地同时在社会政治和文化领域出现辉煌成就，构成希腊、印度和中国的黄金时代。欧洲的罗马帝国（公元前27年—395年）被中国史书称为大秦、拂菻，是古罗马文明的一个阶段。罗马帝国是丝绸之路交通的西端终站。

古典希腊文明和希腊化时代

美丽迷人的爱琴海曾孕育了欧洲最古老的青铜文明，也孕育出辉煌灿烂的古典希腊文明。古典希腊文明是人类历史上非常夺人眼球的一个片段，是西方文明的源头。亚历山大常被认为是文明的推动者，他将古典希腊文明散播在广大的东方，使这些地方"希腊化"。

古典希腊文明

希腊于公元前12世纪在多利安人到来后陷入黑暗时代，此后各部落东迁西移，局势混乱，历时200年。不过到了公元前8世纪，多利安人的统治力量衰弱，希腊部落城邦开始重新涌现。

古希腊的部落通过贸易接触，加速了希腊文化、经济、政治和军事的发展。在这个时期，希腊从部落社会演变为城邦。这些城邦都是些紧密联系、能自我管理的政治宗教团体。在崛起的几十个城邦中，后来当上伯罗奔尼撒联盟领袖的斯巴达，就以严格的社会结构和政府组织起军事力量强盛的斯巴达城邦。

与此同时，出现了一个更大的城邦，即雅典。公元前5世纪，希腊文明达至顶峰。公元前478年，希腊人打败了入侵的波斯军队，为了防止波斯人再次侵袭，雅典组织一些城邦成立提洛同盟。提洛同盟在形式上是个平等的盟约，由雅典执行领导职责。不久，整个地中海盆地（包括黑海）周边都出现了富庶的希腊殖民地，都是希腊城邦（特别是雅典）在海外的翻版。在古典黄金时期，雅典成了地中海最优秀的海上霸主，爱琴海地区连同172个进贡城邦完全受其控制。在黄金时代聚集的大量财富，令雅典得以在文艺、建筑、哲学和政治等各个领域大放异彩。

然而，海上霸主雅典与陆上最强大的城邦斯巴达发生了冲突。这两大城邦辗转交战十年，不分胜负。斯巴达人每年向古希腊的阿提卡进攻，但始终无法攻陷把雅典连接于海上、保护其物资供应的连绵城墙。公元前415年，雅典人破釜沉舟，派船队去占领西西里岛，结果全军覆没，雅典的盟国趁机叛变，斯巴达人终于攻陷城墙。公元前404年，雅典城被围投降。公元前388年，马其顿国王腓力二世大败底比斯与雅典联军。公元前371年，底比斯人击败强大的斯巴达人。

马其顿帝国

马其顿位于希腊北部。马其顿的真正强大是在腓力二世之时。腓力二世当政之后，在政治、军事和经济方面进行了一系列改革，使得马其顿成为巴尔干半岛的军事强国。

公元前355年，毗邻马其顿的中希腊发生城邦混战。腓力二世乘机南下控制了希腊中北部地区，马其顿的崛起使一些与北希腊有利益关系的城邦感到了威胁。雅典四方串联，组成反马其顿联盟。公元前338年，以雅典和底比斯人为主的希腊联军与马其顿军队决战，联军大败。此后，希腊城邦实际上失去了政治独立。

第2章 世纪初年连接西域的四大世界帝国

公元前337年春,腓力二世成立了希腊联盟,奥林匹斯山以南的所有城邦(斯巴达除外)和许多岛国都成了联盟的成员。联盟与马其顿国家签订了永久性攻守同盟条约,然后共同向波斯宣战。腓力二世为同盟的最高领袖,全权统帅军队。

亚历山大帝国的兴衰

公元前336年,腓力二世被刺杀,其子亚历山大继位。亚历山大继承父亲东征遗志,于公元前335年组建起一支由3万步兵、5000骑兵构成的远征军,在第二年初春开始了他的东侵征程。

公元前333年,亚历山大的远征军与大流士三世亲率的大军展开会战。波斯军全线溃败。公元前332年,亚历山大在腓尼基的推罗遇到了出师以来最顽强的抵抗。经过七个月的围攻,推罗陷落。公元前332年11月,亚历山大进入埃及,在尼罗河口亲自勘选了以他命名的亚历山大里亚城的城址,这是他在东方建立的第一座城市。公元前331年,亚历山大返回推罗,东渡幼发拉底河,在尼尼微附近的高加米拉原野与大流士三世的军队再次决战。亚历山大大败波斯军。大流士三世在逃亡途中被杀。

亚历山大的征服并未停止,他在中亚转战3年,于公元前327年进入印度西北部。但在他还要继续东进时,部下表示强烈的反对,亚历山大无奈,只得于公元前326年秋率军沿印度河南下,由海陆两路西返,于公元前325年回到巴比伦。

公元前323年,亚历山大在筹备远征阿拉伯半岛时突然病亡。经过十年的征伐,亚历山大帝国的统治区域扩展到了印度河流域、尼罗河流域,建立了横跨欧亚非三大洲的大帝国。亚历山大帝国的建立在世界史上具有划时代的意义。亚历山大的远征在客观上使希腊文明与埃及、巴比伦和印度的文明得以接触、交流、融会,扩大了各民族对世界的认识范围,加快了人类历史由分散走向整体的进程。

希腊化时代

亚历山大大帝的辉煌成就,宣告了希腊文明古典时代的终结。自亚历山大帝国建立,到最后一个希腊人统治的王国——托勒密王国灭亡为止这段时间,是希腊文化在北非、西亚广泛传播的时期,也是希腊文化和东方文化广泛交流的时期,史称希腊化时代(公元前331年至公元前31年)。

从希腊时期转向希腊化时代,地中海世界的文化也从原先由希腊本族人民支配,转而成为被不同种族但能操希腊语的人所驾驭;而城邦的政治地位也转而让给了更大的君主国。

这时期的传统希腊文化受到中东地区尤其是波斯的强烈影响。亚历山大大帝及马其顿人征服了地中海东部、美索不达米亚、伊朗平原,并侵犯印度。其继承人占领了底格里斯河以西的土地不少时日,还控制了地中海东部,直至罗马共和国在公元前2世纪接手为止。

希腊化时代的开启,把东西方连在一起,打破了当时历史上各自形成的文化模式之间的隔绝状态。在希腊文化的影响下,人们首次把欧亚西部整个文明世界视为一个单元。起初,希腊人和马其顿人远征东方,想把希腊化的模式强加于异族,但同时他们自身也起了变化,结果令希腊化的文明成了文化融合而非文化移植。此时东方宗教的西传,对改变罗马帝国和中世纪的欧洲起了重要作用。

亚历山大死后,皇位继承争执持续了20多年。至公元前281年,最后成立了三大王国:

1. 马其顿的安提戈那王朝,以希腊大陆为主体

公元前301年,安提柯与塞琉古、吕辛马库斯、卡山达组成的联盟在伊浦苏斯展开了一场大战,安提柯兵败阵亡。伊浦苏斯之战标志着亚历山大帝国统一梦想的彻底破产。从此,马其顿、西亚、埃及三足鼎立的大局已定。

第2章 世纪初年连接西域的四大世界帝国

伊浦苏斯之战后,马其顿几易其主,最后在马其顿及希腊建立长期统治的是安提柯的孙子安提柯·贡那特。安提柯王朝成为与托勒密、塞琉古并驾齐驱的三大希腊化王朝之一。

在南部希腊,反马其顿的势力一直存在。亚历山大死后,雅典很快联合其他希腊城邦发起反马其顿战争,不久即告失败。公元前314年,中希腊西北部的埃陀利亚地区的城邦组成埃陀利亚同盟,长期同马其顿抗衡。公元前280年,南希腊阿卡亚地区的小邦也组成了阿卡亚同盟,科林斯、墨加拉等大邦也相继入盟,包括伯罗奔尼撒大部分地区。这两个同盟和原先的伯罗奔尼撒同盟、提洛同盟不同,完全是独立国家的联合体,每个入盟城邦具有相等的一票表决权。两个同盟之间既联合又斗争。公元前168年,马其顿被罗马所灭,到公元前146年,希腊全境都落入罗马统治之下。

2. 埃及的托勒密王朝,以埃及的亚历山大港为中心

托勒密王国由亚历山大的主要将领托勒密在埃及所建,疆域基本上局限于尼罗河流域,首都为亚历山大里亚。托勒密王国继承了埃及法老的君主专制制度。

公元前3世纪,托勒密埃及与塞琉古王国争夺巴勒斯坦与南叙利亚一带,先后发生五次战争,史称"叙利亚战争"。这场战争以塞琉古王国的胜利告终。公元前2世纪,托勒密王国因统治集团内部的权力斗争以及社会矛盾的激化而走向衰落。公元前1世纪,托勒密王国沦为罗马的被保护国,末代女王克莉奥巴特拉(埃及艳后)因支持罗马将军安东尼,导致其国于公元前31年为安东尼的政敌屋大维所灭。

3. 叙利亚的塞琉古王朝,以安提阿为基地

塞琉古王国的建立者是塞琉古一世,首都为安条克城,中心地区是叙利亚,故又称叙利亚王国。中国史书称之为条支。公元前3世纪以后,塞琉古王国逐渐分裂出一系列独立的国家,如中亚的大夏

（巴克特里亚）、伊朗高原的安息（帕提亚）。公元前142年，巴勒斯坦的犹太人起义获胜，建立独立国家。安息几乎同时夺取了全部两河流域地区。塞琉古国土仅限于叙利亚一地，公元前64年亡于罗马大将庞培之手，叙利亚成了罗马的一个行省。

马其顿的灭亡与罗马帝国的崛起

公元前8世纪中叶以前，罗马尚未建立，整个地中海西部地区也处于蒙昧和野蛮时代。

公元前8世纪，古罗马人在意大利半岛中部、台伯河沿岸的七个山丘之上定居下来，逐渐发展成为后来的罗马。罗马人在与内忧外患的抗争中步履蹒跚地前行，终于建立起国家的框架，也由此打下了繁荣千年的坚实基础。

罗马曾经有数百年的共和制时代。罗马建城于意大利半岛中部地区，时间为公元前753年。其创建者为罗穆路斯。罗马最初只是一个小国，后经将近5个世纪的发展，成为意大利和西部地中海的主人。

从罗穆路斯开始到第七位国王塔克文，罗马的王政走到了尽头。面对残暴的君主，市民纷纷起义将国王与他的族人流放出去。就这样，在公元前509年，罗马进入了共和制时代。

从公元前3世纪末叶开始，罗马关注东部地中海的事务。公元前5世纪至公元前3世纪，罗马人通过一系列征战，征服了意大利半岛和迦太基及马其顿和小亚细亚西部的塞琉古等，到公元前2世纪，罗马已经成为地中海的霸权国。

公元前1世纪60年代，罗马在结束第三次米特里达梯战争的同时，还战胜了亚美尼亚人、帕弗拉戈尼亚人、卡帕多西亚人、西里西亚人、叙利亚人、斯基太人、犹太人、阿尔巴尼亚人、伊比利亚人、巴斯达尼安人等，从而把罗马的领土从西边的西班牙、赫尔库利斯石柱扩张至攸克辛海、埃及边界的沙漠地带、幼发拉底河畔。罗马

第2章 世纪初年连接西域的四大世界帝国

与远东国家间的距离也因此大大缩短。

公元前2世纪至公元前1世纪，人类历史进入了一个崭新的时期。美索不达米亚和地中海东部地域不再是利益中心。美索不达米亚和埃及已经不是控制世界的中心地区了。权力中心逐渐转向了东方和西方。那时，新兴的罗马和再度强盛起来的中国成为控制世界的两大强国。由于离本国太远，罗马的势力扩张到幼发拉底河后，就不再向外扩张了。

罗马的第一个军事独裁统治者是苏拉，他的军事独裁导致了罗马史上著名的斯巴达克斯起义。起义失败后，罗马进入了军人掌权的时代。

前、后"三头同盟"的结成是通向帝制的最后两站。公元前60年，庞培、恺撒、克拉苏结成"三头同盟"，左右罗马政局，史称"前三头政治"。"三头政治"是罗马从共和制向帝制转变的过渡形式。

公元前59年，恺撒出任执政官。在公元前53年至公元前48年的内外斗争中，克拉苏、庞培败亡，"前三头政治"结束，恺撒实行独裁统治。公元前44年，恺撒被其政敌刺杀。接着，其养子和继承人盖乌斯·屋大维、执政官安东尼、骑兵长官雷必达结成"后三头同盟"。但很快屋大维独掌政权，并征服埃及。罗马的扩张也使罗马超出了城邦的概念，成为一个奴隶制帝国。罗马帝国是古罗马文明的一个重要阶段。

经过多年的内乱战争，屋大维在罗马进行了一系列的政治制度改革，结束了共和政体。公元前27年，屋大维宣布恢复共和国，并接受元老院授予的"奥古斯都"称号，罗马共和国由此进入帝国时代。

人们把屋大维和他的继承者所统治的时期称为早期帝国，以区分共和时期与后期帝国。早期帝国持续了两个多世纪，其间，罗马经历了美好的时代。

奥古斯都一系列有效的社会改革，确保了罗马此后两百多年的和平。期间，罗马出现了涅尔瓦、图拉真、哈德良、安敦尼和奥里略"五贤帝"。在他们的统治下，帝国空前繁荣，全盛时期的罗马，版图从欧洲西北部伸展至近东，囊括了地中海沿岸所有土地。尤其是图拉真在位时，罗马帝国的经济空前繁荣，版图也达到最大：西起西班牙、不列颠，东到幼发拉底河上游，南至非洲北部，北达莱茵河与多瑙河一带，地中海成为帝国的内海，全盛时期控制了大约590万平方公里的土地（包括蛮族领域）。

五贤帝时代后，罗马开始衰落，然而在伊利里亚诸帝的统治过后又重新复兴。395年，狄奥多西一世将帝国分给两个儿子，从此罗马帝国一分为二，实行永久分治。476年，西罗马帝国灭亡，从此，欧洲进入了近千年的中世纪。1453年，东罗马帝国（拜占庭帝国）被奥斯曼帝国所灭。

汉帝国与罗马帝国的碰撞与互动

西汉屹立于东亚时期，南亚的孔雀帝国瓦解了，亚历山大帝国瓦解后形成的马其顿王国、埃及的托勒密王国、西亚的塞琉古王国也已过了它们的盛世。它们相互之间的矛盾和斗争正在削弱自身的力量，并为罗马共和国的东进创造了条件。

公元前200年至公元前197年，罗马利用马其顿和希腊的矛盾，击败马其顿。公元前192年至公元前188年，罗马又大败塞琉古王国。至此，罗马已经实际取得主宰东地中海的地位。公元前168年，罗马灭马其顿。公元前146年，罗马征服了希腊。同年，罗马彻底消灭了迦太基。公元前64年，罗马灭塞琉古王国。公元前30年，罗马灭埃及的托勒密王国。

罗马灭塞琉古王国以后，企图继续东侵。于是罗马与安息之间就发生了激烈的斗争。公元前53年、公元前36年，罗马两次大举侵犯安息，都遭到惨败。以后双方屡有争战，大体相持于两河流域和叙利亚一带。

第2章 世纪初年连接西域的四大世界帝国

当时的中国是世界上版图最大、组织系统最完整、政治体系最发达的国家,其面积和人口都超过了鼎盛时代的罗马帝国。这两个大国,虽然在同一世界同一时代同时繁荣,但相互之间并不知晓。同时,海陆交通发展和组织体系并不健全,所以两国之间还没有发生直接的冲突。欧洲与东亚两大平行世界间的明确了解和直接通商,一直等到若干世纪后才得以实现。❶

但是,汉朝与罗马两国却以一种特殊的方式发生着联系,对夹在其间的中亚和印度产生了巨大影响。例如,罗马的骆驼商队横穿波斯,贸易商船路过印度及红海沿岸,在缓慢地行进中经营着商业。罗马为了取得中国的生丝和丝布,积极发展红海航运。张骞两次出使西域,并通过丝绸之路间接同罗马展开贸易。

罗马一开始只和周边的一些小国进行贸易,范围小。西汉时代,罗马崛起后,地中海世界的政治形势迅速改观,新兴的罗马占领了叙利亚和埃及。2世纪,罗马史学家佛罗勒斯的《史记》中记载,奥古斯都时代,远到赛里斯人和地处太阳直照下的印度人都派使者到罗马订结盟约,可见罗马在当时所处的地位很高。

其时,中国的商品已经由西域传入欧洲。《史记·大宛列传》记载:"在大月氏西可数千里……其西则条支,北有奄蔡、黎轩。"黎轩即罗马,后称大秦,意即泰西(极西)之国,又称海西国。这说明早在西汉时,汉朝人所了解的地理区域已包括罗马。汉朝与罗马间最初是经由西域进行商业交流的,后因安息人从中阻挠,便改由海路。罗马商人未能经由陆路直接到达中国,中国人也未能取道陆路直接到罗马。他们之间的商业往来全靠各种中间人,尤其是靠帕提亚和印度等地区的中间人。中国人和罗马人对建立直接的联系都很关心。

公元前66年,庞培率领的罗马军队追寻着亚历山大以前的足迹,进军到黑海东岸。公元前55年,罗马执政官克拉苏就任叙利亚总督。

---

❶ 威尔斯:《图释世界史》,新世界出版社,2009年,第138页。

次年，他率军征讨帕提亚。

据历史学家佛罗勒斯的说法，在双方对阵时，克拉苏士兵就看到了帕提亚军队用丝绸织物制成的军旗。据记载，中国丝绸曾经风靡罗马上层社会。埃及卡乌和幼发拉底河中游的杜拉欧罗波等当时在罗马帝国版图内的城市，都曾发现4世纪左右中国丝加工的织物，说明自汉代开始繁荣的丝绸之路贸易长盛不衰。秦汉时期开拓的域外通路，还为中亚、西亚、南亚的物产及文化成就流入中国创造了条件。汉通西域以后，印度佛教传入中国。佛教东传，给予中国文化巨大的影响，继而波及朝鲜和日本，使整个东方文化的面貌发生了变化，在世界文化史上显示出非同寻常的意义。共和末年，中国就有大宗丝绸运往罗马。据狄奥·卡西乌斯记载，公元前46年，恺撒为了使罗马的观众免遭阳光暴晒之苦，将丝绸幕帘置于观众席的上面。❶数年以后，罗马人开始以使用丝绸为时髦，以至于在奥古斯都临死前，元老院诏令禁止男性臣民穿丝绸服装。然而，这一诏令并未在罗马产生影响。罗马上层人物对丝绸的兴趣依然不减，罗马与中国间的丝绸贸易也依然兴隆。

尽管丝绸之路在相距万里的中国和罗马之间架起了相互交往的桥梁，但在1世纪以前，罗马帝国和中国汉朝之间并没有直接的人员往来。东汉时，西域之路数绝数通。

东汉在很多方面都是西汉的继续。东汉对匈奴继续采取有联合、有斗争的政策，对西域和其他少数民族也大力加强联系。东汉时，南匈奴融入汉帝国，北匈奴西迁入欧。这对以后的东西方历史都有很重要的影响。

贵霜帝国的建立者是大月氏人。公元88年，西域长史班超在和莎车的匈奴势力角逐时，曾和大月氏联盟，从那时起，中国才正式获知罗马这个国家。出于经济和外交上的需要，东汉决意谋求和罗马的直接建交。

❶ 何芳川：《中外文化交流史》上卷，国际文化出版公司，2008年，第39页。

第2章　世纪初年连接西域的四大世界帝国

公元89年，窦宪大破匈奴。公元90年，班超定西域，任西域都护，居龟兹，义置戊己校尉，居车师前部高昌壁，置戊部候，居车师后部候城。公元94年，"班超复击破焉耆，于是五十国悉纳质内属。其条支、安息诸国至于海濒四万里外，皆重译贡献"❶。97年，"班超遣掾甘英穷临西海而还。皆前世所不至，《山经》所未详，莫不备其风土，传其珍怪焉。于是远国蒙奇、兜勒皆来归服，遣使贡献"❷。在《后汉书·西域传》所引述班勇《西域记》提供的资料中，中亚各国多记有去洛阳里程，最远者如"安息国居和椟城，去洛阳二万五千里"。永元十二年（100），"东（误冬），西域蒙奇、兜勒二国内属"❸。"永元十二年……冬十一月，西域蒙奇、兜勒二国遣使内附，赐其王金印紫绶。"❹《后汉书》作者在评论西域都护班超在西域取得的巨大成就时，又再次提到了蒙奇兜勒内附之事。"于是，五十余国悉纳质内属。其条支、安息诸国至于海濒四万里外，皆重译贡献。"❺

"自安息西行三千四百里至阿蛮国，从阿蛮西行三千六百里至斯宾国，从斯宾南行度河。又西南至于罗国九百六十里，安息西界极矣。"❻距洛阳里程的数据，当来自汉人实地考察的经验。自安息西界"南乘海，乃通大秦"❼，据说大秦"其王常欲通使于汉，而安息欲以汉缯彩与之交市，故遮阂不得自达。至桓帝延熹九年，大秦王安敦遣使自日南徼外献象牙、犀角、玳瑁，始乃一通焉"❽。

这个记载告诉我们这样一个事实：即100年冬，蒙奇兜勒的使者曾到过中国。他们既不是纳质内属汉朝的国家，也不是重译贡献的

---

❶ （南宋朝）范晔：《后汉书》卷八十八，《西域传》，岳麓书社，2008年，第1070页。
❷ （南宋朝）范晔：《后汉书》卷八十八，《西域传》，岳麓书社，2000年，第1070—1071页。
❸ （东晋）袁宏：《后汉纪》卷十四，《孝和皇帝纪卷》，张烈点校，中华书局，2002年，第280页。
❹ （南宋朝）范晔：《后汉书》卷四，《和殇帝纪》，岳麓书社，2008年，第62页。
❺ （南宋朝）范晔：《后汉书》卷八十八，《西域传》，岳麓书社，2008年，第1070页。
❻ （南宋朝）范晔：《后汉书》卷八十八，《西域传》，岳麓书社，2008年，第1075页。
❼ （南宋朝）范晔：《后汉书》卷八十八，《西域传》，岳麓书社，2008年，第1075页。
❽ （南宋朝）范晔：《后汉书》卷八十八，《西域传》，岳麓书社，2008年，第1076页。

安息、条支诸国,而是属于四万里外而来归服的远国。

那么,蒙奇兜勒究竟是指何国?对此,我国学者通常采用对音和把蒙奇兜勒分成二国的方法来确定其位置,认为蒙奇就是指安息东部的Margiana,兜勒就是指贵霜朝统辖下的Tukhara。这种观点并不正确。

《后汉纪》和《后汉书》上所说的"蒙奇兜勒",并不是指"蒙奇""兜勒"两个国家,而是指罗马帝国境内的蒙奇兜讷(今译为马其顿)地区。❶ 理由是:罗马大地理学家托勒密的巨著《地理学》记载,马其顿商人遣使到达Seres(希腊、罗马人对中国的称呼)首都Sera(洛阳)。托勒密的著作成书于150年。书中记载,一位名叫蒂蒂阿努斯的蒙奇兜讷人记录了从石塔(Iathinos Prygos)到Sera城的路程。不过,他自己并未到过Seres,而是派遣手下的一些人去。

托勒密在书中明确指出,他所引用的上述材料来源于马林努斯的《地理学概论》。马林努斯与托勒密属于同时代人。《地理学概论》成书要早于托勒密的《地理学》。托勒密在其著作中曾不时引用马林努斯的材料。马林努斯的著作完成于107—114年。从他所记载的内容中可看出,他所搜集的文献资料止于107年的达西亚战争,对于114—116年的图拉真出征帕提亚一事一无所知。而蒙奇兜讷商人来华事件,显然不会发生在马林努斯之前。因为据托勒密的记载,正是由于这次商业旅行,西方人才了解了这条由石塔至Sera的道路。而最早使用这一材料的就是马林努斯。在马林努斯以前的作家,包括斯特拉波和老普林尼等人,虽然知道在远东有一个Seres国,但都不知道有西方人到过Seres,更不知道通往Seres国首都的陆路所在。所以,这次旅行的时间当发生在马林努斯写作《地理学概论》之时。这一时间又恰好与《后汉纪》《后汉书》上记载的蒙奇兜勒遣使来华的时间一致。

---

❶ 牛秋实、葛臻明:《秦汉帝国与罗马帝国的交通及社会比较研究》,天津人民出版社,2014年,第147页。

第 2 章 世纪初年连接西域的四大世界帝国

从内容上讲，中西双方的记载非常吻合。它们都指出，到达洛阳的是"使者"，他们来自安息、条支之西，是由陆路经西域到达 Seres 首都 Sera（洛阳）的首批西方人。所有这些都表明：《地理学》上记载的马其顿商人来华与《后汉纪》《后汉书》上所记载的"西域蒙奇兜勒内附"是同一回事。蒙奇兜勒实际上是拉丁文"Macedones"的音译。"Macedones"有"马其顿人、马其顿地区"之意。

当时，东汉和大秦都渴望摆脱安息对丝绸之路的控制和垄断，直接进行商业贸易。甘英远行至安息西界波斯湾一带，由于安息为垄断丝绸之路的中间贸易，极力阻挠两国的直接交往，甘英最终未能抵达罗马帝国。但作为中国外交使节探索"西极"者，他是将足迹留在波斯湾的第一人。

但中国使者的到来引起了红海彼岸的莫恰和阿杜利与中国缔结盟约的愿望。西方自然也要积极努力，突破安息控制，越过中亚，来到中国，这一点是完全可能的。100 年，他们派使者到东汉首都洛阳，向汉和帝进献礼物。汉和帝厚待两国使者，赐给两国国王代表最高荣誉的紫绶金印，表示了邦交上的极大诚意。此举激励了罗马。162—165 年，罗马皇帝安东尼征服了安息，统治了美索不达米亚后，于 166 年遣使朝汉（也有人认为是大秦商人冒充的），开始了两国直接交往的新纪元，东方和西方这才紧密地连接在一起。除了经常进行访问外，双方还彼此输送自己的物产和技术，推动了东西方物质文明和精神文明的交流，使东西方人民受益匪浅。不过也有记载称，西汉时，大秦的一些商人和魔术师已来中国。至于"蒙奇兜勒二国"中的"国"，其性质相当于汉代的封国，它们从属于中央政权，但又有很大的独立性。《后汉书·西域传》提到的"于罗国""斯宾国""阿蛮国"等就是这种意义上的国。在罗马，这种"国"统称为自治区。因此，"蒙奇兜勒二国"实际上就是指"蒙奇兜勒境内的两个自治区"。

综上可知，大约在 100 年就有一支西方商队从陆路到过中国，他们来自马其顿境内的两个自治区。在洛阳,他们受到了东汉政府的热情款待。从现有的材料来看,他们是第一批由陆路到达中国的西方人。

据《魏略·西戎传》记载,当时从中国去罗马有海陆两路。海路从今土耳其、保加利亚、南斯拉夫以抵意大利(罗马)。可见,在汉朝时,海上丝绸之路已见雏形。

由此可见,罗马帝国不仅在世界经济和文化领域做出了诸多的贡献,而且在丝绸之路上充当了联络东西方的枢纽,将东西方贸易和东西方文化联系起来。

值得一提的是,东汉时北匈奴被击败后西迁,进入黑海草原后,引发了欧洲民族大迁移,结果导致了罗马帝国的灭亡。

第3章 公元元年前后亚欧大陆民族大迁徙对西域繁荣的促进

　　一切文明都是从野蛮时代开始的。在古代，武装迁徙是主要形式。特别是地处我国西部的西域，既是古代丝绸之路的必经之地、亚欧大陆的交通枢纽和孔道，又是我国西北各游牧民族驰骋的广阔牧场。几千年来，在这块令人瞩目的热土上，各民族迁徙极为频繁。正是这种频繁的迁徙，造就了西域文明史上的显赫和辉煌，唱出了西域史上惊天的战歌，写下了西域史上动地的诗章。

公元元年前后亚洲的民族大迁徙对东西方文化交流的促进

在漫长的历史年轮中,西域各民族在这里生存、发展、交流、融合。其既经历过和平安宁的太平时光,也经历过金戈铁马的征战岁月,并亲历多次政权更迭和民族大迁徙,促进了西域文明与来自东西方的各种外来文明的对抗与统一,由此汇成一曲民族大融合、文化大融合的交响曲,创造出辉煌灿烂的文化。

民族大迁徙的推手

民族的迁徙和移动是历史的必然,只是形式不同,在交流中互相学习、互相较量、互相帮助。

匈奴是古代著名的游牧民族,长期活动于我国北方草原上。正是这个游牧民族的发展和游动,导致了欧亚大陆上几个世纪之久的民族大迁徙。

匈奴在我国史书中有大量记载,且以不同的名称出现于史。据王国维《鬼方昆夷猃狁考》所考,匈奴"见于商、周间者曰鬼方,曰混夷,曰獯鬻。在宗周之季则曰猃狁。入春秋后则谓之戎,继号曰狄。战国以降又称之曰胡,曰匈奴"❶。《史记》中专门立有《匈奴传》,在以后的几代史书中更是屡见不绝。

匈奴兴起于公元前3世纪。秦汉之际是匈奴人发展较快的时期。辽阔的北方大草原在当时还没有得到农耕开发,四周只有秦汉帝国

---

❶ 王国维:《观堂集林》卷第十三,《史林五·鬼方昆夷猃狁考》,河北教育出版社,2003年,第296页。

第3章 公元元年前后亚欧大陆民族大迁徙对西域繁荣的促进

与匈奴为敌。伴随着秦汉王朝的相继建立，匈奴也建立了强大的军事政权。匈奴尚处于奴隶社会，所有的奴隶都是异族人，奴隶主要来源于战俘及其后代和被征服地区的居民。匈奴本族人虽有贵贱之分，但无奴婢之分，平民平时从事各种劳动，战时就是战士。

战国末年，各匈奴部落联盟逐渐联合起来，头领称"单于"。头曼是匈奴王国的奠基者，他使四分五裂的匈奴族人统一为强悍的团体，与东之东胡、西之月氏，并立为蒙古高原上的三雄。就在他完成王业、正图拓展的时候，却遭遇秦始皇。头曼和他新建的王国被秦将蒙恬击败。本来雄心万丈的头曼不得不放弃远大的理想，向北迁徙。公元前209年，头曼单于的儿子冒顿夺取了政权，冒顿单于几乎一夜之间统一了匈奴，以河套为中心，控制了中国北部、东北部和西北部的广大地区，建立了强大的匈奴汗国。冒顿单于把全国的疆域分为单于庭、左贤王庭、右贤王庭。左贤王统治东部，右贤王统治西部，单于居中统治。全部组织由24个部落联盟组成，称为国，国的首领称为王。

匈奴族建立的奴隶制国家尽管非常松散，但其极强的军事侵略性给南部广大农耕地区造成严重威胁。恰好这时南部的汉朝的存在对匈奴族的侵略也构成了障碍。汉朝初年，由于连年内战，政权尚未得到巩固，经济也有待恢复，在与匈奴交锋中屡遭失败。

公元前201年，冒顿单于大举进犯，攻破马邑，次年又攻晋阳。汉高祖亲率30万大军迎敌，被匈奴围困于平城白登山七天。汉高祖只好屈辱和亲，以求安宁。此后百十年间，匈奴仍屡屡进犯或掠夺。

汉武帝即位后，由于经过多年的积蓄，汉代的经济和政治力量都得到了长足发展，于是决定对匈奴予以坚决抵抗和反攻。公元前133年开始，双方先后进行了十几次交战，其中以公元前127年、公元前121年、公元前119年三次战役为最。公元前127年，匈奴入侵上谷、渔阳，汉武帝派卫青、李息对河套及其以南的匈奴军进行包围，突然袭击，收复了河南地区，并设立朔方郡和五原郡。公元前121年，霍去病深入匈奴境内千余里。公元前119年，卫青和霍去病率十万大军，分东西两路西进远征，在交战中，全歼匈奴主力。匈奴单于率数百名骑兵突围而逃。"是后匈奴远遁，而幕（漠）南无王廷"。❶

汉朝反击匈奴的胜利，制止了匈奴的南下侵略，保护了王朝统治下的中原地区的发展。匈奴统治集团发生分裂，单于威信下降，受到匈奴统治的邻近部落或邻国反抗。《汉书·匈奴传》记载了这种情况："丁零乘弱攻其北，乌桓入其东，乌孙击其西，凡三国所杀数万级，马数万匹，牛羊甚众。又重以饿死。人民死者什三，畜产什五，匈奴大虚弱，诸国羁属者皆瓦解，攻盗不能理。"

公元前58年，匈奴一分为二。呼韩邪单于统治东部，屠耆单于统治西部。不久，西部匈奴再次分裂，出现了两部四个单于。这五个单于互相残杀，最后只剩下北匈奴郅支单于和南匈奴呼韩邪单于。南匈奴呼韩邪单于先是驻漠南光禄塞，公元前51年，呼韩邪单于率部降汉，汉朝将他们安置在朔方诸郡。北匈奴郅支单于向北边和西边发展，不敢南下侵扰。郅支单于先是以坚昆为都，而后又西迁康居。公元前36年，汉西域副校尉陈汤集结西域诸国兵马攻打康居，擒杀郅支单于，并帮助呼韩邪单于统一匈奴诸部。公元前33年，汉朝王昭君嫁于呼韩邪单于，保持了汉匈两族较长一段时间的宁静。

月氏的西迁及其引发的中亚游牧民族的连锁迁徙

公元前3世纪后半叶，匈奴的扩张引发了大月氏的迁徙，大月氏的西迁又推动着中亚塞人等诸多游牧民族的迁移，揭开了这次游牧世界对农耕世界冲击的序幕。

月氏是我国古代西北草原地区的一支游牧民族，对于其种属，

---

❶（东汉）班固：《汉书》卷九十四上，《匈奴传》，岳麓书社，2008年，第1400页。

第3章 公元元年前后亚欧大陆民族大迁徙对西域繁荣的促进

古籍《魏略》称其为"羌",《旧唐书》称其为"戎"。月氏始居"敦煌祁连间"的河西走廊上,在西部其势力影响到阿尔泰山地区,在东部其势力影响到河套地区。

河西走廊一带的月氏,其西迁进程与匈奴的攻击密切相关。匈奴的崛起及其对月氏的挤压是其迁徙的主要原因。据《史记》记载,公元前3世纪,月氏游牧于河套以西地区,匈奴游牧于河套地区以东至辽河上游一带,而辽河上游则居住着东胡人。三支游牧民族中,"东胡强而月氏盛",尚未崛起的匈奴不断受到来自月氏和东胡的挤压,受月氏的胁迫,匈奴头曼曾送冒顿到月氏为人质。秦末,冒顿自月氏逃回,杀父自立,后统一匈奴各部,匈奴日盛。

约公元前206年,崛起的匈奴在大破东胡之后,冒顿单于就西击月氏。在匈奴的强势攻击下,月氏踏上了西迁的道路,并引发了一系列民族迁徙运动。部分月氏人从今甘肃西部进入今新疆东部。公元前177年至公元前176年,冒顿单于举兵进击月氏,月氏惨败,其在西域的属国多被匈奴征服。月氏再次向西迁徙。

大月氏西迁,占乌孙地,挤压塞人向西、向南迁徙,引发了中亚游牧民族的连锁迁徙。

西迁的这部分月氏在我国史籍中称为大月氏。大月氏西迁第一个受冲击的对象是其西南的乌孙。公元前177年前后,大月氏击破乌孙,杀其王难兜靡,夺其地,乌孙逃奔匈奴。大月氏占领伊犁河、楚河流域后,游牧于中亚北部草原的塞人迫于大月氏西迁的压力,遂向西、向南迁徙,向西的塞人又取代了黑海北岸的西徐亚人。

大月氏在伊犁河流域驻牧不久,乌孙王猎骄靡在匈奴的帮助下,率部西击月氏,大月氏大败,被迫放弃伊犁地区向西南迁徙,乌孙便从此占领了伊犁河流域。部分未能西徙的大月氏人仍留居原地,臣属于乌孙。

公元前126年，军臣单于去世，乌孙不肯再臣属于匈奴。经历30余年，乌孙终于成了西域大国，不但重建了乌孙国，而且不断向南方的葱岭和塔里木盆地西缘扩散。西汉中期，乌孙内乱，后即分为大、小两部。大昆弥元贵靡是汉朝外甥，分得乌孙西部；小昆弥乌就屠为匈奴外甥，分得乌孙东部。

东汉初年，鲜卑和丁零崛起，夺得蒙古高原东部。匈奴衰弱，保有蒙古高原西部。不久匈奴分裂为南北两部，南匈奴投归东汉，北匈奴继续与东汉为敌，其牙帐已西迁至金微山。东汉明帝末年，一再出兵征讨北匈奴，北匈奴屡屡大败，其单于逃至乌孙小昆弥境内，后又率领残部逐渐西迁至中亚和东欧，其老弱不能迁徙者，即留居于乌孙小昆弥境内。两族共居一处，日久逐渐融合，至南北朝初年，原小昆弥境内出现了一个新的国家——悦般，其西大昆弥所统治的地方则仍为乌孙国。

5世纪初，蒙古高原的柔然汗国强盛，一再出兵西域，攻击乌孙，乌孙节节失利，被迫渐渐南迁。《魏书·西域传》记载："乌孙国居赤谷城，在龟兹西北，去代一万八百里。其国数为蠕蠕所侵，西徙葱岭山中，无城郭，随畜牧，逐水草。太延三年遣使者董琬等使其国，后每使朝贡。"古"龟兹国"在今新疆库车县周围，"代"指北魏的首都平城，故址在今山西大同市。"蠕蠕"指柔然，"葱岭"即今帕米尔高原。由上述记载可知，早在437年之前，乌孙即因柔然的逼逐，南迁至帕米尔高原了。

汉以后，乌孙之名逐渐在史籍中消失。自乌孙南迁葱岭之后，很快被塞人同化，逐渐融入葱岭及其以南的各民族中。北魏求法者宋云、慧生西行取经，走遍葱岭及其以南，不见有乌孙国。隋朝裴矩认真调查西域诸国的情况，写成《西域图记》三卷，《隋书·西域传》即根据《西域图记》写成，其中也不见有乌孙国。可见，乌孙南迁葱岭之后，已在西域的历史舞台上消失了。

第3章 公元元年前后亚欧大陆民族大迁徙对西域繁荣的促进

大月氏人西迁,经过大宛国,南下征服了大夏,在妫水以北重建了大月氏国,造成已经希腊化的巴克特里亚王国的灭亡,建立强大的贵霜帝国。另外,大月氏南下大夏后,逐渐定居并从事灌溉农业,且正好处于古代亚欧大陆经济和文化联系的咽喉要道,对中西文化交流也起到了非常重要的作用。大月氏故地空虚,军臣单于统领匈奴大军凯旋东归时,很可能命令昆莫留下部分乌孙军队,暂驻于大月氏故地。《汉书·张骞传》记载:"昆莫略其众,因留居,兵稍强。会单于死,不肯复朝事匈奴。匈奴遣兵击之,不胜,盖以为神而远之。""略其众"意为劫掠当地民众,指残留于巴音布鲁克草原和伊犁河谷的大月氏人和塞人。

另有一小部分月氏未能西迁,他们越过祁连山,"保南山羌,号小月氏"❶。

汉族迁入和融入西域

汉人迁居边地或诸少数民族分布区内的情况很早前就已存在。汉人融入西域或少数民族的主要原因如下。

1. 汉人被俘掠至周边地区

秦汉以来,统治者为满足权欲、财欲,经常进行战争,在每次战争中不仅抢劫财物,还俘掠汉人,包括妇女和儿童。例如,伊稚斜为匈奴单于时,元朔元年秋,匈奴人攻入渔阳、雁门,"杀略三千余人"。二年春,匈奴兵又入上谷、渔阳,"杀略吏民千余人"。三年,伊稚斜自立单于后,于当年夏派数万骑入代郡,"略千余人";秋,又派匈奴兵入雁门,"杀略千余人"。翌年,复遣数万匈奴兵入代郡、定襄、上郡,"杀略数千人"。可见,掠夺人口是匈奴人每次进行战

---

❶ (西汉)司马迁:《史记》卷一百二十三《大宛列传》,中华书局简体字本,1999年,第2398页。

争的目的之一。乌桓、鲜卑崛起后,也俘掠汉人发展势力。206年,乌桓贵族乘"天下乱"攻破幽州,"略有汉民合十万余户"。

2. 避乱世、天灾或反叛等逃入少数民族境内的汉人

秦始皇为中国统一作出了不可磨灭的贡献,但他的暴政也使中原居民苦不堪言,引起汉人大量外逃。《后汉书·东夷列传》记载,秦人为"避苦役",逃至韩地。从"马韩割东界地与之",后成为"三韩"之一的辰(秦)韩"始有六国"看,人数当万数。陈胜、吴广起义后,"燕、齐、赵民避地朝鲜数万口"。朝鲜王箕准将其"置之于西方",即让其居于浿水附近。

汉初,又有燕人卫满率众千余人东逃,"渡汉水,居秦故空地上下鄣",并收服秦末迁此附近的燕、齐、赵民。以后,他凭借这两支人马取代箕准为朝鲜王,称卫氏朝鲜。卫氏朝鲜至右渠为王时,"所诱汉亡人滋多",因此骄纵,不肯奉汉诏,导致汉武帝于公元前109年征伐,以其辖地及附近地设置乐浪等四郡。❶秦人、汉人逃入匈奴地界的也很多,据《汉书·匈奴传》记载,壶衍鞮单于在公元前85年立后,卫律为其出谋:"穿井筑城,治楼以藏谷,与秦人守之,汉兵至,无奈我何。"此可说明秦人亡入匈奴的很多。燕王卢绾因被疑"反叛",趁汉高祖刘邦死,率数千人亡入匈奴。直到西汉末年还时有汉人逃入匈奴境。

汉代汉人逃投的另两个主要地区是乌桓、鲜卑境。东汉末年,群雄争战,民不聊生,"时幽、冀吏人奔乌桓者十余万户"。袁绍据河北后,"中国人(汉人)多亡叛归"。分布在代郡、上谷一带的鲜卑柯比能本是鲜卑"小种",由于逃投汉人多,又得到汉人"教作兵器铠楯",日益强盛。❷

---

❶ 《三国志》卷三十《乌丸鲜卑东夷传》引《魏略》文;《史记》卷一一五《朝鲜列传》。
❷ 以上据《资治通鉴·汉纪四》《汉书·匈奴传》《后汉书·乌桓鲜卑列传》《三国志·乌丸鲜卑东夷传》。

公元元年前后亚欧大陆民族大迁徙对西域繁荣的促进

3. 驻防、实边、流放周边地区的汉人

汉人及其先民因军事驻防、屯田、流放等迁居边地，并成为当地久住民或融入当地民族，主要在华南至西北一带地区。在华南，秦始皇征服南越，置桂林、南海、象等三郡，并将50万"罪民"流放越地，"戍五岭，与越（人）杂处"。真定人赵佗，被秦委任南海郡龙川县令，他为使戍守越地的兵士安于守边，"使人上书，求女无夫家者三万人，以为士卒衣补"。秦始皇又征调15000名未婚女子往越地，使与戍守将士成婚定居。

秦末，南海尉任嚣病危，以南海尉事委赵佗。任嚣死后，赵佗在秦亡后即击并桂林、象二郡，自立为南越主。由于他治理有方，越地"中县人以故不耗减"，即没有人返迁中原地区。到汉文帝时，赵佗在给文帝的回书中自称"蛮夷大长"，说明他已自认为越人了。西汉末年，王莽又"颇徙中国罪人（汉族犯人）"❶至越地，使与南越人杂处。

在西南地区，史载战国末年，楚顷襄王派将军庄蹻统兵沿长江而上，"略巴、黔中以西"，至今云南省滇池地区，土人归服。他正欲返楚时，因秦击夺楚、巴、黔中郡，无法返回，便"以其众王滇，变服，从其俗，以长之"，即改变自己的习俗，以适应当地生活。

秦汉时期，不断有汉族官吏、商人和屯垦移民进入西南地区。如汉武帝为解决戍守西南夷地区将士衣食之需，"乃募豪民田南夷"❷，即招募内地富人雇人到西南夷地区屯田。在这一迁徙大潮中，还有另一种迁徙，即"实边"。大批汉人迁居西南地区后，逐渐形成许多大姓，这些大姓后来与当地民族融合，成为少数民族中的显贵。

---

❶（南朝宋）范晔：《后汉书》卷八十六，《南蛮西南夷列传》，岳麓书社，2008年，第1039页。

❷（东汉）班固：《汉书》卷二十四，《食货志》，岳麓书社，2008年，第484页。

4. 战斗中降没少数民族中的汉人

历史上汉族统治者与周边少数民族贵族的战争各有胜负。一些开往前线作战的汉族将士在兵败时往往降没少数民族，留居其地。汉代，先有韩王信被遣北边"备胡"，驻马邑，匈奴冒顿"大攻围马邑"，信率众降，后成为匈奴将。

公元前103年，汉武帝派浞野侯赵破奴将两万余骑出朔方西两千余里攻匈奴，在返回途中距受降城400里处，匈奴8万骑围之，"军遂没于匈奴"。公元前99年，骑都尉李陵统5000人出居延北千余里征匈奴，后因"食尽"被迫降，"其兵遂没，得还者四百人"。匈奴单于"贵陵"以女妻之，陵以后亦"胡服椎结"。公元前90年，贰师将军李广利将7万骑出五原征匈奴，后闻其"妻子坐巫蛊收"，忧惧而兵败，"因并众降匈奴，得来还千人一两人耳"。

塞人的西迁

塞人也为西域最古老的民族之一。《汉书·西域传》记载："塞种分散，往往为数国。自疏勒以西北，休循、捐毒之属皆故塞种。"塞种大约在史前期已迁居伊犁河、楚河流域。至迟到公元前6世纪，伊犁河、楚河流域已完全为塞人所控制，成为闻名的塞地。公元前177年，大月氏西迁，占塞地，塞人被迫向西南迁至帕米尔一带。

塞人在西迁途中先后建立了尉头国（塞王国）、疏勒国、于阗国、大宛、大夏、康居、奄蔡、罽宾等国。塞人遍布塔里木河流域和整个帕米尔地区，成为西域的主要土著民族。

原本居住在伊犁一带的塞人在月氏人到来后，被驱逐着也向西南运动，进入了阿富汗境内。从阿富汗到印度之间，只有一条山脉阻隔。如同后来的日耳曼人在欧洲的南下运动一样，匈奴人、月氏人、塞人也如同潮水般向西、向南移动。当月氏人到达河中地区后，受

第3章　公元元年前后亚欧大陆民族大迁徙对西域繁荣的促进

到当地人的驱赶，不得不掉头向南，进入了如今的阿富汗、伊朗境内，他们的到来使得占领这儿不久的塞人再次向南移动。

塞人和月氏人到来之前，在阿富汗和伊朗居住着安息人（波斯人，在西部）、希腊人（在东部）。亚历山大征服中亚后，希腊人的后裔在这里建立了大夏（巴克特里亚）王国。在塞人、月氏人的压力下，巴克特里亚人也纷纷南下，进入了印度的境内，成为入侵印度的第一波势力。

塞人被月氏人从伊犁赶出后，南下进入了阿富汗。塞人原居新疆以北的俄罗斯南部，当他们南迁伊犁时，就卷入了世界大迁徙的潮流中，先是被月氏人赶到了阿富汗，随后月氏人占领了阿富汗，将塞人继续赶向了南方，进入了兴都库什山区，最后到达了印度河平原，在克什米尔建立罽宾国。另一部分向西南迁移。不久，月氏人又受到乌孙的攻击而西徙，公元前140年至公元前130年，定居于巴克特利亚阿姆河以北。这时，巴克特利亚已有塞人部落移入，正处于四分五裂的状态。月氏人移入巴克特利亚后，安居乐业，后分为五翕侯，以贵霜为最强。1世纪初，丘就却建立了贵霜王国。

塞人在印度建立的国家地域包括整个巴基斯坦、古吉拉特、旁遮普，直到马图拉。它是在消灭印度—希腊国家的基础上建立起来的。在这里，其从游牧民族变成定居民族，并接受了希腊人的生活方式，信奉佛教。贵霜帝国灭亡后，印度的塞人政权已经被贵霜帝国赶到了印度的中部地区，直到笈多王朝兴起后才最终被灭。

民族大迁徙的内因解析

古代少数民族的迁徙，从总体上看，一种是举族由一个地区向另一个地区迁徙，一种是一个民族的一部分由原居住地区向另一地区迁徙，而其他部分仍留在原地。不论是举族迁徙还是部分迁徙，都有一定的原因，而且大部分是多种原因起作用的结果。但不管其迁徙原因多么复杂，从总体上看，大部分的迁徙活动是被迫的或被动的。特别是一个民族中的部分人口的迁徙更是被迫迁徙。❶古代少数民族迁徙的主要原因大体可以分为以下几种情况。

1. 社会经济发展与少数民族的迁徙

对以游牧经济为主的少数民族来说，经济的发展与人口的增长往往会引起游牧民族的部落迁徙。其主要表现在：游牧封建领主经过长期传承分封，领主日益增多，可供分封的土地和属民日益减少，导致封建领主之间为扩张土地和属民的斗争日益激烈，一部分势力弱小的封建领主不得不率部迁徙，寻找新的牧地；游牧地区经过一定时期的和平发展，人口和牲畜都有快速的发展，进而开始对有限牧场资源的激烈争夺和游牧民族封建领主间的战争，失败的一方只能迁徙他处。例如，匈奴的五单于争位，本身就反映了匈奴的封建领主争夺游牧地和属民的支配权。其结果：呼韩邪单于率部南迁融入汉朝，郅支单于则率部西迁至西域、中亚一带。

农业经济与草原游牧经济迥异。农业经济的发展可以使农民稳定地固着在土地上和农村里；而草原游牧经济的发展使草原超负荷，就会迫使游牧部落进行迁徙。有的学者认为："草场面积是基本固定的，载畜量也是相对固定的……当人口过量……草原上的部落，或者联合起来向外扩张，夺取牧场，或者发生内战，将一部分部落消灭或赶走。"❷也有学者认为，"在整个中世纪里，亚洲腹地草原地带游牧民族一次次的大迁徙……也应是人口对生产力的压迫"的重要表现之一。❸

---

❶ 杨建新：《中国少数民族通论》，民族出版社，2005年，第379页。
❷ 杨圣敏：《突厥回纥史中的几个问题》，《西域研究》，1993年第3期。
❸ 祝卓：《人口地理学》，中国人民大学出版社，1991年，第188页。

公元元年前后亚欧大陆民族大迁徙对西域繁荣的促进

2. 自然生态环境的变迁与少数民族的迁徙

还有一个重要原因导致游牧民族迁徙，即自然生态环境的变化，特别是自然灾害的发生。气候环境对游牧和农牧兼营的民族或部落的生存、发展产生了重要影响。由气候的变化而引起民族迁徙、社会变迁的事例比比皆是，自然环境的变迁给游牧民族社会带来重大影响。如公元前105年冬，"匈奴大雨雪，畜产多饥寒死"。公元前72年，匈奴"会连雨雪数月，畜产死，人民疫病，谷稼不熟"。公元前68年，匈奴"人民畜产死者十之六七"。公元46年，"匈奴中连年旱蝗，赤地数千里，草木尽枯，人畜饥疫，死耗大半"。

3. 战争是民族迁徙的直接原因

战争是很多民族迁徙的直接原因。战争既包括外族的入侵，也包括内乱，甚或兼而有之。外族入侵是导致民族迁徙最为普遍的原因。古代民族之间常常因争夺牧场、掠夺人口而发生战争，战败的一方往往不得不远离故地，远徙他乡。这种迁徙属于一种强迫性迁徙。如月氏被匈奴所败，迁徙入塞地，就属于这种情况。以后乌孙又从河西西迁，进入塞地，迫使月氏继续南迁，引发了中亚、南亚地区许多民族的大迁徙，对中亚、南亚的民族格局和历史发展都产生了重大影响。❶

4. 民族内部的斗争

民族内部的斗争也是民族迁徙的重要原因。这种斗争一般表现为同一民族内的不同家族、支系或利益集团之间的内乱和斗争，往往是失败的一方率其所部迁徙。这种内乱和内争还往往招致外族的入侵，结果出现内外交困，引发大规模的民族迁徙。

---

❶ 杨建新：《中国少数民族通论》，民族出版社，2005年，第383页。

5. 统治阶级的民族政策与少数民族的迁徙

古代少数民族的迁徙地区、规模、方式等，与国家实施的民族政策、各民族间的关系有着密切的关系。

汉代的少数民族迁徙十分频繁。这一时期，由于匈奴构成了汉朝边境的巨大威胁，汉朝政府对直接控制地区的少数民族多采取迁徙的政策，以"分其势"。例如，氐族原居于今甘肃天水以南至四川茂汶的涪江、白龙江、西汉水流域的广大地区，自汉武帝到三国，氐人部落多次北迁。后来，这些北迁的氐人先后建立了前秦、后凉、仇池政权。

羌族经过长期的迁徙，主要集中于河湟地区、塔里木盆地以南至葱岭的西域诸国、陇南至川西北一带。汉景帝、汉宣帝时，为了断绝匈奴与西羌的联系，曾迁徙羌人到塞内，实行屯耕政策。西汉时，统治西羌的有金城属国都尉。东汉时，统治羌胡的有西河、上郡、安定、张掖等属国都尉。两汉还设有护羌校尉。为了防止羌族的反抗，东汉统治者先后把聚居于青海湖周围的羌族部落迁到天水、陇西、扶风、三辅（京兆、左冯翊、右扶风）、洛阳、安定诸郡，到曹魏初年时，已是"西北诸郡皆为戎居"[1]。内迁的羌人"与华人杂处，数岁之后，族类蕃息"[2]。

此外，中原统治者为了笼络少数民族上层和民众，对内迁的少数民族采取优待政策，对吸引大量少数民族内迁起了一定的作用。

汉朝为了削弱匈奴的势力，对附汉的匈奴贵族和部众均采取优待政策。昆邪王归汉后，汉对其上层则封侯、食邑、赏赐，对于其部众则置五属国安顿。汉朝对待匈奴属国"各依本国之俗而属于

---

[1] （唐）房玄龄等：《晋书》卷九十七，《北狄·匈奴传》，中华书局，1999年，第1700页。
[2] （唐）房玄龄：《晋书》卷五十六，《列传第二十六·江统传》，中华书局，1999年，第1014页。

第3章 公元元年前后亚欧大陆民族大迁徙对西域繁荣的促进

汉"[1]，并且不征租赋，遇有灾荒还要"赡其衣食""供以牛羊"，属国人民安定的生活对塞外匈奴是有一定吸引力的。匈奴分裂后，大量向中原地区迁徙，且由中原政府或地方政权安置。这些内徙的匈奴人曾在十六国时期建立前赵、后赵、夏、北凉等政权。这些政权灭亡后，逐渐融入汉族和其他少数民族。

国内民族大迁徙对西域发展的影响

我国古代少数民族的迁徙，对我国民族分布格局的形成、古代少数民族及现代少数民族的社会和文化形态的形成、各民族密切关系的形成与发展都产生过重大影响。但这种迁徙多数是被迫的，而且给各民族带来过严重的灾难和破坏。中国古代少数民族迁徙对中国社会和各少数民族产生的影响主要表现在以下几方面。

1. 迁徙使少数民族社会经济发生重大变化

大多数少数民族在迁居后，其社会经济结构迅速发生变化。内迁之前，多以游牧、畜牧业为主；迁居中原或农业区后，社会生产结构逐渐改变了，发展了农业生产，并以农业为主，以畜牧业、手工业、商业为辅，社会生产水平逐渐接近汉族。

据《后汉书》记载，羌族在公元前5世纪属于游牧畜牧业经济。到西羌王爰剑时，从秦国逃入三河，羌人方发展了农业。河湟一带的羌族到公元前12世纪时仍以游牧为主，但已有了农业。先零、卑浦、烧当羌先后因居大小榆谷，"绿山滨水，以广田畜"。公元34年，来歙破先零等羌于金城郡，"获牛羊万余头，谷物数十万斛"[2]。公元88年，邓训"发湟中秦、胡、羌兵四千人，出塞掩击迷唐于写谷……迷唐乃去大、小榆，居颇岩谷，众悉破散。其春，复欲归故地就田

---

[1] （西汉）司马迁：《史记》卷一百二十一，《卫将军骠骑列传》，中华书局，2000年，第2244页。

[2] （南朝宋）范晔：《后汉书》卷十五，《来歙列传》，岳麓书社，2009年，第194页。

业"❶。公元93年,护羌校尉贯友"遣兵出塞,攻迷唐于大、小榆谷……收麦数万斛"❷。这表明,青海地区羌族的农业发展迅速。到东汉后期,内迁的羌人逐渐走向定居的农牧生活。

迁居西域的羌族与当地土著民族杂处,从事农业生产,种植五谷、葡萄和瓜果。有的羌人还从事商业活动,如阿钩羌和波路羌,因地处中西交通要道,村镇都有市场,交易时使用金钱、银钱和铜钱。

内迁的南匈奴长期与汉人融合,逐渐过渡到农业或半农半牧经济。而内地农民因种种原因迁入少数民族生活的草原地区,却并未将草原开垦为农田,相反,他们逐渐从事游牧生产,改变了生活方式。正如有的学者指出:"游牧民族放弃逐水草而牧畜的游牧生活,转而接受定居的农耕生产和生活方式,尽管确实是因为农耕文化'先进性'——具有更高的食物能量生产效率,但这其实与文化本身的高下之分无关"。❸因此,游牧民族生产方式的变化属于"文化适应"现象,而非"先进"改变了"落后"。

2. 迁徙促进了民族交融和整合

民族大迁徙在客观上促进和形成了民族的交往和杂居,推动了民族融合,使我国各民族发生了密切的内在联系。

羌人的迁徙构成了西部民族流动热潮。在迁徙的过程中,羌族适应了不同的自然生态与民族环境,发生了许多族体形态的变迁,包括分化、融合与重构等,成为中国西南许多现存民族最为普遍的族源成分。发羌、唐牦与西藏的土著居民混为一体,构成了古代吐蕃的重要族源。纳西、彝、傈僳、拉祜、哈尼等民族,均有其先祖来自北方的传说,其习俗中含有远古羌人的某些文化因素。普米族、

---

❶ (南朝宋)范晔:《后汉书》卷十六,《邓寇列传》,岳麓书社,2009年,第201页。
❷ (南朝宋)范晔:《后汉书》卷八十七,《西羌传》,岳麓书社,2009年,第988页。
❸ 王利华:《中古华北饮食文化的变迁》,中国社会科学出版社,2000年,第123页。

公元元年前后亚欧大陆民族大迁徙对西域繁荣的促进

怒族、独龙族、基诺族、纳西族等也都有古代羌族的族源成分。❶

在我国古代蒙古高原地区，民族迁徙极为频繁，民族族体交融突出，特别是匈奴族，几乎与以后在蒙古高原兴起的各民族都有族体的交融。如汉和帝时，匈奴在汉匈战争中失利，"北单于逃走，鲜卑因此转徙据其地。匈奴余种留者尚有十余万落，皆自号鲜卑，鲜卑由此渐盛"❷，鲜卑族中融入了大量匈奴的部落。此后的柔然、高车（铁勒、丁零）、突厥、回纥等民族都有所谓"匈奴别种""匈奴后裔"之说。可见，在族体上，北方各族确实存在着互相交融、吸收的情况。

北匈奴在西迁的过程中，有不少匈奴人融合到其他民族中。其中迁徙到乌孙地区的那部分匈奴部落留下的部分遗民，以后逐渐形成悦般国。同时在西迁中沿途大量吸收各地的群众，在北匈奴到达欧洲时，其人种与从蒙古高原西迁时的匈奴人已有很大的区别。

3. 迁徙促进了少数民族文化的汉化

民族的迁徙，促使各民族之间产生更多接触，一些民族的部分文化逐渐发生区域性汉化。其汉化主要表现为少数民族文化的汉化。

西北少数民族内迁后，与汉族杂居，在经济、政治、文化上深受内地封建化影响，出现显著的汉化倾向。这种汉化倾向在秦汉以前表现得不是很明显，到了魏晋南北朝时期出现逐渐加强的态势。特别是十六国时期，内迁的少数民族建立了割据政权，其统治之下的人民主要是汉族，因统治需要，采取一些汉化政策，加速了内迁少数民族文化的汉化进程。

---

❶ 周星：《黄河上游区域多民族格局的历史形成》，载费孝通主编：《中华民族研究新探索》，中国社会科学出版社，1991年，第388页。
❷ （南朝宋）范晔：《后汉书》卷九十，《乌桓鲜卑列传》，岳麓书社，2008年，第1102页。

欧洲民族大迁徙

汉武帝统治时期，西汉与匈奴进行了长达43年的大规模战争，最终以汉军的全面胜利而告终。此后，危害汉朝的匈奴边患基本上得到解决，从而保障了黄河流域先进农业经济区的发展。匈奴生存的空间向南发展受阻后，举部西迁，经中亚大草原到达欧洲，开始慢慢向西迁徙，成为后来欧洲民族大迁徙的导火索。

匈奴西迁的四个时期

公元91年，北匈奴的一部分在北单于和贵族的率领下，离开漠北，向西方进行持久而漫长的迁徙。西迁的北匈奴人数达20余万人，其余的大部分（60余万人）仍留居漠北。

北匈奴的两次西迁历经了300年持久而漫长的迁徙过程。

4世纪中叶后，欧洲历史学家始见关于匈人（即北匈奴的后代）的记载。匈奴的西迁席卷中亚，且深入欧洲腹地。受到匈奴西迁压力的其他游牧、半游牧部族，先后涌入亚欧大陆农耕世界。

北匈奴第二次西迁的路线主要有两条：

一条最初止于今哈密西北的巴里坤湖附近，然后从天山以北向西，不久即在中亚打开了局面，之后游牧于这个区域。123年，此部分匈奴"展转蒲类、秦海之间"❶，即指此而言。

另一条路线为匈奴第一次西迁之路，从米努辛斯克向西直到伏尔加河下游。以伏尔加河下游为中心，东到阿尔泰山，北到伏尔

---

❶ （南朝宋）范晔：《后汉书》卷八十八，《西域传》，岳麓书社，2008年，第1071页。李贤注："大秦在西海西，故曰秦海"，可知秦海即黑海。

第3章 公元元年前后亚欧大陆民族大迁徙对西域繁荣的促进

河支流卡马河畔的彼尔姆,甚至到了西乌尔,西边到克里米半岛的刻赤,南边到北高加索。西迁的匈奴在这个区域停留的时间延续到4世纪以后。

匈奴民族两次西迁,特别是后一次,是世界史上的大事。它不仅把一些东方器物带到了西方,更重要的是,在欧洲历史上引起了一场民族大迁徙,将西方世界搅得天翻地覆。这次西迁不仅席卷整个中亚,还深入欧洲腹地,激起西方政治巨变。在它的推动下,亚欧大陆众多游牧民族纷纷卷入民族大迁徙的浪潮中。

关于匈奴人的西迁过程,东西方都缺少记载。我国古代史学家记载匈奴在大漠南北的活动十分详尽,但对北匈奴的西迁只是偶尔提到。罗马晚期的阿密阿那斯·玛西里那斯著《历史》,有关匈人越顿河西迁欧洲的最早记载。但对匈人原住何处及来到的过程仍然一无所知。18世纪,法国人德揆尼首次提出欧洲的匈人即中国史书上活动于蒙古高原的匈奴人。❶后来德国汉学家希尔特著《伏尔加河流域的匈人与匈奴》,对德揆尼的匈人即匈奴人的说法进行详细论证,至此,匈奴西迁始为学术界所留意。❷在我国,研究过匈奴西迁的学者有洪钧、章太炎、梁启超等。北匈奴的西迁过程可分为四个时期。

1. 伊塞克湖和伊犁河流域时期(91—160)

公元91年,北匈奴被东汉击败后,向西逃至乌孙。"单于震慑屏气,蒙毡遁走于乌孙之地。"乌孙是伊犁河和伊塞克湖一带的游牧国,地方宽广。北匈奴逃至其地后,仍不时出没天山进行侵扰。

119年,北匈奴攻入伊吾,杀死汉将索班。此后,北匈奴呼衍王常来往蒲类海一带,专制西域,入寇河西。东汉以熟悉西域的班勇为西域长史,出屯柳中。

---

❶ 编撰德揆尼:《匈奴、突厥、蒙古及其他西部鞑靼各族通史》,1770年在巴黎出版。
❷ 林幹:《匈奴史论文集(1919—1966)》,蒙古语言文学历史研究所历史研究室,1977年。

124年，班勇发龟兹等国兵，击走北匈奴伊蠡王于伊和谷。

126年，班勇再发诸国兵进击呼衍王，呼衍王逃走，其众两万余人附汉。北单于亲率万余骑来救，也被汉军击退。后班勇调归，北匈奴又往回侵扰。

134年，汉车师后部司马率加特奴掩击北匈奴于阊吾陆谷，斩首数百级。翌年，北匈奴呼衍王率兵反扑，侵入车师后部。

137年，敦煌太守斐岑杀呼衍王于巴里坤，破灭其众。

151年，又有一个呼衍王入侵伊吾，汉将司马达出兵至蒲类海，呼衍王退走。此后史书再无北匈奴入侵的记载。但两年后，《后汉书·西域传》还提到车师后部王阿罗多叛汉，逃入北匈奴，"戊己校尉阎详虑其招引北虏，将乱西域"。这说明此时北匈奴还在乌孙一带活动。

2. 锡尔河及其以北地区时期（160—290）

北匈奴部大部分部族在160年左右离开乌孙，西走康居。一部分留在原地，后在乌孙西北建立悦般国。《北史·西域传》说："悦般国，在乌孙西北，去代一万九百三十里。其先，匈奴北单于之部落也。为汉车骑将军窦宪所逐，北单于度金微山西走康居，其羸弱不能去者，住龟兹北。地方数千里，众可二十余万，凉州人犹谓之单于王。"❶

南北朝时，乌孙为蠕蠕所侵逼，已迁到葱岭山中。北匈奴进一步西迁康居，同汉在西域所给予的反击有关，更重要的是，遭到鲜卑的威胁而无法在伊犁河流域立足。1世纪，鲜卑族逐渐兴起，到2世纪鲜卑部落首领为檀石槐时，其"南抄缘边，北拒丁零，东却夫余，西击乌孙，尽据匈奴故地"❷。北单于遗留于漠北的十余万落归属于鲜卑。逃至乌孙的北匈奴，因乌孙遭到鲜卑打击，同样受到严重威胁。北匈奴不得不把掠夺矛头再次指向西方，沿着西汉时郅支单于的老

---

❶（唐）李延寿：《北史》卷九十七，《西域传》，中华书局，2000年，第2136页。
❷（南朝宋）范晔：《后汉书》卷九十，《乌桓鲜卑列传》，岳麓社社，2009年，第1032页。

第3章 公元元年前后亚欧大陆民族大迁徙对西域繁荣的促进

路，侵入康居。

3. 顿河以东、里海以北地区时期（290—374）

北匈奴在康居的活动和离开康居西迁的时间，史书上无直接记载。但《北史·西域传》记载："粟特国，在葱岭之西，古之奄蔡，一名温那沙。居于大泽，在康居西北，去代一万六千里。先是，匈奴杀其王而有其国，至王忽倪，已是三世矣。其国商人先多诣凉土贩货，及魏克姑臧，悉见虏。文成初，粟特王遣使请赎之，诏听焉。"这说明，北匈奴在290年左右到达顿河以东、里海以北地带。

奄蔡国，又名阿兰、粟特。其地位于顿河流域及里海以北一带。据《魏书》记载，北魏通西域，始于435年。这一年，北魏"遣使者二十余辈使西域"，同时有"粟特国遣使朝献"。《北史》记匈奴侵入粟特（奄蔡）的史事，必是从北魏使臣或商贾中得到的。"匈奴杀其王而有其国，至王忽倪，已三世❶矣。"这是使者商人追叙历史的口吻，忽倪应是与他们同时代的君王。阿兰人勇猛善战，匈奴自侵入至杀其王而彻底征服其国土，必然有一个较长的过程。据阿尔明尼亚史学家法斯塔斯和摩西记载，290年，亚美尼亚国王的军队中不但有阿兰雇佣军，还有一队匈奴士兵。这一队匈奴士兵不可能从南方的波斯、西方的黑海和东方的里海招募而来，只可能来自顿河流域及里海以北一带的阿兰。由此，我们可确定290年为匈奴入侵阿兰的开始时间。

对于匈奴彻底征服阿兰，阿密阿那斯·玛西里那斯的《历史》对此事亦有记述。他说，匈奴人从东方冲杀过来，阿兰人予以坚强的抵抗，双方发生大战。阿兰人虽然十分勇猛，却敌不过匈奴骑兵，终于国土被征服。国人小部分四散逃奔，大部分降服于匈奴。他们

---

❶ 中国古代以30年为一世。按此计算，"有其国"当是90年前的事。如此匈奴征服阿兰应发生在北魏通西域之公元前90年，即345年左右。

作为"同盟者",随匈奴人出征,成为匈奴军队中的重要组成部分。

4. 顿河以西、多瑙河以东地区时期(374—400)

374年,匈奴在其国王巴兰姆伯尔的率领下,越过顿河,侵入东哥特人领地。此时东哥特初战失利,国王亥尔曼利克自杀。后来,东哥特人虽然继续抗争,终仍不敌匈奴,一部分东哥特人西奔到西哥特。西哥特国王阿散纳利克一听说匈奴到来,在德涅斯特河畔仓促迎敌。不料匈奴人并不从正面发起进攻,而是乘月夜从德涅斯特河上游偷过河去,猛袭西哥特的后方。西哥特人大败,纷纷溃逃。后得到罗马皇帝允许,渡过多瑙河,进入罗马帝国境内。不久,东哥特人赶来,也渡过多瑙河,与西哥特人汇合。这些逃奔者后来由于遭到罗马政府的剥削和压迫,激起巨大的反抗浪潮。378年,罗马皇帝瓦连斯亲自率兵出征,被哥特人所杀,罗马帝国遭到沉重的打击。

匈奴占据南俄罗斯草原后,努力巩固统治,暂时停止了大规模进攻,只有少数匈奴人越过多瑙河,和哥特人一起骚扰东罗马帝国。另有一股匈奴人越过高加索山脉南下,于384年进至美索不达米亚,攻爱德沙城。两年后,兵临萨珊波斯帝国首都泰西封。这些小规模的侵扰未能产生重大影响。

在漫长的西迁过程中,匈奴人不时吸收被征服部落人民加入自己的队伍,又与之通婚,这就无法保持纯粹的蒙古人种血统。有考古学家说:"古人类学材料表明,匈人是一个混合民族。"这是不错的。但据4至5世纪罗马人记载,匈奴人中等身体,宽胸阔膀,四肢粗健,颈脖强壮,头颅圆形,双目细小,鼻子扁平,胡须稀疏。这些特点表明,匈奴人的主体依然属于蒙古人种。

匈奴人在几百年间不断西迁,看起来似乎其每西迁一步,都是由于受到其他民族压力的结果。的确,东汉与鲜卑曾给予匈奴打击,

第3章 公元元年前后亚欧大陆民族大迁徙对西域繁荣的促进

促使其西迁中亚。但匈奴自锡尔河流域西迁里海、顿河一带,又渡顿河进入多瑙河地区,并无民族从后给予压力。汉朝和鲜卑挡住了匈奴向东、向南发展,它就转向西方,只有这一点外因而已。匈奴西迁的社会根源,内因在于匈奴奴隶主利用牧民流动的特点,裹胁部众,无休止地向外发动战争,掠夺奴隶和财富。对于匈奴民族的劫掠,我国古代史学家司马迁、班固、范晔等多有论述。西方作家阿密阿那斯·玛西里那斯描述说,匈奴人"内心中燃烧着毫无人性的抢劫别人的欲望,对邻近的部族大肆烧杀,一直攻打到阿兰"。又说匈奴人追击西哥特人,大肆抢劫,后来"因为掠夺的东西过多,以致阻碍了他们的行动"。讲匈奴西迁,强调"外力的影响"而忽略内因,并不妥当。

匈奴西迁引发欧洲的"骨牌效应"变化

北匈奴在后来的几个世纪中,带着已经与中原相融合的许多文化,向西传播。他们在西方建国,在西方侵略,留下了野蛮的声望,也传播了许多文明的种子。然而他们却成为多米诺骨牌游戏式的连锁反应的第一张倒下的牌,推动了整个欧洲的变化。同中国史书所说的"逃亡不知所在"一样,欧洲人当时及以后长时间里也说:"不知从地上的何处而来……他们有坚强的四肢,有粗壮的脖颈,形态丑陋,看起来很像两条腿的野兽……他们的食物只是野生植物的根和不论是什么兽的半生的肉……他们没有房屋……他们只在山林中漫游,自幼就学习了忍饥耐渴、不怕寒冷的本领。他们头上戴着圆形小帽,用山羊皮围着多毛的腿……他们不善于徒步作战,整天骑在马上……他们行动迅速,出没无常……向敌人投标之后,他们急疾敌前,用剑来战斗,不顾生命。他们实在是最可怕的战士。这种无拘无束的野蛮人,内心燃烧着毫无人性的抢劫别人的欲望,对邻近的部族大肆烧杀，一直攻打到阿兰。"❶ 只是到了18世纪后半期，由于西方人逐渐接触了更多的中国史书，才有了一些认识。当代中西方学者基本认同欧洲史上所谓的匈人（Hurts）即中国史籍上所载的匈奴人，从而认识到民族大迁徙乃是贯通东西方的运动。

395年，匈奴人渡过多瑙河，攻入色雷斯。这时，匈奴一改举族前进的方式，改为前去掠夺，掠夺开始成为匈奴人的持续性活动。东罗马多次忍让。431年，东罗马答应每年向匈奴人纳贡，并开发边境的几个城市进行买卖互市。匈奴王鲁阿已经统一西迁的匈奴人形成较大的匈奴人国家。他在得到东罗马贡金的同时，加强与西罗马的联系。鲁阿的继承者是他的两个侄子，即布列达和阿提拉。这时大约是433年。匈奴人国家的边境虽然不固定，但基本范围是东起咸海，西至莱茵河，南至阿尔卑斯山，北至波罗的海，史学家通常将其称为匈奴帝国。此时的帝国还在不断扩张中，且为分权国家，由布列达和阿提拉共同掌政。阿提拉在国事上一直处于主导地位。

此时的欧洲因北匈奴的西迁产生了一连串的骨牌效应。西方世界被匈奴搅得天翻地覆，最终导致了罗马帝国的土崩瓦解。

阿提拉当政初年，并没有立即向东西罗马直接发动进攻，而是向北部扩张或向东部侵略。441年，阿提拉越过多瑙河，击败东罗马军队主力，兵临君士坦丁堡。东罗马无力赶走匈奴军队，加倍向匈奴人纳金求安。

445年，阿提拉杀害布列达，开始了匈奴国家的独裁。此后，他再次向东进攻罗马的西徐亚和莫西亚两省，击败东罗马军队，南征希腊，兵锋直入温泉关，而后指向君士坦丁堡。东罗马皇帝提奥多西被迫又把多瑙河以南的今贝尔格莱德以东三百英里、南北一百英里的大片土地割让给匈奴。到450年，匈奴感到东罗马再无余财可抢、

---

❶ 阿密阿那斯：《历史》（330—390）。阿密阿那斯是罗马帝国后期历史学家，长期任罗马帝国西亚方面的军官。

公元元年前后亚欧大陆民族大迁徙对西域繁荣的促进

无余钱可榨,因而又把迁徙的目光西移,此时的西罗马已经无力再搏。因此,阿提拉又遣使向西罗马皇帝索亲,西罗马断然拒绝。实际上,此时的罗马皇帝已经丧失了抵抗能力,罗马国内,巴高达运动风起云涌,高卢和西班牙早已成了蛮族国家。汪达人为了减少西哥特人对罗马的呼应,劝说匈奴人先进攻高卢。

451年春,匈奴人再次开始西迁。阿埃提乌斯身为西罗马的军事长官,长期与阿提拉勾结,军队中也有一些匈奴兵士。这时,他手下的军队远不能抵挡匈奴的来犯。为此,他只好向西哥特王国求援。西哥特国王提奥多里克考虑到匈奴人的威胁,且响应西罗马的号召也于己有利,最终决定参战。

当时,匈奴人已经进入阿兰人的住地,阿兰人竟欲向匈奴人投降。就在匈奴人到达阿兰人的首府奥尔良之前,西罗马与西哥特联军已到达奥尔良城,设防坚守。匈奴军队一时不敢轻易攻城,阿提拉决定发挥骑兵优势,退居特劳依斯,立营设阵,在此处与联军决战。经过长时间拼杀,双方伤亡惨重,西哥特军队把匈奴军队驱赶回他们的营地。西哥特国王提奥多里克本人也在战斗中阵亡。经过这场战斗,匈奴已无力出击,退回营地坚守。

提奥多里克死后,其子特里斯莫德继位。他本打算利用西哥特军队一举打垮匈奴人,但阿埃提乌斯极力劝阻特里斯莫特不要乘势追击。最后,双方军队撤出战场,匈奴人安然返回匈牙利。阿提拉从此不再想进犯高卢。

452年春,匈奴军队又大举进犯意大利。匈奴人越过阿尔卑斯山之后,对阿奎利亚进行了长期围困,最终攻占并彻底摧毁该城。此后,匈奴军占据了除拉温那而外的上意大利的要塞。阿提拉接着向罗马挺进。阿提拉的军队在前进中恰遇饥荒,疾病也在匈奴人中间蔓延,东罗马军队也派来了援军,阿提拉害怕自己落到西哥特国王阿拉里克攻下罗马后不久就死亡的命运,所以,当罗马教皇请求他不要攻打罗马时,阿提拉欣然同意有条件地撤军。当时的一位编年史家普劳斯普尔·提罗记载了这段历史。

阿提拉在劫掠了阿奎利亚、帕多瓦、维罗纳、布雷西亚、米兰等地后,撤出了意大利。回到匈牙利后,阿提拉决定再次进军罗马。453年,阿提拉突然死去。他的王国被诸子分别继承,其中史载的有埃拉克、坦喀斯什和埃尔那克,从此,匈奴帝国分崩离析。其先是爆发内战,接着附属国或部族也相继脱离匈奴人的统治,特别是欧洲的日耳曼各部族。455年,阿提拉手下的亲信阿达利克联合东哥特,打败匈奴军队,大批匈奴人被杀,阿提拉的长子埃拉克阵亡,一个兄弟率残部在匈牙利建立了一个小国,另一个率部逃过多瑙河返回亚洲。

匈奴人西迁到欧洲,是以侵略、掠夺、烧杀为线索的较长的历史过程,在当时军事力量强大的背后,还有其他社会因素。虽然匈奴人以野蛮著称,但与文明又腐败的罗马比较,尚有受欢迎之处。据美国中世纪史专家詹姆斯·W.汤普逊在其《中世纪经济社会史》中转引当时一个在匈奴中生活过的罗马人的话:"他认为,他在匈奴人中间的新生活,比他在罗马人中间古老的生活还好。罗马臣民在和平时期的境遇,比受战祸更痛苦,因为勒索、赋税凶猛得很。又因为法律实际上不是对所有的阶级都生效,所以不法之徒胡作非为,富人犯罪不受处罚,而穷人犯罪则蒙受刑法制裁。"这句话反映出,在文明与野蛮的比较中,匈奴人并不是全无可取之处的。匈奴人之所以能横扫欧洲,还在于有许多下层平民和奴隶的支持,有广大的其他部族的帮助。

匈奴族沿着北方草原从欧亚大陆的东端步入西端,是东西方文化交流和民族融合的必要壮举。这一迁徙充当了交流的媒介。无论是征服、入主,还是占领,都是暂时的,交流与融合才是自觉或不自觉的目标。

公元元年前后亚欧大陆民族大迁徙对西域繁荣的促进

匈奴人的西迁也是东西社会的比较。匈奴人由于被汉朝击败，只好西迁。亚欧大陆的一连串沙漠和草原地带为其迁徙提供了必要的条件。与东方相反，当匈奴人西迁而来时，罗马帝国恰处于衰落时期，因此，受匈奴人推动的其他日耳曼人可以移入帝国境内，匈奴人当然可以随后而至。

匈奴人的迁徙到455年停止了。匈奴人最终的结局只能是与当地人混合。匈奴人迁徙的历史作用还在于它加速了罗马帝国的灭亡，加速了欧洲从古代的奴隶制国家向封建制国家转化，同时打破了原来的文明与野蛮的边界划分。❶

可见，在东方，汉朝大破匈奴，使汉朝解除了匈奴对中原王朝的威胁。但结果不仅改变了中国的历史进程，而且深刻地影响了世界。分裂后的匈奴人一部分到了东欧，成为西罗马的掘墓人，还促成了公元元年前后规模空前的亚欧大陆民族大迁徙，这是人类历史上历时最久、成分最复杂的民族大冲突和大融合活动，最终导致了整个古典文明体系的崩溃。

匈奴西迁引发的欧洲大迁徙浪潮

4世纪前，西罗马的边境不断受到匈奴人、日耳曼人、斯拉夫人的侵扰。4世纪后，蛮族大迁徙，形成欧洲民族大迁徙，蛮族国家建立，西罗马灭亡。罗马人开化早，处于奴隶制时代。而罗马周边地区居住的游牧人却处于原始时代，生产处于低水平，不开化，因而被他们都称为"蛮族"或"野蛮人"。这些蛮人主要包括高卢人、日耳曼人、斯拉夫人。其中最主要的是日耳曼人。

1. 日耳曼部落大迁徙

日耳曼人最早居住在波罗的海西岸与斯堪的纳维亚半岛南部。在公元前10世纪，他们不断扩张，四处占领新的土地。至1世纪前后，

❶ 张春林：《多米诺骨牌——民族迁徙与蛮族国家》，辽宁大学出版社，1996年，第14页。

日耳曼人已在多瑙河、莱茵河和维斯瓦河之间定居下来，过着亦农亦牧的生活，成为罗马帝国北方的邻居。

日耳曼人向罗马境内迁徙，最早可追溯到公元前2世纪末期。基姆伯尔人和特乌托涅斯人为了寻求土地，越过阿尔卑斯山，进入罗马，与罗马人几度发生激战，被罗马彻底打败。可是，3个世纪后，当罗马皇帝马尔库斯·奥勒利乌斯在位时，日耳曼部落中的马可曼尼人等越过多瑙河进犯罗马帝国，奥勒利乌斯已经无力将他们全部打退了，被迫允许一部分日耳曼人定居在多瑙河以南。此后，日耳曼人疯狂涌入罗马帝国。这批日耳曼人成为大迁徙期间新进入罗马帝国的日耳曼人的天然同盟军。

3、4世纪之交，日耳曼各部落经过合并和组合，已结成许多部落联盟，如东哥特人、西哥特人、法兰克人、汪达尔人等部落联盟。

日耳曼人分为两大集团或两大支，即西日耳曼人和东日耳曼人。西日耳曼人主要从事农耕，主要分为撒克逊人、苏淮汇人、法兰克人和阿勒曼尼人。东日耳曼人主要从事游牧，居多瑙河中游（潘诺尼亚平原）和黑海北岸草原地带，主要分为汪达尔人和伦巴德人。

日耳曼人与罗马人的接触，使他们掌握了较先进的工具与武器，生产力水平提高，人口增多，助长了向外迁徙扩张的趋势。部落联盟的首领和氏族贵族为了掠夺土地和财富，经常越过多瑙河，袭击罗马帝国的北方行省，使罗马帝国政府陷入困境。罗马帝国政府采用"以夷制夷"的策略，雇用日耳曼人充当边防辅助部队。一些日耳曼将帅还当上了罗马军队的指挥官，结果反而使日耳曼人在罗马军队中扎下了根。

日耳曼人大规模的迁徙运动是从4世纪后半期开始的，这是由于受到匈奴人西迁的影响。4世纪后期，日耳曼人对罗马帝国的缓慢渗透逐渐为疾风暴雨式的大迁徙所取代。当时扎根于匈牙利平原的匈奴人再次西移。他们凶猛强悍，骁勇善战，来时排山倒海，去时十

第3章 公元元年前后亚欧大陆民族大迁徙对西域繁荣的促进

室九空。372年，匈奴人击败了阿兰人，374年渡过顿河，侵入东哥特领地，东哥特兵败。匈奴从里海附近的草原出发，进兵欧洲，到达蒂萨河流域的匈牙利平原后，建立了匈奴帝国。东哥特人、西哥特人、汪达尔人、法兰克人、盎格鲁人、撒克逊人、勃艮第人等，被迫离开他们所居住的故土，迁徙到罗马帝国境内，从而造成日耳曼部落大迁徙的浪潮。

375年，匈奴人与西哥特人交战，西哥特溃败，请求进入罗马"避难"。获得准许后，376年，西哥特人渡过多瑙河，定居罗马境内。这是所有日耳曼人中最早迁入罗马帝国的一支，"蛮族入侵"从此开始。378年，西哥特人以遭到帝国官员欺骗与辱骂为由，打响了亚德里亚堡战役。在此战中，罗马军队全军覆没，罗马皇帝瓦伦兹阵亡。亚德里亚堡一战，打破了罗马不可战胜的神话。395年，罗马帝国分裂为二。406年，西罗马为对付西哥特人，从莱茵河防线召回部队，不料又使汪达尔人等其他日耳曼部落进入高卢。407年，西罗马又放弃不列颠，使盎格鲁人和撒克逊人进入。当罗马帝国走向衰落时，日耳曼各部落崛起，先后取得了境内各地区的控制权。罗马帝国崩溃后，日耳曼人已成为欧洲新兴文明的基本组成部分。

在民族大迁徙的洪流中，日耳曼人纷纷迁入罗马帝国，建立了多个新兴的蛮族王国。

410年，西哥特人突然攻占并洗劫罗马，在高卢西南和西班牙建立了罗马帝国境内第一个日耳曼王国——西哥特王国。

其他日耳曼部落也纷纷自建王国。汪达尔人席卷高卢及西班牙，越直布罗陀海峡进入北非，以古迦太基为中心建立了汪达尔王国，并向海上推进，占领科西嘉岛和西西里岛，进一步削弱了罗马帝国。455年，曾洗劫罗马城。

451—452年，匈奴人在阿提拉的率领下，以匈牙利为基地向西方推进，幸得教皇利奥一世劝说，才使匈奴人没进入罗马城。453年，匈奴帝国瓦解。

457年,勃艮第人占领高卢东南部罗纳河流域,建勃艮第王国。

407年以后,日耳曼人在不列颠建有盎格鲁—撒克逊王国。

476年,罗马军队的日耳曼将领奥多亚克废除西罗马末代皇帝罗慕洛,自封为王,西罗马灭亡。这也宣告了古典文明的终结,欧洲文明自此进入中世纪时代。

2. 哥特人

3世纪中期,发源于斯堪的纳维亚南部的一支游牧民族——哥特人,出现在多瑙河一线,对罗马帝国构成了强大的边界压力。罗马被迫卷入与哥特人的长期边界冲突乃至大规模战争中。

据哥特人史学家约尔丹内斯记载,哥特人在其国王贝利格统治时期,由斯堪的纳维亚乘船南下,打败了汪达尔人和其他日耳曼民族,定居于波罗的海南岸的维斯杜拉河流域,经常侵入罗马的达契亚省。2世纪后半期,哥特第五代国王菲利率领哥特人进入黑海地区,定居于其北部和西北部海岸。在罗马皇帝亚历山大·塞维鲁时期,哥特人已对多瑙河边界构成威胁。

哥特人定居于黑海北岸后,分为两支,居于德聂斯特河东岸的称东哥特,居于西岸的称西哥特。哥特人继续着战争和掠夺的传统生活方式。罗马的达契亚省成了他们进攻的首要目标。

西哥特首先遭遇了匈奴人。372年,匈奴人击败阿兰人,渡过顿河,侵入东哥特境内,后又与西哥特人交战,西哥特人战败,逃入罗马帝国境内,揭开了第三次民族大迁徙的序幕。378年,在麦西亚的西哥特人由于不满罗马帝国对他们的压榨,起兵叛乱,在亚德里亚堡战役中,西哥特人全歼了罗马军队。这一战打开了罗马国境内第一个缺口,罗马再也无法控制辖下的诸族和领土。蛮族人也认清了罗马帝国不堪一击,纷纷涌入罗马帝国。

第3章 公元元年前后亚欧大陆民族大迁徙对西域繁荣的促进

接着,西哥特人入侵意大利。西哥特人对罗马的反抗因获得奴隶、平民的支持,一度声势浩大,但后被罗马皇帝狄奥多西安抚。狄奥多西死后,罗马分裂。395年,哥特阿拉里克称王,再度崛起,攻占君士坦丁堡,不久,攻入希腊半岛。

再来看东哥特。东哥特人原住在黑海北岸地区。374年,匈奴人进兵欧洲,东哥特人的首领亥尔曼率领军队抵抗,失败后自杀身亡。375年,亥尔曼之子呼纳蒙特归顺了匈奴。此后,东哥特人长期活动在达基亚和潘诺尼亚一带。

451年,东哥特人曾随同阿提拉征战高卢。匈奴帝国解体后,东哥特人获得了独立,后经东罗马皇帝马尔契安同意,定居于潘诺尼亚。不久,他们开始掠夺巴尔干半岛地区,470年,攻占辛吉敦和内索斯。次年,东哥特人推举特奥多里克为军事首领。东哥特人摆脱匈奴控制,在特奥多里克的率领下进军意大利,打败奥多亚克,在意大利建立东哥特王国。

东哥特人统治意大利之时,法兰克人在高卢北部兴起。克洛维建法兰克王国,史称墨洛温王朝。

日耳曼部落大迁徙在历史上意义重大,影响深远。自3世纪以来,罗马奴隶制社会陷入危机,奴隶、贫民的起义连绵不绝,遍及全国,沉重地打击了罗马帝国。加之日耳曼人大举迁入,屡败罗马军队,直至攻陷罗马城,在罗马帝国领土上建立起一系列蛮族王国。所以,西罗马是在人民起义和日耳曼人入侵的联合打击下灭亡的。

西罗马灭亡后,东罗马唆使居留在潘诺尼亚的东哥特人进入意大利,对抗意大利半岛的统治者奥多亚克。奥多亚克被杀,东哥特首领狄奥多里克成为东哥特国王。

日耳曼人征服西罗马后,夺取了大量土地,将小部分土地分给日耳曼人各公社,大部分土地则被国王和军事贵族占有。这些首领和贵族都成为大土地所有者,他们把土地分给原来田庄上的奴隶耕种,从中收取一定数量的地租,萌发了封建制的因素。西欧逐渐产生了新的封建制度。

3. 东哥特人、伦巴德人的迁徙

东罗马帝国皇帝查士丁尼极为仇视东哥特王国。534年，东罗马开始了对东哥特王国的征服战争，至555年灭东哥特王国，意大利遂为拜占庭属地，但为时不长，意大利北部和中部地区又被新来的日耳曼部落伦巴德人占领了。

伦巴德人进入意大利是日耳曼部落大迁徙的最后一幕。此后，他们都在已经占据的领土上定居下来，逐步过渡到封建社会。

匈奴西迁的深远影响

4世纪后蛮族大迁徙，其主要原因在于匈奴人的西侵。匈奴西来，把原住在黑海、莱茵河间的凯尔特—高卢人驱向西方，一部分迁到今天法国北部，后来渡海到了英伦三岛，一部分迁向西南进入罗马。日耳曼人不久击溃了罗马军队，于395年使罗马帝国分裂，之后又在476年灭亡了西罗马。匈奴人在5世纪中到达了欧洲中部。

匈奴西迁在东西文化交流史上是一件应予重视的大事。

欧洲民族大迁徙从此告一段落，其影响却是深远的。它摧毁了西罗马的国家机器，给罗马社会最后一击，为西欧文明和社会的发展扫清障碍。它席卷了整个欧洲，结束了欧洲的希腊罗马时代，把欧洲带入了中世纪。看上去无比强盛的古罗马文明迅速消散，甚至连罗马语言文字也渐渐消亡，彻底改变了西欧的人种、文化和政治制度，造成亚欧大陆文明国家历史格局的变化，改变了农耕世界和游牧世界的历史格局。

民族大迁徙的过程亦是两大世界互相融合、互相影响的过程，促进了人类文明的进化。

第4章 秦汉时期的西域民族交流与渗透

　　秦汉时期的西域，民族众多，文化繁盛。当时在西域活动的民族有塞族、月氏、乌孙、羌、匈奴、汉族、柔然、突厥等。这些民族既有土著民族，也有随公元元年前后的少数民族大迁移浪潮入居西域的。这一时期正是西域各民族交流和融合最繁盛的时期，由此导致的各族经济和文化的精华与共性的结合，对华夏文明有着很重要的影响。正因为有此背景，中原政权开始介入西域，建立西域都护府。秦汉时期的西域文化沉淀对后世产生了深远的影响。研究秦汉时期西域各民族与中原王朝对西域做出的贡献，对全面了解西域有着重要意义。

秦始皇为西域丝绸之路做出的贡献

秦始皇是中国历史上的一代枭雄，他在中国数千年的历史上占有重要的地位，给后世留下了深远的影响。在这里，我们抛开秦始皇的雄才大略与丰功伟绩，只说说他对西域丝绸之路做出的贡献。

秦始皇统一中国与五次出巡

东周初年，秦国与周围十多个西戎小国争战不休。公元前623年，秦穆公向西戎发起突然袭击，俘绵诸王，陇山以西诸戎兵败如山倒，从此西戎之患彻底解决，中原以西的广袤土地成为秦的辖域。而败逃的西戎残部一路西徙，最后融入了欧洲。从此，秦国的影响因为战争和贸易及西戎的迁徙流动而传遍了西方世界。

不久，"秦"就成为域外民族对中国的称呼。成书于公元前4、5世纪的古波斯弗尔瓦丁神赞美诗就称中国为"赛尼"。古代希伯来人的圣经《旧约·以赛亚书》中有这样的词句："看哪，这些从远方来，这些从西方来，这些从希尼来。"上述文献提到的"赛尼""希尼"就是"秦"的音译。

东周中后期，七个比较强大的诸侯国之间长期征战，史称"战国七雄"。秦国商鞅变法取得了很大的成功。到嬴政诞生时，秦国在政治、军事、经济诸方面已具备了统一六国的条件。

公元前238年，嬴政亲政后，开始对其他六国施展远交近攻、分化离间、各个击破的策略，于公元前221年灭六国，建立了中国历史上第一个中央集权的统一的多民族国家——秦朝，自号秦始皇。

第4章 秦汉时期的西域民族交流与渗透

秦统一前后，匈奴各族也已统一，建立奴隶制国家。头曼单于率兵占领河南地，秦始皇为此于公元前215年派将军蒙恬北攻匈奴，收复了河南地，进而夺取阴山以南的匈奴地，在那里设立郡县。秦国的疆域拓至阴山以南。战国时有东胡、山戎、林胡、义渠等族，均一一归服，到秦统一后，他们也成为中华民族大家庭的成员了。

秦始皇统一北方后，开始南征百越，到公元前214年，取得征服百越的胜利，在岭南设置南海、桂林、象郡三郡，将东海、南海及南方广大地区纳入秦的版图，同时促进了南方经济的开发和民族的融合。秦还十分注重对西南夷的开发和建置，在原有的栈道上，扩修了一条宽五尺的新栈道，直通西南，并在西南设置郡县，使西南地区纳入秦的版图。

与此同时，秦特别重视对东部沿海的经略。秦始皇大规模地出巡五次。首次出巡是去咸阳以西的西北边陲地带。当时从咸阳通向西方有两条大路：一条沿泾水河谷西行，一条沿渭水河谷而至洮河流域，再往西就通向西域，即后世所谓的"河西走廊"。秦始皇由咸阳出发，沿通向洮河河谷的大路到达渭水发源地陇西郡，又沿泾水至北地郡，直达泾水上游的鸡头山，过回中，然后返回咸阳。

秦始皇为什么先去那人烟稀少的戎、狄地区呢？秦在立国之初，曾受戎、狄的长期侵害。秦穆公虽然为秦国雪了耻，但那时的秦威仪远不如今。秦始皇巡狩西北地，可以向戎、狄等域外各国扩大秦王朝的国威。秦始皇要炫耀武功，将势力通过河西走廊伸向西域，通过西域将影响传到更遥远的西方。

这一切表明，秦同遥远的西方域外诸国从很早以前就互通消息，那些域外诸国把"秦"视为中国。秦始皇刚刚完成统一大业，在边境上的战斗尚未结束时，就来到西部边郡宣扬"国威"，通过这里迁徙不定的"戎"人，将秦朝的消息传向西域：宣扬大一统的秦帝国的建立。而那时，西域是中国和中亚联系的唯一通道。

沉重打击匈奴

匈奴是第一个统治西域的游牧民族。

匈奴无论是对西域的各民族还是对中原王朝都是威胁，在秦统一六国之前，匈奴曾屡屡南下，大有参与争霸之势。秦帝国建立后，匈奴逐渐兴起，经常南下越过河套，进入内地，威胁着秦帝国的安全。燕人卢生告诉秦始皇："亡秦者胡也。"此言使秦始皇警惕起来，所以派大将蒙恬率兵30万北击匈奴，迫使匈奴向北转移到了蒙古高原的中部。

为巩固抗击匈奴取得的胜利成果，秦始皇又命蒙恬负责修建秦长城，并在燕、赵、秦原修筑长城的基础上，重新修补、新筑，把北方长城连接在一起，形成了一道巨大的高墙，为安定中国局势起到了重要的作用。

秦时的强边固防政策与边疆经略观念

古代中国在经略边疆上有四种模式：筑边墙进行防御的隔离模式、以和亲为标志的安抚模式、以战争讨伐为手段的征伐模式、以山庄议政为形式的共治模式。这些模式都体现了古代行政观念上的策略思想，反映了"以霸王道杂之"❶的经权观念，总结了中国古代边政"王霸互用"的行政举措和理藩观念。

古代边政的最高目标就是要建立"裔不谋夏，夷不乱华"❷的边疆秩序。边疆地区往往是多种文明的交汇地带，域外文化与本土文化交汇、农耕文化与游牧文化交汇、平原文化与高山文化交汇、主体民族文化与边疆民族文化交汇，向心力和离心力并存。因此，历代君王都采用"王道"和"霸道"互用的"经权"观念处理民族关系，

---

❶（东汉）班固：《汉书》卷九，《元帝纪》，中华书局，1962年，第277页。
❷（春秋）左丘明：《左传·定公十年》，赵捷注译，崇文书局，2007年，第144页。

第4章 秦汉时期的西域民族交流与渗透

以天下大一统为"经",以王道政治与霸道政治杂用为"权",经权达变,实现边疆稳定。

中国古代的疆域观不是现代主权意义上的领土观,而是建立在皇权基础上的"天下观"。"天下一体"的疆域思想把"开边拓土"与"安抚四夷"结合起来,把"安边"与"固内"联系起来,以天下大一统为目标,采取王道与霸道互用的手段,实现"天子抚有四夷"的政治格局。

所谓"王道"政治,就是儒家思想主张的"修德安民",以道德教化天下。其强调:"夫治国之道,由中及外,自近者始。近者亲附,然后来远;百姓内足,然后恤外。"❶ 所谓"霸道",就是以法家的思想治国,主张"防夷""隔夷""攘夷",修墙固塞,挞伐"四夷",称霸天下。在治边实践中,经权达变的结果产生了不同的治边模式。

边政实践证明,"王霸互用"的"经权"策略观念对化解"夷夏"矛盾、稳定边疆发挥了重要作用。按照大一统原则处理与周边"四夷"的民族关系,就把原则和策略统一起来了。"经"为原则,"权"为达变,体现了古代边政思想的智慧。

修边墙的隔离模式主要发生在秦代,秦始皇将原先各国修建的旧长城连接起来,修筑了工程浩大的万里长城。汉武帝、隋炀帝和明万历帝也都曾大规模修造和加固长城,但都没有挡住北方游牧民族南下。长城在军事上所起的防御作用是有限的,而对长城内外的民族隔离却发挥了重要作用,阻碍了农耕民族与游牧民族的经济文化交流。

历代统治者往往片面强调边疆的军事防卫功能,轻视边疆的经济开发功能。虽然历代都有"茶马互市",但并没有成为王朝中心地区与边疆地区经济互动的主导形式,政府对颁发"茶马互市"的金牌符信卡得过严。主要的经济联系是通过朝贡体系在发挥作用。中央对边疆的经略重点放在安全问题上。这种认识上的缺陷,反映了

---

❶ (西汉)桓宽:《盐铁论》卷四,《地广第十六》,上海人民出版社,1974年,第36页。

西域春秋——翻开2000年的西域卷轴

"重防卫轻开发"的经略思想。

中国边疆广袤,由于地理环境的限制,边疆地区呈现出不同的区域特点。北部和西部边疆多草原、沙漠,宜于游牧生产生活方式,历代主要威胁均来自北方的少数民族;西北边疆多沙漠和绿洲,适合农业与游牧业并存,历史上常被北方游牧政权所控制,中原王朝对西北边疆少数民族多采取镇抚和拉拢的政策;西南和南方边疆地区地处高山峡谷,宜于农业,一般情况下,中央王朝通过怀柔羁縻手段就可实现有效统治。

自秦朝以来,历代封建王朝经略边疆的目的是维护大一统的政治局面,对边疆的开发缺乏热情和动力。从根本上说,农耕文明的本质是自给自足,开疆拓土并不是由于经济上的原因。对于这一点,明太祖认为:"海外诸蛮夷小国,皆阻山隔海,僻在一隅,得其地不足以供给,得其民不足以使令。"❶因此,军事防御就成为维护大一统政治秩序的主要措施。

两汉时期对西域的管辖概述

刘邦参与推翻了秦王朝的起义,建立汉朝。汉代是新疆正式纳入多民族统一祖国版图的历史开端,这跟张骞"凿空"西域有关。在两汉时期,汉朝对西域的管理和联系方式多样,效果均不错。

继续打击匈奴

秦末汉初,匈奴的东方有强大的东胡,西方有强大的月氏,其经常受这两方面的欺侮,被迫向两国送人质、献财物。

---

❶ 《明太祖洪武实录·皇明祖训》,《祖训首箴戒篇》,原国立北平图书馆藏红格钞本微卷影印,1962年。

第4章 秦汉时期的西域民族交流与渗透

两汉初年，匈奴经常劫掠边郡，杀掠吏民。汉高祖刘邦为解除匈奴的威胁，曾亲率32万大军北击匈奴，反被冒顿单于所率匈奴40万精兵包围在白登山，不得不对匈奴实行"和亲"政策。从此，匈奴逐渐走上了向西拓展疆域之路。

冒顿单于派右贤王赶走了河西走廊的月氏，接着又平定了楼兰、乌孙、呼揭及其周围26国。从此西域全部为匈奴所役属。

匈奴势力进入西域后，对西域采取了一系列控制措施：

（1）在西域设立僮仆都尉。这是匈奴在西域的全权代表，常驻于焉耆、危须、尉犁三国间。匈奴不仅迫使月氏西迁，而且置僮仆都尉于西域，僮仆都尉向西域各族人民征收重税，索取马畜、粮食等贡物。

（2）采取扶植代理人的办法控制西域。西汉时期，先后有楼兰、焉耆、车师、于阗、莎车等国遣送人质到匈奴。这些人质在匈奴生活，受到匈奴熏陶后，被派送回国即位，俨然是匈奴在西域的代理人，如楼兰人质被匈奴遣归，立为国王后，与匈奴暗中勾结。汉朝遣使诏他入朝，他以各种理由拒绝入朝，且数次遮杀汉朝使者。

（3）匈奴用联姻方式笼络并控制西域，如乌孙、车师就先后与匈奴互通婚姻。匈奴对汉朝形成半月形包围，还远交南越，形势非常严峻。

（4）派遣使者监督西域各族。《汉书·傅介子传》记载，傅介子到了楼兰后，责备楼兰王怂恿匈奴斩杀汉朝使者。楼兰王表示服罪。此外，匈奴还曾在西域屯田。公元前65年，西域各国共同攻打匈奴，占领了车师国。第二年，匈奴因怨恨西域各国一起攻打车师，又在右地屯田，想以此压迫并侵扰西域各国。可见，匈奴与西域的关系是一种奴役与被奴役的关系，双方在政治、经济乃至文化上的交流和影响极为密切。

匈奴统一西域的意义主要体现在：开创了西域与内地统一的先

西域春秋——翻开2000年的西域卷轴

河，使西域与内地的关系从文明的交流步入政治的统一；密切了原先分散林立、互不统属的西域诸国之间的关系，促使西域内部相互融合，协调发展；奠定了中原统一西域的基础，提供了治理西域的经验，虽然匈奴统一西域只是一种局部的统一，但这种局部的统一拓展了西域、北方草原和中原之间文明的交流，确立了中国历史发展的道路，为中国历史上范围更广泛的统一奠定了基础；匈奴统一西域后，实际上还控制了西域以西的地方，使东西方交通更加畅通。

匈奴征服西域之后，在西域各地强征贡税，掠夺人口为奴。同时，匈奴还以西域为据点，从西边向汉朝进攻，构成北、西两翼的威胁。

至汉武帝之时，西汉国力逐步强盛。汉武帝为了解除这一威胁，决定开始对匈奴发起全面反击。公元前60年，西汉政府在西域设置西域都护府，这标志着西域被正式纳入汉朝的版图。匈奴对西域的统治从此结束。

西汉对西域一些地区和民族也进行了打击，如赵破奴、王恢平楼兰、破车师，列亭障于玉门等。这些战争都是有必要的，维护了边疆和内地的稳定和统一。

汉代开始的移民实边和屯田政策

移民实边是古代重要的边政政策。在古代治边活动中，经济较为发达、人口相对密集地区的民众向人烟稀少、土地荒僻的边疆迁徙，开疆拓土，发展经济，保家卫国。这方面的政策被称为实边政策。移民实边是古代中心区域与边疆地区良性互动的重要举措。汉代的桑弘羊说："散中国肥饶之余以调边境。边境强则中国安，中国安则晏然无事。"❶

移民实边始于秦代，汉、唐、元、明、清皆有之。大量移民定居边疆，改变了边疆地区的居民结构，逐步将中原体制推向边疆。

---

❶ （西汉）桓宽：《盐铁论》卷四，《地广第十六》，上海人民出版社，1974年，第36页。

第4章 秦汉时期的西域民族交流与渗透

汉代曾进行大规模的移民实边活动。公元前127年，汉朝向朔方移民10万，第二年又向关西和朔方以南地区移民70余万，这就大大充实了北方地区的民户，增强了国防潜力，为巩固边防奠定了基础。至西汉末年，"辽西、右北平、渔阳三郡人口约93万，辽东、玄菟、乐浪等地，汉民人口为90万，内蒙地区人口更超过100万，总计边疆人口总数达300万以上"❶。历代鼓励少数民族和汉族农民移民边疆，大多提供口粮、种子、耕牛、农具等，并在边疆移民地区普及中原体制，以稳定边疆秩序。

实边政策将内地先进的生产方式和文化传统带到了边疆，缩小了中心区域与边疆在经济文化上的差距，起到了缓和民族矛盾和阶级矛盾的作用，有利于大一统政治局面的形成和发展。汉族军民大批西徙定居，开辟屯田，并设立戊己校尉总其事，促进了边疆地区的经济发展和民族大融合。

屯田是新疆历史上的大事。粮食是征战的物质基础。汉代击匈奴，必进兵西域，为了解决军粮，在西域屯田是很现实的举措。

当时，为了攻打匈奴，汉朝要在当地维持1万至2万人的军队，由于西域地处边陲，交通工具和道路不发达，军粮运不过去，指望西域当地的诸族给军队供应，也是不现实的，要想彻底解决西域的给养困难，在西域屯田是重点。正是这些屯田的成果，确保了汉朝军队在西域的长期驻扎，也是后来进行防御作战的绝对基础。由于汉政府大力发展屯垦事业，既减轻了西汉政府和当地人民的负担，又解决了军队的后勤供应问题，增强了西域的防守能力。

西域最早的屯田是汉武帝于公元前101年开设的渠犁屯田，其规模不大，目的是给出使的汉朝使者提供粮食。后来有了属于屯戍性质的屯田。汉昭帝时，渠犁屯田进一步扩大到轮台，还增加了伊循屯田。汉宣帝开始屯田车师前部地区，公元前60年，西汉又在比胥鞬、赤谷城屯田。公元前48年，西汉设立戊己校尉，主管屯田事宜，使

---

❶ 孙建民：《中国历代治边方略研究》，军事科学出版社，2004年，第238页。

159

西域屯田获得了更大的发展。郑吉任西域都护期间,轮台成为汉朝在西域的著名粮仓之一。

东汉时期,中原和西域的关系时断时续,史称"三绝三通",所以东汉的西域屯田在规模、时间和作用上都不如西汉。但是,东汉的西域屯田仍然在统一和治理西域的过程中发挥了重大作用,曾先后在伊吾卢、车师前部的柳中和高昌壁、车师后部的金满和且固城、楼兰以及南疆一些地区进行了屯田。

屯田有效地促进了历代中央王朝统一西域的进程。西域地处祖国西陲,从后勤保障上讲,具有许多今人难以想象的困难。如果不是事先在西域设立屯田点以储备军需,是很难快速统一西域的。边疆屯田节省了大量军费开支、徭役劳作等,且加强了边防建设,增加了物资储备,既开源又节流,一举数得。

此外,屯田也保障了西域的社会稳定。西域屯田正是有了中央王朝的驻军,才确保了各城郭之间的安宁。而中央驻军所需的一切物资又几乎全部依靠屯田来提供,所以"留屯以为武备,因田致谷,威德并行"❶。

屯田还极大地节省了物资消耗。屯田有效地减免了由内地向西域长途运输物资带来的巨大消耗。汉代从关中运粮到河西走廊西部,每运到1石粮食,路途消耗的粮食竟多达10石,若要到西域,则会消耗更多。史书中对这种情况有很多记载,如《汉书·主父偃传》记载:"天下飞刍挽粟,起于黄、腄、琅琊负海之郡,转输北河,率三十钟而致一石。"而在西域当地开展屯田,且耕且战,既解决了军粮供给问题,又减轻了百姓的徭役负担。

屯田是新疆开发史上的重要篇章。历代王朝为了使屯田获得成功,都会有组织地将内地最先进的农业生产技术运用到屯田区中,这就为先进技术传入新疆提供了平台。屯戍区还有手工业者、医生等各行各业的人员,所以,屯田区也是这些技术传播到西域的重要

---

❶ (东汉)班固:《汉书》卷六十九,《赵充国辛庆忌传》,中华书局,2005年,第2246页。

秦汉时期的西域民族交流与渗透

途径。在西域屯田需要开辟洪荒、拓垦农田、兴修水利、修建城郭，而在西域拓荒开辟新垦区，需要在一定时期内组织起大量有技术的劳动力。西域当地的各城郭，由于人口少、财力有限、技术不足，很难开发这些地区，而军队则可以解决这些难题。这些新辟的垦区很多都成了后世各族居民的聚居区。

西域屯田还解决了往来使者和商人的食宿供应问题，对维护丝绸之路的畅通、促进中西经济的交流、巩固西域边防做出了卓越的贡献。

总之，两汉时期对西域做出的诸多贡献，都是在维护祖国统一的层面上，保护诸多少数民族的利益的。汉朝在西域地方上进一步巩固了中央政府的政治主权，两汉时期对西域的政治影响不可估量。

两汉与西域的和亲政策

和亲是中国古代帝王对少数民族上层采取的安抚笼络政策。汉高祖采纳娄敬的建议，以宗室女与匈奴联姻。通过中原王朝与边疆少数民族上层的和亲，汉朝达到了结盟和稳定边疆的目的。

中原政权与西域的和亲分为多种类型：有针对敌对民族的和亲，如西汉初年与匈奴的和亲；对友好民族的和亲，如西汉细君公主与乌孙的和亲；与已经内属的少数民族的和亲，如西汉末年王昭君与南匈奴呼韩邪单于的和亲；还有少数民族首领对中原王朝的主动请婚。

历代和亲的动机主要有两种：一是通过和亲政策，安抚少数民族上层。朝廷以经济实力和综合国力强弱为出发点来决定是否和亲。当中原王朝实力薄弱时，为了求得边境安宁，与少数民族和亲；当中原王朝实力强大时，少数民族为了寻求中原王朝的认可和支持，或由于向往中原先进的生产及生活方式，主动向中原王朝请婚。二是通过和亲达到"以夏变夷"的目的，利用少数民族比较熟悉本民族的优势，给他们封官加爵，从而实现对其的统治。

当然，和亲的结果，有成功也有失败。西汉企图通过与匈奴的和亲来维持边境的短暂安宁，未能达到预期的效果。所以，西汉初年的和亲大体是失败的。汉武帝时，西汉国力增强，大败匈奴。公元前51年，呼韩邪单于附汉，主动请婚，方有"昭君出塞"。此后几十年里，汉匈一直保持了友好和睦关系，因此西汉末年的和亲是成功的。

虽然在不同历史环境和历史条件下的和亲所产生的客观效果有所不同，但从总体上来讲，其结果都是有利于民族间的经济、文化交流，有利于民族间的融合。

在政治方面，和亲有助于改善民族关系。和亲政策既属于边政政策，也是达到笼络西域民族上层的政治目的的手段。汉朝与西域联姻，对双方都有好处。对汉朝来说，维护了大一统的局面；对西域来说，提高了自身地位，维护了自身的特权地位。

在经济方面，和亲加强了中原与西域的联系。缴纳聘礼、贡物、回赐及互市等频繁活动，促进了官方贸易和民间经贸的发展。在和亲过程中，先进的农牧业生产技术得到交流，缩小了西域同汉族间在生产生活上的差距。而西域边疆的畜牧经济，如养马技术和养马业等，又丰富了中原地区的经济成分。

在文化方面，和亲促进了民族文化的双向交流。汉唐两代是和亲较频繁的朝代。中原文化大规模地向西域扩散，西域地区的民族文化也不断向统治中心区域渗透，促进了民族间的融合。

对边疆地区的羁縻政策

中国历代王朝在认识到少数民族地区特殊性的基础上，都曾给予其一定的自主权，在行政管理上则实行"因俗因宜而治"的羁縻政策。"羁"就是用军事和政治的压力加以控制，"縻"就是以经济和物质利益给予抚慰，即在少数民族地区设立特殊的行政单位，保持或基本保持少数民族原有的社会组织形式和管理机构，承认其酋

第4章 秦汉时期的西域民族交流与渗透

长、首领在本民族和本地区中的政治统治地位,任用少数民族地方首领为地方官吏,除在政治上隶属于中央王朝、经济上有朝贡的义务外,其余一切事务均由少数民族首领自己管理。

羁縻政策始于秦汉时期,唐代达到高峰,宋、元、明、清各代相沿,形成了一套完整的羁縻体制。这种体制强调了中央对边疆民族地区的"君天下"主导地位、受羁縻的边疆民族首领的"蕃臣"地位。公元前60年,西汉在西域推行羁縻制度,设置了西域都护府。郑吉为首任都护,其管辖范围东起阳关、玉门关,西到巴尔喀什湖以东以南和帕米尔高原的50个方国,确定了西域诸国对汉朝的臣属关系。故郑吉说:"中国与夷狄有羁縻不绝之义。"❶

羁縻体制中的所谓"羁縻"管辖,虽然也设置州县,但一般不征收赋税徭役,不派遣行政官员,而由当地部族的首领世袭,治理自己的内部事务。同样是羁縻政区,不同地区的羁縻管辖情况却有很大的差别(见表4—1)。

表4-1 不同地区的羁縻管辖情况

羁縻政区	羁縻管辖
"熟藩"地区	受中原王朝的管辖时间较长,政区范围明确而稳定。其往往处于正式政区之间或附近,当地的首领完全听命于中央政权或地方官。这些政区除了不登记户籍、不直接征收赋税以及土官世袭外,与正式政区并无太大的区别。这类地区是靠近中心区域的"内属"地区。
"生藩"地区	对中原王朝时叛时服,或同时接受不同政权的任命,或者在接受羁縻后辖境已有很大的变化。不能把这些地区一概看成与正式政区一样,而应该根据其接受羁縻的具体时间、范围和政治态度来决定。

---

❶ (东汉)班固:《汉书》卷七十,《陈汤传》,岳麓书社,2008年,第1122页。

西域春秋——翻开2000年的西域卷轴

续表

边陲不稳定地区	处于正式政区的边缘，或远离正式政区，或接受羁縻区名义的对象是游牧或迁移民族。这类政区大多名不符实，有的就是把爵位、官职作为对称臣纳贡对象的赏赐品。有时某一部族或某一边疆割据政权向中央政府进贡，朝廷或地方官就授予一个羁縻州或都督、刺史的名义。实际上，地方官或中央政府很可能连这个部族和这个政区在什么地方都不知道，更谈不上进行有效的统治了。

羁縻政策体现了古代"德化天下"的治边思想。羁縻体制承认边疆与内地客观存在差别，通过"因俗而治"确认边疆民族地区在政治上与中央的关系，以区别于中心区域的统治方法，将其纳入大一统的政治秩序中。

西域都护府的设置

都护府的设置对中华民族的集权管理有着很重要的作用和意义，开创了西域归属中原朝政管理的先河。汉代西域都护府的设置是历史的必然。

中国内地与西域地区的交往很早就开始了。史前时期，中国内地的丝织品已通过河西走廊转输到西方。后来由于匈奴的兴起，这种交往暂告中断，且西域诸国早就知道汉朝非常富饶，很想建立关系，苦于匈奴的阻挠，"欲通不得"。

所以，当汉朝政府对匈奴采取打击后，西域诸国是持观望或鼎力相助的态度的。当汉朝根除匈奴的威胁后，西域各族当然更愿意与汉朝亲近了。而防守边关，维护丝绸之路的和平，迫使汉朝政府不得不在西域设置都护府。因此，西域都护府的设置是历史的必然。

汉匈战争胜利后，尤其是李广利伐大宛之后，西域震惧，多遣使来献贡。汉朝势力进入西域。为了保障西域通商之路的通畅，汉朝"自敦煌西至盐泽，往往起亭。而轮台、渠犁皆有田卒数百人，

第4章 秦汉时期的西域民族交流与渗透

置使者校尉领护,以给使外国者"❶。由此汉朝政府取代匈奴,将天山南北第一次置于中央政府的统治之下。

西域设置都护,标志着西域正式归属中央政权,自此包括新疆在内的广大地区正式纳入中国版图,实现了流沙东西的政治统一。西域诸民族在汉的控制下,有了"依靠",这也对边疆人民的生活安全、和平提供了保障,加强了民族间的团结和经济文化交流。在中央集权封建国家的政令下,当地各族人民通过自己的努力,在经济文化上、风俗习惯上与汉族人民相互影响,保证了丝绸之路的畅通,尤其是为来往的商人、使者、文化传播者等提供了帮助和保护,为促进中国与西域各国的经济贸易、文化交流等提供了有力的保障和帮助。同时,屯田政策也促进了西域农业生产的发展。把西域诸多地区纳入西汉的版图,在军事上为"断匈奴右臂"这一战略目标的完成提供了物力、财力、人力等诸多方面的支持。

两汉时的民族关系和与西域的民族融合

秦汉以降,匈奴成为当时与汉朝相抗衡的一股强大势力。匈奴统治着西域,西域三十六国之间也是互相争斗、互相融合的,其中又以匈奴、月氏、乌孙之间的矛盾关系最为突出。

西域三大民族(匈奴、月氏、乌孙)之间的情仇

匈奴、月氏、乌孙之间的恩怨情仇,反映了当时背景下西域民族间的侵略、融合,以及交往、发展等。

乌孙、月氏原都在"敦煌祁连间"游牧,但乌孙的势力不及月氏,且原来可能还附属于月氏。

---

❶ (东汉)班固:《汉书》卷九十六上,《西域传》,中华书局,2007年,第967页。

据《汉书·张骞传》记载，乌孙王难兜被月氏攻杀，当时其子昆莫新生，被匈奴冒顿单于收养。秦末汉初，月氏势力强大，与东胡胁迫匈奴，为此，匈奴为了和缓局势，曾送质子冒顿于月氏。公元前209年，匈奴质子冒顿自月氏逃回，杀父自立。

这时，东胡强大兴盛，听说冒顿杀父自立，决计先礼后兵。东胡王向冒顿索要千里马。冒顿知道，眼下东胡比他强盛，如不答应把千里马送给东胡，东胡借此兴兵进犯，自己敌不过，于是决定送马给东胡。东胡以为冒顿怕他，不久，又遣使索要冒顿之妻，冒顿又把妻子送给了东胡。东胡王更骄傲自大了，于是向西进犯侵扰，索要匈奴东部的一块无人居住的土地。冒顿大怒，立即率兵奇袭东胡，东胡未及防备，一开战就大败，东胡王也被杀了。东胡灭亡。

之后，冒顿又乘胜西逐月氏，南并楼兰，并收复被秦将蒙恬夺取的匈奴领地，占领了秦朝北部疆域的部分地区。经过一系列战争，冒顿征服诸羌，北服丁零、坚昆，北方各族无不臣服匈奴，匈奴统一了现在的蒙古草原，建立了强大的匈奴帝国。匈奴开始雄视西域，称雄大漠南北，直接威胁中原。

乌孙王昆莫长大后，与冒顿单于的儿子老上单于合力进攻迁往伊犁河流域的月氏。当时，老上单于杀大月氏王。月氏人深恨匈奴，但苦于没有支援力量。败亡的大月氏再次西迁，来到粟特。在这里，大月氏征服了大夏，并在当地立国。立国后，因贸易中转而变得繁荣。

在塞种人与月氏大部南下后，乌孙放弃了"敦煌祁连间"的故土，迁至伊犁河流域，与留下来的塞种人、月氏人一道游牧。从此乌孙日益强大，逐渐摆脱了匈奴的控制。

当张骞建议乌孙返回"敦煌祁连间"的故地，与汉朝夹击匈奴时，乌孙王曾坚决谢绝，可是在他了解到汉朝国富兵强以后，又愿与汉朝联姻。汉武帝以宗室女细君为公主下嫁昆莫。匈奴听到乌孙与汉朝联姻以后，亦遣女与昆莫成婚。昆莫以细君为右夫人，以匈

第4章 秦汉时期的西域民族交流与渗透

奴女为左夫人。匈奴尚左。昆莫左胡妇而右细君,显然是因为他仍畏惧匈奴的缘故。

两汉时期汉族对西域的贡献

汉族也是西域的古老民族之一。与汉朝经营西域同步,汉族也开始了大量入居西域的历史。公元前2世纪,汉族大量入居西域,从而改变了西域原有的民族分布格局,并为推动西域社会经济发展、促进西域与祖国内地的统一做出了重要的贡献。两汉以来,汉族人民迁入西域的途径和方式大致有以下几种。

1. 联姻

汉武帝在经营西域的过程中,曾采用联姻的方式争取乌孙的支持。《汉书·西域传》记载,汉代细君公主嫁到乌孙时,汉武帝"赐乘舆服御物,为备官属宦官侍御数百人,赠送甚盛"。这是汉文史籍记载中汉人第一次大批入居西域,后又以解忧公主嫁乌孙。汉朝公主远嫁西域,随同的还有亲兵、奴婢、手工艺人等。此外,可能还有皇室之外的联姻情况。由于丝绸之路的开通,人民之间的婚嫁也可能导致汉人入驻西域。

2. 从军被俘、投降及亡失

在汉朝与匈奴争夺西域的战争中,有大量的汉军将士因战败投降、被俘及在作战中亡失流落于西域。所以,在西域的汉族有不少是当时流落的军人。

3. 屯垦戍边

屯田是汉族入居西域的重要途径。汉朝时期,西域的屯田主要有两种类型:第一种类型是军屯。这是汉朝在西域屯田的主要形式。第二种类型是民屯。汉朝实行移民实边政策,鼓励、招募内地志愿者迁入西域，并组织他们在军屯附近和交通要道屯田。边疆屯田的士卒带妻子及亲戚的情况也较为普遍。

4. 出使、经商

丝绸之路畅通后，汉朝与西域的交往日益频繁。中原的商人、使者不断地往来于此道。出使西域的人数相当可观。他们中一些人因各种原因长期停留或定居西域，还有些是被劫掠留下的。中原商人更是不辞辛苦、不远万里来西域经商。史云："胡商贩客，日款于塞下。"这里所说的商客就是来西域经商的汉人，若累年计算，数量亦不少。

5. 任职

派官设治是汉朝管辖治理西域的体现。汉朝派往西域的最高官员是西域都护。其姓名见于诸史册者有郑吉、韩宣、甘延寿、段会宗、廉褒、韩立、郭舜、杜建、但钦、李崇等18人。都护下设西域副校尉，属官丞一人，司马（或军司马）、侯（军侯）、千人（带兵头目）各二人，公元前48年，复置戊己校尉，其副职称为史。东汉基本沿袭旧制，见于记载的历任都护有陈睦、班超、任尚、段禧等人。公元86年，西域都护由西域长史替代。直到东汉末年，任此职的先后有班超、徐干、王林、赵博、索班、班勇、赵评、王敬、张晏等。东汉时期，西域都护下也设西域副校尉，其属官有丞一人、司马一人。此外，还有一些地方官职由汉人担任，如伊吾司马、宜和都尉，以及边防屯戍的侯长、隧长、亭长等。这样，任职也成为一些汉人入居西域的渠道。

6. 自流入疆

自流入疆是一种自动移民。两汉时期，因各种原因不少汉人自动迁入西域生活。如西汉至昭、宣时期，河西生产发展，经济出现

第4章 秦汉时期的西域民族交流与渗透

兴旺景象。于是，一批内郡居民就自动迁往河西谋生。因此，同河西一样，汉族在汉代也曾有一些人自动流入西域。

通过上述途径，汉族的足迹遍布天山南北，主要分布在丝绸之路附近和各屯田区。

两汉时，西域汉族的居民对西域的发展也产生了重要影响，这主要表现在两个方面：一方面，西域自古就是一个多民族聚居的地方。在汉开西域前，新疆诸多地域都是多民族杂居的情况。汉朝管辖西域后，中原内地与西域的隔绝状态被打破，汉族与西域各民族的交往日渐频繁，在西域南部和东部地区出现了大量的汉族聚居区，初步出现汉族与当地民族交错杂居、相互依赖的局面。另一方面，促进了汉文化在西域的广泛传播。汉族是汉文化的载体，汉族人的进入必然使汉文化在西域传播。在制度文化方面，中原王朝的典章制度在西域得到全面实施。在物质文化方面，汉朝在西域移民实边，大规模地屯垦，大批来自内地的屯田士卒随之将中原先进的农业耕作技术和水利灌溉技术带到西域，牛耕技术、中原的掘井技术、先进的冶铁技术也传入西域。中原先进的生产工具和技术传入西域，无疑推动了西域农业、手工业的迅速发展。在精神文化方面，汉字、中原的音乐舞蹈及风俗习惯也传入西域，并对西域产生一定影响。汉朝时，汉语在西域广为流传。中原的音乐歌舞也风行西域。

总之，汉族人民在西域边疆起到了很重要的作用，也是保证丝绸之路畅通的重要力量。从某种意义上说，汉朝对西域的贡献，就是汉族对西域的贡献。

西域春秋——翻开 2000 年的西域卷轴

两汉时期西域与中原的贸易与文化交流

自汉统一西域，丝绸之路大盛，使者相望于道，商胡僧侣不绝于途，中原与西域的经济、文化关系加深。丝绸不仅是丝绸之路上的奢侈消费品，也是中国历朝政府的一种有效的政治工具。丝绸之路是引进外来物品和文化传播的重要途径。

从中国输出到西域的物品

公元前121年，武威、酒泉两郡设置后，汉和中亚、西亚的贸易大有起色，汉政府每年都派出成批使团随带大量的牛羊、缯帛和黄金，跋涉于沙漠、碱滩、草原和峡谷之间，和远方的塞人、大月氏人、希腊人、波斯人及印度人交换商货。在西汉时代，这些商队已经跨过阿姆河，进入里海北部、伊朗高原、美索不达米亚、叙利亚和北印度，他们到达了地中海海滨的安条克，有的甚至还抵达罗马，充当了中国的使者。

从中国向亚洲各地输出的货物除了丝织品以外，还有漆器、铁器、软玉、麻织品、釉陶和各种装饰品。新疆出产的软玉早就运销中亚、北印度和西亚，甚至远达埃及。中国的友好使节出使西域乃至更远的国家时，除了带丝绸之外，还要随带许多牛羊和币帛，以应付路上的开支。因为用非黄金缯帛才能抵销沿途开支。

中国的丝绢大都由外国商人运出。《史记》曾指出，西北外国使成批到来，络绎不绝。中亚和安息国人"善市贾，争分铢"。罽宾也"实利赏赐贾市"。他们来中国经商，代理中国的丝织品等商品，运到自己的国家或沿途的国家进行销售。

第4章 秦汉时期的西域民族交流与渗透

通过丝绸之路输入中国的物品

毛织品是游牧民族的特产，匈奴和乌孙都产毡褥，月氏、安息和大秦的毛织物在汉代源源不绝地输入中国，极受珍重。

马匹的输入对汉代社会经济的发展和军事力量的壮大起了很大的作用。乌孙马最先被称为"天马"，张骞从新疆返归长安，乌孙派使者随带好马数十匹答谢。李广利从大宛得良马数千匹以后，"天马"的美名便被大宛马取代，乌孙马改称"西极马"。"西极马"和"天马"成批运入关中，促进了汉代养马业的发展。

从西域传入的瓜果、蔬菜和豆类，品类繁多，蒲陶、苜蓿、安石榴、黄蓝等尤其著名。安石榴传说是张骞出使大夏所得，归国后移栽中原。黄蓝即红花，传说也是张骞从西域带来，盛产于罽宾。

张骞出使西域，使中西交通畅开，很多从中亚传入的农作物如胡麻、胡桃、胡豆、胡瓜、胡荽、胡蒜、酒杯藤等，都被放到张骞的名下。此外，还有从西域传入的香料，如胡椒、姜、阿拉伯海岸的乳香等。

传入中国内地的各种西域物产还有于阗的玉石、埃及的十色琉璃、罗马的火浣布，以及各种奇禽怪兽和宝石。汉武帝时，长安集中四方奇物，怪兽珍禽、奇树异草到处可见。外国的客商通行于黄河流域，海陆贸易的繁荣大大推动了汉帝国和外国的经济往来。

两汉和西域各国的文化交流

葱岭是狭义的西域（我国新疆）跟广义的西域的分界线，但在古代，广义的西域是要穿过葱岭，往西更遥远的地方，可以认为是中亚。汉以来，中华民族的古代先民和葱岭以西的国家已经进行了广泛的交往，东汉后期中亚人也有大量来华交流的情况。正是因为有来有往，才显示出当时丝绸之路沿途各国之间的贸易互动、经济交流、文化传播等情况。张骞出使西域后，中亚各国与汉朝的关系日益密切。

东汉后期,出现了前所未有的中亚人来华热潮。这有以下一些特殊的表现和意义:在来华的中亚人中,当以安清的年辈为最早,他出家后来到中国,宣扬佛法,翻译佛经,以安世高之名著称中国佛教界。也有其他的教派前来中国传教。东汉中期以后,中亚地区的居民包括月支人、康居人、安息人及部分北天竺人等,不断移居中国境内。他们带来了当地的文化、技术和信仰,逐渐在中国内地变成中国文化生活的重要组成部分。

铁兵器制作在这一时期传入中亚。大宛以西直到安息铸造铁器的技术不精。汉朝逃亡的士卒直接将铸铁技术教给了大宛、康居和安息的铁工。汉代铜镜采用西域传入的葡萄、翼兽作为图像。汉宣帝更有身毒国镜,来自印度。这提示汉代在艺术上受到印度和西亚风格的感染。

穿井开渠的技术也是由中国传入中亚和印度的。汉武帝时,在陕西大荔出现了一种新式的井渠,叫龙首渠,用来控制地下水源和防止沿岸崩塌。井深达四十余丈,井下可以通水。公元前103年,李广利伐大宛时,这种穿井引水的技术已经传到了费尔干纳盆地。

此外,中原地区先进的生产工具,如铁铧、铁锄等铁制农具及农业经验也伴随着屯田士兵传入西域各地,推动了天山南北各地农业、手工业的进步和发展。此外,当时西域的手工业生产,如陶器制造、毛纺织品、玉石制造等具有相当高的水平。

西域诸地除使用印度北部通行的佉卢文等文字外,官方往来普遍使用汉字。西域传入的乐曲和乐器,在汉武帝以后,大大丰富了中国的乐器和歌曲。外来乐器中的琵琶、箜篌、笳、笛和角都在汉代加入了中国的乐队。西域的舞蹈和杂技在两汉时代也陆续传入内地。

西域文化的传播在东汉晚期达到了高潮。汉灵帝深好西域艺术和风俗习惯,常穿着胡人的衣服,饮宴作东,在他的倡导下,首都

第4章 秦汉时期的西域民族交流与渗透

洛阳盛行西域风尚，胡服、胡帐、胡床、胡坐、胡饭、胡箜篌、胡笛、胡舞等成为上层社会所追求的奢靡生活的重要组成部分。

佛教的传入

印度佛教创立于公元前6世纪。由于两河流域居民和新疆于阗之间来往频繁，公元前1世纪，佛教便由克什米尔传入于阗。

佛教的传入深刻影响着中国的诸多领域，甚至日常生活、语言等都有佛教的渗入。

佛教诸神的形象在统治阶级里也常被用作比喻，比如佛教东传后，垂手过膝、立发委地、齿牙白净这些佛相，便被一些统治者或史学家采用，如把一些帝王的异相如垂手过膝、齿白如玉等写成是佛相。

汉朝初年，西域的匈奴和乌孙还盛行萨满教，波斯的祆教（又称拜火教）在这一时期传入西域。

第5章 魏晋南北朝时期的西域，乱世中走向繁荣

魏晋南北朝是中国历史上政权更迭频繁的时期。由于长期的封建割据和连绵不断的战争，这一时期中原王朝与西域诸民族的关系纷繁复杂、变化多端。但是西域诸民族与内地的联系仍然没有中断，内地的割据政权在不同程度上对西域行使主权，进行管辖。虽然战争给中原和西域的人民造成了很大的痛苦，给中原和西域的经济造成了极大的破坏，但是在客观上促进了西域地区各部族和民族之间的融合与同化，促进了东西方文化的交流和地方文化的昌隆与发展。

西域春秋——翻开2000年的西域卷轴

魏晋南北朝时期各政权对西域的管理

魏晋南北朝，又称三国两晋南北朝。这个时期从220年曹丕称帝到589年隋朝灭南朝陈而统一中国，是中国历史上的动荡时期。在这一时期，各国对西域的影响各具特色。由于此时期的各朝、各国存在的时间和先后顺序较为复杂，以下对魏晋南北朝时期的各政权与西域的情况作一个概述。

三国时期

三国时期是上承东汉下启西晋的一段历史时期，分为曹魏、蜀汉、孙吴三个政权。由于曹魏挟天子而令诸侯，曹丕继位后受汉室"禅让"，所以以"魏"为正统。汉魏之际，曹魏任命了西域戊己校尉，驻防高昌，屯垦戍边；同时，还派出西域长史驻鄯善国，下设西域校尉和宜禾校尉，分管军民政务。鄯善、龟兹、于阗都遣使朝贡，"款塞内附"。魏文帝还派使者赴西域"抚劳"，并册封了西域各国王。从此，龟兹、于阗、疏勒、鄯善、车师、乌孙、月氏、康居等国岁岁朝贡，和曹魏通好。

晋朝

"晋"指的是由司马氏所建立的西晋王朝与后来割据在南方的东晋王朝（此时北方是"五胡十六国"时代）。这一时期，战争频繁、政权分立、民族融合，是秦汉和隋唐的转折时期。

西晋向西域派有戊己校尉和西域长史，对西域各国进行统治管理。西域各国朝贡如故。晋朝册封龟兹、于阗、疏勒等国的国王为"晋守侍中、大都尉、奉晋侯"等。车师前部、鄯善、龟兹等国王则

第5章 魏晋南北朝时期的西域，乱世中走向繁荣

把自己的儿子送往长安做"侍子"。

五胡十六国

五胡十六国时期自304年刘渊及李雄分别建立汉赵（后称前赵）及成汉起至439年北魏拓跋焘（太武帝）灭北凉为止，范围分别涵盖华北、蜀地、辽东，最远可达漠北及西域。

这一时期出现了五族的内迁，并且西域的气候也发生了重大变化，表现为沙化进程加速，中亚人种东徙塔里木绿洲，吐谷浑人进入鄯善、且末，北印度释迦族进入于阗，柔然人、铁勒人、突厥人相继进入天山北麓，西域的人种变得更加复杂。

317年，西晋灭亡，十六国并起。自西晋末年到北魏统一北方这段时间，各少数民族的统治者先后在北方建立割据政权，包括前凉、后凉、南凉、西凉、北凉、前赵、后赵、前秦、后秦、西秦、前燕、后燕、南燕、北燕、夏和成汉十六国。这些政权主要由匈奴、鲜卑、羯、氐和羌这五个少数民族（即"五胡"）所建。历史上泛称这些国家为五胡十六国。

五胡十六国时期，西域成为河西诸凉王朝的一部分。河西诸凉王朝继续有效地行使西域边疆的政治主权。五胡十六国中，前五个政权，即前凉、后凉、南凉、北凉和西凉，先后出现在河西地区，历史上称为"五凉"。

"五胡"统治北方时期，是中国历史上的一段民族大融合时期。439年，北魏拓跋焘灭北凉，统一北方，十六国时期结束，南北朝时期正式开始。

北魏

北魏是继十六国分裂局面之后在中国北部重建统一的封建王朝，为鲜卑族拓跋珪所建。

中原主要政权对西域的经营和管理使得各民族的经济交流加强。

西域春秋——翻开2000年的西域卷轴

北魏初全面推行政令于新疆东部地区，北开伊吾为屯田基地，南置鄯善为镇，流沙东西的政治统一加速了新疆区域性政治统一的历史进程，促进了丝绸之路贸易的繁荣，以及东西文化的交流和地方文化的昌隆与发展。

总的来说，中原政权对西域的管理意味着统辖和行使主权。其具体表现在：中原王朝向西域派出了行使主权的官吏，如曹魏政权和西晋政权都向西域派驻了戊己校尉和西域长史等官吏；在西域推行中原的政令；册封当地少数民族的首领；西域各国首领向中原王朝派出质子"入侍"；中原王朝在西域行政制度方面为少数民族起榜样作用，如327年，前凉在西域的高昌设置和内地相同的郡县乡里制度，西凉和北凉也效仿之。

魏晋南北朝时期中原一片混乱，西域也出现了大动乱、大融合的局面。鲜卑、柔然、高车、嚈哒为争夺对西域的控制权，相互角逐、争战，给西域的社会经济带来极大的破坏，引起西域民族的大动荡，但另一方面也促进了天山南北各民族之间的交汇、同化与融合。由于民族融合加强，魏晋南北朝时期，各民族之间的联系密切。各族相互学习，取长补短，促进了经济的恢复和发展，为隋唐时期的繁荣奠定了基础。

魏晋南北朝时期西域主要民族的兴盛和衰败

秦汉时期，西域有一些民族兴盛起来，与已有的古民族逐渐融合并取代，最终在魏晋时期，西域政局重新洗牌，呈现出一个和以往不同的西域局势。

第5章 魏晋南北朝时期的西域，乱世中走向繁荣

这一时期，四大帝国的命运发生巨变。4世纪初，贵霜帝国被嚈哒攻灭；罗马帝国走向没落和崩溃；汉帝国被魏晋南北朝代替；伊朗的安息王朝为萨珊王朝取代，4个世纪后被阿拉伯帝国取代。北匈奴不断西迁，对欧洲历史发展产生了深远影响，加速了东罗马的衰弱和西罗马的灭亡，促进了欧洲奴隶制的瓦解和向封建社会的过渡。

几个重要民族的重组和兴起

1. 悦般国的建立

西汉末年，乌孙一分为二，日趋衰弱。乌孙人在柔然的多次西征下也被迫迁移帕米尔高原。在乌孙故地，未迁移的部分老弱匈奴人占据巴音布鲁克草原和伊犁河上游地区，在柔然的扶持下建立悦般国。

2. 粟特的兴起

匈奴西迁康居，康居被迫南迁到索格底亚那地区。粟特人以康居人为主体，以善于经商而著称。南北朝时期中原与西域的商贸官方由嚈哒、西突厥控制，民间丝绸之路贸易则以粟特人最为突出。匈奴西迁的途中先后经过了乌孙、康居、大宛等西域诸国，这些国家都曾遭受匈奴的征服与奴役，因此对匈奴人的到来多采取报复的态度。匈奴人在中业难以立足，只好继续西迁寻找新的生存空间。

3. 匈奴对欧洲格局的影响

290年，匈奴人经过200年的民族迁徙终于来到了欧洲边缘的阿兰国，并在此繁衍生息，开始他们新的传奇。又经过70年的力量积累，至360年，匈奴击败阿兰，建立了自己的王国，将阿兰人置于自己的统治之下。374年，匈奴开始越过伏尔加河进入欧洲，先后击败日耳曼人建立的东哥特王国和北方诸日耳曼部落，夺取了匈牙利草

原。之后，在阿提拉时代建立的匈奴帝国，其铁骑席卷欧洲，征服德国的勃艮第人，并出征法国，入侵意大利，洗劫巴尔干半岛，向罗马帝国宣战等。

4. 鲜卑、柔然的崛起

东方鲜卑、柔然相继兴起。5世纪初，柔然崛起，向西域扩张。

5. 嚈哒国的强盛

嚈哒人为呼揭人和车师后部人的联合，是匈奴人和月氏人的混血种。嚈哒人西迁中亚后征服粟特人，建立嚈哒国，5世纪后日益强盛，成为西亚和中亚的霸主。柔然崛起，向西域扩张，嚈哒人被迫向西南中亚地区迁移。嚈哒人在中亚称霸，控制商路，并使萨珊称臣纳贡，在东部利用高车限制柔然发展。直到567年，在突厥人与萨珊人的南北夹击下其被击溃而灭亡。其后嚈哒人与当地居民融合。

6. 铁勒的出现

丁零人西迁发展为高车—铁勒。

7. 铁勒的扩散与突厥的扩张

庞杂的铁勒各部族遍及蒙古高原、西域、中亚乃至西亚、欧洲。突厥人吸取了庞杂的铁勒各族因子形成新兴的游牧族体。突厥人在西域的扩张为隋唐时期中国统一西域、开疆拓土，并对中亚地区行使管辖权作了极为有利的铺垫。西突厥与萨珊波斯结为和亲联盟，击灭嚈哒，遂与萨珊波斯瓜分了嚈哒国土，双方以阿姆河为界。

魏晋南北朝时期西域最终的民族局面

西域经过长期互相兼并，弱肉强食，最后形成七国争雄（即乌孙、疏勒、龟兹、莎车、于阗、鄯善和车师）。中亚人种大规模东迁塔里木盆地绿洲，大宛塞人入主龟兹，北印度人入主于阗，并进入

第5章 魏晋南北朝时期的西域，乱世中走向繁荣

龟兹、疏勒地区，鲜卑一支的吐谷浑人进入鄯善、且末地区。

黄巾起义、三国纷争、八王之乱使许多汉民经河西走廊逃入高昌，西域的互相兼并促使汉人自西域各地聚拢在高昌。

南北朝时期，鲜卑、柔然、高车和嚈哒共同争夺西域。在长达200年的政治动荡和民族融合中，汉代的匈奴人、康居人、乌孙人和月氏人逐渐被高车人（丁零人的后代）所融合、同化，进而形成铁勒族。

魏晋南北朝时期西域民族大融合的特点和意义

西晋之后，在北方先有五胡十六国的割据政权，后有北魏、东魏、西魏、北齐、北周等政权。战争削弱了中原王朝对西域的统治，使这一时期中原王朝对西域的统辖力量较之两汉时期大为减弱。趁此际，西域地区原有的数十个大小政权展开了激烈的兼并，形成了七国对峙的局面。天山以北有乌孙和车师，天山以南有焉耆、龟兹、鄯善、于阗和疏勒五国。这种政治格局给来自草原和北中国的鲜卑、柔然、高车、嚈哒等民族势力进入西域争霸提供了有利的外部条件，导致其在西域地区进行了长时期的活动和战争。

鲜卑、柔然、高车、嚈哒等政权在西域的长期争战给西域经济带来了极大的破坏；但同时，各民族间的战争又促成了各民族在特殊环境和形式下的交流和交往，致使这些民族在生产方式、语言、风俗习惯等方面互相影响、互相吸收，甚至血统互相混杂。这一切导致了天山南北居民间的一次自然的大融合与某种程度上的同化。

这一时期西域的民族融合与同化明显地表现出铁勒化的趋势。最后，突厥兴起于金山，再次统一了大漠南北和西域各地，结束了300多年的纷乱割据局面。

魏晋南北朝各政权与西域的关系

魏朝是三国时期割据政权之一,史称曹魏,是三国中最强大的国家。曹魏继承了东汉在西域的统治,但因为实际的政治形势,对西域进行了特殊的管理,为西域历史画上了浓墨重彩的一笔。

曹魏与西域的关系

东汉末年,黄巾起义沉重地打击了汉朝的统治,使早已腐朽不堪的东汉政权分崩离析,名存实亡。

196年,曹操"挟天子以令诸侯",随后大败袁绍,平定河北,收抚南匈奴,攻灭乌桓,统一北方。因南下受挫,将剑锋转向西北,占有陇西之地,从此形成曹操、孙权、刘备三足鼎立之势。220年,曹丕逼汉献帝"禅让",取代汉朝,建立曹魏政权。

曹魏政权在政治上统治了北方的广大地区,而这一区域在与西域的交通往来方面具有得天独厚的优势。汉武帝时期贯通的内地与西域的交通,在东汉末年一度不畅。到三国曹魏时期,曹魏与西域的交通又得以恢复。202年,南匈奴首领归附曹操。曹操先后将南匈奴分为五部,每部择立贵族为帅,另选汉人为司马对其进行监督。同时,曹操还把中下层匈奴人编入汉族。这样,南匈奴上下完全编入曹魏政权,中国北方完成了实际的统一。

曹魏继承了东汉在西域的统治,依旧在西域地区设置地方行政机构。如262年,曹魏在凉州设武威郡、金城郡、西平郡、张掖郡、酒泉郡、西海郡、敦煌郡等,设立西域长史府进行管理。

此时,从敦煌到西域的道路由原来的两条增加到三条。南道主

第5章 魏晋南北朝时期的西域,乱世中走向繁荣

要为鄯善和于阗,中道有焉耆、龟兹和疏勒,北道有车师后部,等等。当时曹魏在西北的势力范围包括雍州、凉州及西域等地。在军事上,曹魏平定了酒泉、张掖、武威三种胡的叛乱。220年,魏文帝即位,焉耆、于阗等诸国遣使朝贡。221年,魏文帝在河西一带大破羌胡联军,曹魏的势力得以进入河西之地,接着又遣使复通西域,恢复了中原王朝对西域的控制权。222年,鄯善、龟兹和于阗各遣使朝献。魏文帝下诏说:"顷者西域外夷并款塞内附,其遣使者抚劳之。"❶此后,曹魏在西域设置戊己校尉。229年,大月氏王波调遣使奉献,魏明帝封波调为亲魏大月氏王。当时,大月氏以印度西北为中心,并控制中印度广大地区。曹魏在楼兰曾设西域长史府,管辖西域,以仓慈为敦煌太守。他抑制豪右,发展农业生产,并保护来往的西域使者和商旅。徐邈任凉州刺使,他广开水田,募贫民佃田,使境内"家家丰足,仓库盈溢"❷,并保护中西交通要道,因此史称:"西域流通,荒戎入贡,皆邈勋也。"❸

曹魏还增辟了与罗马交往的新北道,由玉门关转向西北,通过横坑,经五船以东转西进入车师前部。此外,据《魏略》记载,大秦的邮驿制度与中国极为相似:"旌旗黎鼓,白盖小车,邮驿亭置如中国⋯⋯人民相属,十里一亭,三十里一置。"可以推测,当时曹魏和罗马帝国也定有邮驿往来。

由于自东汉末年以来,中原战乱不已,河西成为中外商人云集、商品荟萃之地。特别是敦煌,地处丝绸之路咽喉要地,中外贸易最为兴盛。胡商多在此卖出其带来的西方商品,买进中原货物。然而,当地豪强大族恃强欺压、掠夺胡商,引起胡商的极大不满。敦煌太守仓慈采取了一系列措施,打击豪强大族,保护中外商人。这时就

---

❶ (晋)陈寿:《三国志》卷二,《魏书》,线装书局,2006年,第318页。
❷ (晋)陈寿:《三国志》卷二十七,《魏书·徐胡二王传》,线装书局,2006年,第290页。
❸ (晋)陈寿:《三国志》卷二十七,《魏书·徐胡二王传》,线装书局,2006年,第290页。

西域春秋——翻开2000年的西域卷轴

有了过所制度。过所，即丝绸之路贸易的通行证。具体做法：其上注明持证人的姓名、年龄、面貌特征、服装、所携带商品及其族别或国别。曹魏对持有过所的商人沿途予以保护、照顾，平价收买商品。根据胡商的意愿，凡愿将商品在当地出售的，可自由交易，也可由敦煌郡政府出钱平价收购。协助商人购买内地商品。商人欲在河西购买中原地区的丝绸或其他商品，敦煌郡协助商人尽力筹办。

　　曹操吸取两汉在边疆屯田的成功经验，推行了屯田制度。曹魏建置大型官营手工业作坊，发展手工业生产。邺、洛阳等贸易城市，商业经济发达，和海外有贸易往来。

　　曹魏占据了长江以北的广大中原地区，人口稠密，经济发达，实力远胜蜀汉和东吴。西域僧人陆续东来洛阳，译经弘法，佛教进一步发展。中天竺僧人昙柯迦罗在白马寺译出中国第一本"佛律"——《僧祇戒心》，并请西域梵僧立羯摩受戒，为中国戒律之始，昙柯迦罗亦被尊为中国律宗之祖。269年，朱士行在洛阳登坛受戒，成为第一位受戒的汉僧。当年他西渡流沙，远赴于阗，写的《大品般若经》梵本90章60余万字，后被译为《放光般若经》。朱士行是第一位"西天取经"的汉僧。

　　综合来看，在曹魏时期，虽多方势力割据，但经济、文化、贸易、疆域却都得到了很大的提高和发展。

西晋对西域发展的贡献

　　西晋是中国历史上短暂的大一统王朝之一。265年，司马炎代魏称帝，史称西晋。280年，西晋灭吴，秦汉以来的分裂至此再度统一。西晋疆域东至海，西至葱岭，南至今云南、广西及越南的北部和中部，北至燕山，东北至今朝鲜半岛西北部。

　　由此可见，西晋时，西域是和内地政权有联系的，当时西域还在魏晋统治之下。西晋时，葱岭以东的西域归西晋统治。由于西域

第5章 魏晋南北朝时期的西域，乱世中走向繁荣

在汉朝时已被并入中原王朝的版图之中，并延续下来，虽然当时的中原混战使中原王朝对西域的统治力较弱，其他势力也干预西域，但是总的来说，西域还是在中原王朝的统治之下的。这一时期，中原与西域关系密切，丝绸之路通畅，史称"西域流通，无烽燧之警"❶，一派和平安定的景象。

西晋灭孙吴，重新统一了华夏大地。晋武帝以洛阳为中心，在全国采取了一系列措施，使国家走上了发展之路。这一切也使西域受益。西晋时期，大量游牧部落内迁。自东汉光武帝允许边民内迁以来，大量游牧民族内迁后，在汉族的长期影响下，逐步由游牧生活向定居的农业生活过渡。但由于迁入人口数目过多，为西晋亡国和五胡十六国时代的到来埋下了伏笔。

西晋在西域设戊己校尉和西域长史，西域各国均服从西晋，中亚的大宛国王也由西晋册封为大宛王。西晋废除屯田制，将民屯田给予农民，这一制度也在西域实行。晋武帝很注意开垦荒地，兴修水利。这些措施对西域地区的灌溉和运输都起到了很重大的作用。

西晋政权尤其善于吸收外来文化。由于儒教独尊的地位被打破，西晋的文化走向多元发展，新领域与新学说不断涌现。当时的学派除儒学外，还有由印度东传的佛教、本土的玄学、道教等。其中，道教及佛教在该时期逐渐扩展到一般人民的生活。边疆民族的南下还带来了更多的草原文化。

西晋继续延续之前政权对西域的管理模式：向西域派出官吏；册封当地少数民族的首领；在西域推行中原的政令；西域部分国家向中原王朝派出质子"入侍"；中原王朝在西域实行中原的行政制度；由于丝绸之路畅通，中外商人不绝于途，"过所"制度被全国推行。

---

❶ （唐）房玄龄等：《晋书》卷九十四，《列传第六十四·范粲传》，中华书局简体字本，2000年，第1623页。

西晋虽然可以称得上是西域少数民族的"领导者",但是最后却被少数民族所灭。当时,关中户口百万,其中少数民族占了一半。由于西晋政府的民族歧视和民族压迫政策,激起少数民族的强烈反抗,最终西晋被少数民族联合起来推翻了。

西域与北魏的朝贡关系和北魏与柔然对西域的争夺

继匈奴之后,鲜卑、柔然、吐谷浑、突厥、吐蕃、回纥、蒙古等少数民族都与丝绸之路有着密切的关系,以至个别政权一度完全控制或占有丝绸之路,成为经营西域及西方丝绸贸易的主宰。《后汉书·乌桓鲜卑列传》记载:"自匈奴遁逃,鲜卑强盛,据其故地,称兵十万。"其后,鲜卑拓跋部异军突起,统一了中国北方。386年,鲜卑族首领拓跋珪建立起强大的北魏政权。

399年,拓跋珪称帝,逐步并吞十六国中的夏、北燕和北凉诸国。439年,其统一北方,统治区域北至蒙古高原,西至新疆东部,东北至辽西,南大致以淮河、秦岭为界,与南方的刘宋对峙。

北魏尤其致力于西域的经营。北魏结束了北方长达百余年的分割局面,也使丝绸之路一度重现了繁荣。435年,北魏首次遣使联络西域各国,但遭到柔然的阻挠,抵达敦煌后就不得不返回。

437年,北魏先后派出侍郎董琬、高明等6批使臣,携带大量物资再次出使西域,到达了乌孙,还到达了破洛那和者舌两国。沿途所经各国纷纷表示归附,破洛那国表示愿与北魏通好。当董琬和高明返回内地时,乌孙等国家都派使臣同往平城朝见北魏皇帝,为北魏统一西域创造了条件。

西域诸国向北魏的朝贡活动有两个高潮:436—479年、502—525年。鄯善、焉耆、车师、粟特、高车、龟兹、悦般、疏勒、悉居半、破洛那、遮逸、员阔、罽宾、迷密、于阗、石那、阿袭、高昌等向北魏朝贡,柔然在474年也开始向北魏遣使入贡。

第5章 魏晋南北朝时期的西域，乱世中走向繁荣

西域与北魏的朝贡关系：一种纯属商业贸易性质，扩大商业和文化交流，西域各地的特产经商人之手传入内地，使北魏都城洛阳空前繁荣，加深了西域各族同中原地区人民的相互了解和信任；另一种纯属政治交往，西域各地为进行某种活动或对付外来势力，派使臣请求批准并在物质与军事上给予支持等。

423年，北魏太武帝拓跋焘即位后，立即着手统一北方。当时西域主要在柔然势力的控制下。439年，太武帝亲率大军平定了得到柔然支持的北凉政权，打通了前往西域的河西走廊。北魏接着又征服了此时已叛离的焉耆和鄯善，设立焉耆和鄯善两个军镇，驻兵守卫，并任命行政官员，实行郡县制。随后，北魏又向西攻下了龟兹。龟兹以北的悦般主动要求与北魏结盟，共同抗击柔然。柔然自知难以同北魏匹敌，便撤离了西域地区。北魏顺利地统一了西域。

当时，北魏在西域设郡县。文书资料表明，高昌境内设有交河、田地、南平、模戴等郡，各置郡守，郡下有县。各县设县令和司马，分管行政和军事。高昌王以下有行政、军事两大系统。高昌的重大军政活动必须经北魏政府批准。高昌王曾在496年、508年、512年、518年四次请求内迁，获同意。历任高昌王均受北魏册封，一直延续到西魏。西域其他地区的一些首领亦接受北魏的册封。

北魏对西域的统治，实质上是前秦以及"五凉"地方政权对西域统治的继续。北魏凭其国力强盛，直接与西域各族、各国建立关系，频繁交往。北魏统治西域，招抚和攻伐并存，能交好的派使者携带大量锦帛财物招抚，不能交好的，出师灭伐，最终统一了西域及北方地区，为民族大团结以及丝绸之路文化的发展做出了重要的贡献。

4世纪末期，柔然汗国在大漠南北悄然兴起。其上承匈奴，下启突厥，成为蒙古高原上的第三大游牧民族政权，充分继承、传播并发展了北方草原文明，影响了魏晋南北朝时期中原地区纷繁复杂的政治局面，对保持欧亚草原通道的畅通也起了不可估量的作用。史

籍中，柔然还有不少异称。如《北史》称其为蠕蠕，南朝诸史称其为芮芮，《北齐书》《周书》称其为茹茹等。柔然民族原本出自拓跋鲜卑，也是匈奴以东的东胡族系，一般认为其是鲜卑族的一支。而当拓跋鲜卑被前秦征服时，柔然人也沦为前秦帝国的臣民。

柔然崛起之时，世界各地正值文化衰落时期。柔然虽然曾经横扫东西数万里，攻陷过上千座城镇，但从来没有进行过一次屠城，没有在历史上留下特别血腥的记载。但淝水之战完全改变了中原历史的进程，前秦几乎在一夜之间土崩瓦解。柔然人乘机摆脱鲜卑人的控制，独立并北上统一了蒙古高原，建立起广袤的柔然汗国。

为了对付北魏帝国，柔然与南朝政权建立了长期盟友关系。此后，柔然军队东征西讨，征服了从黑龙江到易北河之间的辽阔土地，成为继匈奴之后威扬草原的霸主。由于柔然的牵制，北魏始终未能完成统一中国的使命；也正是柔然的西征，西罗马帝国才最终被欧洲民族大迁徙的浪潮摧毁。

5世纪中叶是柔然汗国的鼎盛时期。柔然在约一个半世纪的时间中，从始居地出发，铁骑踏遍大漠南北，驰骋于草原东西，建立起一个比匈奴帝国更加庞大的国家。北匈奴的直系后裔——悦般，就是被柔然和嚈哒联盟消灭的，冒顿单于的后代因而沦为普通的中亚牧民。不久，柔然铁骑越过乌拉尔河，深入东欧腹地。若不是其可汗吐贺真正好在此时去世，柔然人早就在维也纳森林野营了。

柔然统一漠北后势力所及：东起大兴安岭，南临大漠，与北魏相峙，西逾阿尔泰山，占有准噶尔盆地，与天山以南的焉耆接界，北至今贝加尔湖，"尽有匈奴故庭，威服西域"❶。柔然"常所会庭则敦煌、张掖之北"❷，即在今鄂尔浑河东侧和硕柴达木湖附近。

此时，正值北魏建国初期，拓跋氏锐意进取中原，与后秦、后燕、

---

❶ （梁）萧子显：《南齐书》卷五十九，《芮芮虏》，中华书局简体字本，2000年，第697页。
❷ （北齐）魏收：《魏书》卷一〇三，《蠕蠕传》，中华书局标点本，1999年，第2291页。

第5章 魏晋南北朝时期的西域,乱世中走向繁荣

西秦、南燕、南凉等政权互争雄长,无暇北顾,给柔然的发展以可乘之机。

402年,社仑自称丘豆伐可汗,为了适应军事征伐的需要,仿效北魏,立军法,置战阵,整顿军队,建立可汗王庭,使柔然迅速由部落联盟进入早期奴隶制的柔然汗国。北魏初建时,没有精力与柔然抗争;北魏强大后,执意进取中原时,不得不顾及柔然的侵扰。

从402年社仑称汗至487年敕勒副伏罗部脱离柔然为止,为柔然的兴盛时期。柔然统治者一边远交近攻,联合后秦、北燕、北凉共同对付北魏,一边不断对北魏北境进行骚扰和掠夺。北魏在意识到柔然的崛起成为北魏进取中原的后顾之忧时,不得不集中力量来对付柔然。

5世纪70年代,柔然控制了高昌、于阗、疏勒、龟兹等葱岭以东诸地,严重威胁了丝绸之路的畅通。此时,北魏不得不对柔然发动进攻,在80多年中,柔然南扰和北魏北袭均达20余次。这些争战在西域地区轮番上演,硝烟弥漫。

为了集中力量对付北魏,柔然采取了一系列的包围措施:与后秦、北燕等结成抗魏联盟;大檀可汗期间,遣使北燕,朝献马、羊,并向南朝刘宋政权朝献;从社仑、斛律至大檀的20余年间,柔然几乎每年都要袭击北魏。

对柔然的做法,北魏针锋相对。北魏也发兵北伐柔然,并在沿边加强屯田和设置军镇,屯驻重兵。但道武帝、明元帝在位期间,始终无法解除柔然的威胁,以至于后来危机升级到更严重的阶段。424年,柔然对北魏发动了规模空前的大举入侵,被北魏太武帝拓跋焘顺利击退。第二年,北魏大破柔然军队主力,拉开了战略大反攻的序幕。北魏在讨灭赫连夏、北燕、北凉的过程中,七次分道进攻柔然,平定北方后,又六伐柔然。429年,北魏拓跋焘率军大败柔然,

大檀率部西走,柔然"国落四散,窜伏山谷,畜产布野,无人收视"❶。拓跋焘率军追至兔园水,然后"分军搜讨,东至瀚海,西接张掖水,北度燕然山,俘虏敌军甚众"❷。

424—449年,拓跋焘13次率军进攻柔然,击溃高句丽等柔然附属部落,扩地千余里,后设六镇抵御柔然入侵。从此,柔然一蹶不振。这是汉武帝重创匈奴之后,中原王朝对北方游牧民族的又一次重大胜利。

文成帝和献文帝也曾亲自统兵出征柔然。460年,柔然吞并高昌,470年,攻于阗,于阗向北魏求援,北魏以路远未发兵。472—473年,柔然进攻敦煌,欲断北魏通向西域的商路。于是北魏先后9次出兵漠北,袭击柔然。

北魏孝文帝即位后,冯太后执政,在对待柔然的问题上,稍改太武帝武力进攻的策略。柔然也改变方针,对北魏以媾和为主,互遣使者,"岁贡不绝"。

5世纪后半叶,许多被柔然奴役的部落连续反抗和逃亡。487年,原属柔然的敕勒副伏罗部脱离柔然的统治,建立高车国。柔然失去了对西域的控制,力量大大削弱,导致柔然由盛转衰。柔然的衰败为北魏统一西域提供了重要的条件。

493年,孝文帝迁都洛阳,进行了一连串的汉化运动,结果造成汉化与反汉化两大阵营的对抗,最终引起"六镇之乱",瓦解了北魏王朝。534年,北魏分裂成东魏与西魏,隔黄河而治,后东魏为北齐所代,西魏为北周所代。

---

❶ (北齐)魏收《魏书》卷一百〇三,《列传第九十一·蠕蠕传》,中华书局简体字本,2000年,第1552页。
❷ (北齐)魏收《魏书》卷九十一,《列传第九十一·蠕蠕传》,中华书局简体字本,2000年,第1552页。

第5章 魏晋南北朝时期的西域，乱世中走向繁荣

北齐、北周的胡化

"胡"在秦汉之前用来指称北方夷狄各族，特别是指匈奴。

汉之后，"胡"的含义有了很大变化。随着中原同西域交往的扩大，"胡"的指称范围也扩大了，逐步成为指称北方和西域夷狄以及羌戎各部族的泛称，不只局限于专指匈奴。

汉朝之后，"胡"不再是指称某一古代民族或某一部族的专名，而成为一个与中原汉文化相对照和相区别的泛文化的类的概念。自魏晋佛教传入至唐朝，"胡"的含义更为宽泛。其不仅指西域本地的民族，亦指来居西域或经西域去中原的西方之人或事物。如《洛阳伽蓝记·城南》所记"狮子者，波斯国胡王所献也"，又如唐代的《西域胡人识宝传说》中所说的"西域胡人"，有许多实指当时与唐关系密切的波斯人和大食（阿拉伯）人等。

魏晋南北朝时期，与战争和破坏同时并存的是民族间的融合与同化。陈寅恪指出："全部北朝史中凡关于胡汉之问题，实一胡化汉化之问题，而非胡种汉种之问题，当时之所谓胡人汉人，大抵以胡化汉化而不是胡种汉种为分别。即文化之关系较重而种族关系较轻。所谓有教无类者是也。"❶他将魏晋时期的民族问题直接归结为胡化与汉化问题，而此时胡汉文化的关系远远比胡汉血统关系要重要得多。后来，陈寅恪进一步阐述："汉人与胡人之区别，在北朝时代文化较血统尤为重要，即汉化之人即目为汉人，胡化之人即目为胡人，其血统如何，在所不论。"❷"此点为治吾国中古史最要关键，若不明乎此，必至无谓之纠纷。"❸汉化与胡化始终贯穿于魏晋时期，甚至隋唐

---

❶ 陈寅恪:《隋唐制度渊源略论稿 唐代政治史述论稿》，生活·读书·新知三联书店，2001年，第79页。
❷ 陈寅恪:《隋唐制度渊源略论稿 唐代政治史述论稿》，生活·读书·新知三联书店，2001年，第200页。
❸ 陈寅恪:《隋唐制度渊源略论稿 唐代政治史述论稿》，生活·读书·新知三联书店，2001年，第201页。

前期，且在不同的阶段此消彼长。

　　这里的胡化既包括汉族吸收少数民族的胡化，又包括胡化后接受西域文明的西胡化。受胡族影响，北齐、北周整个社会都充满着异域风情。在北齐和北周短短几十年时间里，出现了诸多胡化现象。

　　北齐和北周是分别继承从北魏政权中分离出来的东魏和西魏所建立的政权，前者的建立者是鲜卑化的汉人高洋，后者的建立者是鲜卑族的宇文觉。就血统而言，高氏为汉族人，但因其常年累世居处北边，习俗同鲜卑无异。"显祖（高洋）尝问弼云：'治国当用何人？'对曰：'鲜卑车马客，会须用中国人。'显祖以为'此言讥我'。"❶从两人的对话中可见，高洋的自我认同是鲜卑人。北齐政权在建国后很长一段时间里出现了一种"西胡化"风气。那些鲜卑族或鲜卑化的汉族人热衷于西域的歌曲、舞蹈、游戏等，并被这些习俗所同化。史载："西域丑胡，龟兹杂伎，封王者接武，开府者比肩，非直独守弄臣，且复多干朝政。"❷当时北齐的胡人可谓无处不在，被封为王和开府的都大有人在，甚至干涉朝政。

　　北齐、北周行胡姓之风。胡族姓氏自古就与中原地区的汉族人不同。北魏孝文帝实施了一系列的汉化措施，尤其是对胡姓的汉化。但北魏亡后，继北魏而立的东、西两魏和北齐、北周却实施了一系列复胡姓、赐胡姓的措施，使得孝文帝苦心推行的汉姓不复存在。549年，北周"诏诸代人太和中改姓者，并令复旧"，❸在孝文帝时期被改的胡姓如元姓，重新改回拓跋。此外，苏椿改为贺兰氏，王杰改为宇文氏，王勇改为库汉氏，杨绍改为叱利氏，杨尚希为普六茹氏，田弘为绝干氏等。还有很多皇帝赏赐的胡姓，如令狐整被赐为宇文氏、高丽人高琳被赐为羽真氏等。

---

❶（唐）李百药：《北齐书》卷二十四，《杜弼传》，中华书局简体字本，2000年，第243页。
❷（唐）李百药：《北齐书》卷五十《恩幸传》，中华书局简体字本，2000年，第473页。
❸（唐）李延寿：《北史》卷五，《魏本纪第五》，中华书局简体字本，2000年，第117页。

第5章 魏晋南北朝时期的西域,乱世中走向繁荣

胡族娱乐活动受推崇。胡化之风盛行,不仅限于朝廷勋贵,甚至影响到整个社会风气。北齐贵族都喜欢一种游戏,叫作"握槊"。据史料记载:"赵国李幼序、洛阳丘何奴并工握槊,此盖胡戏,近入中国,云胡王有弟一人遇罪,将杀之,弟从狱中为此戏上之,意言孤则易死也。"❶"世祖(高湛)性好握槊,(和)士开善于此戏,由是遂有斯举。"❷可见,"握槊"是一种胡戏,受到高湛的喜爱。和士开由于善于此而受到提拔,这充分说明这种胡戏在当时的流行程度。此外,西域的西凉、龟兹音乐也受到广泛欢迎。西胡乐器琵琶在此时期十分流行。

胡化的婚俗及妇女地位也受到影响。魏晋时期,由于胡族大多刚刚脱胎于母系氏族社会,保留了诸多的母系社会残留。北齐的《封子绘妻王楚英墓志》记载,王楚英有四个女儿,三个一生多嫁,长女嫁三次,次女两次,三女两次。改嫁这种曾为中原传统所不齿的行为,此时在胡风影响下竟刻上了墓志,足见此时婚俗在胡风影响下的改变。❸到了北齐、北周,由于受胡风的影响,妇女地位也有所提高。

北齐、北周胡化原因探析

为什么北齐、北周会这么热衷胡化呢?要探明北齐、北周胡化的原因,首先必须把握北齐、北周的历史渊源。

1. 仇视汉化心理作祟

北齐、北周的奠基者高欢和宇文泰出身豪强,他们在六镇起兵的推波助澜下建立了自己的势力。六镇起兵的主要原因之一,就是

---

❶ (北齐)魏收:《魏书》卷九十一,《术艺传·范宁儿》,中华书局简体字体,2000年,第1336页。
❷ (唐)李百药:《北齐书》卷五十,《恩倖传》,中华书局简体字体,2000年,第474页。
❸ 罗新、叶炜:《新出魏晋南北朝墓志疏证》,中华书局,2005年。

孝文帝迁都洛阳后一些鲜卑豪族的地位下降。这些没有接受汉化的北方六镇的军官被排斥在门阀之外,地位较低,与南迁汉化之人及朝廷产生了严重的隔阂和矛盾,因而,他们有着浓烈的仇视汉化的心理。北齐和北周建立后,为了笼络胡族将士和证明自己的正统性,兴胡排汉,大行胡风便在情理之中了。

2. 和谐民族,巩固统治

在北齐和北周的军队中,既有鲜卑士兵,又有已经汉化的胡人及汉人,这些不同种族的士兵之间势必会有民族隔阂,影响军队的战斗力。因此,北周不仅恢复了胡族胡姓,也为一些汉族赐予胡姓。这样,军队内部的矛盾隔阂渐渐消失,较以前更为团结,府兵的战斗力迅速得以加强。所以说,宇文泰时期的胡化是为巩固统治的权宜之计。

3. 儒家思想弱化,胡风盛行的背景

魏晋时期,儒学一统天下的局面被打破,道教的兴盛与佛教的传入都对儒学产生了较大冲击。西晋灭亡以后,随之而来的"五胡"对儒家思想不屑一顾。这样,北方大多数民众的儒家伦理观念逐渐淡薄,而入主中原的胡族及胡文化逐渐影响各个方面。这也是北齐、北周胡化所产生的前提条件。

北齐、北周胡化的历史意义

北齐、北周的胡化运动并非单纯的反汉化,应将其置于中华民族融合的大流中去看。民族融合,关键是文化的整合,而文化的整合,则又是在不断地冲突交往中融合在一起的,这个过程既漫长又反复。孝文帝的汉化很快就终结了,但其汉化后的成果与矛盾并存,直接导致了后来的胡化。可见,胡化与汉化是处在同一条发展脉络中的。

在中华民族发展形成的过程中,汉化是主要脉络。当汉化遇到挫折时,进行胡化缓和了汉化所造成的社会矛盾。更重要的是,胡

第5章 魏晋南北朝时期的西域，乱世中走向繁荣

化为下一步更深入的汉化创造了条件。因此，北齐、北周的胡化是北魏时期汉化的继续，是对孝文帝改革的重新整合，客观上促进了汉化的进一步深入，为中华民族的发展注入了新的血液。

河西诸凉王朝与西域

晋鼎倾覆后，十六国并起，河西诸凉王朝继续有效地对西域行使主权，维持了我国对西域主权历史的连续性。河西诸凉王朝包括：前凉，张轨及其后裔建立，以姑臧为都；后凉，氐族吕氏建立，以姑臧为都；南凉，鲜卑族秃发氏建立，先后以西平、乐都为都；西凉，汉族李暠及其后裔建立，先后以敦煌和酒泉为都；北凉，匈奴族沮渠氏建立，以张掖为都。

前凉王朝始置高昌郡，前秦、后凉王朝的政治影响曾西达龟兹，西凉王朝开辟了伊吾，北凉沮渠氏西徙高昌，高昌郡又进一步发展为高昌国，此汉族移民政权一直存在到唐初。北魏初年，全面推行政令于今新疆东部地区，北开伊吾作为屯田基地，南置鄯善作为镇，流沙东西的政治统一加速了新疆区域性政治统一的历史进程，促进了东西文化交流和地方文化的昌隆与发展。

前凉

前凉是河西地区建立的第一个地方政权。西晋永宁初，张轨任凉州刺史，其后遂据凉独立，是为前凉。前凉统治者乱中求安，对河西经济做出了较大贡献。

前凉在全盛时代尽有陇右、碛西之地，下领凉、河、沙三州，其中沙州下领敦煌、晋昌、高昌三郡及西域都尉、戊己校尉。前凉在碛西设西域长史、戊己校尉。前者总统政事，安抚属藩；后者督理屯田，供应军食。两者皆驻节于高昌故垒。前凉在西域实行中原的行政制度，如在高昌设置和内地相同的郡县乡里制度。前凉的张

骏为了打破封闭，沟通与外部的联系，积极经营西域，遣杨宣战龟兹、鄯善，又击俘妄图割据的赵贞，迫使西域诸国归附前凉，恢复了河西与西域的联系，利用丝绸之路，推动了河西经济的发展。

后凉

后凉为氐族吕光所建。吕光本为前秦将领。前秦是西晋之后我国北方第一个统一政权。前秦苻坚即位后，灭前凉，遣使西域各国，并与车师前部、鄯善建立宗藩关系。382年，苻坚以吕光为统帅，出师西域，讨伐龟兹、焉耆等国。西域30余国陆续归附。385年，吕光奏捷东归，同年，前秦灭亡，前秦凉州刺史梁熙以兵5万拒于酒泉，吕光打败梁熙，带领俘获的高僧鸠摩罗什入据姑臧，建立后凉政权，控制了河西全境。

后凉政权实为前秦政权的继续，西域的局部统一更加巩固，于阗等西域诸国尽数纳入后凉版图。后凉除在西域高昌继续设郡外，又创设西域大都护，这是西域行政建制史上的一大创新。吕光以儿子吕覆为西域大都护，镇守高昌，保证西域的安定。但后凉政权仅维持了16年即被后秦所灭。

南凉

南凉是西迁鲜卑的一位首领秃发乌孤在青海湟水流域建立的政权。他广泛延揽人才，任用贤能，实行"务农桑，修邻好"的政策，南部"羌胡数万落皆附之"。其弟秃发利鹿孤为王时，更以著名学者为博士祭酒，在青海地区创办学校，在较长时间内实行"胡汉分治"，以"晋人"专力于农，其他部族则专力于牧，各族分工协作。

西凉

400年，李暠在晋昌建立西凉政权，高昌等西域诸国隶属于李氏

第 5 章 魏晋南北朝时期的西域，乱世中走向繁荣

政权。西凉与匈奴沮渠氏的北凉并存，其政治影响皆西及西域。420年，西凉被北凉所灭。西凉残余势力败入碛外，在伊吾自成一体。

北凉

北凉为匈奴沮渠蒙逊于396年所建，都城为姑藏。其逐渐统一河西，鼎盛时其领疆远至西域，重要据点为高昌郡。焉耆诸国皆为其臣属，包括昆仑山下的于阗。439年，北魏大举西征北凉，攻克姑藏，北凉覆灭。其残部以高昌为根据地，建立政权。其后，北魏控制了西域南道鄯善、焉耆一线。西凉残部归附北魏，北凉余部则为柔然所并。

由上可知，诸凉在积极治理河西的同时，都很热心于对西域的经营，与西域保持着密切的联系。虽然在西域展开了激烈的战争，给西域的人民造成了很大的痛苦，给西域的经济造成了极大的破坏，但是在客观上促进了西域地区各部族和民族之间的融合与同化。最后，突厥兴起于金山，再次统一了大漠南北和西域各地，结束了多年的割据局面。

高昌，一个在夹缝中求生存的西域汉朝

南北朝时期，在今吐鲁番盆地出现了一个以汉族为主体的政权，都城设在高昌，史称"高昌王国"。这是在西域出现的一个汉人王朝，对西域发展做出了贡献。高昌王国是5—7世纪间由汉人地方豪强在今新疆吐鲁番地区建立的政权，前后经历了阚、张、马、麴4个王朝。

高昌王国地处东西交通的中间，在中西交流中起到十分重要的作用。327年，前凉王张骏在这里设置高昌郡，内地的行政管理制度第一次在西域推行，为高昌王国的建立奠定了基础。

5世纪中叶的吐鲁番盆地动荡不安。见于史籍的吐鲁番最早的地方政权是姑师王国，姑师疆域远远超出吐鲁番盆地。其后以车师王

国著称于世。

在晋朝，戊己校尉赵贞不附于张骏而自署高昌太守，是新疆出现得最早的郡县制政权。魏晋南北朝时期相继出现的阚氏、张氏、马氏、麴氏王国是吐鲁番乃至整个西域最早出现的以汉族为主的地方割据政权。麴氏王国后，唐置西昌州，旋即改为西州。

439年，北魏灭北凉，来自伊吾的北凉王族沮渠无讳、沮渠安周兄弟由敦煌经鄯善，于442年北上占领高昌。高昌太守阚爽投奔漠北的柔然汗国。沮渠兄弟建立高昌大凉政权。

阚氏高昌

450年，高昌大凉政权灭车师国，占交河城。460年，柔然灭高昌大凉政权，废沮渠氏，立阚伯周为高昌王，称高昌王国。这是吐鲁番历史上第一个以高昌为名的王国。不过，阚氏高昌是被柔然汗国吞并的，高昌王阚伯周以柔然为宗主国。阚伯周死后，其子阚义成即位。478年，阚义成为阚首归所杀，阚首归即位为王。

张氏高昌

487年，原属柔然的高车（铁勒）族的副伏至罗部从漠北西迁到高昌北部，控制了高昌。488年，副伏至罗部杀高昌王阚首归，从柔然夺取了高昌的宗主权，以敦煌人张孟明为王，开始了张氏高昌王国时代。

马氏高昌

高昌在柔然、高车两大势力之间徘徊，不久又立马儒为王。

麴氏高昌

高昌国曾先后依附于柔然、高车、突厥，与中原王朝关系密切，

第5章 魏晋南北朝时期的西域，乱世中走向繁荣

先后臣服于北魏和隋，并受其册封。在很长的时间里，高昌在北方游牧势力和中原的政治夹缝中生存，历经阚氏、张氏、马氏等短暂的执政，至502年麹嘉称高昌王，高昌进入了经济文化比较辉煌的麹氏高昌王国时代。麹氏高昌王国历经142年，史称"麹氏高昌"。

高昌王国是古时西域的交通枢纽，地处天山南路的丝绸之路北道沿线，为东西交通往来的要冲。丝绸贸易在这里非常繁荣。当时有不少柔然使臣往来于漠北柔然汗廷和高昌都城之间，处理征收赋税、安排西域或南朝使者前往柔然等事宜。

高昌王国的典章制度完全承袭中原王朝，主导思想是儒家学说，设立"国子学"。考古学家在吐鲁番发现了大量高昌王国时期用于教学的儒家经典，如《诗经》《书经》《论语》《战国策》《三国志》等。这些都体现了汉族在西域传播中原文化的重要作用。故在西域，高昌王朝在丝绸之路上发挥的作用是巨大的，不由得令人用欣赏的目光重新审视这个在夹缝中求生存的西域汉朝。

魏晋南北朝与西域及五天竺各国的经济文化交流

魏晋南北朝时期，为躲避战乱，中原地区大量汉族居民迁往南方和边疆少数民族地区，边疆少数民族群众也大量迁入中原统治中心区域。北方边疆地区还有柔然、突厥，青海和藏北有吐谷浑，西北有高昌。前秦一度统一北方，与东晋对峙，后因淝水之战中败于东晋，统治瓦解，北方再度分裂。而西域和青藏高原及匈奴故地此时并无强大政权。南北朝时期南方先后经历宋、齐、梁、陈四朝。此间东魏被北齐所取代，西魏被北周所取代。在北方，突厥灭柔然，

降服高昌、龟兹等部，建立强大的突厥汗国，对中原王朝构成了严重威胁。

大宛

大宛国内有"大小七十余城，土宜稻麦，有蒲陶酒，多善马，马汗血。其人皆深目多须"。大宛国人"善市贾，争分铢之利"。国内没有用金银铸币，"得中国金银，辄为器物，不用为币也"❶。265年，大宛王遣使向曹魏陈留王赠送名马。

285年，西晋武帝派遣杨颢出使大宛，赠与大宛国主蓝庚大宛王的尊号。蓝庚身故，其子摩之继位，派遣使节到达西晋京城洛阳，馈赠汗血马。331年，大宛国王派人赠送后赵石勒"珊瑚、琉璃、氍毹、白叠"❷等贵重物品。

378年，大宛国王又遣使到达长安，向前秦赠送汗血马。北朝称大宛国为破落那国。437年、439年、449年、451年、465年，破落那国王先后5次遣使到北魏都城平城访问，并馈赠方物，两次赠送汗血马。

者舌

者舌，唐代称为石国，是由大月氏部落分裂出来的一个国家。都城在今乌兹别克斯坦的塔什干。437年，者舌国遣使来北魏都城平城，此后，使节来往不绝。

---

❶（唐）房玄龄等：《晋书》卷九十七，《列传第七十七·大宛传》，中华书局简体字本，2000年，第1697页。

❷（宋）李昉等：《太平御览》卷八二〇，《布帛部》引吴笃《赵书》，孙雍长、熊毓兰校点，河北教育出版社，1994年，第635页。

第5章 魏晋南北朝时期的西域，乱世中走向繁荣

悉万斤

悉万斤，唐代称为康国，也是由大月氏部落分裂出来的一个国家。都城在今撒马尔罕。从473—509年，悉万斤国王先后十次派遣使节来北魏访问，并馈赠方物。在507年，就两次遣使来访。

忸密

忸密，唐代称为安国，也是由大月氏部落分裂出来的一个国家。都城为忸密城。509年，忸密国王曾派遣使节到北魏都城洛阳访问，并馈赠方物。北周武帝娶突厥公主阿史那氏为皇后之后，安国乐和康国乐都传入中原地区，说明彼此间有了经济文化交流。

粟特

粟特是中亚古国，《后汉书·西域传》称为粟弋国、康居国，汉以后往往将粟特人（Sogdians）称为康居人或康国人。粟特人生活在古代东西方文明交汇的十字路口，原是以泽拉夫善河为中心的中亚阿姆河和锡尔河之间地区的一个古老民族，操中古东伊朗语。《北史·粟特传》说它"居于大泽"，这个大泽大概是指今天的里海。

435—444年，粟特国王派遣使节来北魏访问。439年，北魏灭北凉，攻取姑臧，收容了很多在凉州经商的粟特商人。到了457年，粟特王遣使访魏，请求北魏送回这些粟特商人，北魏王朝优礼送归。467—564年，粟特王又先后4次遣使访问北魏和北周，馈赠方物，北魏、北周朝廷回赠了许多礼品，加强了彼此间的经济文化交流。

由于得天独厚的地理优势，粟特人成为古代中亚最著名的商业民族，闻名于欧亚大陆。从东汉直至宋代，他们长期活跃在丝绸之路上。3—8世纪，由于商业利益的驱使和粟特地区的动乱、战争等原因，大批粟特人沿丝绸之路东行，经商贸易。汉文史籍中常称之为胡商、商胡或兴生胡。

粟特人个个都是经商天才,他们从小就进行经商教育,至"男年五岁,则令学书,少解,则遣学贾,以得利多为善"[1]。男子成年后须脱离家庭,自去经商谋生。史载,康国粟特"善商贾,好利,丈夫年二十去旁国,利所在无不至"[2]。粟特人主要定居在丝绸之路贸易集散地和中转站的疏勒,成为一个独具特色的商业民族。他们通过丝绸之路频繁往来于中亚与中国之间,成为中世纪东西方贸易的承担者。

粟特人的经商活动促进了东西方的经济交往和文化交流,在农耕文明和游牧文明之间、东方文明与西方文明之间搭起了一座桥梁。汉朝为了维持"重致远人"的声望,一直保持对康居使者(商人)的接待。康居商人走西域南道入敦煌、酒泉等郡到达关中。当时沿途接待深感沉重,可见康居商人数量之多。

魏晋南北朝至隋唐时期,粟特人入华逐渐达到高潮。他们在东行的丝绸之路沿线不但留下了足迹,而且形成了聚落。20世纪以来,在中国境内自西向东的丝绸之路沿线陆续发现了超过百座的入华粟特人墓葬,分布在新疆吐鲁番地区、甘肃天水地区、宁夏固原与盐池地区、陕西西安及邻近地区、山西太原与汾阳地区、河南洛阳与山东青州地区、河北大名与北京地区。

后来,一部分康居人定居于河西走廊。《梁书·康绚传》记载:"其先出自康居。初,汉置都护,尽臣西域,康居亦遣侍子待诏于河西,因留为黔首,其后即以康为姓。晋时陇右乱,康氏迁于蓝田。绚曾祖因为苻坚太子詹事,生穆……宋永初中,穆举乡族三千余家,入襄阳之岘南。"[3] 经过多次战乱和迁徙,还能有乡族三千余家,从这

---

[1] (唐)杜佑:《通典》卷一百九十三,《边防九·西戎五》"康居国"条引韦节,《西蕃记》,中华书局,1988年,第5254页。

[2] (宋)欧阳修、宋祁:《新唐书》唐书卷二百二十一下,《列传第一百四十六下·西域下》,"康国"条,中华书局,2000年,第4737页。

[3] (唐)姚思廉:《梁书》卷十八,《列传第十二·康绚传》,中华书局,2000年,第196页。

第5章 魏晋南北朝时期的西域,乱世中走向繁荣

一点看,定居在河西的康居人数量相当可观。由于粟特人足迹甚广,不少人在天竺接受佛教,成为高僧,东汉时随粟特商胡来中国,或从他处辗转而来。《高僧传》记载了康巨、康孟祥、释昙谛、康僧会等。康居高僧在汉、魏时都曾长期居留中原,译经传道。

从丝绸之路各处所发现的粟特文书证明,当时中亚商人活跃在西域与内地,他们居间贸易,远运商品至西亚。《魏书》记载:"其国商人先多诣凉土贩货,及克姑臧,悉见虏。"❶《洛阳伽蓝记》记载:"自葱岭已西,至于大秦,百国千城莫不款附。商胡贩客,日奔塞下。所谓尽天地之区矣。乐中国之风,因而宅者不可胜数。是以附化之民,万有余家。……天下难得之货,咸悉在焉。"❷这反映了当时中西贸易的盛况。

粟特人在丝绸之路上从事的贸易非常多元化。他们从中原购买丝绸,然后转销;或从西域运进珍宝,再转销其他各地。因此,粟特商人尤其善于鉴别珠宝。六畜也是粟特商人出售的主要商品,突厥汗国境内的粟特人进行着以畜易绢的互市活动。新疆境内的粟特人也常进行牲畜买卖。粟特人也贩卖奴隶,官府一般保护这种交易的正常进行。粟特人还抢掠或拐带中原妇女,为了商业利益进行不法勾当。他们的商业活动几乎覆盖了一切货品和人口,确已控制了丝绸之路贸易的命脉。

粟特人之所以能在丝绸之路上将商业活动进行得如火如荼,除了天生精通商业业务、善于筹算、不畏艰险、谙熟各种语言以外,还因为他们具有许多经商的手段。其成功的秘密在于:他们善于投附一定的政治势力,并取得一定的政治地位,从而有利于商业活动的开展。粟特人凭借官员身份或投靠官府进行商业经营,事业得心

---

❶ (北齐)魏收:《魏书》卷一百〇二,《列传第九十·西域传》,中华书局简体字本,2000年,第1536页。

❷ (魏)杨衒之撰,周祖谟校译:《洛阳伽蓝记校释》卷三,《城南》中华书局,1987年,第132页。

应手。他们利用中原王朝推行胡汉有别、各依其俗的政策，发展自身势力。不少粟特商人宁肯附籍，也不肯为中原王朝的编户，就是利用蕃汉有别的空隙，最终成为巨富。粟特人还善于利用宗教活动掩护商业活动。一些具有宗教人士身份的粟特人也在经商牟利。佛教、祆教、摩尼教皆拥有信徒，如回鹘皈依摩尼教亦赖粟特人之力，而"摩尼至京师，岁往来西市，商贾颇与囊橐为奸"❶。粟特人的宗教信仰呈现多元文化色彩。粟特人主要信仰祆教。祆教早在4世纪初就由粟特人带到了中国。

粟特人在从事丝绸的中转贸易的同时，还在欧亚内陆扮演着传播多元文化和多种宗教的角色，对中西文化的沟通、交流起过至关重要的作用。

粟特人组成商团，成群结队地东来中国贩易。在南北朝到唐朝时期，其沿丝绸之路及周边的于阗、高昌、敦煌、武威、楼兰、长安、洛阳等大小城市形成一个个移民聚落。粟特人迁居各地，与其他民族融合，从而成为许多民族的来源之一。

粟特人具有很高的文化水平，绘画、音乐、舞蹈都非常发达，所以也给中原人民带来了西域文化。

中国史书上还有很多关于昭武九姓国的记载。昭武九姓国是中国南北朝、隋唐时期对从中亚粟特地区来到中原的粟特人或其后裔建立的10多个小国的泛称。其王均以昭武为姓。《新唐书》以康、安、曹、石、米、何、火寻、戊地、史为昭武九姓，而以东安国、毕国、捍、那色波附于其间，曹国又分为东、西、中三国。另据《北史》《隋书》，乌那曷、穆国、漕国也是王姓昭武的国家。昭武九姓国的活动特点跟粟特人一样，对东西方文化交流起了重要作用。昭武九姓国还在各游牧汗国的政治、经济、文化生活中起很大作用。昭武九姓国在8世纪下半叶逐步消亡。

---

❶（宋）欧阳修、宋祁：《新唐书》卷二百一十七，《回鹘传》，中华书局点校本，1975年，第6126页。

第5章 魏晋南北朝时期的西域，乱世中走向繁荣

贵霜

贵霜王朝到了迦腻色迦大王在位时期，已征服整个西北天竺，建都富楼沙城。其辖域北起妫水以北，南逾印度河以南。迦腻色迦大王当时皈依了佛教，贵霜王朝实际已成为天竺化的佛教国家。

贵霜王朝虽有都城，但大月氏部落还没有放弃游牧生活，"随畜牧迁徙，亦类匈奴"。"其俗以金银钱为货"❶，这从近代在阿富汗、印度和巴基斯坦等地掘到的贵霜王朝金银铸币，可以获得确切的证明。229年，贵霜王波调派遣使节来洛阳访问，并馈赠方物。魏明帝赠予波调以"亲魏大月氏王"的名誉位号。

魏晋南北朝时期，有部分月氏人内迁并逐渐汉化。2世纪中叶，贵霜帝国战乱不绝，大批大月氏人东迁西域诸国，一部分迁至敦煌后定居。如晋高僧竺法护，"其先月支人，本姓支氏，世居敦煌郡"❷。竺法护于晋武帝时"还归中夏，自敦煌至长安"❸。大月氏人内迁后多以支氏为姓，此一支氏世居敦煌，其迁入时间应在西晋前数代，正是2世纪后期避乱移民的一支。另一部分月氏人继续东迁，至少有数百人到达洛阳。"支谦，字恭明，大月支人也。祖父法度，以汉灵帝世，率国人数百归化，拜率善中郎将。"❹东汉末，在洛阳等地传道译经的月氏人见于《高僧传》的还有支楼迦谶、支曜等。董卓的西凉胡兵中有人名支胡赤儿❺。西晋末年，石勒起兵的十八骑中有支雄，据考证，"支氏，其先月支胡人也"❻。依时卜推，这一支氏也是在西晋前就迁入中原的。

---

❶ （唐）李延寿：《北史》卷九十七，《小月氏传》，中华书局，2000年，第2142页。
❷ （南朝梁）释慧皎：《高僧传》卷一，《译经上·竺法护传》，中华书局，1992年，第23页。
❸ （南朝梁）释慧皎：《高僧传》卷一，《译经上·竺法护传》，中华书局，1992年，第23页。
❹ （南朝梁）曾佑：《出三藏记集》卷一三，《支谦传》，中华书局，1995年，第516页。《大正藏》卷五十五，第92页。
❺ （晋）陈寿：《三国志》卷六，《董二袁刘传》，崇文书局，2009年，第83页。
❻ （北宋）司马光：《资治通鉴》卷八七，《晋纪九》永嘉三年注引后赵《支雄传》，中华书局，1976年，第2743页。

320年,中天竺的笈多王朝兴起。被贵霜王朝所役的北天竺的一些国家开始联合笈多王朝,把大月氏人的势力驱逐出北天竺。这样,贵霜王朝在西北天竺的统治被瓦解,退出富楼沙,但仍继续保持对阿姆河上游和喀布尔河谷的统治。

大概过了1个多世纪,贵霜王朝又受到从粟特方面南下的匈奴人势力的侵袭和威胁❶,于是贵霜王朝把都城迁到薄罗城(即蓝氏城)。此后不久。贵霜王朝的王寄多罗还趁笈多王朝衰弱,提兵越兴都库什山,南侵北天竺,攻占富楼沙。寄多罗又以富楼沙为都城,建立了小月氏王国。

5世纪后半叶❷,大月氏贵霜王朝在喀布尔河谷和阿姆河上游的统治地区都被嚈哒汗国占领了。寄多罗在北天竺富楼沙城建立的小月氏王国到了500年左右,也被嚈哒汗国征服了。520年,北魏派遣的取经使节宋云、惠生等经过富楼沙城时,富楼沙城已经由嚈哒汗所派遣的

---

❶ 《北史·西域·大月氏传》记载:"大月氏国,都滕监氏城(即蓝氏城)。……北与蠕蠕(柔然)接,数为所侵,遂西徙都薄罗城。……其王寄多罗勇武,遂兴师越大山,南侵北天竺。自乾陁罗(即犍陀罗)以北五国,尽役属之。"

《北史·西域·小月氏传》记载:"小月氏国,都富楼沙城。其王本大月氏王寄多罗子也。寄多罗为匈奴所逐,西徙,后令其子守此城,因号小月氏焉。"

按《大月氏传》之"蠕蠕",《小月氏传》作"匈奴",疑作匈奴为是。时柔然疆境尚未与大月氏相接,不当谓大月氏为柔然所侵。又据《北史·西域·粟特传》:"先是,匈奴杀其王而有其国,至王忽倪,已三世矣。"对于这时君临粟特的匈奴王,张星烺认为是匈奴王阿提拉的少子粟特王忽倪。这样,大月氏为匈奴所侵,就是为占领粟特的匈奴王所侵。粟特在里海之北,与大月氏疆界相接,阿提拉死后,其少子忽倪把兵锋转而南向大月氏贵霜王朝,是很有可能的。阿提拉死于453年,其少子忽倪在位时间,当在5世纪后半叶。大月氏王寄多罗南越兴都库什山,建立小月氏国,可能也就在这时。

❷ 据《魏书·高宗纪》记载,嚈哒最早遣使访魏是在456年。大约在贵霜王朝为避粟特王(即匈奴王)兵锋而迁都之后,嚈哒部落就席卷大月氏故地,开始建立嚈哒汗国,并与北魏通好。二三十年后,它才消灭大月氏贵霜王朝的势力。再过一二十年,嚈哒汗又灭掉富楼沙的小月氏王国。

第5章 魏晋南北朝时期的西域，乱世中走向繁荣

王子来镇守。这说明小月氏王国的统治在此以前已告结束❶。

嚈哒

嚈哒是在丝绸之路上有过重要影响的民族。5世纪20年代至6世纪中叶，嚈哒人曾在中亚建立了一个大帝国，统治过康居、大月氏、印度西北部和塔里木盆地部分地区，对魏晋南北朝时期的西域具有重大影响。

西方学者称嚈哒为白匈奴，南朝称之为滑国，北朝称之为嚈哒。嚈哒人最早称为滑。滑，追溯其源，本是车师的一支后裔。126年，其首领八滑曾经随同班勇攻击匈奴有功，班勇奏准，封八滑为后部亲汉侯。这里的后部表明了嚈哒人的所在。

汉文中，关于嚈哒人的起源和族属问题有两种说法：一是"车师别种"❷；二是"大月氏之种类"❸，是柔然的奴隶，居住在阿尔泰山以南到天山东部的地区，以游牧为主。

据《梁书·西北诸戎传》记载："天监十五年，其王厌带夷栗陁始遣使献方物。……元魏之居桑乾也，滑犹小国，属芮芮，后稍强大，征其旁国波斯、盘盘、罽宾、焉耆、龟兹、疏勒、姑墨、于阗、句盘等国，开地千余里。"元魏之居桑乾，约在晋初，滑国为小国，居于塞北，附属于柔然，到梁武帝天监时，已是能役使西域诸国的大国。这说明滑国已西迁至中亚的大月氏故地，并已改国名为嚈哒，即厌带。《梁书》又有白题国云："其先盖匈奴之别种胡也。汉灌婴与

---

❶ 《洛阳伽蓝记》说宋云等于北魏正光元年（520年）入乾陁罗国，并称其国"为嚈哒所灭，遂立敕勤为王，治国以来，已经二世。多行杀戮，不信佛法，好祀鬼神"。此处嚈哒敕勤不应是指寄多罗。因贵霜王朝崇信佛教，寄多罗当是虔诚的佛教徒。而嚈哒人不信佛法，嚈哒汗国兵锋所达之处，佛教都遭到严重破坏。所以嚈哒敕勤绝不可能是小月氏王寄多罗。大月氏和嚈哒最明显的区别是前者信仰佛教，后者破坏佛教。

❷ （唐）李延寿：《南史》卷七十九，《西域传·滑国》，中华书局，1975年，第1984页。

❸ （唐）李延寿：《北史》卷九十七《西域传》，中华书局，1974年，第3230页。

匈奴战，斩白题骑一人。今在滑国东，去滑六日行。"《梁书·裴子野传》记载："西北徼外，有白题及滑国，遣使由岷山道入贡。此二国历代弗宾，莫知所出。子野曰：汉颍阴侯斩胡白题将一人。服虔注云：白题，胡名也。又汉定远侯（班勇）击虏，八滑从之，此其后乎？时人服其博识。"吕思勉说："然则以滑国为八滑之后，乃子野推测之辞，作《梁书》者乃以为事实，误矣。"❶ 滑国即《北史》记载的嚈哒，明白无疑。《唐书·地理志》记载："大汗都督府，以嚈哒部落活路城置。"此即《西域记》的活国，盖嚈哒尝居于是，而以其名自通，故《梁书》谓之滑国。但八滑为八个滑人的部落，后来统一为滑国时才强大起来，因此，八滑当为滑国。滑国起初位于匈奴的北部，与白题是匈奴联盟中的部落无疑。滑国旁又有周古柯、呵跋檀、胡密丹等小国。

直到4世纪末，嚈哒还是一个小部落，隶属于柔然。《通典·边防典》引刘璠《梁典》，称"滑国姓嚈哒，后裔以姓为国号，转讹又谓之悒怛"；同书又引韦节《西蕃记》，谓"亲问其国人，并自称挹阗"。厌带、嚈哒、悒怛、挹阗，皆一音的异译。

嚈哒（滑国）人过着游牧的生活。5世纪中叶，嚈哒人游牧在乌浒河流域，《洛阳伽蓝记》引宋云《使西域记》记载，其"居无城郭，游军而治，以毡为屋，随逐水草，夏则随凉，冬则就温"。滑国境内气候温暖，山川较多，树木稀少，农作物有五谷❷。百姓"以麨及羊肉为粮"。《梁书·滑国传》记载，嚈哒人善于骑射，他们的男子都"着小袖长身袍，用金玉为带；女人被裘，头上刻木为角，长六尺，以金银饰之"。"衣服类加以缨络，头皆剪发。"❸ 嚈哒王的"毡帐，方

---

❶ 吕思勉：《大师的国学课10：中国断代史·两晋南北朝卷》（上），江西教育出版社，2013年，第256页。
❷ 一般指粳米、小豆、麦、大豆、黄黍。
❸ （唐）李延寿：《北史》卷九七，《西域传·嚈哒传》，中华书局，1974年，第3231页。

第5章 魏晋南北朝时期的西域，乱世中走向繁荣

四十步，周围以氍毹为壁。王着锦衣，坐金床，以四金凤凰为床脚"❶。据说，哒哒王的金床随太岁❷而转，国王与妻子一起坐床接待客人。哒哒人还没有自己的文字，刻木记事。假使和旁国通信，与邻国交往，"则使旁国胡（人）为胡书，羊皮为纸"❸。他们没有官职。事奉天神、火神，每天先在屋外祭祀神灵，然后进食。语言需经河南国人翻译，才能听明白。

哒哒人信仰祆教，"不信佛法，多事外神"❹，因此哒哒汗国势力到达地区的佛教受到了沉重的打击。如哒哒王摩醯逻炬罗"乘其战胜之威，西讨健驮逻国……毁窣堵波，废僧伽蓝，凡一千六百所"❺等。哒哒部落"众可有十万……能战斗"❻。镇守在富楼沙城的哒哒敕勤（即特勤，官名），"有斗象七百头，十人乘一象，皆执兵仗，象鼻缚刀以战"❼，即此一端，可见哒哒人的强悍善战。"王位不必传子。子弟堪者，死便受之"❽。哒哒"用刑严急，偷盗无多少皆腰斩，盗一责十"❾。贫富的分化显著，"死者，富者累石为藏，贫者掘地而埋"❿。不过，氏族制的残余严重存在，"兄弟共一妻，夫无兄弟者，妻戴一角帽，若有兄弟者，依其多少之数更加帽角焉"⓫。

哒哒建国于粟特，控制了柴拉夫善河，这一过程是很艰难的。现代史学家苏北海认为，由于哒哒人原属柔然的奴隶，所受压迫和

---

❶ （北魏）杨衒之：《洛阳伽蓝记》卷五，《城北》，曹虹今译，中华书局，2007年，第272页。
❷ 旧历纪年所用值岁干支的别名，太岁每十二年一循环。因地支有方位，因而太岁也有方位，许多禁忌遂由此产生。
❸ （唐）姚思廉：《梁书》卷五十四，《滑国传》，中华书局，2000年，第562页。
❹ （北魏）杨衒之：《洛阳伽蓝记》卷五，《城北》，中华书局，2007年，第272页。
❺ （唐）玄奘：《大唐西域记》卷四，《磔迦国》，岳麓书社，1999年，第203页。
❻ （唐）李延寿：《北史》卷九十七，《哒哒传》，中华书局，2000年，第2144页。
❼ （唐）李延寿：《北史》卷九十七，《乾陁国传》，中华书局，2000年，第2145页。
❽ （唐）李延寿：《北史》卷九十七，《哒哒传》，中华书局，2000年，第2144页。
❾ （唐）李延寿：《北史》卷九十七，《哒哒传》，中华书局，2000年，第2144页。
❿ （唐）李延寿：《北史》卷九十七，《哒哒传》，中华书局，2000年，第2144页。
⓫ （唐）李延寿：《北史》卷九十七，《哒哒传》，中华书局，2000年，第2144页。

剥削深重。由此推断,柔然曾把分散在各地的嚈哒人集中到阿尔泰山为其服役,当他们逐步壮大后,经过激烈的反抗,才摆脱了柔然贵族的压迫,而从金山而南,经过今哈萨克草原一带,先占据康居地区,再进占河中,在此稍作停留,再越阿姆河,征服了大月氏国。其在西面屡败波斯。

427年,嚈哒人进攻萨珊王朝,一直进军至波斯德黑兰附近,萨珊大败嚈哒军队,迫使嚈哒军队退往阿姆河上游。嚈哒与萨珊国王巴赫兰五世签订和约。但巴赫兰五世之子耶斯提吉德继位后,与嚈哒交战多年,互有胜负。457年,耶斯提吉德死后,两个儿子卑路斯和霍尔穆兹为争夺王位而内战,卑路斯被迫逃向嚈哒求援。而嚈哒已越过兴都库什山,征服山南乾陁罗诸国,并进攻印度笈多王朝,但被击退。嚈哒转而将扩张目标转向萨珊,派兵助卑路斯于459年返国为王。接着,嚈哒南进白沙瓦,灭小月氏及贵霜王族,结束了大月氏贵霜王朝。

还有一种说法认为,《魏书》《北史》的《大月氏国传》中所记载的大月氏受到蠕蠕族侵略,遂越兴都库什山南逃一事,实为嚈哒人入侵之误。美国学者麦高文认为,嚈哒人在与波斯萨珊帝国的战争中不断取得胜利后,才能集中力量一举歼灭贵霜帝国,于5世纪20年代占领贵霜帝国的领地。从而,嚈哒汗国成为中亚强国。嚈哒都城拔底延城即蓝氏城。

480年,卑路斯背约攻嚈哒,失败被俘,割地纳金,答应永不再犯嚈哒。但他暗地向西邻拜占庭帝国求援,得到大量黄金的支持,又再度东攻嚈哒。484年,卑路斯又第三次进攻嚈哒,被嚈哒诱入埋伏圈中,全军覆灭,卑路斯也在战役中阵亡。卑路斯之弟巴拉士继位后,被迫向嚈哒称臣纳贡,后来因财政枯竭,无力缴纳贡物,嚈哒即放回卑路斯为质的幼子居和多回萨珊为王。

496年,居和多一世遭波斯贵族废黜,再次投奔嚈哒,与嚈哒联

第5章 魏晋南北朝时期的西域，乱世中走向繁荣

姻，嚈哒又派军支持他回国复位。503年，居和多一世与西邻拜占庭交战，嚈哒乘机西攻萨珊，居和多一世急与拜占庭议和，回军向嚈哒迎战，双方处于相持状态。6世纪初，嚈哒又和萨珊王朝订立和约，有了25年较为安定的时间，后有余力越过帕米尔高原侵占塔里木盆地的一部分地区。不过这个时期，柔然衰败，也给嚈哒人占据塔里木盆地提供了契机。从此嚈哒成为中亚帝国。它是中国与波斯之间的居间国。

在南面，嚈哒以旁遮普为根据地，逐渐蚕食印度笈多王朝的领地。笈多王佛陀笈多于500年死去，嚈哒王头罗曼从乾陀罗侵入印度，于510年进至埃兰附近，直抵华氏城。由于后方乾陀罗与罽宾发生纠纷，头罗曼引兵西归，很快病逝，其子摩醯逻矩罗继位，于517年在乾陀罗与罽宾争境。531年又引兵东占瓜廖尔失利，撤至印度河以西。但嚈哒仍不断侵犯印度西境，摩醯逻矩罗将都城由富楼沙迁到奢羯罗，并占领了克什米尔。

在东面，嚈哒于5世纪末乘柔然汗国衰弱之际，向东进兵塔里木盆地，征服了塔里木盆地南道的羯槃陀、朱居波、于阗、疏勒和北道的姑墨、龟兹、焉耆等城邦。它同时利用柔然汗国与高车王国间的矛盾，有时联合柔然夹攻高车，取得塔里木盆地的霸权；有时又扶植高车和柔然进行斗争，巩固了自己在塔里木盆地的霸权。嚈哒汗国的版图，西界波斯，东抵塔里木盆地，北邻高车，南包北天竺，东西万余里，南北数千里。

此后，嚈哒人进一步征服了吐火罗、巴达赫善、克什米尔、喀布尔、犍陀罗等，不过，又因无力驻兵防守，只好保留各国的君位，各国承认嚈哒为宗主国。519年，北魏宋云出使嚈哒国，见到其国"南至牒罗，北至敕勒，东被于阗，西及波斯，四十余国皆来朝贡"❶。可

---

❶ （北魏）杨衒之：《洛阳伽蓝记》卷五，《城北·宋云行记》，曹虹今译，中华书局，2007年，第270页。

见嚈哒版图广大，比大月氏帝国范围更大。

嚈哒汗国和北朝的北魏、西魏、北周有频繁的外交往来，456—558年，嚈哒王先后十多次派遣使节来北朝都城平城、洛阳、长安访问。516年，滑国国王厌带夷栗陁开始遣使者向梁朝进贡，并于520年、526年、541年遣使访问建康。520年，厌带夷栗陁又遣使向梁朝进献黄狮子、白貂裘、波斯锦等。526年，厌带夷栗陁派使者向梁武帝上表进贡。可见，嚈哒汗国和南北朝的经济文化交流非常频繁。

嚈哒汗国在其强盛时，为了控制从中国通向里海的丝绸之路，不仅把势力伸至塔里木盆地，还尽力控制高昌、伊吾通向内地的商道，与柔然、高车进行了长期争夺两地的战争。当嚈哒控制了丝绸之路后，便和北魏王朝进行了长期频繁的进贡和经商，所以嚈哒的使者及商人来向中国中原王朝进贡和来中原经商非常频繁。随着商业贸易的发展，嚈哒统治者发行了铸有嚈哒文的钱币，随附嚈哒的一些小国也铸造了自己的钱币，从而加强了中国同中亚的经济文化交流。这些都反映了嚈哒国内商品交易的发达。

嚈哒汗国在争夺塔里木盆地霸权方面固然和柔然汗国存在矛盾，但是两大汗国世结亲姻，柔然汗婆罗门有三个姊妹都嫁给嚈哒汗。在6世纪中叶突厥崛起、柔然汗国灭亡之后，嚈哒汗国在塔里木盆地的霸权也因突厥势力向该地区发展而发生动摇。在这种情况下，嚈哒汗国和突厥汗国的矛盾不可避免地爆发了。

563—567年，突厥贵族联合波斯军队，彻底打败并消灭了嚈哒汗国，中分其国，以乌浒河为界。阿姆河以北原属嚈哒地区为突厥所占有，以南为波斯所占有。过了不久，突厥人又扩张领地至罽宾，于是嚈哒汗国的旧壤完全被突厥占领了。这样，曾是中亚大国，威慑波斯，君临印度，且遏阻了柔然的扩张的嚈哒，迅速消逝了。嚈哒之名再不见于史册。

第5章 魏晋南北朝时期的西域,乱世中走向繁荣

波斯萨珊

226年,新兴的波斯萨珊王朝灭亡了安息,做了伊朗高原的主人。

波斯萨珊王朝建都宿利城。这个王朝向西扩展势力时,与罗马帝国斗争不绝。260年,波斯萨珊国王沙普儿一世曾歼灭罗马帝国的军队,生俘罗马皇帝瓦列里安。363年,沙普儿二世又击败罗马帝国的军队,罗马皇帝朱利安受伤而死。6世纪上半叶,东罗马帝国曾远交嚈哒以攻波斯。萨珊王朝的皇帝库思老一世也结好突厥,娶突厥西面可汗室点密的女儿为皇后。563—567年,波斯、突厥联军东西夹击,共灭嚈哒,瓜分其地。

5—6世纪,波斯国内的奴隶制已经衰落解体,自耕农往往被剥夺了土地,正在经历农奴化的痛苦进程,封建社会正在形成中。

中国是丝绸之国,所出产的丝绸历来是通过丝绸之路转销到西方去的。波斯处于丝绸之路上,为了发展丝绸贸易,455—553年,波斯国王曾先后11次派遣使节来到北魏的平城、洛阳和西魏的长安进行访问,并馈赠方物。据《魏书·于阗传》记载,466—470年,北魏献文帝曾派遣韩羊皮出使波斯,韩羊皮回国的时候,波斯国王也派遣使节随魏使回访平城,并馈赠驯象及珍贵物品。

近年曾在河北定县的北魏太和五年(481)古塔废址舍利石函中发现波斯萨珊王朝耶斯提泽德二世时期的银币4枚、卑路斯时期的银币37枚❶。由此可见,5—6世纪,中国和波斯之间的经济文化交流是极其频繁的。530年、535年,波斯国王还遣使来到南朝的梁都建康访问,并赠送佛牙,当是由海道远航印度洋到达我国江南的。

大秦帝国

大秦在黑海和地中海之西,旧史有时称之为"海西国"。国内"有

---

❶ 夏鼐:《河北定县塔基舍利函中波斯萨珊朝银币》,载《考古》,1966年第5期。

小城邑合四百余,东西南北数千里"❶。"小国役属者数十。"❷"其王治滨侧河海,以石为城郭。"❸这个都城"周围百余里",气势雄伟。"屋宇皆以珊瑚为棁(梁上短柱)栭(柱上的斗棋),琉璃为墙壁,水精为柱础。"❹"公私宫室,为重屋。"❺

这些描绘当然带有夸张的色彩,但从古罗马城发掘出来的废址和它的雕琢艺术看来,中国史书上那种夸张的描写也有它合理的成分。大秦国人的服装"皆著祷褶、络带"❻。大秦国内也和中国一样,有驿站制度,"列置邮亭,皆垩墍之"❼。"民俗田种五谷,畜乘有马、骡、驴、骆驼、桑蚕。"❽大秦国的纺织业也相当发达,"刺金缕绣,织成金缕罽(织毛为布)、杂色绫。作黄金涂、火浣布。又有细布,或言水羊毳、野蚕茧所作也"❾。东方人称呼细羊毛织成的呢绒为"海西布"。除了这些产品以外,大秦人还"织成氍毹、毾㲪、罽帐之属皆好,其色又鲜于海东诸国(指地中海和黑海以东国家)所作也"。大秦国也很想和中国通商,在汉代,"常欲通使于中国,而安息图其利,不能得通"。大秦国"又常利得中国丝,解以为胡绫,故数与安息诸国交市于海中"❿。中亚一些地区买卖货物往往讨价还价,争分铢

---

❶ (晋)陈寿:《三国志》卷三〇,《魏书·乌丸鲜卑东夷传》裴松之注引《魏略》,崇文书局,2009年,第390页。
❷ (南朝宋)范晔:《后汉书》卷八八,《西域·大秦传》,岳麓书社,2008年,第1075页。
❸ (晋)陈寿:《三国志》卷三〇,《魏书·乌丸鲜卑东夷传》裴松之注引《魏略》,崇文书局,2009年,第390页。
❹ (唐)房玄龄等:《晋书》卷第九十七,《大秦传》,中华书局,2000年,第1697页。
❺ (晋)陈寿:《三国志》卷三〇,《魏书·乌丸鲜卑东夷传》裴松之注引《魏略》,崇文书局,2009年,第390页。
❻ (宋)李昉等:《太平御览》卷六百九十六,《服章部》一三,引《吴时外国传》,中华书局,1985年,第3105页。
❼ (南朝宋)范晔:《后汉书》卷八十八,《西域·大秦传》,岳麓书社,2008年,第1075页。
❽ (晋)陈寿:《三国志》卷三十,《魏书·四夷传》裴松之注引《魏略》,崇文书局,2009年,第390页。
❾ (南朝宋)范晔:《后汉书》卷八十八,《西域·大秦传》,岳麓书社,2008年,第1075页。
❿ (晋)陈寿:《三国志》卷三十,《魏书·四夷传》裴松之注引《魏略》,崇文书局,2009年,第390页。

第5章 魏晋南北朝时期的西域，乱世中走向繁荣

之利，唯独大秦"市无二价"，这种良好的风尚给中国商人留下了深刻的印象。大秦亦"以金银为钱，银钱十，当金钱一"。在中国史书上还提到罗马帝国的皇帝是选举产生的，不是父死子继或兄终弟及的："其王无有常人，皆简立贤者。"❶"若国有灾异，辄更立贤人，放其旧王，被放者亦不敢。"❷

166年，大秦皇帝安敦派遣使节来到洛阳，馈赠东汉皇帝象牙、犀角、玳瑁等珍贵礼物，东汉桓帝厚礼款待。226年，有大秦商人秦论到达吴都，详细地向东吴孙权介绍了大秦的"方土谣俗"。284年，大秦皇帝又遣使到西晋京城洛阳访问，并馈赠方物。

395年，罗马帝国分裂。476年，西罗马帝国灭亡。《北史·大秦传》中讲到的大秦，"地方六千里，居两海（地中海和黑海）之间"，已经不是指西罗马帝国的罗马城，而是指东罗马帝国的都城君士坦丁堡了。"其地平正，人居星布"，"其土宜五谷桑麻，人务蚕田"❸。

494年，北魏迁都洛阳后，洛阳一度非常繁荣，在洛阳的"永桥以南，圜丘以北，伊、洛之间，夹御道，东有四夷馆"❹。"自葱岭以西，至于大秦，百国千城，莫不款附。商胡贩客，日奔塞下。"❺他们"乐中国土风，因而宅（侨居洛阳）者，不可胜数。是以附化之民，万有余家，门巷修整，阊阖填列，青槐荫柏，绿柳垂庭"❻。魏晋南北朝时期，中国和西罗马帝国、东罗马帝国都有频繁的经济文化交流。

五天竺各国

天竺国，一名身毒。《后汉书》对中天竺情况的介绍比较概括。

---

❶ （南朝宋）范晔：《后汉书》卷八十八，《西域·大秦传》，岳麓书社，2008年，第1075页。
❷ （唐）房玄龄等：《晋书》卷九十七，《大秦传》，中华书局，2000年，第1698页。
❸ （北齐）魏收：《魏书》卷一百二，《西域传·大秦》，中华书局，2000年，第1540页。
❹ （北魏）杨衒之：《洛阳伽蓝记》卷三，《城南》，曹虹今译，2007年，第180页。
❺ （北魏）杨衒之：《洛阳伽蓝记》卷三，《城南》，曹虹今译，2007年，第184页。
❻ （北魏）杨衒之：《洛阳伽蓝记》卷三，《城南》，曹虹今译，2007年，第184页。

"其国临大水。乘象而战。其人弱于月氏，修浮屠道（佛教），不杀伐，遂以成俗。从月氏、高附国以西，南至西海，东至磐起国，皆身毒之地。身毒有别城数百，城置长；别国数十，国置王。虽各小异，而俱以身毒为名。""西与大秦通，有大秦珍物。"

东吴时，交州刺史吕岱派中郎康泰、宣化从事朱应出使扶南。当时扶南派往天竺的使节刚回国，天竺国还有使臣来到扶南。康泰、朱应从他们那里了解到天竺。《梁书·中天竺国传》中对天竺摩揭陀王国的介绍较为具体："佛道所兴国也。人民敦庞（民风厚实），土地饶沃。""所都城郭，水泉分流，绕于渠堑，下注大江。其宫殿皆雕文镂刻。街曲市里，屋舍楼观，钟鼓音乐，服饰香华。水陆通流，百贾交会。奇玩珍玮，恣心所欲。左右嘉维、舍卫、叶波等16国，去天竺或二三千里，共尊奉之，以为在天地之中也。"

摩揭陀国的都城华氏城曾是孔雀王朝的政治中心。公元前185年，孔雀王朝被巽伽王朝代替。但巽伽王朝的统治权只到达恒河流域的中游和下游。公元前73年，巽伽王朝又为甘婆王朝所代替。甘婆王朝时期的摩揭陀国更是衰落不振，公元前28年，终于为案达罗人所灭。

此时，贵霜王朝迦腻色迦王已把贵霜变为一个天竺化的佛教国家。320年，月护王旃陀罗笈多建立了笈多王朝，把统治权扩展到整个摩揭陀和恒河流域的中部。其子海护王沙摩陀罗·笈多继位后，征服了恒河流域上游各国和中游各国。孟加拉和喜马拉雅山麓的许多小国也遭受笈多王朝的役属。超日王在位时，是笈多王朝的全盛时期。他曾远征西天竺，驱逐入侵的塞种人，把笈多王朝的统治权从孟加拉湾扩展到阿拉伯海。中天竺笈多王朝是印度最后一个早期奴隶制国家。

403年，法显到达笈多王朝的都城华氏城时，正是超日王旃陀罗笈多二世在位时期。法显在《佛国记》中称摩揭陀为"中国"，说："中

第5章 魏晋南北朝时期的西域，乱世中走向繁荣

国寒暑调和，无霜雪。人民殷乐，无户籍，官法唯耕王地者乃输地利。欲去便去，欲住便住。""王治不用刑罔，有罪者但罚其钱，随事轻重。虽复谋为恶逆，不过截右手而已。王之侍卫、左右，皆有供禄。"有一种贱民称为旃荼罗，"名为恶人，与人别居，若入城市则击木以自异"。"诸国王、长者、居士为众僧起精舍，供养田宅、园圃、民户、牛犊，铁券书录，后王王相传，无敢废者。"这里所说的"民户"，是连同土地、牛犊一并施舍给寺院的，他们的身份与自由农民显然不同。法显在书中对中天竺的社会风俗叙述得尤其详细。

中天竺的笈多王朝很早就和中国有了友好往来。381年，超日王遣使到达前秦长安访问，并馈赠火浣布。428年，笈多王月爱遣使到达刘宋都城建康访问，并馈赠金刚指环、摩勒金环等珍贵礼物及赤白鹦鹉。466年，笈多王朝又派遣使节来建康访问，并馈赠礼物。503年，中天竺王屈多（即笈多的异译）派遣使节来到梁都建康访问，并馈赠琉璃唾壶、刻香、古贝等珍贵礼物。571年，又有天竺使节到达南朝陈都城建康。

南朝称笈多王朝为中天竺，北朝称笈多王朝为南天竺❶。笈多王朝和北魏也有频繁的友好往来。502年、503年、507年、508年、514年，笈多王朝遣使到北魏京城洛阳访问，并馈赠骏马、金银、佛牙等珍贵礼物，从而加强了彼此间的经济文化交流。

477年，侨萨罗王遣使访问北魏平城，并馈赠方物。

南北朝时期，和北魏有着友好往来的北天竺国家为犍陀罗国，建都富楼沙城。它的国王在北魏宣武帝时曾5次遣使访问洛阳，并馈

---

❶ 五天竺中与北魏通好的国家有南天竺而无中天竺。疑《北史》和《魏书》本纪里提到的南天竺，就是指中天竺摩揭陀而说的。自从孔雀王朝崩溃以后，五天竺国家南以摩揭陀为中心（都华氏城），北以犍陀罗为中心（都富楼沙城），形成和中国相似的南北朝局面。贵霜王朝和嚈哒汗国据富楼沙城，有似北朝；笈多王朝据恒河中上游，有似南朝。故中国史书称摩揭陀为南天竺。在《北史·西域传》中，别有《南天竺国传》，则另有所指，不是指摩揭陀。

赠方物。这个国王可能是哌哒的敕勤，也可能是受哌哒役属的北天竺犍陀罗国王。北天竺还有一个乌苌国，"北接葱岭，南连天竺。土气和暖，地方数千里，民物殷阜"❶。"土多林果，引水灌田，丰稻、麦。事佛，多诸寺塔，极华丽。"❷乌苌国和北魏也有频繁的友好往来，乌苌国王先后6次遣使到北魏京城洛阳访问，并馈赠方物。519年，北魏的宋云曾到达乌苌国，受到乌苌国王的隆重招待，这说明两国间的关系是很密切的。

我国和罽宾很早就有友好往来。罽宾王于451年、453年、502年、508年、517年遣使来北魏京都平城、洛阳访问，并馈赠礼物。517年曾两次遣使。使节的频繁往来对加强两国间的经济文化交流起了重要作用。

北天竺泥婆罗国❸，《魏略》称之为临儿国。相传释迦牟尼就诞生在这里，因此中国的取经僧侣去五天竺者，必定到这个地方去巡礼。法显和玄奘都到过这里。南北朝时期，泥婆罗国王于507年、509年、511年遣使来北魏都城洛阳访问，并馈赠礼物。在511年一年里便两次派遣使节。

东天竺有槃是国，也和北朝有友好来往。该国位于中天竺的东南，与中国的益州相近，"蜀人贾似至焉"❹。在北魏宣武帝永平二年（509），槃是王曾派遣使节到达魏都洛阳访问，并馈赠方物。

西天竺有一个国家曾在北魏孝文帝太和元年（477）遣使访问魏都平城，可惜其国名已无法考知。

锡兰岛的斯里兰卡，中国史书称之为师子国。法显在《佛国记》

---

❶（北魏）杨衒之：《洛阳伽蓝记》，卷五，《城北》，中华书局，2007年，第274页。
❷（唐）李延寿：《北史》卷九十七，《西域·乌苌传》，中华书局，1999年，第1543页。
❸ 尼泊尔，正确的译法是泥婆罗。在《魏书·世宗纪》中，正始四年（507）作"婆罗"，永平二年（509）作"波罗"，永平四年（511）既作"波罗"又作"阿婆罗"，疑皆尼泊尔的异译。
❹（晋）陈寿：《三国志》卷三十，《魏书·乌丸鲜卑东夷传》裴松之注引《魏略》，崇文书局，2009年，第389页。

第5章 魏晋南北朝时期的西域，乱世中走向繁荣

中记述师子国说："其国本在洲上。""左右小洲乃有百数，其间相去或十里，或二百里，皆统属大洲。多出珍宝珠玑。""其国本无人民……诸国商人共市易……因商人来往住故，诸国人闻其土乐，悉亦复来，于是遂成大国。其国和适，无冬夏之异，草木常茂，田种随人，无有时节。"法显到达这里之后，思乡心切，有一天忽在城北"玉像边，见商人以晋地一白绢扇供养，不觉凄然，泪下满目"❶。从这件事情看来，中国的白绢扇已经作为珍贵商品经商人之手运销到师子国去了。师子国的都城，"屋宇严丽，巷陌平整"❷。据说"其国立治已来，无有饥荒丧乱"❸，真像世外桃源。在两晋十六国时期，我国国内战祸频繁，自然有人向往这个和平的环境。405年，师子国国王遣使至东晋赠送玉像，像高4.2尺，玉色纯洁，形制特殊，当时把它当作稀世之宝。428年，师子国国王刹利摩诃南又遣使至南朝宋都建康赠送象牙佛像。430年、435年和527年，刹利摩诃南和后王迦叶伽罗诃黎邪泛海三年，陆行千日❹，先后遣使到达建康，馈赠方物。五天竺和师子国对发展这些国家和中国之间的友好关系做出了巨大的贡献。

---

❶ （东晋）释法显：《佛国记》卷四《师子国游记》，商务印书馆，1937年，第19页。
❷ （东晋）释法显：《佛国记》卷四《师子国游记》，商务印书馆，1937年，第19页。
❸ （东晋）释法显：《佛国记》卷四《师子国游记》，商务印书馆，1937年，第19页。
❹ （梁）沈约：《宋书》卷九十七，《师子国传》，中华书局，1997年，第1588页。

魏晋南北朝时期通往西域的陆上交通线

魏晋南北朝时期，中外交通贸易路线在两汉的基础上，继续向前发展。这一时期，形成了以中国东南沿海为主要交通港口的海上丝绸之路。相反，中国北方诸国割据，战争不断，中亚、西亚各国政权变更也较为频繁，大大影响了陆上对外交通的进一步发展。故这一时期的对外交通路线都有所扩展和变更。帕米尔以东中国境内的丝绸之路向南北扩展，出现新北道和青海道（也称河南道、吐谷浑道）。而随着中国北方民族匈奴、鲜卑、柔然等不断南下和向西迁移，蒙古高原与新疆地区间的草原丝绸之路保持着繁荣。青海道使青藏高原北部青海地区与南疆连成一片，也使西南丝绸之路通过此道与西北绿洲丝绸之路联系起来。因此，这一时期的中外交往和联系更加深入和广泛。

西北陆路交通线

1. 北新道

《三国志》卷三十《乌丸鲜卑东夷传》注引《魏略·西戎传》："从敦煌玉门关入西域，前有二道，今有三道。从玉门关西出，经婼羌转西，越葱岭，经悬度，入大月氏，为南道。从玉门关西出，发都护井，回三陇沙北头，经居卢仓，从沙西井转西北，过龙堆，到故楼兰，转西诣龟兹，至葱岭，为中道。从玉门关西北出，经横坑，辟三陇沙及龙堆，出五船北，到车师界戊己校尉所治高昌，转西与中道合龟兹，为新道。"❶

---

❶ （晋）陈寿：《三国志》卷三十，《魏书·乌丸鲜卑东夷传》裴松之注引《魏略·西戎传》，崇文书局，2009年，第389页。

第5章 魏晋南北朝时期的西域，乱世中走向繁荣

现据沙畹的《魏略·西戎传笺注》注释如下❶：

南道：即汉代南道，从敦煌西北的玉门关西出，沿昆仑山北麓，经若羌、于阗等地，西出葱岭，经悬度至大月氏。由帕米尔高原向西南走的悬度道即今瓦罕至克什米尔的古道，地势险要，途中有所谓的大、小头痛山等。

中道：即汉代北道，沿天山南麓的道路。此中道仍从玉门关出发，经都护井、三陇沙北、居卢仓、沙西井，由此向西北经过龙堆至楼兰古城，沿塔里木河道向西而至龟兹，至此向西经疏勒而越葱岭。

新道：又名北新道，为汉代通乌孙的道路，只因当时受匈奴阻隔，而从其南的西汉丝绸之路北道迂回去乌孙。东汉初期，匈奴西迁，车师后部通乌孙的道路打通，这便是新北道西段一支道，为天山以北道路。北新道也是从玉门关出发向西北，经过噶顺戈壁、龙堆，出五船北到达车师界，戊己校尉治所高昌即在此。由此向西北经车师、车师后部可西达乌孙，也可向西在龟兹与中道相会，由龟兹向北也可通达乌孙。实际上，这条新北道与中道在龟兹会合后，"库车以西，别有北道，非言北道、中道自是合为一道"❷。

《魏略·西戎传》不仅简要记载了今帕米尔以东新疆地区的道路，而且详述了沿途所经各国以及帕米尔高原以西的国家和道路，现分述如下：

南道经鄯善、且末、小宛、精绝、戎卢、扜弥、渠勒、于阗、皮山，越过叶尔羌河后开始翻越葱岭，南达罽宾、大夏、高附、天竺、车离、盘越。

---

❶ 沙畹：《魏略·西戎传笺注》，冯承钧译，《大月氏都城考》，中国国际广播出版社，2013年，第14页。

❷ 沙畹：《魏略·西戎传笺注》，《大月氏都城考 冯承钧西北史地著译集》，中国国际广播出版社，2013年，第14页。

中道经危须、焉耆、尉犁、山王、龟兹、姑墨、温宿、尉头、疏勒、莎车、西夜、依耐、满犁、亿若、捐毒、休修等，由此越葱岭后，经大宛、安息、条支、乌弋、大秦等国，达地中海沿岸。

北新道由高昌向西北经车师、车师后部、东且弥、西且弥、单桓、蒲陆、乌贪，由此向西北而入乌孙。乌孙向西至康居、乌伊别国、柳国、岩国，又西至奄蔡，西北至短人国，"常有商度此国"，再向西经里海、黑海而至大秦国。

上述三条丝绸之路是《汉书·西域传》所载南北两道的发展，只是在汉末增加了北新道。三道中看似经过众多国家，实际上这些绿洲城邦国家被几个较大的国家控制，故这一时期通往西域的道路仍然基本畅通。葱岭以东，曹魏和西晋设有戊己校尉和西域长史，对丝绸之路南道的鄯善、于阗、疏勒，中道的焉耆、龟兹、疏勒，北新道的车师后部等实行控制。葱岭以西，与大月氏贵霜帝国、天竺、萨珊波斯、大秦等大国互相往来。曹魏僧人朱士行从中原到于阗求法，晋武帝遣杨颢出使大宛，都是这一道路畅通的证明。

十六国时期，前凉在高昌设置高昌郡，隶属于敦煌沙州，这是中原政权在西域之地第一次设置郡县，仍保留魏晋时期的西域长史设制，有效地在葱岭以东地区实行控制。此后，前秦除在西域地区仍置高昌郡外，还设西域校尉，驻地向西迁移，加强了前秦对葱岭以东地区的控制。后凉还在高昌郡治所设立西域大都护，其后的西凉、北凉也都在高昌置郡。但由于这一时期中原地区各国林立，大大影响了中原地区与西域的交通。

2. 吐谷浑道

十六国北朝时期，由于河西走廊被五凉、前后秦、北魏、西魏、北周等政权先后占据，人们只有选取河西走廊以南的吐谷浑道。吐谷浑道因道路经过吐谷浑人的居住地而得名，这条道路在4世纪中叶

第 5 章 魏晋南北朝时期的西域，乱世中走向繁荣

至7世纪中叶兴盛，成为继河西走廊后，中原和西南地区连接西域的重要交通路线。

吐谷浑道因刘宋曾封吐谷浑慕利延为河南王，也称河南道，今天一般称为青海道。这条道上最早的居民为羌人。先秦和秦汉时代，羌人生活在今青海东部和新疆若羌间的交通路线上，张骞第一次通西域返回长安时就曾"欲从羌中归"❶，说明当时已存在青海至西域的道路。

西晋末年，鲜卑慕容部的一支吐谷浑向西迁至青海、甘肃南部，逐步占领这一地区。其势力强盛时西至今新疆若羌、且末，与西域南道鄯善等国相接，并曾一度控制鄯善、于阗，其东抵今甘肃南部、四川西北部。吐谷浑居西南丝绸之路与西北绿洲丝绸之路的交通要道，经过吐谷浑的这条交通要道以青海湖周围地区为中心，向北越过祁连山脉的扁都口到河西走廊的张掖、武威，向西沿柴达木盆地南北两缘至新疆若羌，而从北缘越过祁连山可达敦煌，向东经湟水流域可通中原，向东南经龙涸可至成都❷。

前凉、西凉、北凉等政权与东晋、刘宋往来，只能从敦煌、张掖南入吐谷浑境而东南行至成都。法显西行也是从青海东部过扁都口而达张掖的。这些使节和僧人实际上是取了青海道向北的几个分支道，而青海道的主干道是从青海东部青海湖西的伏俟城向西，经过柴达木盆地南北缘，越过阿尔金山隘口而进至若羌。441年，粟特遣使向刘宋进贡即从此道东抵益州入宋的。443年，北凉沮渠无讳占据高昌城后也由此道与刘宋交往。445年，由于北魏的追击，吐谷浑慕利延从青海湖东南曼头城面向西逃到白兰，然后由柴达木盆地西入鄯善、于阗，北魏军队随后紧追，亦沿上述道路而达鄯善❸。

---

❶ （东汉）班固：《汉书》卷六十一，《张骞李广利传》，岳麓书社，2008年，第1010页。
❷ 黄时鉴：《插图解说中西关系史年表》，浙江人民出版社，1994年，第92页。
❸ 唐长孺：《南北朝期间西域与南朝的陆道交通》，《魏晋南北朝史论拾遗》，中华书局，1983年，第175—176页。

此后宋云、慧生赴西域求法,南朝齐、梁与西域联系也多由吐谷浑道而西达鄯善。

同样,吐谷浑通过这条路线和嚈哒、波斯互通贸易。波斯良马就是通过此路并与新疆境内的丝绸之路南道相接引进吐谷浑的。1956年,在西宁旧城出土波斯卑路斯银币76枚,证明波斯商人也是来往于这条道路上的。516年和520年,嚈哒使者也是从此道经由益州而到达建康的,青海道的作用可见一斑。❶

北方草原交通线

魏晋南北朝时期,在河西走廊以北的蒙古高原仍然与西域有道路相通。4世纪时,漠北已散布大量的敕勒部落。至5世纪时,敕勒部落处于柔然的控制之下。柔然从敕勒部落不断征兵,迫使敕勒西迁至天山以南今吐鲁番地区,建立高车国。

5世纪末,高车国辖域东北至蒙古高原中部的色楞格河、鄂尔浑河和土拉河流域,北至阿尔泰山,西与伊犁河流域的悦般相接,南至天山东部地区,东与北魏相接。为控制东西要道高昌,高车先后与吐谷浑、高昌、北魏、柔然发生战争。嚈哒杀高车国王位继承人穷奇,高车国内乱,势力衰落。为牵制柔然,高车与北魏交往。

柔然、高车先后雄踞草原丝绸之路要冲,在东西交通以及经济、文化往来中起着重要作用。因北魏阻隔,柔然与南朝的联系一般要绕道西域、吐谷浑和四川西北部,走草原丝绸之路(由柔然可汗庭西行越阿尔泰山)到达西域北新道。由北新道纵南经中道、南道,从南道鄯善东进,走吐谷浑道东南达四川,沿长江达六朝统治中心江左地区。柔然先后向刘宋政权派出十批使团,刘宋也派将军王洪轨到达柔然。南齐时,柔然与之仍有往来。南梁时,柔然先后五次

---

❶ 陈伟明:《暨南大学中外关系史与华侨华人论集:古代中外交通史略》,中国华侨出版社,2002年,第72页。

第5章 魏晋南北朝时期的西域，乱世中走向繁荣

派使节到南梁。柔然向南朝主要输出皮毛、牲畜和金银。而柔然与中原政权贸易主要是输出牲畜和畜产品，输入丝绸等。❶ 柔然曾经一次向北燕输出马三千匹、羊一万只，代替柔然而兴起的高车，与北魏互派使节，贸易多以"朝贡"和"回赐"的方式进行。高车运往中原的多为牲畜、皮毛、金银，北魏回赐的主要是丝织品和中原手工业品。❷ 双方往来交通应以草原丝绸之路为主。

这一时期的草原丝绸之路应从北魏都城平城，沿河套平原与阴山南麓西行，经过比干线、居延泽畔的西海故郡，由此南行可达张掖，或直接西行至伊吾。而内蒙古高原以北即为柔然势力范围。北魏太延初，拓跋焘派王恩生、许纲等出使西域，由于途中被柔然俘获而未果。随后，董琬等人沿草原丝绸之路西行，到达乌孙，再西行至破洛那国、者舌国。董琬等人于437年回到平城，也是走的草原丝绸之路。

董琬回朝后，陈述西使的所见所闻，第一次把西域分为四个区域。

第一区：葱岭以东，流沙以西，相当于天山南路、新疆南部地区。

第二区：葱岭以西，海曲以东，相当于兴都库什脉以南、萨尔哈德高原以东喀布尔河流域、印度河流域和恒河流域，包括阿富汗东南部、巴基斯坦和印度，是南道所经各国。

第三区：者舌以南，月氏以北。这一区处于锡尔河、阿姆河流域，相当于巴尔喀什湖、咸海以南，兴都库什山以北的中亚细亚，是北道所经各国。

上述三个地区史籍多有详述，距离中国近，其间道路已基本清楚。

---

❶ 周伟洲:《中国中世纪西北民族关系研究》，西北大学出版社，1992年，第150—160页。
❷ 周伟洲:《中国中世纪西北民族关系研究》，西北大学出版社，1992年，第150—160页。

第四区：两海之间，水泽之南，相当于地中海、红海之间，北面直至里海或黑海。这一地域在两河流域以西，黑海、里海以南伊朗高原和红海两岸地区。第四区域的主要国家为安息（时已为萨珊波斯取代），实际上向西还应包括两河流域以东的大秦（东罗马帝国）。从安息通向大秦的道路，"大秦道既从海北陆通"，"却从安谷城陆道直北行之海北，复直西行之海西，复直南行经之乌迟散城，渡一河，乘船一日乃过"❶。即从安谷城北行至海北，复西行至地中海东北岸的海西，然后南行至乌迟散城，由此渡欧良提斯河而抵大秦。

6世纪中叶，突厥代替高车、柔然建立突厥汗国；568年，又联合波斯消灭哒哒。北齐、北周相互攻伐，都拉拢突厥，两者将数十万段库存缯绸送于突厥，而突厥通过草原丝绸之路又转销至中亚的康居、奄蔡以及波斯、东罗马等国。这种情形一直持续到回纥取代突厥在蒙古高原的统治地位为止。

得益于中西陆上交通的畅通，从6世纪开始，中国周边许多民族把中国称为"拓跋"。因为当时统治中国北方的北魏是拓跋人建立的。在古代突厥语中，"拓跋"意指中国。李志常在《长春真人西游记》中不知道突厥语"TabgGtch"来源于拓跋，而译成"桃花石"。从6世纪开始，北亚、中亚、西亚、欧洲的多种文字的文献中都有近似于"桃花石""拓拔"发音的单词。❷这说明北魏时期中西交通的繁荣。

西南陆路交通线

魏晋南北朝时期，吐谷浑道使西南丝绸之路与西北绿洲丝绸之路联系在一起，在一定程度上促进了西南丝绸之路的发展。由于蜀汉重用汉末已形成的南中大豪族，给爨氏独霸滇东提供了机会，故

---

❶ （晋）陈寿：《三国志》卷三十，《魏书·乌丸鲜卑东夷传》裴松之注引《魏略·西戎传》，崇文书局，2009年，第390页。

❷ 章巽：《桃花石和回纥国》，《中华文史论丛》，1983年第2期。

第5章 魏晋南北朝时期的西域,乱世中走向繁荣

从汉末至两晋,西南丝绸之路通往缅甸、印度的道路时断时通。当时的永昌郡为中缅边界的贸易集散地,这里交换的商品以蜀锦为主,蜀锦由此可西北达盘越,西达袒秩,西南达剽国。

225年,诸葛亮出兵云南,中缅印的陆上交通基本形成。具体路线:从永昌郡西南越过怒江(时称周水),经诸葛亮城西南行至蒲甘,由此西行溯布拉马普特拉河或直接西北行抵达盘越,西行可达天竺的华氏国、袒秩等。

由于西南地方常起纷乱,加之南海对外交通的发展,西南丝绸之路趋于衰落。342年,东晋撤永昌郡,直至南朝刘宋也未恢复。5世纪末,南齐时再设永昌郡。4世纪,佛教由中国传入缅甸。5—6世纪,天竺、师子国(今斯里兰卡)的僧人也经缅甸进入中国。❶

---

❶ 黄时鉴:《插图解说中西关系史年表》,浙江人民出版社,1994年。

第6章 西域统一，拉开隋唐丝绸之路走向繁华的帷幕

隋朝时期，隋炀帝大破吐谷浑，隋朝在对突厥的征伐取得阶段性胜利后，就积极开展经营西域的活动，其后在新疆境内置鄯善、且末、伊吾三郡，召开丝绸万国博览会，并在西域设立了一些管理机构，为唐朝统一西域奠定了一定的基础。西域各地前往唐朝朝贡者不绝于途。唐初，西突厥全境及所属中亚领土都归属唐朝，再现了两汉盛世的全部版图。隋唐时期的中国具有强大的社会向心力，周边各民族不断向中原内地内迁与朝贡，其中，西域人的内迁就是一个典型。

隋朝重开丝绸之路与经通西域

南北朝末期，北齐与北周对立，双方连年交战，国力衰竭，都争相与突厥交好，以引为外援，后来北齐为北周所灭。581年，杨坚取代北周建立了隋朝。589年，隋文帝实现中国的再度统一。开皇之治为隋朝奠定了良好的物质基础。

隋朝如同秦朝一样，二世而亡。隋炀帝在世人眼中也是暴君，其种种残暴不仁之行受到世人的唾弃。但隋炀帝执政期间也曾致力于对西域的经略，在客观上，隋炀帝营长城安华夏万众，开运河利中国百代，破突厥而宾服四夷，通丝绸之路以威震殊俗。因此，我们需要客观地评价隋炀帝。

隋朝对突厥的政策

"突厥"一名，广义包括所有属于铁勒和突厥的操突厥语诸部，狭义仅指突厥族和突厥汗国。

突厥的族源是一个以阿史那为姓、以狼为图腾的部落，又称蓝突厥。还有一部分黑突厥，也指异姓突厥部落。异姓突厥大都是原来由漠北西迁、定居西域的九姓铁勒部落，与蓝突厥异源殊流。

突厥先民最早游牧于叶尼塞河上游、准噶尔盆地以北一带，后迁至今新疆博格达山一带游牧。5世纪中叶，柔然进入西域高昌一带，阿史那氏的部落从高昌北山移居金山南麓，突厥人沦为柔然的奴隶，为其锻造铁器，因此被称为"锻奴"，并开始以突厥为名。

545年，西魏为了牵制柔然，遣使出使突厥，双方正式建立了政治联系。据记载，当西魏的使臣到达时，突厥"国内皆相庆曰：'今

第6章 西域统一，拉开隋唐丝绸之路走向繁华的帷幕

大国使至，我国将兴也。'"❶ 西魏主动通使突厥，说明突厥人这时已经具备了相当强大的实力。而突厥人对西魏通使竟至于举国相庆，表明正如西魏需要利用突厥制约柔然一样，突厥人要继续巩固和发展自己的力量，也需要西魏这样的强援。

至546年，突厥首领阿史那土门统治时期，突厥不断壮大，击败了进犯柔然的铁勒诸部，实力大涨。

突厥在大量兼并铁勒部落之后，恃强向柔然可汗阿那瓌求娶公主。这种求婚很明显是一种政治上的姿态，说明突厥人这时已经不甘心于原来的臣属地位，要求取得与柔然同等的地位。阿那瓌对此表现出了强烈的不满，拒绝通婚。土门正式脱离了与柔然之间的臣属关系，转而向西魏求婚。西魏将长乐公主嫁与土门，双方的关系进一步密切。突厥的势力更趋强盛，开始积极对外征服。

突厥政权初期的对外征服活动是同时向东西两个方向展开的。在东方的征服活动主要表现为消灭柔然、契丹和契骨等游牧政权或部落。史载，542年，突厥在每年黄河封冻之后经连谷入侵绥州，出现在今陕西北部地区。岑仲勉先生据此认为，突厥势力发展到这里的时间还应提前，更可上溯于魏。突厥在向东发展的过程中基本上始终与西魏保持着友好的关系，相互为援。史载突厥入侵绥州事，应该属于双方在西魏边疆的小规模冲突，并没有对双方交好的大局产生多少影响。

突厥向西方的扩张是在木杆可汗在位时期进行的，此时的突厥人要面对的是中亚两大政治力量——哒哒和萨珊波斯。两大帝国，一个占据中亚两河流域，一个占据伊朗高原，长期对抗，不断进行着战争。在双方长期的对抗中，哒哒逐渐占据优势地位。5世纪中期以后，波斯成为哒哒的附属国，每年向哒哒输送大量的黄金和白银。

---

❶ （唐）李延寿：《北史》卷九十九，《列传第八十七·突厥 铁勒》，中华书局，1974年，第3286页。

当突厥势力进入中亚时，正当波斯帝国库思老一世在位期间，在经过一系列改革后，波斯逐渐强大，库思老一世正在考虑摆脱嚈哒人的控制，并再一次与嚈哒较量。不过，对即将发动的对嚈哒的战争，库思老一世并没有获胜的把握，他需要一个盟友。而突厥急于在中亚确立起自己的统治地位，也希望找到一个盟友来共同灭亡嚈哒帝国。因此，突厥与波斯之间一拍即合。为了能使对付嚈哒的联盟更加稳固，双方采取了联姻的方式，波斯王库思老一世迎娶了突厥木杆可汗之女为妻。双方对嚈哒的战争也很快就拉开了序幕。

中国史书对突厥和波斯夹攻嚈哒的战争记载非常简略，仅仅是说突厥的室点密统领10万兵力，平定西域诸胡国，而嚈哒也在其中。而西方史料的记载就要详细得多。西方史书记载，波斯、突厥双方对这场战争都很重视，库思老一世和室点密都亲自率军赶往前线。突厥的军队在室点密的带领下向西进军，很快就攻克了阿姆河以北的嚈哒领土，并渡河南下，破其都城，击溃嚈哒主力部队。波斯军队在库思老一世的带领下，攻占了嚈哒在阿姆河以南的土地。至567年，嚈哒在波斯和突厥的夹击下灭亡。

波斯和突厥以阿姆河为界瓜分了嚈哒的领土，阿姆河成为波斯和突厥的界河。此后，室点密又率突厥军队平定了阿姆河以北的嚈哒残余势力，占领了嚈哒阿姆河以北的领土，将索格底亚那地区的安国、康国、史国等地纳入突厥版图。突厥取代嚈哒，成为丝绸之路上的强国，开始享受丝绸之路贸易带来的巨额利润。

552年，阿史那土门带领族众叛离柔然，成立突厥汗国，自称伊利可汗。突厥汗国建立不久，其内部就形成了以阿史那土门为首的东突厥和以土门之弟室点密为首的西突厥两大系统。

553年，伊利可汗之子科罗继立，号乙息记可汗。他主政后继续与柔然展开斗争，连续进攻柔然，汗国的势力不断扩大。

不久，科罗病死，其弟燕都继立，号木杆可汗。木杆可汗联合

第6章 西域统一，拉开隋唐丝绸之路走向繁华的帷幕

诸部首先击灭柔然可汗的残余势力，统一了漠北，后又西败哒哒、东败契丹、北并契骨，在短时间内把突厥汗国推向强盛。当时突厥汗国的版图"东自辽河以西，西至西海万里，南自沙漠以北，北至北海五六千里"❶，成为继匈奴之后我国北方游牧部族建立的又一强大汗国。

突厥汗国的建立结束了自3世纪中叶以来我国西北地区纷乱割据的局面，扩大了我国西部和北部地区的政治地理范围。突厥汗国完全控制了草原丝绸之路所经过的地方。

突厥强盛时期，中原王朝为了笼络突厥，每年都会送去大量的丝绸。《周书·异域传》记载，北周"岁给缯絮锦彩十万段"，北齐"亦倾府藏以给之"。这么多的丝绸，突厥贵族除了自己享用外，将大部分剩余的丝绸通过草原丝绸之路贩往中亚、西亚，特别是对丝绸需求量最大的罗马。由于突厥与东罗马直接进行丝绸交易，从而引起了一向垄断丝绸贸易之利的波斯的忌恨，波斯遂与东罗马交战数十年。可以说，突厥将丝绸的国际贸易又一次推上了高峰。

在突厥汗国建立后，阿史那土门将整个汗国分为东西两部分进行管理。东部以额尔浑河为中心的疆域由阿史那土门统辖，西部以伊犁河为中心的疆域由其弟室点密统辖。在室点密时期，虽然西突厥并没有从突厥汗国中分离出来，但是它已成为一个比较独立的政治势力，具有很大的自主性和独立性。

然而，汗国军令、政令的不统一为汗国分裂埋下了隐患。556年，室点密统领十大首领，领兵10万西征，开始染指西域及中亚地区。室点密迅速征服了西域各国，于562年自立为可汗，在西部形成一个独立的政治实体。其号称"十姓部落"，建牙帐于鹰娑川，是为冬都，其后，又于碎叶河流域建立牙帐，是为夏都。这样，在突厥西部便形成了一个半独立的势力。室点密又大破哒哒，占有中亚河中地区，

---

❶ （唐）令狐德棻等：《周书》卷五〇，《突厥传》，中华书局，1971年，第616页。

隔阿姆河与波斯为界。突厥文撰写的《阙特勒碑》把土门和室点密都尊为突厥汗国的创始人，正反映了这一历史事实。由于室点密是西部突厥的实际统治者，突厥汗国事实上已经分裂为东西两部分。

在东部，为了加强对各族人民的统治，木杆可汗与其弟佗钵可汗分封他们的弟、侄以各种可汗的称号，令他们分别管辖一部分地区。游牧经济的流动性和分散性决定了汗国内部政治组织的分散性。突厥汗国最高首领是可汗，在可汗之下有一些小可汗，为区别于这些小可汗，突厥可汗又被称为大可汗。

初期，室点密与木杆倒也相安无事，甚至战时还能协同。576年，室点密死，其子玷厥继位，号达头可汗。从此以后，因争夺资源和疆域，东西部突厥之间的关系逐渐恶化。但突厥汗国还维系着形式上的统一，室点密系的西突厥系统还表面上尊奉东突厥土门系统为突厥汗国的大可汗。隋朝建立之前，东突厥首领是沙钵略可汗，而西突厥首领则是达头可汗。

土门在位时，突厥尚能维持与中原王朝的关系。但是土门的子孙违背了其政治主张，接连进攻汉地。隋文帝针对突厥汗国内部矛盾重重、诸可汗并立的形势，不复对突厥示弱，而实行"远交近攻"的方针，推行分化瓦解突厥诸部的战略。

581年，漠北沙钵略可汗率40万东突厥军队并联合西突厥达头可汗攻掠隋朝的天水、延安等地。隋朝一方面抗击；另一方面与西突厥达头可汗订立盟约，从而使沙钵略可汗无功而返。582年，沙钵略可汗再次发动对隋朝的进攻。由于此前隋朝已与西突厥达头可汗有盟约，同时隋朝又利用东突厥小可汗阿波可汗与大可汗沙钵略可汗的矛盾，与阿波可汗结盟，从而导致突厥汗国内部的公开矛盾，西突厥可汗达头可汗与东突厥小可汗阿波可汗联合反对大可汗沙钵略，双方兵戎相见。隋派杨弘等多路出击，大败沙钵略可汗。东突厥的统治体系开始动摇。

第6章 西域统一，拉开隋唐丝绸之路走向繁华的帷幕

达头可汗乘沙钵略兵败之机，联合阿波、贪汗、地勤察等汗部占有西域地区，与沙钵略可汗公开抗衡。于是，583年，统一的突厥汗国以金山为界正式分裂为东、西突厥两个汗国。东部为东突厥汗国，西部为西突厥汗国，从此两者互相为敌，攻伐不断。东突厥臣服于隋，西突厥则拥兵自重。

沙钵略可汗屡遭兵败之后，向隋朝请求和亲，其继任者突利可汗娶了隋朝公主，被隋封为启民可汗。

600年，西突厥达头可汗在漠北自立为步伽可汗，暂时统一了突厥汗国，正式成为突厥汗国的大可汗。但他很快就遭到突厥诸部的强烈反对，国内大乱。隋文帝乘机于602年派启民可汗招降突厥及铁勒诸部，这样许多突厥和铁勒东部归附了隋朝，达头可汗走投无路，西逃入吐谷浑中，启民可汗则占据了漠北，并完全臣服于隋朝。这对隋朝进军西域创造了良好的条件。

隋朝统一西域的努力及其边防格局

隋朝统一西域的努力为唐朝的强盛和统一起了奠基作用。

隋文帝在隋朝建立7年后，开始征伐南方的陈，仅仅用时4个月，便灭亡陈朝，结束南北朝对峙的局面，建立了一个多民族融合的辽阔帝国。其开创了先进的科举制度，给了平民百姓一个上升的通道；注重发展经济，让国家拥有了充足的粮食储备；采取与民休息的政策，发展农业，农业的发展又促进了手工业、商业等方面的发展。隋文帝还提倡节俭，社会财富迅速增加。中原地区的经济迅速发展和复苏。隋文帝采取了一系列措施巩固中央集权，实行府兵制，集军权于朝廷，加强边防管理，改变历代"重夏轻夷"的边防策略，对边远民族地区实行羁縻政策，推行因俗而治，注重对外开放、发展边疆经济文化，使中国封建社会发展到了一个高峰时期。这一时期，边疆的底定对以汉族为主体的多民族国家的发展起到了重要作用。

隋初，居住在边境的少数民族主要有突厥、吐谷浑、奚、契丹、室韦等，西北、漠北、东北的广大地域都在各民族部族政权的控制之下，通往西域的丝绸之路已经断绝。面对周边民族政权不断南下袭扰的威胁，隋朝在北方修缮长城、修筑城堡，增强边防守御能力，同时积蓄力量，主动出击，改变边疆防御态势。583年，隋军反击突厥，大败沙钵略军，采取离间政策，使得东西突厥互相争战，势力削弱，东西突厥先后臣服于隋。

609年，隋军西征吐谷浑，降其众10多万人，收复"自西平临羌城以西，且末以东，祁连以南，雪山以北，东西四千里，南北二千里"❶，在吐谷浑故土地区设置了河源、西海、鄯善、且末四郡，以捍卫到西域的商道。至此，西北边境逐渐稳定，西北边防得到改善。

隋文帝还加强了同居住在东北地区的奚、契丹、室韦等族的关系，使其通好和臣服于隋朝；加强与西域的高昌、焉耆、龟兹、疏勒、于阗等少数民族地方政权的联系，双方的经济文化交流更加密切；注重对海疆的经营和管理，三次派水军到台湾安抚，进一步密切了台湾地区与祖国大陆的政治联系；四次远征高丽，迫使高丽王遣使求和，不仅恢复和稳定了东北陆海边防，而且恢复了对渤海、黄海直到东海、南海的广大海域的管辖。

605年，隋炀帝继位。他修运河、筑长城、平突厥，重振丝绸之路。隋炀帝积极开展统辖西域的活动。其主要措施如下。

1. 派裴矩了解西域情况

当时河西走廊的张掖是西域商人集中的地方。隋炀帝派吏部侍郎裴矩来往于武威、张掖一带，主管与西域的互市，并了解西域各国的政治、经济、文化、地理、交通、民俗风情等情况。裴矩详细地调查了从敦煌通往西域的三条商道，并利用所获材料写成《西域

---

❶ （唐）魏徵等：《隋书》卷八十三，《西域·吐谷浑传》，中华书局，1973年，第1845页。

图记》，供隋炀帝制定方略。

2. 消灭吐谷浑，设立四郡

608年，隋炀帝联络铁勒诸部，打败了盘踞在甘肃、青海一带的吐谷浑，设立鄯善、且末、西海、河源四郡，扫清了隋朝通往西域的障碍，打开了西域的门户。

3. 设立伊吾郡

608年，隋炀帝命薛世雄出兵玉门，攻降伊吾，修筑新城，号新伊吾，初步奠定了进一步经略伊吾的基础。击败吐谷浑后，隋炀帝西巡来到张掖，高昌王、伊吾吐屯设（意为突厥所置以守伊吾的官吏）等西域几十个国家的国王或使臣都聚集于此，隋炀帝大会各国君王、使臣。伊吾吐屯设等惧于隋朝的声威，"献西域数千里之地"❶。610年，隋朝设立伊吾郡，进一步铺平了深入西域的道路。

4. 麹氏高昌臣服隋朝

当时高昌的统治者是麹伯雅，他随隋炀帝来到京师。612年，隋炀帝将华容公主嫁给了麹伯雅。麹伯雅归国后，下令国内改易服色，表示臣服隋朝。

5. 设立西域校尉

据《隋书·西域传》记载，裴矩在张掖活动期间，有许多西域国家来朝，于是隋炀帝下令设立了专门负责接待西域各国使臣的官职西域校尉。

总之，隋朝为统一西域做了许多准备，并在较短的时间内取得了一定的成就，这为统一西域奠定了基础。但由于隋炀帝统治时期，横征暴敛，导致社会矛盾、阶段矛盾激化，引发了大规模的农民起义。这加速了隋朝的灭亡，隋朝最终未能完成统一西域的大业。

---

❶ （唐）魏徵等：《隋书》卷三，《帝纪三·炀帝纪》，中华书局，1973年，第73页。

隋炀帝经略西域的措施及其客观评价

隋炀帝经通西域，固然是由他的思想动机决定的，但他这种思想动机的产生，是由隋朝空前发展的社会经济所决定的，即经济力量增长，决定了通西域的思想，而后才有通西域的行动。史载，大业时"天下承平，百物丰实"❶，于是隋炀帝凭此经略四方。这句话虽不全错，但却把二者关系颠倒了。不是隋炀帝要凭借经济的力量达其目的，而是隐藏着的巨大物质力量驱使他要去这样做。经略西域之所以要发生在隋炀帝身上，而不在魏晋南北朝出现，也不在隋文帝时，根本的原因就在于当时经济力量的增强。所以，隋炀帝经通西域的原因，首先是隋朝社会经济高度发展所决定的。

隋朝是我国分裂割据了300余年之后出现的新的统一政权，巩固加强中央集权是摆在隋文帝面前的艰巨任务。为此，他必须十分注意边塞军事形势的消长和变化，以制止侵扰，消除边患。

隋时，北方危害最大的主要是突厥和吐谷浑。突厥分裂后，东突厥沙钵略可汗占金山以东的原突厥领地，西突厥达头可汗占有今新疆和中亚大部分地区。隋文帝虽然征服了东突厥，但西突厥的强盛给隋朝带来了新的威胁。西突厥达头可汗占有今伊犁河流域的广大地区。598年，因达头可汗犯塞，隋文帝遣杨素出战。达头"帅骑兵十余万直前"❷。可见其势之强。紧接着，达头可汗又"率骑十万来寇"，代州总管韩洪被打得大败。隋文帝对其束手无策。至隋炀帝时，隋朝已成为"甲兵强锐"的强国了，但西突厥处罗可汗仍然与之抗衡，特别是隋炀帝西巡时，专派御史召处罗可汗赴会，但处罗不朝。这更进一步使隋炀帝认识到西突厥的严重威胁。

吐谷浑占有今青海省的广大地区。早在周齐时，就"内修职贡，

---

❶ （宋）司马光：《资治通鉴》卷一百八十，《隋纪四》，岳麓书社，1990年，第348页。
❷ （宋）司马光：《资治通鉴》卷一百七十八，《隋纪二》，岳麓书社，1990年，第320页。

第 6 章 西域统一,拉开隋唐丝绸之路走向繁华的帷幕

外并戎狄,塞表之中,号为强富",并且"准拟天朝,树置官司,称制诸国,以自夸大"。可汗"称书为表,名报为旨"❶,开始与中原王朝分庭抗礼。"数为边寇",致使"关徼不通"❷。至隋时,其势尤盛,土地"三千里,南北千余里"。"复来寇边",危害更甚于前。如开皇初攻弘州,隋朝力不能争,无奈割让其州,"因而废之"❸。586年以前,"陇上频被寇掠"。平陈之后,虽然关系有所缓和,但在隋朝统治者看来,隐患并未根除,这使隋文帝深为担忧。

隋炀帝即位,吐谷浑"职贡不修",与隋朝对抗。且吐谷浑近在国门之外,最易长驱直入,兵临京城。其又靠近河西走廊,使西域诸族"为其拥遏,故朝贡不通"❹。这对隋朝的危害比西突厥更大。

西突厥和吐谷浑敢始终与隋抗礼,当然是"恃强大耳"❺。然而它的强大除其本身的力量外,还有两个重要原因:一是西突厥与吐谷浑的联合。西突厥与吐谷浑地域相接,危亡相济。如达头可汗途穷时,就"西奔吐谷浑"❻。这样在进扰中原时就自然形成了联合战线,结果壮大了自己的力量,牵制和分散了隋朝的兵力,使隋两面出击,消耗士气而不能制胜。二是西突厥与吐谷浑对西域诸国的兼并。如西突厥,"龟兹、铁勒、伊吾及西域诸胡悉服之"❼。吐谷浑,"兼并氐、羌""分领羌胡之国"❽。他们向这些国家进行经济剥削,以充实自己的势力。铁勒,"自突厥有国,东西征讨,皆资其用,以制北荒"❾。因此,要彻底征服西突厥和吐谷浑,就必须争取到西域诸国的归服。

---

❶ (唐)李延寿:《北史》卷九十六,《吐谷浑传》,中华书局,1974年,第3185页。
❷ (唐)李延寿:《北史》卷九十六,《吐谷浑传》,中华书局,1974年,第3185页。
❸ (唐)魏徵等:《隋书》卷八十三,《西域传》,中华书局,1973年,第1842—1843页。
❹ (唐)魏徵等:《隋书》卷六七,《列传第三十二·裴矩传》,中华书局,1973年,第1580页。
❺ (唐)魏徵等:《隋书》卷八十四,《北狄传·西突厥》,中华书局,1973年,第1878页。
❻ (唐)魏徵等:《隋书》卷五十一,《列传第十六》,中华书局,1973年,第1335页。
❼ (唐)魏徵等:《隋书》卷八十四《北狄西·突厥传》,中华书局,1973年,第1876页。
❽ (唐)魏徵等:《隋书》卷八十四《北狄西·铁勒传》,中华书局,1973年,第1880页。
❾ (唐)魏徵等:《隋书》卷六七《裴矩传》,中华书局,1973年,第1580页。

这样，一方面可切断西突厥和吐谷浑的联系，使其各自孤立，化整为零，以削其势；另一方面釜底抽薪，使其衰败。正如裴矩所言："诸蕃既从，浑、厥可灭。"❶也只有这样，才能造成强中原弱四夷、内重外轻的政治和军事形势。看来，隋炀帝经通西域也是当时政治和军事上的需要。

从上可知，隋炀帝通西域是有着深刻的社会原因的。这并不在于隋炀帝有"掩吞秦汉"之欲，也不在于裴矩献《西域图记》一举。不能仅仅认为隋炀帝只是为了得到西域珍宝，即使说有索取珍宝的事发生，也不能将其看作是通西域的主要原因，因为在中国古代的商业中，由于交通不便，商人大都经营这类商品，特别是西域胡商几乎全是这样。再说与西域交往，也只有这类东西能吸引中原的商贾。既然如此，隋炀帝得到西域一些珠宝也就不足为怪了。所以，此事还是由经济、政治和军事的发展决定的。

经通西域的意义

为了经通西域，隋炀帝付出了很大的代价。那么，它换来的是什么呢？

首先，达到了征服西突厥和吐谷浑，加强隋的中央集权的目的。西域经通后，许多国家都倒向了隋朝，成为瓦解西突厥和吐谷浑的同盟军。如铁勒屡攻西突厥，西突厥"大为铁勒所败"。不久与薛延陀"皆叛"，拒处罗，致使处罗溃败。裴矩又说铁勒"击吐谷浑，大破之"。正因为有他们的配合，隋朝很快就夺取了伊吾。处罗可汗因形势所迫，只得垂手入朝，并上奏"自天以下，地以上，日月所照，唯有圣人可汗"❷，以表示彻底臣服。于是隋炀帝将西突厥"一分为三，

---

❶ （隋）裴矩：《西域图记·序》，魏徵等，《隋书》卷六七《裴矩传》，中华书局，1973年，第1580页。

❷ （唐）魏徵等：《隋书》卷八十四，《北狄·西突厥传》，中华书局，1973年，第1879页。

第 6 章　西域统一，拉开隋唐丝绸之路走向繁华的帷幕

使其弟阙度设将羸弱万余口居会宁，特勒大奈别将余众居楼烦，处罗将五百骑常从车驾"❶。从此，来自西突厥的外患被根除。

与此同时，隋朝又迅速征服了吐谷浑。608年，隋联合铁勒击败吐谷浑后，隋军撤回，吐谷浑主伏允又恢复其故地。鉴于此，隋炀帝开始西巡，这是以征服吐谷浑、打通西域通道、拓通丝绸之路、经营西域商贸"互市"为目的的一次巡行。隋炀帝意欲亲征吐谷浑。隋炀帝从长安出发，经扶风、陇狄道，出临津关渡过黄河到西平郡。609年，隋炀帝率10余万人在拔延山设200里围场狩猎。之后，经今西宁北山，进入长宁谷、月星岭，于金山大宴群臣后渡浩门河。这时吐谷浑主伏允率众据覆袁川。隋军从四面围攻吐谷浑，欲将伏允围歼于覆袁川。由内史元寿南屯金山，东西连营300余里；太仆卿杨义臣东屯琵琶峡，连营80里；将军张寿西屯泥岭；兵部尚书段文振北屯雪山，东西连营300余里。伏允率数十骑逃出重围，退保车我真山。隋炀帝派右屯卫大将军张定和率军攻车我真山。张定和轻敌上阵，中矢而死，其亚将柳武健击破吐谷浑。吐谷浑仙头王被围，率男女数十万降隋。隋炀帝遣梁默、李琼追击伏允，均兵败被杀。后卫尉卿刘权出伊吾道，沿布哈河南下击败吐谷浑，破伏俟城，伏允南奔，客居党项，吐谷浑国灭亡。"其故地皆空，东西四千里，南北二千里，皆为隋有"。❷ 来自吐谷浑的威胁也宣告消除。

隋炀帝在灭了吐谷浑之后，针对西域又做了一些安排：在吐谷浑的故地设置西海、河源、鄯善、且末四郡，发天下轻罪徙移此屯田，以实边陲。

隋炀帝攻灭吐谷浑后，往张掖，登燕支山，接见高昌、伊吾等西域27国国王及使者。各国商人云集张掖进行贸易，隋炀帝令武威、

---

❶ （宋）司马光：《资治通鉴》卷一八一，《隋纪五·炀帝大业七年—八年》，中华书局，1956年，第5658页。

❷ （宋）司马光：《资治通鉴》卷第一百八十一，《隋纪五》，中华书局，1956年，第5641页。

张掖士女大众盛饰丽服观看，前来参加盛会的人群和乘骑，周亘数十里，以此夸耀中国的强盛。至此，隋炀帝西巡结束。

隋炀帝的西巡对宣传丝绸之路、促进丝绸之路贸易、展现国家实力、重开丝绸之路等有着重要的作用和意义。

首先，隋炀帝的西巡实现了征服吐谷浑、疏通丝绸之路的心愿。隋炀帝在此次西巡中开拓疆域数千里，范围东起青海湖东岸，西至塔里木盆地，北起库鲁克塔格山脉，南至昆仑山脉，并实行郡县制度管理。隋炀帝对重开丝绸之路做出了很多创举。

隋炀帝开通西域较为顺利，是当时的政治、民族、社会等各种因素综合作用的结果。历代封建王朝对丝绸之路的经营，首推西汉，此后，战乱不休，丝绸之路"或绝或通"。当时在西域的丝绸之路有三条道，但被突厥和吐谷浑长期控制和骚扰。西域诸国长期受制于匈奴、突厥，其经济以农业为主，封建化程度较深，加之历史上的汉化影响，故极愿归属中原王朝。隋朝的社会经济繁荣后，西域诸国也迫切希望开通丝绸之路，故隋炀帝开通西域较为顺利。

隋末，无论中原如何纷乱，吐谷浑与西突厥没有入侵中原，乃至唐初也不为中原所患，原因就在这里。由于边患消除，隋的中央集权的巩固和加强有了可靠的保证，从而使社会经济、政治形势顺利地在隋初出现了极盛局面。

其次，自魏晋丧乱，诸国争雄，中原王朝多无力顾及西域。隋初，由于经济薄弱，也力不能及。等到条件具备时，隋文帝又岁至暮年，来不及去做这些事情。但这并不是说西域与中原毫无来往；相反，相互来往还是不断发生的。只是隋朝初年没有像张骞、班超出使西域那样由国家出面大规模地加强与西域的联系。继东汉后，大规模经营西域的就是隋炀帝了。

正因如此，中原与西域人民的友好往来很快出现了新局面。高

第 6 章 西域统一,拉开隋唐丝绸之路走向繁华的帷幕

昌遣使献贡,"自是岁令使人贡其方物"❶。隋炀帝以宗女华容公主嫁高昌王。焉耆、龟兹、疏勒,"大业中,遣使贡方物"❷。于阗"大业中,频遣使朝贡"❸。其余康国、石国、锻汗、挹怛、史国、米国、吐火罗、附国、乌那曷(今阿富汗北都安得胡伊)、穆国、漕国等皆于大业中遣使入朝。尤其是附国,大业四年(608),遣使八人入朝,大业五年(609),国王又遣其弟率嘉良夷六十人朝贡。❹ 总之,大业中"相率而来朝者三十余国"。于是,民族关系大为改善,友好盛会不断出现。大业五年(609),帝御观风殿,大备文物,"引高昌王麹伯雅及伊吾吐屯设升殿宴饮,其余蛮夷使者陪阶庭者二十余国"❺。隋炀帝专门设西戎使者在典蕃署接待西域使臣,"自是西域胡往来相继"❻。中国古代到隋朝时,中原与西域人民的往来有三个高潮:第一个高潮出现在汉武帝时期,第二个高潮在东汉明帝时期,第三个高潮就是隋炀帝时期。这为唐代民族关系的充分发展奠定了良好的基础。

西域道路的畅通使中原与西域诸族人民进一步加强了联系,增进了友谊,减少了隔阂。在相互交往和影响中,民族差别逐渐缩小。如高昌王从隋朝归蕃后,下令国中"庶人以上皆宜解辫削衽"。"于是袭缨解辫削衽曳裾,变夷从夏","还为冠带之国"❼。故"其风俗政令与华夏略同"。康国"丈夫剪发锦袍"。焉耆"婚姻之礼有同华夏"❽。

---

❶ (唐)魏徵等:《隋书》卷第八十三,《列传第四十八·西域·高昌传》,中华书局,1973年,第1848页。
❷ (唐)魏徵等:《隋书》卷第八十三,《西域·焉耆、龟兹、疏勒传》,中华书局,1973年,第1851—1852页。
❸ (唐)魏徵等:《隋书》卷八十三,《西域·于阗传》,中华书局,1973年,第1853页。
❹ (唐)魏徵等:《隋书》卷八十三,《西域·附国传》,中华书局,1973年,第1859页。
❺ (宋)司马光:《资治通鉴》卷一百八十一,《随纪五》"炀帝大业五年"条,中华书局,1956年,第5646页。
❻ (宋)司马光:《资治通鉴》卷一百八十,《随纪五》"炀帝大业三年",中华书局,1956年,第5635页。
❼ (唐)魏徵等:《隋书》卷八十三,《西域·高昌传》,中华书局,1973年,第1847页。
❽ (唐)魏徵等:《隋书》卷八十三,《西域·焉耆传》,中华书局,1973年,第1851页。

民族融合进一步发展。

　　由于通西域后根除了边患，沿边郡县的经济发展有了保证。如安定、北地、上郡、陇西、天水、金城等地，"勤于稼穑，多畜牧，无复寇盗"❶。涿郡，"人物殷阜"❷。国家屯田，原来沿边仅有恒安镇一处，陇右河西虽土旷，但因"边境未宁，不可广佃"❸。通西域之后，屯田大为发展，对商业的促进更为显著。大批胡商入东都交易，促使商品流通加快，市场一片繁荣景象，新的市场不断开设。同时，西域畅通后也给西域的经济发展创造了很好的条件。一方面，减少了战争的破坏，使人们能够投身于生产之中；另一方面，脱离了西突厥的经济搜刮，社会生产力得到发展。

　　中原先进的生产技术大量传进西域，西域诸族的社会经济有了显著的进步。如农业，龟兹农作物"土多稻粟菽麦"。手工业，高昌盛产食盐、葡萄酒。龟兹盛产铜、铅、铁等，曹国出金、银、铁、黑盐等。康国的纺织业尤为发达，能够生产一种"锦叠"。商业也以康国为首，"诸夷交易多凑其国"❹。疏勒都城"方五里，国内有大城十二，小城数十"❺。园林业，康国"勤修园蔬，树木滋茂"❻。

　　此外，隋朝进一步发展了中国古代的中西交通。张骞通西域，搞清了两条交通干线，即出玉门、阳关，从鄯善傍南山北，循河至莎车为南道。越葱岭至大月氏、安息等国。从车师前王庭，沿河西行至疏勒，为北道。西逾葱岭至大宛，康居等国。隋炀帝经略西域，交通干线由原来两条增为三条，新开拓的挹怛（即嚈哒）北道进一

---

❶（唐）魏徵等：《隋书》卷二十九，《第二十四·地理志》，中华书局，1973年，第817页。
❷（宋）司马光：《资治通鉴》卷一百八十三，《隋纪七》"炀帝大业十二年"条，中华书局，1956年，第5716页。
❸（宋）司马光：《资治通鉴》卷一百七十六，《陈纪十》"长城公至德二年"条，中华书局，1956年，第5474页。
❹（唐）魏徵等：《隋书》卷八十三，《西域·康国传》，中华书局，1973年，第1849页。
❺（唐）魏徵等：《隋书》卷八十三，《西域·疏勒传》，中华书局，1973年，第1852页。
❻（唐）魏徵等：《隋书》卷八十三，《西域·康国传》，中华书局，1973年，第1849页。

第6章 西域统一,拉开隋唐丝绸之路走向繁华的帷幕

步扩大了与西方国家的贸易往来,有着重要的意义。

另外,隋朝还繁荣了文化。裴矩在与西域诸胡的交往中,经过"寻讨书传,访采胡人",写成《西域图记》书三卷。它的问世,可谓填补了中国历史古籍中关于西域的专门记述的空白。正如裴矩所言:"诸国山川未有名目,至如姓氏风土,服章物产,全无纂录,世所弗闻。"❶书中,裴矩广泛地搜集了西域诸国的风俗物产及概况,"以其本国服饰仪形,王及庶人,备显容止,逐一记载";详细记载了各国的山川地理,并"别造地图,穷其要害",指出"伊吾、高昌、鄯善,并西域之门户也,总凑敦煌,是其咽喉之地"。这一记载对古代军事极为重要,澄清了隋时西域的国家。西域因"春秋递谢,年代久远,兼并诛讨,互有兴亡。或地是故邦,改从今号。或人非旧类,因袭昔名。兼复部民交错,封疆移改,戎狄音殊,事难穷验"。但经裴矩的探考"西顷以去,北海之南,纵横所亘,将二万里""诸国之事罔不编知",明确了通往西域的主要干线以及所经山河地名与国号。

为此,裴矩"考于前史",又"多方考察""或有所疑,即详众口",进行了严密考证。为了可靠起见,那些"空有丘墟,不可记识"和"幽荒远地,卒访难晓""山居之属,非有国名"者均不收入。所以,裴矩的《西域图记》不但内容丰富,而且材料可靠,有着极高的史料价值,为隋代的文化增添了不少光辉。

在音乐艺术方面,隋朝也因与西域的频繁交往而增加了新内容。如隋炀帝所定的九部乐,除高丽外,几乎全为西域或掺杂西域内容的音乐。隋炀帝时百戏杂技艺术也吸收了西域诸族的技巧。

从上可知,隋炀帝经略西域对中国封建社会的发展是利多弊少的。虽然隋朝很快崩溃了,但绝不是因经通西域所致。隋朝的灭亡也不在于它的经济力量的空竭。所以,不可以因"靡费"而否定隋炀帝经通西域的历史意义。

---

❶ (唐)魏徵等:《隋书》卷六七,《裴矩传》,中华书局,1973年,第1578—1579页。

隋炀帝通西域的方法及性质的评价

隋炀帝经通西域并没有用武力手段，而采用了以下的办法。

第一，充分夸示和炫耀隋朝的富庶和强大，引起西域各族的崇拜和倾慕。如他曾命宇文恺造大帐，可坐数千人，备仪卫，作散乐，"诸胡骇悦，争献牛羊驼马数千万头"❶。又令造观风行殿，"胡人惊以为神，每望御营，千里之外，屈膝稽颡"❷。"西巡至张掖，因西域二十七国来会，令武威、张掖士女盛饰纵观，衣服车马不鲜者，郡县督课之，骑乘填咽，周亘数十里"❸，西域诸国"慕中国之盛"，纷纷归服，"献西域数千里之地"。西域诸国来朝贡多，"帝令都下大戏，征四方奇技异艺，陈于端门街。衣锦绮、珥金翠者，以数十万。又勒百官及民士女列坐棚阁而纵观焉，皆被服鲜丽，终月乃罢"❹。西域诸国惊叹，或因慕化，或因惊惧，纷纷与隋王朝建立友好关系。

第二，用物质刺激，以厚利诱导。因为到中原者大多数是西域胡商，商人无利不往。隋炀帝抓住了这一特点，令裴矩去张掖，"啗以厚利""引致西蕃""导使入朝"❺。来东都交易的商人一律给予优待。令三市店肆，盛列酒食，胡商"所至之处，悉令邀延就坐，醉饱而散"❻。其对西域诸国的使臣也以厚礼相待。在这种办法的鼓励下，西域诸藩"往来相继"，以致郡县疲于送迎。

第三，重在安抚，不用武力。裴矩一开始就指明，"服而抚之，务在安辑，皇华遣使，弗动兵车。诸蕃既从，浑、厥可灭。混一戎夏，

---

❶（宋）司马光：《资治通鉴》卷一百八十，《隋纪四》，中华书局，1956年，第5632页。
❷（宋）司马光：《资治通鉴》卷一百八十，《隋纪四》，中华书局，1956年，第5634页。
❸（宋）司马光：《资治通鉴》卷一百八十，《隋纪五》，中华书局，1956年，第5644页。
❹（唐）魏徵等：《隋书》卷三十二，《列传第三十二·裴矩传》，中华书局，1973年，第1580页。
❺（唐）魏徵等：《隋书》卷六十七，《列传第三十二·裴矩传》，中华书局，1973年，第1581页。
❻（唐）魏徵等：《隋书》卷六十七，《列传第三十二·裴矩传》，中华书局，1973年，第1581页。

第6章 西域统一,拉开隋唐丝绸之路走向繁华的帷幕

其在兹乎!"❶因此,隋炀帝主动派侍御史韦节、司隶从事杜行满出使西域诸国;同时,采用和亲政策,嫁公主与高昌。

素称穷兵黩武的隋炀帝为何要采用这种非军事手段的方法呢?隋炀帝经营西域,虽然有其政治目的,但隋炀帝也采取经济的手段去达其目的。这一办法是属于鼓励性的,即对西域商人给予优惠,广招来者。当然,这种办法也付出了很大的经济代价。

从上可知,这件事的重要意义远远超过了送迎之费,且它比武力和强制手段要高明得多,伐高丽的失败就是一个有力的证明。再说,把钱用在增进民族友谊的事业上要比花费在修宫室、生活奢侈上好千百倍。所以,这种办法是切实可行的,并且是有进步意义的。

6世纪的隋代是魏晋以后经济高涨、社会殷富的极盛时代,人们很需要与外界互通。此时的西域,社会经济得到很大的发展,更希望能与先进的中原进行物质交流。虽然边塞互市有着严格的规定,但已经不能阻挡人们的脚步,所以违禁与塞外交易者经常出现。特别是西域及诸少数民族的要求更为强烈。在隋炀帝经通西域之前,他们就冲破阻碍,"多至张掖,与中国交市"。

为了早日消除吐谷浑的堵截,实现与中原广泛交往的愿望,西域商人身担风险,"密送诚款"。当时的伊吾道还为西突厥所统,隋炀帝夺取伊吾后,西域诸国一听裴矩说"天子为蕃人交易悬远,所以城伊吾"的话后,立即"咸以为然,不复来竞"❷。这种愿望不只限于西域,而是普遍存在。可见,内外交流已成为不可阻挡的发展趋势。隋炀帝经通西域,正是顺应了这一历史的潮流。

与此同时,隋炀帝经通西域还顺应了6世纪民族融合的发展趋势。魏晋南北朝至隋唐是我国古代社会民族融合的第三个高潮。这

---

❶ (唐)魏徵等:《隋书》卷六十七,《列传第三十三·裴矩传》,中华书局,1973年,第1580页。
❷ (唐)魏徵等:《隋书》卷六十七,《列传第三十三·裴矩传》,中华书局,1973年,第1581页。

西域春秋——翻开2000年的西域卷轴

一时期的民族融合从五胡十六国开始，一浪高过一浪。这种民族融合的趋势至隋时仍在继续发展，边塞民族日益希望归属中原王朝的统治，实行汉化。所以，内迁的民族非常多。如契丹，开皇四年（584），莫贺部"悉其众款塞"。不久，别部出伏又"率众内附"。开皇末（约600），"其别部四千余家背突厥来降"❶。至于突厥部落的归服就更不可胜数了，就西域来说也很突出，其因受吐谷浑和西突厥的拥遏，致使"引领翘首，愿为臣妾"❷。如高昌，对中原文化"莫不齐向"，下令解辫削衽，一从汉俗。裴矩指出："混一戎夏，其在兹乎。"❸ 所谓"混一戎夏"，就是民族融合、若同一家的不同说法。也正是在这种历史时代，裴矩才能产生这种思想。由此可见，隋炀帝经通西域是进步的、积极的，应该得到肯定的、科学的评价。

《西域图记》与隋朝西域交通

魏晋南北朝时期的分裂，使对外交往受到了一定程度的局限。在隋朝，内地与外界的交通进入了新的阶段。尤其是隋炀帝继位后，专门设置了四方馆，负责接待并处理四方客使事宜，加强隋朝的对外交往职能；同时又派了许多使臣，四处访求异俗。

在同一时期派遣如此多的使臣，出使这样多的地区或国家，这在汉唐时期对外交往的历史上是绝无仅有的。使臣间的交往不仅增强了隋朝与外界的相互了解和政治、经济往来，开阔了当时人的眼界，而且大大加强了隋朝与周边地区各国，尤其是与西域诸国之间的政治、经济、文化方面的联系，促进了隋朝与西域陆路交通的发展。

在对外交往发展的基础上，出现了一批记叙隋朝与外界交往的史籍，主要有韦节的《西番记》、彦琮的《大隋西国传》、裴矩的《西

---

❶ （唐）魏徵等：《隋书》卷八十四，《北狄·契丹传》，中华书局，1973年，第1881—1882页。
❷ （唐）魏徵等：《隋书》卷六十七，《裴矩传》，中华书局，1973年，第1580页。
❸ （唐）魏徵等：《隋书》卷六十七，《裴矩传》，中华书局，1973年，第1580页。

第6章 西域统一,拉开隋唐丝绸之路走向繁华的帷幕

域图记》、佚名的《大隋翻经婆罗门法师外国传》、程士章的《西域道里记》、佚名的《诸蕃国记》等,在数量上大大超出了前代。

在这类书籍中,《西域图记》对后世,尤其是对唐朝的影响很大。《西域图记》共3卷,纪西域45国,并附有详细地图,对从西顷山以西直到北海以南两万多里的丝绸之路作了系统的记述和介绍。虽然现在已经无法见到《西域图记》的原貌,但是在《隋书》和《北史》的《裴矩传》中幸而保存了原书的序。裴矩在序中说:"皇上膺天育物,无隔华夷,率土黔黎,莫不慕化,风行所及,日人以来,职贡皆通,无远不至。"他还说:"富商大贾,周游经涉,故诸国之事罔不遍知。"❶《西域图记》就是根据这些富商大贾所言记述而成的。从裴矩的记述中可以看出,隋炀帝时,丝绸之路的贸易已是十分繁荣。裴矩把这部书呈给隋炀帝,引起了隋炀帝对西域和丝绸之路贸易的极大兴趣。他曾亲自召见裴矩,询问西域情况。裴矩特别向隋炀帝报告:"胡中(即指西域)多诸宝物。"❷ 这使隋炀帝对丝绸之路贸易更加重视。隋炀帝任裴矩为黄门侍郎。裴矩回到张掖后,努力经营丝绸之路贸易,优待西方来的商人,并提供各种方便,甚至提供沿途用费,鼓励西方商人到长安和洛阳。在隋政府的支持、鼓励下,"西域商往来相继,所经郡县,疲于送迎"❸。

《西域图记》的序文中保留了原书中介绍当时中西交通的三条最主要的道路。裴矩将它们称作北道、中道和南道。

北道:出敦煌至伊吾,经蒲类海、铁勒部到达突厥可汗廷。然后渡北流河水至拂菻,达于西海。这条道路的开通与突厥汗国在政治上统一了欧亚大陆北方地区有密切的关系。

中道:出敦煌至高昌,经焉耆、龟兹、疏勒,度葱岭,又经钹汗、

---

❶ (唐)魏徵等:《隋书》卷六十七,《裴矩传》,中华书局,1973年,第1579页。
❷ (唐)魏徵等:《隋书》卷六十七,《裴矩传》,中华书局,1973年,第1580页。
❸ (宋)司马光:《资治通鉴》卷一百八十,《隋纪四》"大业三年"条,中华书局,1956年,第5635页。

苏对沙那、曹国、安国、穆国,至波斯,最后到达西海。

南道:出敦煌至鄯善,向西经于阗、朱俱波、羯槃陀,度葱岭,又经护密、吐火罗、帆延、漕国,至北婆罗门,达于西海。

隋朝发达的西域陆路交通为唐朝陆路交通的大发展创造了良好的开端。

唐朝对西域的经营及与域外各国的"蜜月期"

618年,江都宫变,一时之间,各路反隋力量纷纷称帝称王,李渊建立的大唐王朝悄然崛起。唐朝成为统一中国的朝代中最国强民富的王朝之一。因有贞观之治,唐朝国力大增,出现"大唐盛世",此时,西突厥再次分裂,国力大衰。唐朝得以乘机经营西域。

此前,中国古代广义的"西域"指敦煌西北玉门关以西的广阔地域,而狭义的"西域"则指今新疆南疆地区,也包括东疆的吐鲁番和哈密。"西域"一词具体所指在唐代发生了巨大变化。在初唐,"西域"主要还是指敦煌以西的地区。640年,侯君集攻占高昌国,改置西州之后,"西域"就仅指西州,即今吐鲁番以西的地区。7世纪下半叶,唐蕃在四镇地区争夺,直至692年王孝杰收复四镇,造成"西域"词义的继续"西移"。从此直至晚唐,"西域"都特指帕米尔以西的地区,而不包括安西四镇。"西域"词义的变化反映出唐朝对狭义的西域地区秉持进取的心态,标志着唐朝边界的不断西移。

第6章 西域统一,拉开隋唐丝绸之路走向繁华的帷幕

唐朝政府的边防格局

唐朝建立之初,东西突厥再度强盛,东突厥连年南下袭扰,使唐朝的边疆极不安定。面对突厥的严重威胁,唐朝把镇抚朔方(漠北地区)作为稳定边防的首要问题。629年,唐军大举进攻东突厥,将其灭亡,控制了漠南广大地区,设单于都护府管辖漠南地区,设安北都护府管辖贝加尔湖及西伯利亚地区。646年,唐灭薛延陀部,漠北各部臣服,设燕然都护府统辖漠北六府七州,大漠南北得以安定。

唐朝在解决东突厥后,集中力量经营西域。635年,唐军降服吐谷浑后,进而抗击西突厥,经过多年战争,相继征服高昌、焉耆、龟兹等,西突厥也于高宗时被唐所灭,唐朝完全控制了天山南北地区,并设安西、北庭都护府分管天山南北两路,巩固了西部边防。

唐朝加强对辽东地区的经略,围绕着收复辽河以东地区和征服高句丽,于644—666年对高句丽进行了5次东征,收复了辽东,平定了朝鲜半岛,在平壤设立安东都护府。

对边远少数民族地区,唐朝成功地实行羁縻政策,安定渤海国,通好吐蕃,册封南诏,设置安南都护府加强南部边防,极大地拓展了唐朝行使国家管辖权的地域和范围。唐成为当时世界上版图最大、势力最强的封建国家。❶

盛唐的对外开放和兴盛历程

唐朝是中国历史上的盛世之一,西方学者称之为中国历史上的"黄金时代"。唐朝也是中国历史上最为开放的一个时代,被西方人称为"天可汗的世界"。开放与兴盛,是唐代留给世人最为深刻的印象。

---

❶ 郑汕:《中国边疆学概论》,云南人民出版社,2012年,第410页。

对外开放是促成唐朝盛世形成的主要因素。英国著名学者威尔斯说:"当西方人的心智为神学占据而无法自拔时,中国人的精神却是宽容开放、不断求索的。"❶盛唐气象的恢宏、博大与开放,成为这一历史时期的象征。

综观7—10世纪的世界,唐是当时最发达、最强盛的国家。唐朝官方统计的最高户数在900万户以上。从版图上来说,唐朝与汉朝相比,"东不及而西过之"。在交通上,继陆上丝绸之路后,海上对外贸易获得长足进步,南北运河的开通更是加强了国内各地区的经济文化联系,意义殊为重大。而同一时期的印度长期处于分裂状态,日本的发展也远远落后于中国,阿拉伯世界正处在扩张时期,拜占庭则进入衰落时期。西欧8世纪进入封建社会,即查理帝国时期,进而分裂为东、西法兰克福王国。可以说,唐是当时世界上当之无愧的最强大国家。

唐朝的长安是常居人口超过百万的国际化大都市。其规模、面积和繁华都独步于世界,超过了同时期的阿拉伯帝国首都巴格达、拜占庭帝国首都君士坦丁堡、法兰克福帝国首都亚琛、西班牙帝国首都科尔多瓦。大批东亚国家的学生、僧侣、使节前来,西亚的波斯、阿拉伯乃至拜占庭的商人和宗教人士也出没于长安里间。海上丝绸之路载去了中国丝绸和瓷器,同时也运来域外的骏马和珍奇异宝。唐王朝处于亚欧国家经济和文化贸易的中心地位。

唐朝的国际文化交流空前繁盛。佛教经过魏晋南北朝的发展,到了唐朝形成了许多各具特色的宗派。其中既有本土发展起来的禅宗,也有来自天竺的法相宗,还有中印合璧的天台、华严、净土等宗派。当时,佛教在其故乡印度已凋零,但在东土大唐却繁荣似锦。佛教的中国化最终完成于此时。敦煌壁画、雕塑更是多元文明汇合的象征。那些连珠纹装饰图案透露了波斯文化的信息。唐朝的音乐

---

❶ 威尔斯:《世界简史》,余守斌译,新世界出版社,2013年,第158页。

第6章 西域统一,拉开隋唐丝绸之路走向繁华的帷幕

充分吸收了西域音乐的精华,著名的《羽衣霓裳舞曲》源于河西传来的婆罗门曲,并加入了胡旋舞等中亚歌舞元素。

唐朝与世界的联系更加紧密,其对外贸易随着国力的增强而扩展到更广阔的国家和地区,而开展对外贸易必须首先扩展对外交通。唐朝在扩展对外交通方面是极为成功的。如贾耽的《皇华四达记》记述说,当时,通往周边民族地区和域外主要有七条交通干道:营州入安东之道,登州海行入高丽、渤海道,夏州塞外通大同、云中道,中受降城入回鹘道,安西入西域道,安南通天竺道,广州通海夷道。此外,还记有从长安分别通往南诏的南诏道和通往吐蕃的吐蕃道。上述道路,西向可通往西域,穿越帕米尔高原和天山的各个山口,到达中亚、南亚与西亚,甚至远至欧洲。

在扩展对外交通干道的同时,唐朝还在沿途遍设驿所。这些可与周边民族及远域实现交通的干道不仅有利于政治外交往来与军事调兵运输,而且还有利于经济贸易交流和商旅通行。

蕃商的活跃、陆路与海路贸易的共同发展,是唐朝对外贸易的重要特色。外商运进中国行销的商品主要是珠宝、玉石、香料、稀有动物、药材、马匹以及土特产品,运出的主要是中国的丝绸。唐中期后,瓷器逐渐成为对外出口的大宗,海运的发展也为运输瓷器这类质重易损的商品提供了便利条件。因此,海上丝绸之路又被称为瓷器之路。

这一时期商品经济的发展不仅表现为总量的增长与市场的开拓,还表现为深层次的渗透。各国、各地区的联系日趋广泛,商业贸易需求推动着东西方以及亚洲大陆内部更为密切的交流。唐朝把握住了商品经济的契机,对外贸易呈现出新的面貌。据记载,唐末在广州从事贸易活动的外国人有一个时期竟达12万人以上,他们带着香料、药物和珠宝换取中国的丝织品、瓷器等物。❶

---

❶ 苏莱曼:《苏莱曼东游记》(又译《中国印度见闻录》),穆根来译,中华书局,1983年,第96页。

城市工商业群体中有相当数量的外商，这是隋唐五代时期的重要特色。外商中，既有万里求宝鬻珠的行商，也有开店设铺的坐贾；既有在民间游走的私商，也有以朝贡名义开展变相经贸活动的官商。胡商、胡店、胡饼、胡姬等名称正是现实的反映。大城市有专门接待胡商的邸店和住坊，有单独为胡人居住的蕃坊。朝廷为规范胡商的经营，专门为胡商立法，在沿海重要港口城市设置市舶司，专门掌管对外贸易。广州因外贸发达，"在任者常致巨富，世云广州刺史但经城门一过，便得三千万也"[1]。唐玄宗天宝时期，广州北面的西江，"江中有婆罗门、波斯、昆仑等船不知其数，并载香药、珍宝，积载如山，其舶深六七丈。师子国、大食国、骨唐国、白蛮、赤蛮等往来居住，种类极多"[2]。这些往来居住的外商在中国的活动范围很大，几乎所有水陆交通发达的大中城市都有他们的足迹。也可以说，凡是外商经常出入或聚集人数较多的城市，必是商业或转输贸易兴盛的城市。

唐朝对朝贡使团有很多优待政策和措施，如根据路程远近给付资粮，安排住宿，馈赠物品（往往超过原进贡物品的价值），允许入市交易。《通典·边防典》中列举了与中国发生联系的189个国家、政权和部族，其中，东夷19个，南蛮55个，西戎75个，北狄40个。据今人统计，与唐发生联系的国家和地区有300多个，包括周边少数民族政权、周边内附少数民族部众、与唐有藩属关系的国家和独立政权，甚至远在"绝域"的国家。很多内附民族和羁縻地区与中央的关系是以朝贡的方式联系的。不在唐有效管辖区的国家和政权所派出的数量不等的使团，除日本、新罗有遣唐使的称呼外，一般都称作朝贡使。

在唐太宗看来，"自古皆贵中华，贱夷、狄，朕独爱之如一，故

---

[1]（梁）萧子显：《南齐书》卷三二，《王琨传》，中华书局，1972年，第578页。
[2]（日）真人元开：《唐大和上东征传》，中华书局，2000年，第74页。

第 6 章 西域统一,拉开隋唐丝绸之路走向繁华的帷幕

其种落皆依朕如父母……朕所以成今日之功也"❶。唐太宗这种不隔华夷、爱之如一的"华夷一家"观念,不仅是对前人的超越,也对后世的华夷观念和国策产生了深远的影响。

在唐朝,一种开放的大民族的观念逐渐形成。在这样的观念下,呈现出全面的开放情势:向外拓展的趋势——地域的开放;民族迁徙与民族融合的动态进展——种族的开放;汲取与推广并行——文化的开放;婚姻、家庭、女性、娱乐、休闲、节庆、时尚的调整与包容——社会观念和社会风俗的开放;在科举制的导引下,建立了新的选拔人才的机制——社会阶层流动的开放,包括对域外人才的选拔和任用也具有开放性;对外经济与文化交流的开放。

为适应对外经济贸易由西北内陆向东南沿海的转移,从陆上丝绸之路向海上丝绸之路的转移,唐朝除原有接待外来人士的鸿胪寺,还设立了管理边境贸易事务的互市监,鼓励外籍商人在边境地区进行自由贸易,并设立市舶司等机构。

唐朝的对外开放是多方位的,不仅体现在丝绸之路上流动着的商品、经济的开发,还有文化资源的开发。其对外文化开放体现出"大出大进"的特点。"大出",是指唐朝文化富有魅力,广泛影响到周边国家和地区;"大进",是指唐朝吸收外来文化,不拘一格,兼容并蓄。

唐朝的文化在世界范围内富有吸引力。尤其在东亚地区,唐朝文化对朝鲜和日本的影响很大。新罗仿唐制设立国学,教授《周易》《尚书》《毛诗》《礼记》《春秋左氏传》《文选》等儒家经典和子史要籍。后又仿照唐朝人才选拔制度,设置了算学博士和医学博士,分别讲授《九章算术》和《本草经》《甲乙经》《脉经》《难经》等中医经典。唐文化还深刻影响了日本的乐舞、书法、绘画、工艺制作、

---

❶ (宋)司马光:《资治通鉴》卷一百九十八,《唐纪十四》,"太宗贞观二十一年条",中华书局,1956年,第6247页。

都城规划、医药、服饰等方面。唐朝的乐器、坐部伎和立部伎等歌舞都被日本引进。唐朝以人物、山水和风俗为主题的绘画作品传入日本,日本画家创作的作品风格酷似唐画,被称作"唐绘"。日本的都城建筑和寺院建筑也学习唐朝。总之,唐朝的文化是具有魅力的文化,唐朝和平而积极地输出文化,而周边国家对唐朝文化的认同更提升了唐朝的国际地位,也保障了唐朝的国家安全。

此外,唐朝对外来文化兼收并蓄。当时,中亚、西亚各国来华侨民人数很多,他们把西域宗教文化,主要是祆教、摩尼教、景教和伊斯兰教带到了中国并广泛传播,对唐文化也产生了一定的影响。佛经翻译文学对唐朝文学创作的影响既深且巨。印度的建筑和雕塑、绘画艺术也由于佛教石窟的开凿而影响到中国。唐太宗时还从印度学习了把甘蔗浆熬成糖的技术,并加以改进,制成了白糖。印度的天文历法传入中国。唐高宗时,迦叶孝威曾协助李淳风修订《麟德历》。僧一行编纂的《大衍历》吸收了天竺术士瞿昙氏的历法成果。

总之,唐朝不仅是中国奉行开放政策的典范,而且也是当时世界上最发达的国家。唐朝国内的社会稳定和经济发展是其对外开放的政治和物质基础,唐文化的魅力以及对外来文化的博大胸襟,使其在中外文化交流中大放异彩。

唐朝统一天山以南及在西域的行政

唐朝对西域的开发和经营建立在汉朝开发西域的基础之上,且对西域的开发在广度和深度上都远胜于汉朝。唐朝在西域设立了完整的行政机构,推行了合理的制度,推动了西域政治、经济、文化的繁荣发展,促进了中原与西域各方面的交流。由于唐朝政府实行了开明的民族政策,西域各族与中原建立了良好的民族关系。

唐朝统一西域同样经历了一段长期的战争过程。

第6章 西域统一,拉开隋唐丝绸之路走向繁华的帷幕

统一西域的背景

1. 消灭东突厥汗国,解除后顾之忧

隋朝对西域的交通进行了大力拓展,终因国祚短促,其拓展交通的深度和广度存在较大局限。唐朝在西域的政治、军事、经济等领域都取得了比隋朝更突出的成就,从而为陆路对外交流的空前繁荣奠定了坚实的基础。

隋末唐初,群雄四起,割据一方。突厥迅猛崛起,西突厥汗国统治着金山以西、波斯以东、兴都库什山以北的广大西域地区。而东突厥汗国则是金山以东、东海以西、大漠以北广大草原地区的主人。当时东突厥启民可汗已死,其继任者乘中原之乱,常大肆劫掠。因其强大,各地割据势力纷纷向其称臣纳贡。包括唐高祖李渊在内的北方诸多割据势力,大都在当时臣服于突厥。杜佑曾称此时突厥势力空前强大,"戎狄之盛,近代未之有也"❶。突厥汗国的威胁是唐朝初年面临的最重大问题。

唐初时,西突厥仍统治着西域,授予各地首领颉利发(官名),索取赋税。西域人民强烈要求恢复与唐朝在政治上的统一。

唐初国力较弱,无力与突厥进行军事对抗,故而一方面不得不维持与突厥汗国原有的臣属关系,另一方面还要与附属于突厥汗国的其他割据势力斗争。唐太宗即位之初,突厥犯边的问题继续困扰着唐朝,627年,突厥甚至兵临长安门外的渭河边上,唐太宗亲临前线,责备突厥可汗,突厥退兵。之后,唐太宗准备与突厥决一高低。此时,突厥的内部分裂势力也在滋长蔓延。漠北的薛延陀、回纥等15部不堪突厥贵族压迫,起兵反抗,纷纷归属唐朝。回纥的英雄首领菩萨率5000骑大破突厥10万之众。突利带兵镇压各部失利,回去被关押了10多天。突利心生怨恨,暗中联络唐朝。

---

❶ (唐)杜佑:《通典》卷一百九十七《边防十三·突厥上》,中华书局,1992年,第5407页。

628年，唐太宗出兵解决了叛隋附突厥的梁师都。突厥颉利可汗因受到内部牵制，无暇干涉。628年年底，唐封薛延陀首领做可汗，作为自己的同盟者。

突厥内部矛盾重重，势力大不如前。630年，唐太宗看准这是解决问题的大好时机，派遣李靖、李勣、柴绍、李道宗、卫孝节、薛万彻6个行军总管，10余万人的兵力，由李靖统一指挥，出击突厥，大败颉利。颉利仓皇逃至阴山，仍旧战败，逃到阴山北的铁山，假意向唐朝求和，想等草青马肥时逃向漠北。李靖、李勣远道奔袭，先锋苏定方乘雾进兵，逼近颉利牙帐。颉利领万余人正要逃往漠北，被李勣拦住碛口，突厥兵纷纷投降。唐军俘获颉利可汗，消灭了东突厥汗国。自此，大漠以南全部成为唐朝的疆域，来自北方草原的威胁解除了。

此战后，唐太宗在东起幽州、西至灵州的一线以北，设立了几个都督府，以突厥贵族做都督，统领原突厥部众。许多突厥贵族出任唐朝的将官。居住在长安的突厥人将近1万。薛延陀等周边各部的酋长云集长安，尊称唐太宗为"天可汗"。

自此后，唐朝可以无后顾之忧地进军西域，统一西域。

2. 设立伊州、西州、庭州

与西突厥汗国的斗争贯穿于唐朝初年经营西域的整个过程。627年，西突厥统叶护可汗死后，西突厥汗国分裂成泥孰系与乙毗咄陆系两派，双方为了争夺大可汗之位争战不已。

唐朝最初虽然没有介入西突厥的内战，但是始终坚持以泥孰系西突厥为正统。唐灭东突厥汗国后，在伊吾附近的一些残余的突厥属部也纷纷投降唐朝。630年，伊吾所属七城亦归属唐朝，唐的势力范围向西推进到了伊吾，唐朝在此设西伊州，打开了西域的门户。632年，唐朝将西伊州改称伊州。这是唐朝政府在西域设置府、州的

第6章 西域统一，拉开隋唐丝绸之路走向繁华的帷幕

开始。伊吾管辖伊吾、纳职、柔远三县。

640年，唐又设西州，下辖高昌、柳中、交河、蒲昌和天山五县。❶西州还置有折冲府（军府），现在知道的有前庭、交河（后改称岸头）、蒲昌、天山四个折冲府。同年，又在北庭故地设庭州，下辖金满、轮台、蒲类和西海四县。❷675年，唐高宗将鄯善改为石城镇，676年，且末改为播仙镇，都归沙州管辖。❸

3. 西域诸国向唐朝朝贡

伊吾的归附行动引起了连锁反应，高昌、焉耆、龟兹、疏勒、于阗、康国、安国、石国也先后表示归附唐朝。

630年冬，高昌王麴文泰亲往长安朝见唐太宗。唐太宗赐准高昌王后宇文氏改姓李氏，并封为安乐公主，对麴文泰也优礼有加，多加赐赏。632年，游牧于热海附近的契苾部首领契苾何力率部归唐。唐朝任命契苾何力为左领军将军。635年，东突厥贵族阿史那社尔也率部归唐。同年，于阗王、疏勒王也正式归唐。这种形势为唐王朝全面统一西域提供了有利条件。

焉耆国唐初亦为西突厥所役。632年，焉耆王龙突骑支遣使向唐朝贡，并请求"开大碛道，以便行人"❹，得到了唐太宗的允许。所谓大碛道，即由阳关西出，度白龙堆沙漠，由罗布泊北到焉耆的交通线路。唐初，由于防西突厥东侵，遂禁止中原和西域使臣商贾由此道来往，而改从玉门关西行，过莫贺延碛，先至高昌，然后再到焉耆的高昌道。高昌则利用其地利，或"掠商胡，遏贡献"，或对来往使臣、商人征以重税，既损害了焉耆的利益，也不利于唐太宗执行

---

❶（宋）欧阳修、宋祁：《新唐书》卷四十，《地理四》，中华书局，1975年，第1046—1047页。
❷（宋）欧阳修、宋祁：《新唐书》卷四十，《地理四》，中华书局，1925年，第1047页。
❸ 冯承钧：《楼兰鄯善问题》，载《西域南海史地考证论著汇辑》，中华书局，1957年，第28页。
❹（宋）欧阳修、宋祁：《新唐书》卷二百二十一上，《列传第一百四十六上·西域上》，中华书局，1975年，第6229页。

招揽西域诸国的政策。

于阗国为西域南道大国，与中原各朝的关系十分密切，"自汉武帝以来，中国诏书符节，其王传以相授"[1]。王姓尉迟，役属于西突厥。贞观六年（632），于阗王遣使入贡，随后又派王子入侍于唐。贞观二十年（646），阿史那社尔征伐龟兹时，派行军长史薛方备至于阗，说服其王到长安朝觐，适值唐高宗即位，其被授予右卫大将军，并在于阗置毗沙州。[2]唐高宗时，改毗沙州为毗沙都督府。天宝年间，于阗王尉迟胜又至长安入觐，唐玄宗以宗室女下嫁，授以右威卫将军、毗沙府都督。安史之乱发生后，尉迟胜以其弟尉迟曜摄国王事，统率兵五千至中原参加平叛。唐代宗在位时期，其被晋封为骠骑大将军，并命其返国。尉迟胜坚决要求留在中原，以国王位正式让于其弟。德宗贞元年间，尉迟曜又上书唐朝，请求将随尉迟胜留在中原的儿子尉迟锐送回于阗，立为于阗王太子。尉迟胜又以"曜久行国事，人安之；锐生京华，不习其俗"[3]为由，不准锐返国。尉迟兄弟互相谦让的事，在当时的长安，受到朝野上下的好评。疏勒国王亦遣使向唐朝献名马，要求归附。唐于疏勒置疏勒都督府，下属十州。728年，唐玄宗派大理正乔梦松携鸿胪少卿赴疏勒，册封其王裴安定为疏勒王。

唐朝在西域所设立的羁縻府州大体分两种情况。

伊州、西州和庭州：其建置与内地州县基本相同，唐朝的政令如均田制、租庸调法等在这里基本得到推行，各州刺史多为汉族，而且均为流官。这三州属陇右道统辖。

---

[1] （宋）欧阳修、宋祁：《新唐书》卷二百二十一上，《西域上·于阗传》，中华书局，1975年，第6235页。
[2] （宋）欧阳修、宋祁：《新唐书》卷二百二十一上，《西域上·于阗传》，中华书局，1975年，第6235页。
[3] （宋）欧阳修、宋祁：《新唐书》卷一百一十，《尉迟胜传》，中华书局，1975年，第4128页。

第 6 章 西域统一，拉开隋唐丝绸之路走向繁华的帷幕

其他地区：焉耆、龟兹、于阗、疏勒均设都督府，各地仍保有国王，同时兼任各都督府的都督，其职位均为世袭，在行政上听命于安西都护府，具有很大的羁縻性质。唐朝在中原的政令基本不在这些地方推行。❶

全面统一西域

唐朝的北部边疆安宁后，唐太宗开始扫除丝绸之路上的障碍，完成统一西域的事业。当时的西域主要指巴尔喀什湖以南以东的新疆、青海广大区域。隋末国内动乱不已，本来已开通的西域又被两股势力阻隔。一股势力是汉族建立的高昌政权，另一股势力是西突厥。高昌地处西域和中原之间，是中西交通的枢纽。贞观初年，高昌王麴文泰多次进行分裂、破坏活动，有意堵塞中原与西域的交通，引起其他少数民族的不满，也加剧了其国内的矛盾。

此后，唐太宗开始向西发展。634年，唐击败吐谷浑，打开了通往西域的道路。640年，唐开始正式对西域用兵。

1. 平定麴氏高昌，设立安西都护府

麴氏高昌王国至唐贞观年间，长期阻绝西域通道。552年，突厥击败柔然，建突厥汗国，次年，突厥击败高昌。高昌与突厥讲和，高昌王麴乾固娶木杆可汗女为妻，高昌成为突厥附庸。由于高昌长期臣属突厥，距离西突厥的政治中心北庭又很近，所以来往于高昌的突厥官吏很多，迁居于高昌周围放牧的突厥牧民也多。高昌开始说突厥语，穿突厥服，沿袭突厥婚姻方式。

601年，麴乾固死，其子麴伯雅即位。唐初，麴伯雅仍为高昌王，虽受西突厥统治，但与唐朝仍保持着良好的关系。麴伯雅死后，麴文泰即位，此后多有来往。630年，麴文泰曾亲至长安朝觐唐太宗。

---

❶ 杨建新：《西北民族关系史》，民族出版社，2013年。

西域春秋——翻开2000年的西域卷轴

玄奘西行印度取经路经高昌时，受到麹文泰的盛情款待，并在高昌讲经说法，深受崇佛的高昌王喜爱，两人结为兄弟。高昌王麹文泰苦留不住玄奘，便厚赠玄奘金银衣物，修书24封给沿途诸国，并遣使陪同玄奘去见西突厥统叶护可汗，对玄奘西行帮助极大。有了高昌王麹文泰和西突厥统叶护可汗的鼎力相助，玄奘后面的旅途就十分顺利，一路畅通无阻。可见，高昌王国对佛教文化的传输起到了重要的作用。

但后来，因受西突厥的干涉，高昌王国与唐疏远，且"凡西域朝贡道其国，咸见雍掠"❶。自伊吾归属唐朝后，西突厥与高昌联兵多次侵袭伊吾，又侵夺焉耆三城，麹文泰还挑拨漠北薛延陀与唐朝的关系。

638年后，西突厥乙毗咄陆可汗迅速向东推进，引起了西域东部地区局势的大变动，原来与唐朝保持友好关系的高昌也倒向乙毗咄陆，转而与唐朝为敌，图谋联手攻击伊州。

唐朝与乙毗咄陆及麹文泰的关系日益紧张。640年，西突厥以伊犁河为界，划分势力范围。河东属乙毗咄陆可汗，建牙帐于镞曷山西，称北庭，统管厥越失、拔悉密、驳马、结骨、火寻、触木昆诸部。河西属沙钵罗咥利失可汗，建牙帐于睢合水北，称南庭，龟兹、鄯善、且末、吐火罗、焉耆以及石、史、何、穆、康诸国，皆受其节制。

自此，西突厥分裂为两部。两部对唐朝的政治态度不同。南庭首领咥利失臣服于唐，北庭首领乙毗咄陆对抗唐。乙毗咄陆挟持高昌王麹文泰与唐为敌，联兵进攻伊吾，切断西域与内地的联系。

为了扭转不利局面，唐太宗决计用兵西域。640年，唐王朝以吏部尚书侯君集为交河道行军大总管，率大将契苾何力领兵数万，进讨高昌。麹文泰得知唐军将到，忧惧而死。其子麹智盛继位，献城

---

❶ （宋）欧阳修、宋祁：《新唐书》卷二二一上，《西域传上·高昌传》，中华书局，1975年，第6221页。

第 6 章 西域统一，拉开隋唐丝绸之路走向繁华的帷幕

投降。不久，乙毗咄陆派驻可汗浮图城的一支支援高昌的西突厥军队也投降唐朝。乙毗咄陆系西突厥在西域东部的势力被驱逐出西域。自此，高昌麹氏王国灭亡，高昌从西域彻底消失。唐在高昌、北庭分别设西州和庭州，与伊州一起推行与内地相同的制度。唐太宗在高昌设置安西都护府，留兵镇戍西域，将唐朝的势力范围推进到了西域东部地区。

2. 安定焉耆，开通大碛道

根据当时的情况，唐太宗遂下令开通大碛道。唐攻取高昌时，焉耆出兵相助，关系十分密切。后来，在西突厥的挑唆下，龙突骑支对唐日益疏远。644年，焉耆王弟颉鼻、栗婆准叶护等贵族归降唐朝，唐太宗遂以安西都护郭孝恪为西州道总管，以栗婆准叶护为向导，唐兵经银山道攻入焉耆，俘获龙突骑支，立龙突骑支弟婆伽利为焉耆王，设立焉耆都督府。❶ 婆伽利死后，唐高宗封龙突骑支为左卫大将军，继续担任焉耆王。此后焉耆在很长一段时间里成为唐朝经营丝绸之路的重要据点。

3. 消灭龟兹，设立龟兹都督府和安西四镇

龟兹是唐初西域大国之一。其王姓白，为西突厥所役属。630年，龟兹王苏伐叠遣使向唐太宗献马。644年，郭孝恪伐焉耆时，龟兹王诃黎布失毕（苏伐叠之弟）出兵助焉耆，从此龟兹与唐朝关系紧张。647年，唐太宗任阿史那社尔为蓝丘道行军大总管，以契苾何力为副，统铁勒十三部，讨伐龟兹，俘龟兹王，龟兹归附唐朝，阿史那社尔以龟兹王弟叶护为龟兹王。648年，唐设置龟兹都督府，又将安西都护府移至龟兹。唐高宗继位后，即将诃黎布失毕封为右卫大将军，仍令其为龟兹王。

---

❶（宋）欧阳修、宋祁：《新唐书》卷二二一上，《西域传·焉耆传》，中华书局，1975年，第6229页。

648年，唐朝将焉耆（相当一段时期为碎叶）、龟兹、于阗、疏勒四镇隶属于安西都护府，史称"安西四镇"。

４．平西突厥，设庭州都护府

　　在侯君集征讨高昌的过程中，驻守于可汗浮图城的西突厥叶护，慑于唐兵声威，率部降唐。唐太宗于其地设庭州，下设金满、轮台、后庭、西海四县。

　　碎叶是唐代西北的重镇。《大唐西域记》中记述，在贞观二年（628），玄奘往印度途中所路过的素叶水城就是碎叶的同音异译。碎叶地处中西交通要道，是丝绸之路上的重要城市，安西、北庭两大都护府的驻地——龟兹和庭州都有道路通到这里，各地商人也经常在这里汇集贸易。679年，安西都护王方翼驻碎叶，筑碎叶城，"立四面十二门，皆屈曲作隐伏出没之状，五旬而毕"❶。巴尔喀什湖以东及以南的广大地区，在唐朝也是置于唐朝政府的有效管辖之下的。

５．设立瑶池都督府

　　唐太宗在对西域的战争中，始终坚持支持泥孰系西突厥的政策。泥孰系西突厥势力逐渐强盛，打败乙毗咄陆系西突厥之后，与唐朝的矛盾很快就激化了。泥孰系乙毗射匮可汗与唐朝的矛盾集中体现在分割原来由乙毗咄陆系西突厥控制的地区这个问题上。乙毗咄陆可汗败亡之后，唐太宗希望通过双方结姻的形式，得到对塔里木盆地诸国的统治权，提出以龟兹、于阗、疏勒、朱俱波、葱岭等5国作为聘礼，但被乙毗射匮可汗拒绝。后西突厥复强盛，再次兼并铁勒诸部，并霸西域诸国，而焉耆、龟兹亦凭借其势力抗唐。

　　644年和648年，唐派兵讨平焉耆、龟兹之乱，"遣使者谕降小城

---

❶（后晋）刘昫等：《旧唐书》卷一百八十五上，《良吏上・王方翼传》，中华书局，1975年，第4803页。

第6章 西域统一，拉开隋唐丝绸之路走向繁华的帷幕

七百余，西域震惧"[1]，"西突厥、于阗、安国争馈驼马军粮"[2]，唐的政治势力伸延至中亚地区，乃移安西都护府于龟兹，"统于阗、疏勒、碎叶，谓之四镇"[3]，使唐在西域的统治进一步巩固。

648年，唐太宗发动了针对乙毗射匮可汗的昆丘道行军。同年，原乙毗咄陆系的西突厥贵族阿史那贺鲁率数千帐落归附唐。唐太宗授其为左骁卫将军。唐太宗以阿史那贺鲁叶护作为西突厥十姓故地的统治者。唐在西域的势力较前代有了较大的发展。649年，唐在阿史那贺鲁的领地设置瑶池都督府，都督府设在伊犁河流域或其附近，任命阿史那贺鲁为瑶池都督，受安西都护府管辖，统领西突厥诸部。

6. 平定阿史那贺鲁叛乱，全面统一

唐太宗未来得及对西域事务做出最后安排，就去世了。唐高宗继位后，改变了唐太宗的西域政策，将被唐太宗俘虏至长安的焉耆、龟兹、于阗等国国王都送回西域，并任命滞留长安的高昌王的弟弟麴智湛为安西都护兼西州刺史，担任了西域最高军事、行政首脑。

但是，由于唐在西域的行政设施欠完备，军事力量也非常薄弱，已经担任了唐瀚海都督的西突厥首领阿史那贺鲁借唐之力，击败其对手，并于651年发动叛乱，进犯庭州，劫掠轮台、蒲类等地，使唐在西域的势力受到了极大的打击，甚至面临着完全退出西域的危险。唐高宗命梁建方、契苾何力征讨阿史那贺鲁，收复了被占之地。653年，唐撤销瑶池都督府，任命大将军程知节（程咬金）为葱山道行军大总管，继续全力讨伐阿史那贺鲁。

657年，唐高宗对西突厥发动大规模征讨，以苏定方为伊丽道行

---

[1] （宋）欧阳修、宋祁：《新唐书》卷二百二十一，《龟兹传》，中华书局，1975年，第6231页。
[2] （宋）司马光：《资治通鉴》卷一百九十九，《唐纪十五》"太宗贞观二十二年"条，中华书局，1975年，第6265页。
[3] （后晋）刘昫等：《旧唐书》卷一百九十八，《龟兹传》，中华书局，2000年，第3609页。

军总管,在额尔齐斯河西岸大败阿史那贺鲁。西突厥各部纷纷投降,原西突厥的十姓部落及其所属领地全部纳入唐的版图。阿史那贺鲁父子逃亡石国,西突厥汗国灭亡。这样,西突厥完全平定,西域完全统一,原臣服于西突厥的中亚诸国也随之归附。

唐初步完善了其在西域的政治统治格局,形成了以伊、西、庭三州为核心,以安西都护府为保障,以羁縻府州为依托的多层次的统治结构。在波斯以东原西突厥统治的地区设置了众多羁縻都督府、州。658年,唐设匐延都督府、嚃鹿州都督府、絜山都督府、盐泊州都督府、双河都督府和鹰娑都督府,又置昆陵、濛池二都护府来统辖,都隶属于安西大都护府。❶这一时期前后在庭州还曾设立过金山都护府,与安西大都护府一起分管西域,管辖天山以北及吐鲁番盆地的广大地区。唐在西域的疆域较之两汉更加广大,东至玉门关、阳关,西到中亚和波斯。

此后,由于吐蕃和大食的介入,西域局势屡经变动,唐在西域的军事、行政组织及羁縻府州的具体设置都发生了较大的变动。❷唐对西域的长期统治,使西域社会摆脱了西突厥各派长期混战的局面,促进了西域各国生产的发展,从而为陆路交通的大发展提供了有利的社会条件和物质保障。

702年,武则天在庭州设立了北庭大都护府,统治天山北路。将原安西大都护府下辖的昆陵都护府、濛池都护府划归其管辖。昆陵都护府下有23个都督府。北庭都护府管辖天山以北及巴尔喀什湖以东、以南的广大地区,西达咸海地区。安西都护府统治天山南路。于是,葱岭以东大部分领土都纳入唐的版图。

这样,经大唐几代统治者的共同努力,大唐的势力及贸易范围

---

❶ (宋)欧阳修、宋祁:《新唐书》卷二百一十五下,《列传第一百四十下·突厥下》,中华书局,1975年,第6063页。

❷ 吴玉贵:《突厥汗国与隋唐关系史研究》,中国社会科学出版社,1998年,第429页。

第6章 西域统一，拉开隋唐丝绸之路走向繁华的帷幕

远达中亚、西亚，甚至远及咸海、里海和帕米尔高原东西南北的地区。随着连年征讨西域，唐进一步加强了与西方文化的交流，扩大了唐与西方交往的范围，拓宽了中西亚各国的贸易渠道。由此，陆上丝绸之路更加通达，中外交往更加频繁。贞观年间，丝绸之路进入了鼎盛时期，使西方世界充分看到东方文明的力量。

唐朝在西域的军政建制与经略

唐朝边疆民族地方管理机构主要是羁縻府州等建置。在唐朝，中亚各国先后臣服，接受册封，唐于各国地置州府。

贞观初年，因山川形势分全国为十道，分别论述如下❶：

京兆、同、华、商、岐、邠、陇、泾、原、宁、庆、鄜、坊、丹、延、灵、会、盐、夏、绥、银、丰、胜为关内道。

洛、汝、陕、虢、郑、滑、许、颍、陈、蔡、汴、宋、亳、徐、濠、宿、郓、齐、曹、濮、青、淄、登、莱、棣、兖、海、沂、密为河南道。

蒲、晋、绛、汾、隰、并、南汾、辽、沁、岚、石、忻、代、朔、蔚、泽、潞为河东道。

怀、孟、魏、博、相、卫、澶、贝、邢、洺、磁、恒、冀、深、赵、沧、景、德、易、定、幽、涿、瀛、莫、燕、檀、营、平为河北道。

荆、峡、归、夔、沣、朗、忠、涪、万、襄、唐、随、邓、均、房、郢、复、金、梁、洋、利、凤、兴、成、扶、文、壁、巴、蓬、通、开、隆、果、渠为山南道。

秦、渭、河、鄯、兰、阶、洮、岷、廓、叠、宕、凉、瓜、沙、甘、肃为陇右道。

扬、楚、滁、和、寿、庐、舒、光、蕲、黄、安、申为淮南道。

润、常、苏、湖、杭、睦、越、衢、婺、括、台、福、建、泉、

---

❶ （宋）司马光：《资治通鉴》卷一百九十二，《唐纪八》"太宗贞观元年二月"条，中华书局，1956年，第6033—6034页。

宣、歙、池、洪、江、鄂、岳、饶、信、虔、吉、袁、抚、潭、衡、永、道、郴、邵、黔、辰、夷、思、巙为江南道。

益、嘉、眉、邛、简、资、嶲、雅、南会、翼、维、松、姚、恭、戎、梓、遂、绵、剑、合、龙、普、渝、陵、荣、泸为剑南道。

广、番、循、潮、南康、泷、端、新、封、南宕、春、罗、南石、高、南合、崖、振、邕、南方、南简、淳、钦、南尹、象、藤、桂、梧、贺、连、南昆、静、乐、南恭、融、容、牢、南林、南扶、南越、南义、交、陆、峰、爱、南德为岭南道。

733年，唐又增置15道。唐朝边疆民族地区的羁縻府州主要在关内道、河北道、陇右道、剑南道和岭南道。"突厥、回纥、党项、吐谷浑隶关内道者，为府二十九，州几十。突厥之别部及奚、契丹、靺鞨、降胡、高丽隶河北者，为府十四，州四十六。突厥、回纥、党项、吐谷浑之别部及龟兹、于阗、焉耆、疏勒、河西内属诸胡、西域十六国隶陇右者，为府五十一，州百九十八。羌蛮隶剑南者，为州二百六十一。蛮隶江南者，为州五十一，隶岭南者，为州九十二。又有党项州二十四，不知其隶属。大凡府州八百五十六。"❶羁縻府州主要统辖于单于、安北、北庭、安东、安西、安南六大都护府。其中，安西、北庭两大都护府管辖西域，安北、单于两大都护府管辖北疆，安东大都护府管辖东北，安南大都护府管辖南疆。仅661年，即于中亚各地设置16个都府、70个州、110个县、126个军府。

在伊、西、庭三州和隶属州县的罗布淖尔一带，唐的行政军事管理制度完全与中原地区相同，在西域其他地区则实行都护府、都督府、州制度。在这部分地区内，唐任命原来的酋长或国王担任都督、州刺史等实职，授与中郎将、大将军、公、王等爵衔称号。西域各部及中亚诸国有义务出兵马及军需物资助唐作战。唐制作货币，西

---

❶ （宋）欧阳修、宋祁：《新唐书》卷四三下，《地理志七下·羁縻州》，中华书局，1975年，第1119—1120页。

第6章 西域统一，拉开隋唐丝绸之路走向繁华的帷幕

域各地亦遵唐钱法形制铸钱流通。

由于唐行使有效的行政管理，各项政令贯彻一如中原各府、州，社会安定，丝绸之路畅通，各族人民往来迁徙，经济文化交流日益频繁，入居中原的突厥人不少成为唐的名将大吏，汉族人的踪迹更是遍布天山南北，远及中亚地区。驻守西域的卫戍、屯田士兵对开发和保卫边疆起了很大作用。大量汉族人进入西域，中原文化也随之在西域广泛传播。

都护府与大都护府的重要区别之一：大都护为从二品，都护为正三品，两者相差半级。

唐代西域的军政建制是根据中央政府的统一规定实行的。最高军政建制是安西、北庭两大都护府。安西大都护府管辖安西四镇和葱岭以西、波斯以东、阿姆河以南的共计20个都督府。北庭大都护府统辖昆陵、濛池两个都护府所管辖的天山以北、楚河以西至里海以北的广大地区，共计23个都督府。

大都护府为唐在西域的最高军事、行政机关。大都护职责明确：招抚并安置归附唐的各部族；维护所管辖区内的社会秩序；对付外来军事寇掠；考察所属官员，论功行赏或量罪惩处。

大都护府下分军事、行政两大系统。

其一，军事系统。

安西大都护统领龟兹、于阗、疏勒、焉耆及碎叶5个重镇，各镇设镇守使。镇守使多由副大都护兼职。除这5个重镇外，8世纪中叶以前，西域的一般军事建制是军、守捉、城、镇。741年，唐在西域设安西四镇节度使与北庭伊西节度使。唐在西域的军队，凡属于各军、守捉、城、镇的，每年换防，"烽戍逻卒，万里相继"❶。这些戍卒有战事则打仗，无战事则守戍边防。各羁縻都督府、州有自己的武装，其主要任务：平时镇守封疆，维持本地区的社会秩序；遇有

---

❶（后晋）刘昫等：《旧唐书》卷一百九十六上，《吐蕃传上》，中华书局，2000年，第3562页。

战事，则由安西、北庭两大都护凭朝廷所颁"天子信宝"（兵符）调遣，参与战事。

其二，行政系统。

在东部汉族民众较集中的地区，实行州、县两级行政管理。例如：伊州辖伊吾、纳职、柔远三县，西州辖柳中、高昌（740年改名前庭）、交河、蒲昌、天山五县，庭州辖金满、轮台、蒲类、西海四县。县下有乡、里基层组织。州、县严格执行唐朝政府在全国推行的均田制和租庸调制、府兵制度；同时，设驿站、驿馆。这些措施使新疆东部地区在政治、经济、军事和文化诸方面与内地一体化。在西突厥和其他民族聚居的地区，推行羁縻政策，实行羁縻府州制。

唐在西域推行的军事、行政制度，其组织之完备，职责之明确，执行政令之统一，效果之显著，超过了以往的任何朝代。

唐朝在西突厥地区的行政设施

657年，唐平定阿史那贺鲁之乱，不仅恢复和稳定了唐在天山南北所设三州、四都督府，而且对西突厥"裂其地为州县"，把唐朝的行政设施进一步推行到阿尔泰山脉以南及锡尔河、阿姆河之间的广大地区。

在西突厥五咄陆部地区，即碎叶以东，设昆陵都护府。其管辖范围大体是北至阿尔泰山脉，南至天山，东起准噶尔盆地，西至楚河。以阿史那弥射为兴昔亡可汗，兼骠骑大将军、昆陵都护，统西突厥五咄陆部，管辖昆陵都护所属各都督府。

在西突厥五弩失毕部地区，即碎叶河以西，置濛池都护府。其管辖范围大体是东自碎叶河以西，西到里海，碎叶及怛罗斯等地是这个都护府辖区的重要据点。阿史那步真被任命为继往绝可汗，兼骠骑大将军、濛池都护，领五弩失毕部。

葱岭及其以西在阿史那贺鲁叛乱时为阿史那贺鲁所据。659年，

第 6 章　西域统一，拉开隋唐丝绸之路走向繁华的帷幕

阿史那贺鲁余党思结阙俟斤都曼率所部及疏勒、朱俱波、羯磐陀等复叛。高宗命苏定方率兵征讨，年底，都曼等归降，"葱岭以西悉定"❶。唐朝派遣官员到葱岭以西，"访其风俗、物产及古今废置，尽图以进"❷。661年，"以陇州南由令王名远为吐火罗道置州县使，自于阗以西，波斯以东，凡十六国以其王都为都督府，以其属部为州县，凡州八八，县一一〇，军府一二六"❸，"唐之州县极西海矣"❹。

此外，唐在"昭武诸国"，陆续在康国设康居都督府，在石国设大宛都督府，在安国设安息州等。❺

上述各地的羁縻府州在701年以前都归安西都护府管辖。702年，为了进一步加强对西域地区的管辖，改庭州为北庭大都护府，将昆陵、濛池两都护府所辖的天山以北、巴尔喀什湖以东以南的原西突厥地区划归北庭大都护府管辖，将安西大都护府辖区划小，只管天山以南和葱岭以西、"昭武诸国"等地。

唐朝西域的经济文化及西域与中原经济文化的交流

1. 社会经济

唐统一西域后，实行"因俗施治"政策，使西域的社会经济进一步发展。在汉民集中的伊、西、庭三州，实行与内地相同的各项制度，不仅加强了边疆地区的政治、文化向心力，而且为地方财政直接提供赋税支持。唐朝政府将在内地实行的均田制和租庸调制也

---

❶（宋）欧阳修、宋祁：《新唐书》卷一百一十一，《苏定方传》，中华书局，1975年，第4138页。
❷（宋）王溥：《唐会要》卷三十六，"安西都护府"条，中华书局，1985年，第656页。
❸《新唐书》《唐书》《唐会要》等。所记数目各不相同。此数从《新唐书》。
❹（宋）欧阳修、宋祁：《新唐书》卷一百一十一，《苏定方传》，中华书局，1975年，第4138页。
❺（宋）欧阳修、宋祁：《新唐书》卷二百二十一下，《西域传》，中华书局，1975年，第6143—6150页。

西域春秋——翻开2000年的西域卷轴

推行到西域。西州与内地一样实施均田制和租庸调,还有商税。719年,唐朝政府下令,要求焉耆、龟兹、疏勒、于阗等军镇向西域商贾征收商税,以补充军费。

唐在西域的屯田规模进一步扩大,仅安西四镇屯田士卒即达3万人左右。于阗的玉雕、采金,龟兹的铜铁冶炼始终是手工业的亮点。

天山北麓的突厥各部,除继续经营传统的游牧业外,已开始选择城堡居住。城堡在其社会生活中发挥着越来越大的作用,靠近汉人聚居区生活的突厥人还学会了农业生产,懂得了兴修水利。回鹘西迁后,逐渐由游牧转入农业定居,相继在新疆地区建立了西州回鹘政权和喀喇汗王朝。

西域与内地的商业贸易往来频繁,丝绸之路空前繁荣。长安城中经常住有大批的西域商人,盛时有几千人。"无数铃声遥过碛(沙漠),应驮白练(丝绸)到安西",这是唐朝诗人张籍描写当年无数骆驼驮着丝绸,在驼铃叮当声中疾步穿越浩瀚沙漠奔向西域的繁忙盛况。隋唐时期,丝绸之路的经济贸易空前繁盛,唐朝货币大量流入西域。唐朝的开元通宝、乾元重宝、大历元宝、建中通宝等钱币在西域有大量出土。

2. 文化艺术

这一时期,西域各民族文化与中原文化及西来文化进一步交汇、吸收、融合,内容十分丰富,突厥语成为这一地区的官方语言。除突厥文外,还有汉文、粟特文、波斯文等多种文字并行西域。

在音乐和舞蹈方面,龟兹乐、高昌乐、疏勒乐、柘支舞、胡旋舞、胡腾舞、拔头舞等流行于西域和中原。西域舞在长安颇为流行,胡旋舞风靡宫廷。西域和内地的绘画艺术互相影响,这使中原的绘画艺术得到提高。于阗画家尉迟乙僧的凹凸画法对唐朝画家吴道子的影响很大。

第6章 西域统一，拉开隋唐丝绸之路走向繁华的帷幕

在唐朝的伊、西、庭三州地区，儒家思想传播较广，在吐鲁番考古发掘中有儒家经典的抄本出土。西域佛教盛行，不少西域高僧前往中原弘扬佛法或翻译佛经。龟兹都城西门外大路的两侧，各立有高达90余尺的巨大佛像。中原高僧也前往西域，或经过西域前往西天取经。唐初玄奘西行印度求法，往返17年，旅程5万里。通过《大唐西域记》，我们看到了西域诸国的面貌，同时玄奘对我国文化的西传也做出了不可估量的贡献。

《大唐西域记》记载的内容既有玄奘亲身经过的西域及天竺的110个国家，也有他听闻的28个国家，同时还附带提及12个国家。书中记载了玄奘在取经途中所见国家的都城、疆域、政治、历史、地理、语言、文化、物产、气候、宗教信仰以及风土人情等，是研究古代中亚及印度历史的重要史料。

3. 西域与中原经济文化的交流

唐朝，西域和内地的经济文化交流进入一个新的发展阶段。唐朝西域各民族文化与中原文化以及西来文化的相互交汇、吸收、融合，大大丰富了中华文化宝库。此时期，西域和内地的贸易十分活跃，来往商旅络绎不绝。在吐鲁番和巴楚出土的大量唐朝的丝织物和棉织物，就是有力的证明。在丝织物中，特别是织锦，无论是织法还是纹饰，都是空前丰富多彩的，反映了唐朝织物工艺的多方面成就。出土的《高昌县上安西都护府牒》是与织物有关的文字资料，说明当时在今天新疆西部运输丝织物的数量相当大，动以百匹计算，运输工具除骆驼外，还有牛、驴，反映了内地织物运销西域的情况。其中提到的弓月城，是当时丝绸贸易的中心之一。❶

唐朝也是我国古代文化的兴盛时代，西域和祖国内地的文化交流是其中的重要组成部分。从新疆发现的大量历史文物充分说明内地文化对西域的影响之深。1959年，在若羌县米兰古堡发现回鹘人

---

❶ 张国领、裴孝曾：《龟兹文化研究》，新疆人民出版社，2006年，第516页。

坎曼尔用汉文书写的两张诗签,一张是坎曼尔在851年自写的三首诗,第一首《忆学字》就提到祖孙父子热心学习汉文的情况。1969年,在吐鲁番发现的710年长达5.38米的手抄本《论语郑玄注》,是12岁的西州高昌县人卜天寿抄写的。这些都说明吐鲁番的儿童在唐代启蒙学习中和内地儿童所学的内容是一样的。

在音乐方面,唐太宗时制的"十部乐"中的龟兹乐、疏勒乐、高昌乐均源于西域。龟兹乐在唐朝的歌舞音乐中常同其他乐一起演奏。

在绘画方面,唐朝开始出现利用颜色分深浅,给人以立体感觉的"凸凹画法"。这是由尉迟乙僧及其父尉迟跋质那介绍到内地来的,他们的画"小则用笔紧劲,如屈铁盘丝,大则洒落有气概"❶,被誉为"神品",使唐朝的绘画风格起了崭新的变化。

在语言文学方面,疏勒迁居内地的高僧慧琳撰成《大藏音义》,这是研究音韵学的巨著。很多唐朝著名诗人也写了不少反映西域各族人民生活和西域风光的诗歌。唐朝著名诗人岑参于754—756年在北庭大都护府任职,他写了很多歌颂祖国西北边疆风光的诗歌。

在宗教方面,直到982年,宋朝使臣王廷德到高昌时,还看到"佛寺五十余区,皆唐朝所赐额,寺中有《大藏经》《唐韵》《玉篇》《经音》等"❷,反映了唐朝高昌宗教盛行的情况和汉族文化对少数民族文化的深远影响。

在唐朝,还有些西域人在唐朝政府中任职。如于阗王尉迟胜,"天宝中,入朝,献名玉、良马。玄宗以宗室女妻之,授右威卫将军、毗沙府都督"❸;祖籍疏勒人的裴玢,曾任郝坊和山南西道节度使;安

---

❶ (唐)张彦远:《历代名画记》卷九,江苏美术出版社,2007年,第218页。

❷ (宋)王延德:《王延德历叙高昌行程所见》,载(宋)王明清:《挥麈录》卷四,上海书店出版社,2001年,第30页;(元)脱脱等:《宋史》卷四百九十,《外国传六·高昌国》,中华书局,1985年,第14113页。

❸ (宋)欧阳修、宋祁:《新唐书》卷一百一十,《尉迟胜》,中华书局,1975年,第4127页。

第6章 西域统一，拉开隋唐丝绸之路走向繁华的帷幕

西（龟兹）人白孝德，曾参与平定"安史之乱"和击败吐蕃的战斗，被封为昌化郡王。

4. 回鹘的内迁与汉化

唐朝末期，在西域历史上发生了一次具有重要意义的事件：原居鄂尔浑河流域的回鹘人大批迁入西域，使西域的民族成分发生了深刻的变化。

"回鹘"为我国史籍上对唐朝游牧在漠北蒙古高原一带的古代维吾尔族的称呼（或更正确地说是汉文中的写法）。❶回鹘（回纥）人源自匈奴统治的西丁零部落，跟突厥属同源异流。

回鹘族源最早可追溯到汉朝时的赤狄、丁零，北魏时为铁勒六部之一的袁纥部。5世纪末，铁勒诸部反抗北魏征兵，在斗争中袁纥部崭露头角，成为铁勒诸部中较强的一部。回鹘由内九族（又称九姓回纥）和外九族（又称九姓乌古斯）组成。

628年，回纥归属于薛延陀。630年，唐朝军队与回纥、薛延陀一起，推翻了东突厥政权。646年，回纥配合唐朝军队，平息了薛延陀的叛乱。647年，唐朝政府在漠北地区实行府州制度。以回纥部为瀚海都督府，委任回纥首领吐迷度为怀化大将军、瀚海都督。都督以下又任命了刺史、长史、司马等官，为数竟至数千人。唐朝政府派大臣李素立为燕然都护，统率瀚海等六个都督府和七个州。唐朝政府还发给都督、刺史玄金鱼符，以黄金为文。❷从此，回纥地区正式成为唐朝直接管辖下的一个行政区域。

8世纪中期，回纥与拔悉密、葛逻禄部一起反抗突厥，于744年取代突厥，在蒙古高原建立漠北回鹘汗国。漠北回纥汗国第一代可汗

---

❶ 耿世民：《回鹘文主要文献及其研究情况》，载《耿世民新疆文史论集》，中央民族大学出版社，2001年，第43页。
❷ （宋）欧阳修、宋祁：《新唐书》卷二百一十七上，《回鹘上》，中华书局，1975年，第6112—6113页。

为药罗氏族出身的骨力裴罗,唐任命他为奉义王,册封为"骨咄禄毗伽阙怀仁可汗"[1]。回纥与唐朝政府一直在政治、经济、文化等方面保持着十分亲密的关系。骨力裴罗死后,其子磨延啜继位,是为葛勒可汗。磨延啜分封其二子统治汗国的东西两部分。

唐朝"安史之乱"期间,回纥应唐朝的请求出兵帮助平定叛乱。757年,回纥王子率军援唐,把长安、洛阳从叛军手中夺回。758年,唐把宁国公主嫁给葛勒可汗,同时封他为"英武威远毗伽可汗"。此时,唐与回纥的关系非常密切。

762年,回纥再次出兵帮助唐朝政府平定"安史之乱",在维护祖国的统一、维护唐中央政权、安定社会秩序等方面,与汉族人民结下了深厚的情谊。788年,回纥武义成功可汗上书唐朝政府,请求把"回纥"改称"回鹘",唐朝政府同意了这一请求,并册封可汗为"汨咄禄长寿天亲毗伽可汗"[2]。

马绢贸易是回鹘与唐进行交换的主要项目。回鹘的很多商人长期居住在长安等地,从事贸易活动和高利贷活动。唐先后把三个公主嫁给回鹘可汗,每次公主出嫁都带去大批珍贵财物、书籍、工匠和随从人员,这样把汉族的先进文化和生产技术也带入了回鹘地区,使回鹘的社会生活发生了变化。其仿照汉族的建筑艺术修建了"公主城""富贵城""可汗城""可敦城"等。回鹘还采取唐朝开元历法,直到回鹘西迁以后还在使用。

9世纪30年代末,连续几年的风雪灾害和瘟疫严重地破坏了回鹘经济,再加上统治集团内讧和邻族的侵袭,回鹘迅速分崩离析。840年,回鹘渠长(将军)句绿莫贺勾结黠戛斯部攻陷回鹘可汗城,杀可汗。于是,回鹘除一部分向南迁徙与汉族和其他民族逐渐融合外,其余

---

[1] (宋)欧阳修、宋祁:《新唐书》卷二百一十七上,《回鹘上》,中华书局,1975年,第6114页。

[2] (宋)欧阳修、宋祁:《新唐书》卷二百一十七上《回鹘上》,中华书局,1975年,第6124页。

第6章 西域统一，拉开隋唐丝绸之路走向繁华的帷幕

的分三支西迁。回鹘族大量西迁并定居西域的时期，正值唐朝政权灭亡，中原地区进入五代十国，西北边疆也处于割据状态。

一支迁到甘肃河西走廊的瓜州、甘州、凉州等地，历史上称河西回鹘（甘州回鹘）。河西回鹘在元代称撒里畏兀，明代称撒里畏兀儿。他们和当地的蒙古族、汉族等长期相处，相互融合，发展成现在的裕固族。

一支迁到葱岭以西，称葱岭西回鹘。其在原北庭、安西两大都护府所辖地区的西部，包括巴尔喀什湖以东、以南的广大地区；940年，建立了以中国葛逻禄和回鹘族为主体的黑汗王朝，这个政权有两个中心，一个在喀什噶尔，另一个在八剌沙衮。

还有一支迁到吐鲁番盆地，称高昌回鹘或西州回鹘。这是回鹘中最主要的一部分。866年，这支回鹘在首领仆固俊的率领下，打败了当时称霸西域的吐蕃贵族，自北庭出击，收复西州、轮台等地，使回鹘人在西域定居下来。仆固俊派使向唐朝政府报告了这一消息，并献俘请命。高昌回鹘和葱岭西回鹘在进入西域以后，与西域各民族长期相处，逐渐融合，形成现在的维吾尔族，成为今天新疆维吾尔自治区的主体民族。

从安西、北庭都护府的设置看唐朝对西域的治理

安西大都护府原管辖整个西域地区。702年，唐在金山都护府的基础上，设立了北庭大都护府，原濛池、昆陵、金山三都护府的辖区改归北庭大都护府。这样，北庭大都护府管辖天山以北、巴尔喀什湖以东以南地区，安西大都护府则管辖天山以南和葱岭以西广大地区。两大都护府各辖有若干都督府州。

安西大都护府和北庭大都护府的管辖范围

安西大都护府管辖范围	北庭大都护府管辖范围
龟兹都督府、毗沙都督府、焉耆都督府、疏勒都督府、妫塞都督府、渠黎都督府、月支都督府、大汗都督府、条支都督府、天马都督府、高附都督府、修鲜都督府、写凤都督府、悦般州都督府、奇沙州都督府、姑墨州都督府、旅獒州都督府、昆墟州都督府、至拔州都督府、鸟飞州都督府、王庭州都督府、波斯都督府、康居都督府、大宛都督府，以及休循州、安息州、乌垒州、和墨州、温府州、蔚头州、遍城州、耀建州、寅度州、猪拔州、达满州、蒲顺州、郖及满州、乞乍州	匈延都督府、嚈鹿州都督府、洁山都督府、双河都督府、鹰娑都督府、盐泊州都督府、阴山州都督府、大漠州都督府、玄池州都督府、金附州都督府、轮台州都督府、金满州都督府、咽面州都督府、盐禄州都督府、哥系州都督府、孤舒州都督府、西盐州都督府、东盐州都督府、叱勒州都督府、迦瑟州都督府、悉洛州都督府、沙陀州都督府、答烂州都督府，以及特伽州、鸡洛州

（据《新唐书·地理志七下》整理）

　　唐在西域两大都护府之下还设有军、镇、城、守捉、戍、堡等基层军事建置，驻有数量不等的兵马。据统计，在安西大都护府辖境，共有于阗、疏勒、焉耆、龟兹、碎叶5大军，有且末、固城、吉良、皮山4个军镇，有兰城、坎城、葱岭、张三城、于术、榆林、龙泉、东夷辟、赤岸9个守捉城，有栗楼烽、碎卜戍、移杜、彭怀4个戍堡。在北庭大都护府辖境，有伊吾军、天山军、瀚海军、静塞军、清海军5大军，有神仙、蒲类、郝遮、碱泉4个小军镇，有沙钵城、冯洛、耶勒、俱六、张堡城、乌宰、叶河、黑水、东林、西林、罗护、赤亭、独山、柔远14个守捉城，1个特罗堡❶。

　　710年，安西、北庭两大都护府又设立节度使和都知兵马使，专掌军事。大都护一般兼任节度使，副大都护兼任都知兵马使。

　　安西、北庭两大都护府对西域的管辖主要包括以下几方面。

---

❶ 钱伯泉：《唐朝在西域的军事建置研究》，《新疆历史研究》，1985年第1期。

第6章 西域统一,拉开隋唐丝绸之路走向繁华的帷幕

1. 推行唐朝的行政法令

作为唐朝在西域的最高军政机构,贯彻执行唐朝的行政法令,是安西、北庭两大都护府的重要职责。690年,武则天曾向全国颁发《大云经》,"令诸州各置大云寺"❶。安西、北庭两大都护府都执行了这一政令,在龟兹、疏勒和碎叶等地修建了大云寺。❷一直到751年,还有人看到碎叶大云寺建筑物。❸701—704年,唐朝颁布诏令:"四镇经略使禁止慊使私马、无品者肉食。"719年,唐朝又诏令"焉耆、龟兹、疏勒、于阗征西域贾,各食其征,由北道者轮台征之"❹。于是,安西、北庭两大都护府设立了"孔目司"机构,负责征收商税有关事宜。❺租庸调制也在这里推行了。此外,大量唐朝钱币在今中亚地区出土。这些钱币上一面铸有汉字,一面铸有突厥文字和当时西域其他少数民族的文字。这一切都有力地证明了安西、北庭两大都护府在西域认真贯彻执行了唐朝的法令制度。

2. 统辖驻军

唐朝在西域的驻军,有的是从内地征来的丁壮卫士,有的是以中原内地重罪流配的犯人充当,也有的是由内地汉军调防而来,还有的则是由当地少数民族丁壮组成。总之,唐朝在西域的驻军既有汉族也有少数民族,即所谓"蕃汉之兵"。瑶池都督府设立后,唐太宗就曾问"蕃汉之兵如何处置"❻,反映了唐朝西域驻军的民族成分。

---

❶ (后晋)刘昫等:《旧唐书》卷六,《则天皇后本纪》,中华书局,1975年,第121页。
❷ 《敦煌石室访书记》,译文见《北平图书馆馆刊》第9卷。
❸ (唐)杜佑:《通典》卷一百九十三,《边防九·石国》,引杜环《经行记》,"碎叶"条,岳麓书社,1995年,第2753页。
❹ (宋)欧阳修、宋祁:《新唐书》卷二百二十一上,《西域传上》,中华书局,1975年,第6230页。
❺ 杨建新、卢苇:《唐代的安西、北庭两大都护府》,载《新疆历史论文集续集》,新疆人民出版社,1982年。
❻ (唐)李靖:《兵法七书》,载《玉海》卷一百三十三,"官制·唐安西大都护府"条,广陵书社,2003年,第2453—2454页。

西域春秋——翻开2000年的西域卷轴

安西、北庭两大都护属下，由军、镇等不同军事建置组成了严密的军事系统。这些等级不同的军事建置都设有定额军兵。一般说来，都护府所属的军、镇兵马，要在都护的提调下参加规模较大的征战。守捉、戍堡等军兵负责所辖地区的巡逻防守，击退来犯之敌，检查往来行旅，捕捉在逃罪犯，维护社会治安。碎叶❶就是唐朝在西域的军事重镇，保大军、瀚海军、天山军都曾在这里屯驻。上述驻军均归两大都护府统辖，以履行保卫唐朝西北地区疆土之责。

3. 开发屯垦，管理屯田

唐朝为稳定西域大局，在完全统一西域全境后着手实施长治久安的战略措施，在西域开始大规模屯田实边，开发和经营农牧业，积极发展社会生产，以稳定大局。其屯垦地域主要有三大块：

北疆地区，主区包括伊吾、庭州、轮台和清海四地。

南疆地区，包括西州、焉耆、龟兹、疏勒、于阗等地。

中亚地区，即碎叶城。

唐朝统一西域的主要进程是依靠军事打击突厥汗国分裂割据势力，有效平定西域各地的反唐叛乱，最终战胜吐蕃而完成的。因此，唐朝开发西域、经略西域的整个过程都离不开军事打击，其在西域的屯垦也主要是以军屯垦殖为主。

4. 管理驿站和驿馆，负责征收贡品

唐朝驿站制度规定，在交通要道上，30里路设一驿站，偏僻道路上，30里路设一驿馆。唐朝在西域设有宁戍驿，在焉耆设有吕光

---

❶ 最初的安西四镇是龟兹、疏勒、于阗和碎叶。《旧唐书·西戎传》记载："先是，太宗既破龟兹，移置安西都护于其国城，以郭孝恪为都护，兼统于阗、疏勒、碎叶谓之四镇。"可见碎叶为唐朝最初所设安西四镇之一。但702年武则天增设北庭都护府，将昆陵、濛池两都护府所辖天山以北西突厥地划归北庭大都护府，则原属于安西大都护的碎叶亦改属于北庭大都护辖区，安西四镇缺了一镇，遂有《新唐书·西域传》所载719号"安西节度使汤嘉惠表以焉耆备四镇"之举。此后，安西四镇即为龟兹、于阗、疏勒和焉耆，而无碎叶。

第6章 西域统一，拉开隋唐丝绸之路走向繁华的帷幕

馆、新城馆，在交河县设有龙泉馆。从碎叶到疏勒镇沿途设有济浊馆、谒者馆、葭芦馆、羯饭馆。唐朝官员及其家人以及军士往来，可乘用驿站的马、驴。

755年，安史之乱爆发。为平定叛乱，唐朝把安西、北庭两大都护府所属军兵大部分调入中原内地。这样就造成西域防务空虚。760年，吐蕃联合葛逻禄，攻占了天山南北许多地方。北庭大都护府的李元忠、安西大都护府的郭昕，在沙陀、回纥的支持下，率领官兵坚守北庭和龟兹20余年。780年，李元忠和郭昕派人取道北方回纥路，到达长安，向唐朝中央政府报告了西域情况。后来，吐蕃击败回纥，李元忠、郭昕失去后援。787年和790年，安西大都护府和北庭大都护府相继被吐蕃攻陷。这两大最高地方军政建置不复存在。安西大都护府总计存在148年，北庭大都护府总计存在90年。唐朝安西、北庭两大都护府在西域地区曾起过重大作用。

7世纪中叶，大食兴起，并不断向东扩张，其势力与安西大都护府所辖葱岭以西诸府州相接。8世纪初，大食势力侵入安西大都护府辖区进行骚扰和掳掠，吐火罗道诸府州纷纷向唐告急，要求安西大都护抗击大食。715年，大食占据拔汗那，其主"奔安西求救"❶，张孝嵩率出龟兹西数千里，击败大食，保卫了葱岭以西各地。719年，安息州（以昭武诸姓的安国置此州）刺史上表，要求唐"敕下突骑施令救臣等"❷。同年，康居都督府上表要求唐"送多少汉兵来此，救助臣苦难"❸。俱密国也上表说："伏望天恩，处分大……臣等即得长

---

❶ （宋）司马光：《资治通鉴》卷二一一《唐纪》二十七，"玄宗开元三年"条，中华书局，1956年，第6713页。
❷ （北宋）王钦若等：《册府元龟》卷九九九，《外臣部·入觐请求》，中华书局影印本，1960年，第11722—11723页。
❸ （北宋）王钦若等：《册府元龟》卷九九九，《外臣部·入觐请求》，中华书局影印本，1960年，第11722—11723页。

久守把大国西门。"❶727年，吐火罗叶护又上表说："若不得天可汗救活，奴身自活不得……求防守天可汗西门不得。"❷唐朝羁縻府州的这些表文，一方面反映了当时大食东侵给各族人民带来的严重灾难，另一方面反映出当时唐朝与西域各族关系密切。安西、北庭两大都护府在维护西域安全、反抗外来侵略方面起着十分重要的作用。

此外，在国内，吐蕃贵族勾结少数西突厥贵族从南边不断对西域进行骚扰，安西四镇就成了他们攻击的主要目标。670年，吐蕃贵族攻陷安西四镇，安西大都护迁至西州。692年，唐朝政府命武威道总管王孝杰与阿史那忠节等率兵击退吐蕃贵族，恢复了四镇（这时的安西四镇仍为龟兹、于阗、疏勒、碎叶）❸，并在龟兹镇驻军三万。722年，吐蕃贵族又以"假道攻四镇"为名，占据小勃律九城，其王忙求救于北庭节度使张孝嵩。张孝嵩立即派疏勒副镇守使张思礼以步骑四千，与小勃律兵配合，击退吐蕃❹，但吐蕃贵族并未停止对西域的侵袭，用软硬兼施的手段控制了小勃律，使西域"二十余国皆羁属吐蕃"❺。当时的安西节度使田仁琬曾三次发兵征讨，皆无功而返。747年，唐朝命高仙芝征讨吐蕃。唐兵登帕米尔，越兴都库什山，击退了占据小勃律的吐蕃兵，俘获小勃律王。此役的胜利使"诸胡七十二国皆震恐，咸归附"❻。后吐蕃贵族仍不断骚扰西域，但均被击

---

❶（北宋）王钦若等：《册府元龟》卷九九九，《外臣部·入觐请求》，中华书局影印本，1960年，第11723页。

❷（北宋）王钦若等：《册府元龟》卷九九九，《外臣部·入觐请求》，中华书局影印本，1960年，第11723页。

❸（宋）欧阳修、宋祁：《新唐书》卷一百一十一，《王孝杰传》，中华书局，1975年，第4148页。

❹（宋）欧阳修、宋祁：《新唐书》卷一百一十一，《西域传·小勃律》，中华书局，1975年，第6251页。

❺（宋）欧阳修、宋祁：《新唐书》卷一百三十五，《高仙芝传》，中华书局，1975年，第4576页。

❻（宋）欧阳修、宋祁：《新唐书》卷二百二十一下，《西域传》，中华书局，1975年，第6252页。

第6章 西域统一，拉开隋唐丝绸之路走向繁华的帷幕

退，在"安史之乱"前，中原与西域各族的关系得到了有效维护。

两大都护府对平定西突厥各部的纷争、维护西域各族的安定起了积极作用。682年，西突厥贵族阿史那车薄啜发动叛乱，围攻弓月城。当时的庭州刺史王方翼转战伊犁河、伊色克湖和碎叶水等地，恢复了这一带的秩序。

8世纪30年代中，突骑施部贵族都摩支、莫贺达干等杀害突骑施都督、金方道经略大使苏禄，都摩支擅立苏禄子吐火仙为可汗，窃居碎叶城，引起各部纷争，又引黑姓可汗尔微特勒据怛罗斯城。北庭都护盖嘉运遂率石、史等部兵，击败吐火仙，又派疏勒镇守使夫蒙灵察率拔汗那部队进击怛罗斯❶，平定了西域地区的这次混乱。

两大都护府中的西突厥族官员在维护祖国统一中发挥了重要的作用。在北庭大都护府建立后，唐任命阿史那献为北庭大都护，后又擢升他为碛西节度使。开元初年，西突厥贵族都担率部叛乱，阿史那献即率部平定都担，"收碎叶以西帐落三万"❷，又统率葛逻禄、胡录屋、鼠尼施等西突厥部落与汤嘉惠为犄角，保卫安西四镇，对安定西域社会秩序起了重要作用。此外，如昆陵都护阿史那弥射、濛池都护阿史那步真、碛西节度使阿史那怀道、嗢鹿州都督娑葛等，都对维护祖国统一、密切西域与中原人民之间的关系起了重大作用。

安史之乱爆发后，中原地区战乱频繁，藩镇割据，唐朝政府的权力被极大削弱。在西域地区，吐蕃贵族乘机北进，占据河陇一带，两大都护与唐中央政权之间，"道路梗绝，往来不通"。但是，西域两大都护统帅下的各族官兵和西域各族首领仍然"克奉正朔，坚保封疆"❸。

---

❶（宋）司马光：《资治通鉴》卷二百一十四，《唐纪三十》"玄宗开元二十七年"条，中华书局，1956年，第6838页。

❷（宋）欧阳修、宋祁：《新唐书》卷二百一十五下《突厥传》，中华书局，1975年，第6065页。

❸（清）董诰等：《全唐文》卷四百六十四，《陆贽·慰问四镇北庭将吏敕书》，山西教育出版社，2002年，第2611页。

西域春秋——翻开2000年的西域卷轴

两大都护府的建立打破了西域各民族割据分裂的局面，更进一步加强了西域各族与内地各族的经济、文化联系，使丝绸之路更为繁荣和畅通。作为两大都护府所在地的龟兹和庭州，在当时成为丝绸之路上的枢纽。从龟兹往北可通弓月城，往西可通碎叶城，往西南可通疏勒，往南可通于阗；从北庭沿天山北麓向西可通弓月城，渡伊犁河到达碎叶。再由这些点，往往可通过几条道路进入河西，直达长安；往西经中亚到南亚和地中海沿岸。

两大都护府还在东起伊州、西至碎叶的交通线上设置烽燧、驿站，保证这条通道的安全畅通和商旅、使臣的食宿。完整的驿馆、烽燧系统进一步促进了内地与西域各民族的经济、文化联系和人员来往。8世纪80年代，仅逗留在长安的两大都护府的少数民族奏事人就达四千之多。葱岭以西昭武诸国人大量寓居河西至长安，特别是康、安二姓，在唐朝政治、文化艺术上都占有重要地位，其中有不少是当时的"显贵"。❶汉族迁往西域者，也大有人在。

与阿拉伯帝国争夺西域的怛罗斯之战

怛罗斯战役是东西方两大帝国势力扩张的必然后果。战争发生在751年。

阿拔斯王朝（即黑衣大食）建立后，致力于东扩。在此情况下，唐朝经营西域的四镇都知兵马使高仙芝以石国无蕃臣礼节为由，发动了对石国的战争，借机打击阿拔斯王朝在中亚的势力，战争由此爆发。这场战役是以唐朝的失败而告终。这场古代史上中国人唯一一次企图跨过帕米尔去建立霸权的尝试失败了，战争的影响和意义非常引人深思，今天我们仍有必要重新审视这场战争。

---

❶ 向达：《唐代长安与西域文明》，河北教育出版社，2001年，第18—26页。

西域统一,拉开隋唐丝绸之路走向繁华的帷幕

恒罗斯之战中的偶然与必然

8世纪中叶的欧亚大陆上存在着三个超级大帝国:唐、阿拉伯、吐蕃。唐帝国、阿拉伯帝国几乎是同一时期建立的,经过了近百年的征服、扩张,之后在中亚展开了激烈的争夺,著名的恒罗斯之战便于此时爆发。这场战争是唐与来自阿拉伯帝国、新兴的阿拔斯王朝的势力在包含昭武九姓国、大小勃律、吐火罗在内的中亚诸国相遇而导致的,也是当时世界上最强大的东西方帝国间的碰撞,其历史影响深远。

从客观上来说,这场战争的爆发是有其必然性的,且必然性结合着偶然性。纵观当时的世界大势,东方的唐帝国正值极盛时期,物质文明、精神文明等方面的成就都极其壮观。而新兴的阿拉伯帝国在其宗教信仰感召下,其思想的启蒙力和精神的感召力比唐帝国要强。

这场战争是中国人第一次也是唯一一次与葱岭以西的强大帝国交战,也是古代史上中华文明与其他文明唯一一次大规模的军事冲突。其结果是以中国人的失败而告终。此役中,几万唐军死伤殆尽。由于史料的简略和战争的重要,历来学界对此颇为关注,且各持其理。著名史学家白寿彝先生评论说:"此役是唐帝国在西域霸权没落的征象。"❶此后,陆续有学者对恒罗斯一役进行论述。北京大学的王小甫认为,恒罗斯之战是一场遭遇战,阿拉伯帝国方面的主流政策是和平的。❷贵州工业大学的张晶如教授认为,恒罗斯战役的发生是大食帝国疆略政策的继续。❸学者李方、王三义则对边将高仙芝的个人行为多有谴责。李方认为,战役虽出于偶然,却是唐帝国与阿拉

---

❶ 白寿彝:《从恒罗斯战役说到伊斯兰教最早华文记录》,《禹贡半月刊》,1936年第5卷第11期。
❷ 王小甫:《唐、吐蕃、大食政治关系史》,北京大学出版社,1992年。
❸ 张晶如:《浅析恒罗斯战以及其影响》,《贵州民族研究》,2002年第2期。

伯帝国冲突的必然结果。❶ 王三义认为，怛罗斯之战是边境上的意外冲突。

阿拉伯帝国的勃兴

唐灭西突厥以后，其疆域已达伊朗高原的东部边缘，但是，唐并没有能够乘胜西进，进一步开疆拓土，因为此时西亚的政治局势出现巨变，阿拉伯民族开始走上西亚的历史舞台。阿拉伯人原居阿拉伯半岛的内陆。散居于阿拉伯半岛边缘地区的阿拉伯人曾建立过附属于拜占庭帝国或波斯帝国的小政权，但半岛内陆的阿拉伯人一直处于无政府状态。

中国史书中将阿拉伯人及其所建立的帝国称为"大食"，西方史籍则通称阿拉伯人及信仰伊斯兰教的民族为萨拉森人。

610年，伊斯兰教的先知穆罕默德开始在麦加传教。622年，穆罕默德迁徙到麦地那，并建立了政教合一的麦地那政权，组建军队，开始进行阿拉伯半岛的统一战争。在穆罕默德去世以前，阿拉伯半岛内的各游牧部落基本都已改信伊斯兰教，并在伊斯兰教的旗帜下统一起来。

穆罕默德去世后，开始了四大哈里发执政时期。第一任哈里发艾布·伯克尔在位期间，阿拉伯人巩固了阿拉伯半岛内部的统一，并开始走出阿拉伯半岛。633年，阿拉伯击败了萨珊波斯的属国希拉王国。

第二任哈里发欧麦尔在位期间，阿拉伯对萨珊波斯发动了全面战争，在637年的卡迪西亚战役中，大败波斯军，波斯皇帝伊嗣俟逃向距首都泰西封160公里的东部山区。阿拉伯人乘胜占领了泰西封，并将伊嗣俟的十万大军打得落花流水。至此，阿拉伯人和波斯人以

---

❶ 李方：《怛罗斯之战与唐朝西域政策》，《中国边疆史地研究》，2006年第1期；王三义：《论怛罗斯战役涉及阿拉伯与唐帝国关系的几个问题》，《湛江海洋学报》，2002年第2期。

第6章 西域统一,拉开隋唐丝绸之路走向繁华的帷幕

扎格罗斯山为界对峙。伊嗣俟则在伊朗高原不断组织军队和阿拉伯人对抗。642年,波斯人军队共15万人在尼哈温德与阿拉伯军队展开激战。波斯军死伤过半,再也无法组织起对阿拉伯人的有效抵抗。

欧麦尔遇刺后,奥斯曼当选为第三任哈里发,开始对波斯的剩余地区发动进攻,相继攻克伊朗高原东部的克尔曼和呼罗珊地区。伊嗣俟不得不从克尔曼逃到呼罗珊,然后又前往木鹿。647年,伊嗣俟遣使来唐朝贡,请求唐太宗发兵援助。但是唐太宗并没有出兵帮助伊嗣俟。651年,伊嗣俟在木鹿被杀,萨珊波斯帝国至此宣告灭亡。这是拜占庭帝国梦想多年却无法实现的事情。

同年,阿拉伯帝国遣使入唐,这显然是为了告知唐王朝,阿拉伯人已经征服了波斯帝国,从此唐王朝在中亚地区迎来了一个新的邻居。唐王朝难以准确判断阿拉伯人的军事实力,因而停下了西进的步伐。

唐高宗时代,伊嗣俟之子卑路斯逃亡到吐火罗地区,遣使向唐高宗求救。唐高宗以路途遥远为由拒绝救助。661年,唐高宗任命卑路斯为都督,统辖锡斯坦地区。次年,又立卑路斯为波斯王。但因阿拉伯人的打击,卑路斯已无法继续在中亚立足,最终在674年到长安居住,被封为右威武将军。678年,卑路斯之子泥涅师被立为波斯王,并由唐朝官员护送返回伊朗建立政权,但也只是苟延残喘了20余年。

656年,阿里继位成为第四任哈里发,阿拉伯内部爆发了穆阿维亚和阿里争夺哈里发的战争。阿里遇刺。叙利亚总督、倭马亚家族的首领穆阿维亚成为哈里发,以大马士革为首都,建立了倭马亚王朝,从此,正统哈里发时代宣告结束。

倭马亚王朝在穆阿维亚执政后,断绝了和唐朝的遣使,制定了向外扩张政策,开始以乌浒水为基地,进犯唐朝在乌浒水对面的羁縻府州。同时期,吐蕃势力开始介入中亚地区。661年,吐蕃攻占了

唐的鸟飞州都督府（安西四镇和吐火罗通道的扼要之地），这使得唐朝无法派兵去葱岭以西，支援受阿拉伯帝国进犯的诸国。

在倭马亚王朝的打击下，中亚诸国不断失陷。被唐高宗封为波斯王的卑路斯在阿拉伯人的打击下无以立足，逃往吐火罗。667年，倭马亚王朝将领齐雅德大破吐火罗，卑路斯逃往唐王朝。

674年，阿拉伯帝国呼罗珊总督乌拜都拉进犯安国，强迫安国签订了城下之盟。此后，阿拉伯帝国的势力开始进入河中地区，并屡次进犯。唐在中亚的势力在逐渐萎缩，在灭亡西突厥之后刚刚建立起来的一批羁縻府州名存实亡了。

由于地理上的巨大优势，再加上唐军这个时期在青海与吐蕃处于战争阶段，无暇顾及西域，阿拉伯帝国的影响力在西域越来越大。西域诸国害怕阿拉伯人的武力征服，纷纷向唐请求援助。

705年，倭马亚王朝第六任哈里发韦立德任命屈底波为呼罗珊总督，阿拉伯人开始对中亚地区进行新的征服。屈底波一上台，就全面占领了乌浒水流域。随后，于706年率军渡乌浒水北伐石汗那，将之降服后，转而进攻吐火罗，占领吐火罗首都巴里黑，叶护阿史那都泥利降于屈底波。紧接着，屈底波率军进攻河中地区，在密水大破昭武九姓国的联兵，将沛肯城攻占下来。

707年，屈底波再次率兵进犯河中地区。这一次屈底波被昭武九姓国及拔汗那的联兵所阻止，不得不退兵。就在昭武九姓国和拔汗那的联军返回时，屈底波又杀了个回马枪，围攻安国首都捕喝城。安国国王瓦尔丹拼死守卫，康国国王突昏出兵援助，屈底波未能攻克捕喝城，转而进入康国，围攻飒秣犍城，使康国投降了阿拉伯帝国。715年，屈底波和吐蕃军队一起击败了拔汗那，并立阿了达为王。

对于阿拉伯人的步步紧逼，唐王朝终于做出了反应。监察御史张孝嵩认为，如果再不救援中亚各盟国的话，唐在西域的威信就会大大下降。唐于是发兵1万，击败阿了达。不过，此次唐出兵中亚并

第6章 西域统一,拉开隋唐丝绸之路走向繁华的帷幕

未和阿拉伯军队进行正面交锋。因为就在唐出兵时,韦立德一世去世,继任的哈里发苏莱曼是屈底波的对头,屈底波试图拥兵自立,却为手下人所杀。这一系列变故导致阿拉伯帝国在中亚的军事行动停止。

自740年开始,呼罗珊地区兴起了反对倭马亚王朝的阿拔斯运动。阿拉伯人自顾不暇,因此东进之行也被搁置。

750年,阿拉伯帝国发生内乱,艾布·阿拔斯联合什叶派,推翻了倭马亚王朝的统治,建立了阿拔斯王朝(即黑衣大食)。大食帝国迎来了它的第二个盛世。在四大哈里发时代、倭马亚王朝的早期、阿拔斯王朝的早期,阿拉伯人进行了三次大规模对外扩张,此时的大食帝国已扩张成为一个横跨欧亚非三大洲的空前帝国。阿拉伯帝国的疆域西起大西洋沿岸的安达卢西亚,包括北非、西亚,向东达到中亚和印度次大陆的西北部,包括整个北非和西班牙、整个西亚和大半个中亚,地中海成了阿拉伯人的内湖。大食帝国成为唐、吐蕃之外影响西域的另一支极强的力量。

阿拉伯帝国对中亚的争夺和怛罗斯之战前两大帝国的对峙与冲突

642年,阿拉伯帝国军队与萨珊王朝军队在尼哈温德展开大会战,阿拉伯军队歼灭波斯大部分军队,继续围剿波斯的残余势力。652年,波斯王伊嗣俟在流亡唐的附属国吐火罗的途中被阿拉伯兵所杀,王子卑路斯向唐求救❶,唐阿两国从而正式接触。此时,正忙于平定阿使那贺鲁叛乱的唐军根本无力援手。卑路斯只好在吐火罗的支持下复国。

此后,波斯又遭到阿拉伯人的入侵,并再次向唐求援。《新唐

---

❶《册府元龟》卷九九一,《外臣部》记载:"伊嗣俟之子卑路斯走吐火罗,遣使来告难。上以路远不能救之。"

书•波斯传》记载:"龙朔初,(波斯)又诉为大食所侵。"这时阿史那贺鲁叛乱已被平息,唐已接管西突厥汗国在中亚地区的辖地,因而开始介入波斯事务。唐在波斯设置都督府,将波斯纳入唐的版图,置波斯于唐的保护之下。❶662年正月,唐又正式宣布"立波斯都督卑路斯为波斯王"❷,支持波斯复国。这无疑是对黑衣大食入侵所采取的对抗性措施。

663年,波斯再度失国。卑路斯逃往长安避难。时任唐大食安抚使❸的裴行俭以帮助波斯复国为名,奇袭阿史那都支叛军,但并没有到达波斯,更谈不上与大食发生冲突。

实际上,唐帝国在中亚的统治从一开始就属于"荒服来宾"的状态。此后,大食占据了波斯都督府所在的疾陵城,并入侵唐的属国吐火罗,臣服康、石诸国,唐朝政府并非不知情❹,但此时的唐帝国正全力与吐蕃争夺西域,对阿拉伯的入侵无可奈何。

直到670年,大食人所到的最东之处还在吐火罗西部和塞斯坦。❺此时大食人在中亚的征服结果多半是"讲和",总是在退走之前进行大量的勒索。❻直到705年屈底波出任呼罗珊总督时,才开始大肆扩展。屈底波先后征服了以安国王城布哈拉为中心的广大城市。当时康国和费尔干纳也都派来了援军。据阿拉伯阿拔斯王朝时期的历史学家太巴利的《诸先知和诸帝王历史》记载,当时中国皇帝的外甥突厥族的库尔布迦奴翁(应为突骑施汗王娑葛)曾率军队将屈底波的军队一举击退到阿姆河岸。709年,屈底波最终征服布哈拉,将安

---

❶ 《新唐书》卷二百二十一,《波斯传》记载:"是时天子方遣使者到西域分置州县,以疾陵城为波斯都督府,即拜卑路斯为都督。"
❷ (北宋)王钦若等:《册府元龟》卷九百六十四,《外臣部•封册二》,中华书局,1960年,第11341页。
❸ 王小甫:《唐、吐蕃、大食政治关系史》,北京大学出版社,1992年。
❹ 《旧唐书》卷九,《西域传》记载:"是时,大食强盛,西域康、石之类皆臣属之。"
❺ 王小甫:《唐、吐蕃、大食政治关系史》,北京大学出版社,1992年。
❻ 王小甫:《唐、吐蕃、大食政治关系史》,北京大学出版社,1992年。

第6章 西域统一，拉开隋唐丝绸之路走向繁华的帷幕

国隶为臣属国，立安国太子秃合塔为王。至此，布哈拉附近的毕国、火寻（古花剌子模国）、戊地都为大食所占。至此，阿拉伯帝国在东面的势力达到顶峰。

706年，屈底波控制了印度河流域、吐火罗，707年进攻康国，时其国王叫克拉克，唐朝史书中称乌勒迦。712年，屈底波征服了花剌子模后，又长期围困康国，迫使乌勒迦投降。在攻打康国时，屈底波在刚刚征服的布哈拉和花剌子模征调壮丁，与康国士兵作战，让他们同族相残。这些被迫参战的布哈拉和花剌子模士兵都是昭武九姓国的粟特人。

接着，屈底波又北上将乌浒河流域纳入其势力范围，又与唐合兵击溃了此时横行中亚的突骑施。西方学者吉布认为，强横一时的突骑施在中国人的外交阴谋下失败，但也使中国人失去了一个抵抗大食人的坚固壁垒，以致自己直面大食人。❶然而，我们也必须承认，一再侵扰四镇的突骑施并不总是对唐臣服❷，反而最终成为唐帝国的威胁，在这种情况下保护四镇歼灭突骑施便不足为奇。

在屈底波开始向外扩张时，布哈拉国王乌萨波提和康国国王乌勒迦都曾向唐帝国求援。此时正值太平公主和太子李隆基发生激烈争斗，唐王朝无暇他顾，突骑施可汗娑葛也被东突厥所杀。707—712年，东突厥默啜可汗应布哈拉和撒马尔罕人的请求，两次出兵相助。

713年，屈底波赶走突厥人后，另立伊克失德·郭烈克为康国可汗，并留其弟阿布杜勒·赫曼留驻在撒马尔罕，自己率军继续北进。屈底波又兵分两路，一支前去攻打塔什干（石国），另一支攻打拔汗那国，很快攻下浩罕，西拔汗那王阿了达投降，进而又渡真珠水，攻占东拔汗那的王都渴塞城，其王逃往库车避难。

---

❶ 王小甫：《唐、吐蕃、大食政治关系史》，北京大学出版社，1992年。
❷ 717年，突骑施与吐蕃人联兵攻四镇，参见《新唐书》卷二百一十五，《突骑施传》。

714年，屈底波远征塔什干东北方的伊斯费耶布，从而实现其堵住突厥族进入河中地区的战略目的。

至此，屈底波已基本完成了对河中地区的征服，唐的西部界河由705年前的阿姆河退移至药杀水。屈底波的上司是倭马亚王朝的东方总督哈贾吉，714年，哈贾吉因病去世，法定继承人为苏利曼。屈底波希望在苏利曼即位前征服费尔干纳，然后翻越帕米尔高原，到达喀什噶尔，控制天山西路的丝绸之路。715年，屈底波率军征伐费尔干纳，在费尔干纳被部下叛乱所杀。

诚如沙班所说，在713年和715年的战役中，屈底波远远地进入了珍珠河地区，有时候远达白水城，甚至深入拔汗那地。❶ 这些地区对唐有着重要的战略意义，通过这些地区，很容易进入葱岭以东的安西四镇，因而占有该地对保卫安西四镇有着至关重要的意义。实际上，此前突骑施一再攻入四镇劫掠便与其占领了该地区有关。据阿拉伯《年代记》记载，屈底波于714年攻克疏勒侵入中国。虽然学者沙班及王小甫先生都否定了这一事实，但鉴于上述地理形势，屈底波进行一场小规模的奔袭战是有可能的，只是因阿拉伯帝国第六任哈里发瓦立德一世之死才使征服活动停了下来❷。无论怎样，阿拉伯人在葱岭边缘的活动已经严重挑战了唐在西域存在已久的霸权地位。

《资治通鉴》记载："拔汗那者，古乌孙也，内附岁久。吐蕃与大食共立阿了达为王，发兵攻之，拔汗那王兵败，奔安西求救。孝嵩谓都护吕休璟曰：'不救则无以号令西域。'遂帅旁侧戎落兵万余人，出龟兹西数千里，下数百城，长驱而进。是月，攻阿了达于连城。孝嵩自摄甲督士卒急攻，自巳至酉，屠其三城，俘斩千余级，阿了达与数骑逃入山谷。孝嵩传檄诸国，威振西域，大食、康居、大宛、

❶ 王小甫：《唐、吐蕃、大食政治关系史》，北京大学出版社，1992年。
❷ 王小甫：《唐、吐蕃、大食政治关系史》，北京大学出版社，1992年。

第6章 西域统一，拉开隋唐丝绸之路走向繁华的帷幕

羁宾等八国皆遣使请降。"这就是发生在715年的著名的拔汗那战役。唐击败了吐蕃与大食共立的拔汗那阿了达，威振西域。"不救则无以号令西域"，这无疑是大唐对吐蕃、大食等国在葱岭边远地区的挑衅所做出的强硬反击，只是与唐对抗的只是吐蕃支持下的阿了达，不包括阿拉伯兵，当然谈不上大食等遣使请降了。❶

事实上，大食军队在唐军到达此地时的两个多月前已经撤出了❷。

是什么原因使大食人突然撤兵？至今仍然未知。据说屈底波在这时被刺杀，是因为反抗哈里发苏利曼在拔汗那而被部下杀死。苏利曼对这些远征军下的第一道命令即是让他们回末禄去，并在那里将其遣散了。❸ 对此我们不难推断，屈底波之死必然与大食内部的权力斗争有关，但与阿拉伯对唐的外交政策也是有关系的。此时的阿拉伯帝国一直对唐帝国遣使不断，如713年，屈底波的一位特使曾来唐，代表屈底波向唐玄宗宣布，如果唐朝皇帝不向他进贡，他的铁骑绝不会离开唐。而唐朝皇帝威胁他说："你已看到我伟大的帝国，回去告诉你们的指挥官，最好在我对自己的军队下令打败你们之前撤退。"但两国最后达成了和解。也就是说，两国都有意避免战争。

事实上，大食也知道，他们的实力还没有达到可以触怒另一个庞大帝国而去征服一片与那个帝国有着长久亲密关系的土地。任何一种同盟都可能对其在中亚的霸权形成巨大的威胁。不幸的是，屈底波并不太在意这一道理，这个被胜利冲昏头脑的将军似乎对踏上中国这片富饶的领土更加感兴趣。❹ 但聪明的阿拉伯上层最终没有这样做，而屈底波的死无疑使唐帝国与大食的大规模冲突推迟了几十

---

❶ 李方：《怛罗斯之战与唐朝西域政策》，《中国边疆史地研究》，2006年第1期。
❷ 大食人撤走是这年九月，而唐军到达时已是十二月。王小甫：《唐、吐蕃、大食政治关系史》，北京大学出版社，1992年。
❸ 王小甫：《唐、吐蕃、大食政治关系史》，北京大学出版社，1992年。第342页。
❹ 加法尔·卡拉尔·阿赫默德：《唐代中国与阿拉伯世界的关系》，《新疆师范大学学报》，2004年。

年。正如巴托尔德所说:"大食的霸权注定在这些地区建不起来,他们对这一地区的占领还需足足等上一个世纪。"❶

两大帝国的交锋——怛罗斯之战

当时,吐蕃与唐争夺西域地区的控制权。743年,吐蕃以武力迫使小勃律与之联姻。由于小勃律地处吐蕃通往安西四镇的要道,于是西北20余国皆臣服于吐蕃,中断了对唐的进贡。时任安西四镇节度使的田仁琬曾三次奉旨讨伐,均以失败告终。

在这种情况下,唐玄宗不得不派出新的人选去西部解决这个问题,这个人就是高仙芝。高仙芝从小跟随父亲镇守西域,屡建功勋,很快就升任安西副都护、四镇都知兵马使。斯坦因是这样评价高仙芝的:"这位勇敢的中国将军,行军所经历的艰难险阻,比之汉尼拔、拿破仑翻越阿尔卑斯山,不知要超过多少倍。"

斯坦因的褒奖丝毫不过分。747年,唐玄宗命高仙芝远征小勃律。高仙芝从安西出发,仅用百余日便到达有万余吐蕃士兵守卫且地势险要的连云堡,大破吐蕃兵,继续深入,翻越坦驹岭快速突进,很快就平定了小勃律,俘虏了小勃律王和其王后吐蕃公主。此后,吐蕃的势力向南退缩。西方学者将此与汉尼拔、拿破仑、苏沃洛夫翻越阿尔卑斯山的远征相比,认为后几者就像是假日的旅行。

此役后,唐军在西域威名更盛,高仙芝也被提拔为安西四镇节度使。此后又击破萨比、播仙。750年,应唐属国吐火罗叶护之请,唐遣高仙芝进军击破亲附吐蕃的车师国。这两次艰难的远征使得高仙芝在西域获得了极大的声誉,以"中国山岭之王"而闻名西方。❷至此,唐朝占据了塔里木地区、伊犁河流域伊塞克湖地区和塔什干,

---

❶ 《巴托尔德文集》卷1,转引自王小甫:《唐、吐蕃、大食政治关系史》,北京大学出版社,1992年。

❷ 王小甫:《唐、吐蕃、大食政治关系史》,北京大学出版社,1992年。

第6章　西域统一，拉开隋唐丝绸之路走向繁华的帷幕

并控制了帕米尔山谷地区，成了吐火罗、喀布尔和克什米尔地区的保护者，这也标志着唐朝在中亚的扩张达到了顶点。

751年，唐朝统治者以西域藩国石国"无藩臣之礼"为由，派遣高仙芝领兵征讨石国。石国国王车施鼻提出请求，只要保证他的人身安全，愿意断绝与阿拉伯人的联系，开城出降。高仙芝答应了对方的请求，但很快又临时变卦，攻占石国并血洗石国城池，俘获车施鼻。751年，高仙芝入朝献所擒突骑施可汗、吐蕃酋长、石国王、车师王，石国国王被斩首。西域各国对高仙芝的背信弃义之举感到极为愤怒，他们纷纷遣使前往呼罗珊，请求阿拉伯人出兵驱逐唐军。

侥幸逃脱的石国王子逃往中亚，告高仙芝欺诱贪暴之状。诸国皆怒，并向阿拔斯王朝求救，石国王子潜引阿拔斯王朝援军，计划袭击唐朝西域四镇。"其王子走大食，乞兵攻仙芝与怛罗斯城，以直其冤。"❶唐朝要在中亚树立霸权，必须击败阿拔斯军队，阿拔斯军队要完全控制中亚，则必须击败唐军。阿拔斯王朝决定乘机进军中亚。

高仙芝听说石国王子逃往呼罗珊，决定先发制人，主动进攻大食，打击呼罗珊的阿拉伯势力，将其永远逐出西域。高仙芝率唐军自安西出发，过葱岭、越沙漠，三个月后抵达怛罗斯，与大食军队遭遇。但此时的怛罗斯已经由阿拉伯军队守卫，于是，高仙芝令唐军围攻怛罗斯。"仙芝闻之，将番汉三万众击大食，深入七百余里，至怛罗斯城，与大食遇，相持五日，葛逻禄众叛，与大食夹击唐军，仙芝大败，士卒伤亡略尽，所余才数千人。"❷结果，高仙芝遭遇惨败。"攻怛罗斯城，败仙芝军。"❸

---

❶（宋）欧阳修、宋祁：《新唐书》卷一百三十五，列传第六十，《高仙芝传》，中华书局，1975年，第4576页。

❷（宋）司马光：《资治通鉴》卷二百一十六，《唐纪三十二》，中华书局，1956年，第6907—6908页。

❸（宋）欧阳修、宋祁：《新唐书》卷二百二十一下，《西域传下》，中华书局，1975年，第6246页。

阿拉伯接到唐军围攻的消息后，东方总督艾布·穆斯里姆遣部将率领千人左右前往救援，自己亲率1万人前往，准备大战。此外，河中地区的1万驻军也奔赴怛罗斯。高仙芝攻城五日未果，阿拉伯援军抵达后，从背后突袭了唐军，唐军中的葛逻禄部雇佣兵见局势不妙，发生了叛变，致使唐军溃败。高仙芝不得不率领残兵逃往安西。

两大帝国的交锋以唐朝方面的大败落下了帷幕，唐朝失去了对中亚的领导权。而后不久，"安史之乱"爆发。为了平定内乱，西域的守军被大量调往内地，唐朝在西域的势力甚是空虚。长期与唐朝在葱岭一带进行斗争的吐蕃则趁机入侵。"安史之乱"平定后，唐朝边防空虚，再也无力经营西域，唐朝的势力逐渐退出中亚。

阿拉伯帝国虽然在怛罗斯战役中获胜，但阿拉伯民族人数并不十分庞大，控制从西班牙到北非再到中亚这广阔的领土，已经达到阿拉伯人武力控制的极限。再加上唐朝势力退出西域后，吐蕃取代了唐在西域的地位，对阿拉伯帝国的东进也形成了牵制。因此，怛罗斯战役后，阿拉伯帝国在中亚的疆域也稳定下来。

怛罗斯之战失败的影响与唐军惨败的原因

此次战役的结果对当时西域的形势没有太大的影响。与战前相比，大食与唐朝战后在西域的实力对比没有发生显著的变化。但是，这次战役在东西方文化传播的历史上却有着极为重要的意义。在战争中，大批唐朝士兵包括工匠在内被俘往阿拉伯地区。据阿拉伯文献记载，唐军俘虏中还有造纸工匠，他们后来被送往撒马尔罕，在那里办起了中国境外的第一所造纸工场。纸作为撒马尔罕的"特产"，由此销往西方。从这个意义上来说，怛罗斯之战促成了中国造纸术的西传，对世界文化的传播与发展产生了极大的促进作用。

综上可知，战役的起因是高仙芝伐石国，石国王子逃亡大食，企图说服西域诸胡共引大食来攻四镇。高仙芝听说后率兵击大食，

第6章 西域统一，拉开隋唐丝绸之路走向繁华的帷幕

以求先发制人，但葛逻禄临阵倒戈，和大食夹击唐军，以致高仙芝惨败。

高仙芝镇守西域数年，屡次削平反唐势力，功劳很大。但他不知以恩德收拢人心，并因此酿下了祸患。当时吐蕃势力虽然有所收缩，但大食帝国正在崛兴，开始和唐朝争夺中亚地区的控制权，西域诸国因不服高仙芝的统治，与阿拉伯人暗通款曲。

无论我们今天对怛罗斯之役如何评价，我们始终要把握，文明是不断交往的，文明的自觉性就是它的融合、交流。不管这种交往的形式是和平还是战争，都有着积极的意义。从整体上看，这次战争的性质属于阿拉伯东进与唐帝国西域威服政策的一次碰撞，但它并非唐帝国与阿拉伯帝国文明交往的主流，而是一次偶然。这种偶然性又寓于地缘政治发展的必然性之中。偶然的军事征伐是其表象，而更深层次的文明交往才是它的灵魂！从局部上看，中亚在世界历史上曾被其周边各国由东、由西征服过，但唯独伊斯兰的思想文化在这里扎了根。这才是我们应该注意的核心问题。

从怛罗斯战役参战双方的目的上来看，唐朝的目的主要是加强在西域的控制，并以此为基础，施威仪恩服于众。西域对唐来说，其地位至关重要。一方面，西域是保卫和繁荣河陇地区的屏障；另一方面，控制了西域，等于为丝绸之路的东段提供了保障；同时，西域对唐朝西向的文明交往和传播至关重要。怛罗斯之战的失败，使唐朝的活动范围被彻底限制在葱岭以东。怛罗斯之战最后被证明是决定性的。

怛罗斯之战战后中亚的局势

怛罗斯之战的规模并不算很大，双方所动用的也都是地方军队，即便唐军战败，也并不伤筋动骨——仅仅两年后，继任安西节度使的封常清就有能力攻破大勃律，将其从吐蕃的势力范围中剥离出来。

然而怛罗斯战役却对交战双方，尤其是中亚地区产生了深刻的影响。

首先，唐朝的势力再也无法越过葱岭，影响阿富汗、伊朗等地区。不仅仅是唐朝，此后的中原王朝，包括元朝，其统治西界也基本固定了。

其次，东方的技术大量向西方传播。怛罗斯之战，唐军大败，军中大量工匠被阿拉伯人俘虏，许多中国所独有的技术因此西传。最重要的是造纸术，此后不久，撒马尔罕就成为阿拉伯帝国的造纸中心。此外，火药技术也传入阿拉伯，阿拉伯制造的各种火药武器因此一度超越中国，在十字军远征中发挥了巨大作用。

其三，伊斯兰的宗教文明逐渐渗透并基本控制了中亚地区。以呼罗珊为起点，葱岭以西的大小国家开始了整体伊斯兰化的进程，而葱岭以东许多原信仰佛教、摩尼教、拜火教的国家也纷纷改信伊斯兰教。宗教的传播是不可阻挡的，而古代宗教的传播却往往依靠强大武力为后盾。怛罗斯之战彰显了阿拔斯王朝的武力，却使唐在西域的统治受到质疑和挑战。

不管怎么说，这场著名的战役是以唐军的失败而告终的。白寿彝先生认为，我们不必等到怛罗斯战败再看出唐帝国霸权的衰落，但中国的势力也并非"遂绝于西方"❶。不过事实却更倾向于怛罗斯之战后的唐朝国力仍处于上升阶段。唐帝国花费了上百年的心血将吐蕃人的势力彻底赶出了中亚，当他们回头发现阿拉伯人的势力正在大大威胁他们的时候，富有远见的高仙芝企图将这些势力驱逐出去。不幸的是，这个尝试因葛逻禄人的倒戈而失败了。这次失败对大唐帝国来说并不算什么，怛罗斯之战后的几次大规模运兵无疑在证明这个帝国在西域的实力仍未根本动摇。❷

---

❶ 白寿彝：《从怛罗斯战役说到伊斯兰教最早华文记录》，《禹贡半月刊》，1936年第5卷第11期。

❷ 753年，封常清大破大勃律，陈千里擒杀背叛的突厥首领，中亚诸国最大规模地请求西击阿拉伯帝国，就出现在这时。

第6章 西域统一,拉开隋唐丝绸之路走向繁华的帷幕

怛罗斯之战的失败使阿拉伯人和葛逻禄人瓜分了帝国在碎叶十姓地区的霸权。正如西方学者格鲁塞说的那样,如果不是帝国内部的那场内乱,也许,不过几年,他们就会从阿拉伯人手中夺回他们的霸权❶,但是,随后的"安史之乱"却使唐军永远失去了这个机会,持续八年的"安史之乱",几乎耗尽了唐帝国的所有财富,衰落从那个时候才骤然开始。从废墟中重建的那个帝国已不再是曾经的天可汗帝国。792年,吐蕃人攻克了唐帝国在塔里木盆地的最后一个据点,汉人的军队在此后的近八百年里再也没有踏上这片土地。

"安史之乱"后唐朝西域防御体系的瓦解

唐朝的西域防御体系自唐初建立以来,逐步发展、完善,在开元、天宝年间达到鼎盛。"安史之乱"对西域的防御体系产生了一系列负面的影响。史载:"唐自武德以来,开拓边境,地连西域,皆置都督府、州、县。开元中,置朔方、陇右、河西、安西、北庭诸节度使以统之,岁发山东壮丁为戍卒,缯帛为军资,开屯田,供糗粮,设监牧,畜马牛,军城戍逻,万里相望。及安禄山反,边兵精锐者皆征发入援,谓之行营,所留兵单弱,胡虏稍蚕食之;数年间,西北数十州相继沦没。"❷由此可见,为了平息"安史之乱",唐朝不得已抽调镇守西域的精锐部队,唐朝军队的撤离很快便对西域地区的防御形势产生了影响。部分西域小国倒向吐蕃,造成了严重的后果。但是,这只是唐朝撤军引起的强权政治的倾斜,整个安西四镇还是在唐朝的掌握之中。

除征调边兵外,唐朝还"欲借兵于外夷以张军势,以豳王守礼之子承寀为敦煌王,与仆固怀恩使于回纥以请兵。又发拔汗那兵,

---

❶ 勒内·格鲁塞:《草原帝国》,青海人民出版社,2013年,第86—87页。
❷ (宋)司马光:《资治通鉴》卷二百二十三,《唐纪三十九》"唐代宗广德元年"条,中华书局,1956年,第7146页。

且使转谕城郭诸国,许以厚赏,使从安西兵入援"❶。

"及至猴年(756)……护密、俱位、识匿等上部地区之使者前来致礼,任命巴郭那东、介·囊赞二人为使前往报聘。""鼠年(760),又有上方之使者前来致礼。"❷ 由此可见,高仙芝远征后进入唐朝势力范围的国家很多已经重新臣服了吐蕃。与唐中断联系的西域留驻军队无法制止这种情况,他们的力量最多只能镇守安西四镇等主要城镇及其周围地区。但是,这一次葱岭以南地区向吐蕃臣服,并不是吐蕃派兵征服的结果,实际上吐蕃无暇西顾。

"安史之乱"平定后,唐朝元气大伤,西域的防御体系在吐蕃的不断进攻下遭到破坏。"上元元年(760),河西军镇多为吐蕃所陷。有旧将李元忠守北庭,郭昕守安西府,二镇与沙陀、回鹘相依,吐蕃久攻之不下。"❸762年,吐蕃陷伊州,同年又为唐军收复,《新唐书·地理志》记载宝应元年高昌改前庭、蒲类改后庭、新置西海县等措施。这些措施反映了唐朝在河西和伊西庭防务上所做的调整。763年,吐蕃尽陷关陇,致使河西和西域与唐朝的联系中断,到765年才恢复。

763年,杨志烈继任河西兼伊西北庭节度观察使。杨志烈及其继任者的主要事迹与河西诸州的相继陷落密切相关。史载,凉州广德三年(764)陷于吐蕃,甘州永泰二年(766)陷于吐蕃,肃州大历元年(766)陷于吐蕃,瓜州大历十一年(776)陷于吐蕃。很显然,这是吐蕃继攻陷关陇以后的军事进攻重点的转移。764年年底,吐蕃围凉州,杨志烈被迫逃向甘州,凉州失守。765年"十月,沙陀杀杨志烈"。

---

❶ (宋)司马光:《资治通鉴》卷第二百一十八,《唐纪三十四》,"唐肃宗至德元载"条,中华书局,1956年,第6998页。

❷ 敦煌出土古藏文《大事记年》,王尧、陈践:《敦煌古藏文文献探索集》,上海古籍出版社,2008年,第99—100页。

❸ (后晋)刘昫等:《旧唐》卷四十,《地理志》,"安西大都护府"条,中华书局,1975年,第1647页。

第6章 西域统一，拉开隋唐丝绸之路走向繁华的帷幕

783年春正月，唐蕃在清水会盟，双方暂时缓和矛盾，同年十月，发生了"泾原兵变"。唐朝借吐蕃兵讨兵变首领朱泚，许诺成功则以四镇、北庭给吐蕃。次年六月，朱泚平。李泌以为："安西、北庭又分吐蕃之势，使不能并兵东侵，奈何拱手与之！"[1]最终没有割让四镇、北庭地区给吐蕃。

787年，吐蕃平凉结盟。是年，沙州在经过长期坚守之后终于陷落。但是，唐朝借道回纥与西域守军保持联系。直到789年，唐朝在安西四镇和西州、北庭的统治仍十分巩固、完善。自这一年冬天始，吐蕃对西域发动了大规模的进攻。至次年四月，吐蕃与葛逻禄等攻陷北庭。到这年年底，整个西域就只剩下西州为唐所固守。至792年，西州也陷落了。

这样，吐蕃和唐朝经过一百多年的争斗，最终唐朝被赶出西域，与吐蕃在西域争斗的换成了回鹘。这标志着唐朝的西域防御体系彻底瓦解。

---

[1] （宋）司马光:《资治通鉴》卷二百三十一,《唐纪四十七》,"德宗兴元元年"条,中华书局,1956年,第7442页。

6世纪—8世纪
突厥汗国对西域的统治

突厥是我国古代西北地区的一个重要民族，对丝绸之路有过重要的影响。突厥最强盛时，据有蒙古草原、准噶尔盆地和中亚草原等，对中国历史、中亚历史乃至整个世界历史都产生过巨大影响。

西突厥汗国对丝绸之路中亚段的掌控

唐初，天山以南各族均受西突厥控制，西突厥兴起的时代正是中国南北朝对立的时代。中原王朝无力对西域进行经营，西突厥对西域诸国进行整合，遂基本统一了中亚地区，成为丝绸之路东段（即中亚段）的控制者。

西突厥从此成为丝绸之路中亚段的掌控者，但是突厥人并不因此满足，而是希望进一步扩大他们从丝绸贸易中的获利，而这终于成为突厥和波斯矛盾冲突的导火索。

在丝绸之路的贸易兴起后，中亚地区出现了一批以贩卖丝绸为业的商人，中国史书中一般称其为胡商，其中最有名的当数粟特商人。在突厥人与波斯人的冲突中，粟特族商人活跃于其中。粟特商人在丝绸之路沿线建立了许多商业据点和侨居地，在中亚构建起了广阔的商业网。在嚈哒人掌握丝绸之路时，粟特胡商为了能更好地进行丝绸贸易，便依附于嚈哒政权。在突厥与波斯瓜分嚈哒的疆域时，位于中亚的粟特人的分布区被置于西突厥汗国的统治之下，粟特商人便转而依附于西突厥政权。

第6章 西域统一,拉开隋唐丝绸之路走向繁华的帷幕

西突厥政权虽然控制了丝绸之路的中亚路段,但突厥人并不善于经商,他们更愿意将汗国内的商业托付给擅长此道的粟特商人,而满足于从粟特商人那里分得部分商业利润。因此,在灭亡嚈哒后不久,室点密便将汗国内的丝绸贸易之事交给了粟特商人。

此时的丝绸之路大体上可以分为四段:控制在中国人手中的东段,控制在突厥人手中的中亚段,控制在波斯人手中的西亚段,以及控制在拜占庭帝国手中的西段。突厥人利用中国处于南北朝的分裂时期,轻松地从东方获得丝绸,并操纵丝绸之路的东段。但在将丝绸运往西方消费地的途中,在经过波斯帝国控制下的丝绸之路西亚段的时候,却遇到了较大的阻力。波斯帝国利用自己掌控丝绸之路西亚段的优势,从事对丝绸的转口贸易以获取巨额的利润。波斯还牢牢掌握着锡兰的丝绸市场,通过陆路、海路两条路线运进丝绸,且国内还具有生产丝绸的能力,因而,波斯帝国对从东方进口丝绸有着严格的限制,这显然也限制了西突厥汗国向西方出口丝绸。

粟特商人向西方的商业行为受到了来自波斯帝国的阻碍,他们很自然地向突厥诉苦。西突厥可汗室点密接受了粟特商人的请求,决定以汗国的名义遣使波斯,请求波斯允许他们在波斯境内自由贩卖丝绸。

569年,突厥人挥师南下,渡过阿姆河,将波斯占领的原嚈哒领土收归己有,打通了通往印度西海岸的道路。但是,此举仍未打破波斯对西方丝绸贸易的垄断。因此,西突厥怀着对付嚈哒一样的目的,急需一个盟友来一起对付波斯,为此,室点密又派出使团出使拜占庭帝国。

突厥汗国对西域的统治

突厥汗国在木杆可汗统治时期势力达到极盛,成为继匈奴之后我国北方游牧民族建立的又一大强国。

从6世纪中叶到7世纪中叶，西域主要是由西突厥政权统治的。突厥政权，尤其是西突厥汗国对西域的统治，将联结历史上各大文明的欧亚大陆腹地统一在了突厥汗国的旗帜之下，使西域各国在政治、经济以及社会生活诸方面都程度不同地打上了突厥的烙印。突厥统治西域期间，在西域建立了有效的驿站系统，促进了丝绸之路贸易的发展，推动了我国古代内地与西域间的经济、文化交流，在中华民族大家庭形成和发展的历史上占有突出的地位。

就隋唐时期而言，争夺西域的斗争始终是隋唐两朝与突厥关系史的重要内容。这一时期，除了铁勒政权在摆脱突厥控制后曾经短暂地统治过西域东部的部分地区，吐谷浑政权进入过西域东部边缘地区之外，波斯以东的西域地区基本上一直处于突厥的统治之下。突厥对西域的统治大体可分成三个阶段。

第一阶段是室点密、达头可汗统治时期。这时西突厥还没有正式从突厥汗国中独立出来，西域地区在名义上仍然归东突厥的大可汗管辖，且在西域东部的阿尔泰山和博格达山地区也分布着一些东突厥的小可汗。

第二阶段是突厥阿波系的处罗可汗在位时期。这时的西域地区由几个政权分别统治，从东到西依次是铁勒政权、阿波系突厥政权和室点密系突厥政权。三个政权中以阿波系突厥最为强大，射匮可汗在名义上尊奉处罗可汗为主，西域的城郭国家大多臣服了处罗可汗。此外，在隋灭吐谷浑之前，吐谷浑一直占据着西域东南部的地区。

第三阶段是西突厥汗国统治时期。这一时期，射匮可汗将阿波系突厥势力赶出了西域，再次征服铁勒，恢复了室点密系突厥对西域的统治，建立了西突厥汗国。隋朝也通过建立鄯善、且末、伊吾等郡，将势力扩展到西域东部的边缘，并控制了西域与内地交往的交通要冲地区。西突厥汗国对西域的统治一直持续到唐朝消灭西突厥政权为止。

第6章 西域统一,拉开隋唐丝绸之路走向繁华的帷幕

西域在种族、社会、经济、政治、文化各方面的情况都比漠北地区复杂,主要表现在"国家"数目众多且种类繁杂。裴矩称,在以前的史书中为西域立传,"户民数十,即称国王"与实际情况不相符,但是他本人在撰写《西域图纪》时收录的四十四国也不过"皆千余户"而已,其中还有大量"山居之属"和"部落小者"没有收入。❶由于地理、历史条件的差异,西域地区既有从事畜牧业的游牧民族政权,即所谓的"行国",也有主要从事农耕的绿洲农业政权,即所谓的"土著"或"城郭诸国"。此外,还有生活在山间谷地兼营农业和畜牧业的小政权,即所谓的"山居之属"和主要从事兴贩贸易的商业集团(如分布在西域各地的粟特移民点)。众多小而分散的政权为突厥征服西域提供了便利,但也造成了突厥人统治西域的困难。这些人种构成不同、经济生活各异的国家或部落,在风俗习惯、宗教信仰、文化生活、社会发展程度及社会形态类型等方面存在着很大的差异,而这些差别在客观上也给突厥带来管理上的障碍。为此,突厥人不得不主要采取了一种保持西域诸国原有的土著政权,并使用向突厥政权称臣纳贡的松散的统治方式。

贞观初年,玄奘在前往印度取经的途中历经塔里木盆地的西域诸国,由凌山道穿越天山,再由碎叶地区南下,经过了由西突厥政权统治的大部分地区。据玄奘称:"黑岭已来(东),莫非胡俗。虽戎人同贯,而族类群分,画界封疆,大率土著。"❷特别强调《大唐西域记》主要是叙述西域各地"异政殊制"的情况。从玄奘的记载中可看出,西突厥统治下的西域各国大都保持着各自原有的地域疆界、政权组织、经济生活以及风俗习惯等,其实这也是历史上游牧民族政权对西域诸国惯常采用的一种统治方式。当然,这只是就其大致的情形来说的,由于历史背景和地理环境的差异,对于不同的国家

---

❶ (唐)魏徵等:《隋书》卷六十七,《裴矩传》,中华书局,1973年,第1579页。
❷ (唐)玄奘:《大唐西域记校注》卷一·序论,季羡林校注,中华书局,1985年,第45页。

或部落，突厥人采取的统治方式是有所区别的，因而这些国家或部落对突厥政权的依附程度也各有不同。

《旧唐书》在西突厥汗国统叶护可汗的传记中，对突厥人统治西域的方式进行了概括的叙述，称："统叶护可汗勇而有谋，善攻战，遂北并铁勒，西拒波斯，南接罽宾，悉归之，控弦数十万，霸有西域，据旧乌孙之地。又移庭于石国北之千泉。其西域诸国王悉授颉利发，并遣吐屯一人监统之，督其征赋。西戎之盛，未之有也。"❶ 西域诸国国王还接受了西突厥汗国授予的"颉利发"头衔。突厥政权派遣"吐屯"监统西域诸国。吐屯的主要职责并不是监督西域国家的国政，而是监督其向西突厥交纳"征赋"。

颉利发是突厥汗国常见的官职，在汉文史籍中又有俟利伐、希利发等不同的译法。其名可能来源于柔然，后被突厥人沿用。凡是突厥汗国属国的国王或首领大都冠以这个官号，汉文古籍中所谓"俟利，犹中国方伯"的说法与颉利发的本义相当。❷ 至于吐屯，一般都认为它是一种监察性质的官职，其职责大体上相当于唐朝的御史。但是《旧唐书》记载的这种授予突厥属国的国王以颉利发称号，并派遣吐屯监国的统治方式，并不是突厥人在西域实行的唯一的统治方式。突厥人在统治国家或部落众多的西域地区时采取的统治方式要比《旧唐书》中概述的情况复杂得多。

首先，应该将与突厥同族，或者虽然不是同族，但是在社会组织、经济状况以及风俗习惯等方面相同或相近的臣服突厥的西域游牧部落与从事农耕的西域绿洲国家区别开来。这些游牧部落与突厥政权的关系是一种双重性质的关系。一方面，他们被突厥政权征服，

---

❶ 《旧唐书》卷一百九十四下，《突厥传》下。《通典》卷一百九十九，《边防十五突厥传》下。《新唐书》卷二百一十五下，《突厥传》下，第6056页作："遂霸西域诸国，悉授以颉利发，而命一吐屯监统，以督赋入。"

❷ 《古今姓氏书》卷二十二，第230页"俟利"条下说："后魏叱孤之后，其官曰俟利，犹中国方伯也。后以官为氏。"

第6章 西域统一,拉开隋唐丝绸之路走向繁华的帷幕

受到突厥政权苛重的赋役剥削;另一方面,他们又是突厥政权赖以征服西域诸国,维持突厥政权在西域统治的一支重要的武装力量。相对于突厥政权来说,他们是被征服者。但是对于西域绿洲国家而言,他们又是征服者,或至少是征服者倚重的力量。

西域城郭诸国的国王普遍接受了突厥政权授予的官号,但同时他们又都保持了各自原有的统治方式。西域诸国的酋领接受的突厥官爵并不限于《旧唐书》中说的"颉利发"一职,除此之外,至少还有俟斤、莫贺、时健等官号。不仅如此,突厥人授予官号的对象也不限于西域诸国的国王。封赐官爵不仅是突厥政权对西域实行统治的重要手段,同时也是西域国家臣服突厥的明显标志。

突厥政权对西域诸国的统治方式主要还有以下四种。

(1)由突厥政权派遣突厥官员担任西域国家的国王,直接统治。如《大唐西域记》记载忽露摩国"其王奚素突厥也",愉漫国"其王奚素突厥",弗栗恃萨傥那国"王,突厥种也",活国"其王突厥也,管铁门已南诸小国"。另据《大慈恩寺三藏法师传》记载,这位居住在活国的突厥王就是西突厥汗国叶护可汗的长子呾度设。由《大唐西域记》可知,呾度设不仅担任了活国的国王,而且还兼管"铁门已南诸小国"。❶大概在担任西域土著国国王的突厥首领中,有些还兼有监视或统治附近的小国的职责。

(2)由突厥政权派遣突厥官员对西域土著国进行"摄领"统治。如《隋书》记载,粟特石国"曾贰于突厥,射匮可汗兴兵灭之,令特勤甸职摄其国事"❷。这种"摄"或"领"的方式,介于由突厥首领直接担任国王与吐屯监领之间。因为其是临时性质的,所以突厥官员没有直接称"王",而是冠以"摄""领"等头衔。609年,摄领

---

❶ (唐)玄奘:《大唐西域记校注》,季羡林校注,中华书局,1985年,第963页。
❷ (唐)魏徵等:《隋书》卷八十三,《西域传·石国》,中华书局,1973年,第1850页。

石国国事的突厥甸职曾经以自己的名义遣使向隋朝朝贡❶，说明这些"摄""领"者实际掌握着西域土著国的大权。

（3）由突厥政权派遣吐屯监国。贞观年间，西突厥汗国咄陆可汗与乙毗沙钵罗叶护之间相互攻击，"咄陆遣石国吐屯攻叶护，摘之，送于咄陆，寻为所杀"❷。这里说的石国吐屯，就是由西突厥委任监统石国的突厥官员。从这段记载可知，吐屯在监国的同时，还掌握了一定数量的军队，军事力量就是他们实施监国职责的保证。设置吐屯还是表示对突厥臣服的一种方式，所以不仅可由突厥派遣，还可由"自愿"臣服的部落或政权主动"请求"设置。

（4）与西域国家建立联姻关系，以增强双方之间的联系。联姻在突厥汗国的政治生活中占有重要的地位。突厥汗国曾向西魏求婚，并得到了长乐公主。❸在征服西域的过程中，突厥人还将可汗之女嫁与波斯王为妻。在与北齐、北周交往的过程中，突厥人也充分利用婚姻手段周旋于两国之间，并将突厥女阿史那公主嫁与周武帝为皇后❹，而突厥可汗也曾娶北周赵王宇文招之女千金公主为可贺敦❺。入隋以后，突厥可汗又以请求千金公主由隋朝改姓赐封的方式，调整与隋朝之间的关系。❻以上这些婚姻关系都属于突厥政权与突厥以外的国家或政权结成的联姻关系，具有明显的外交性质。但突厥与联姻对象之间并不具有统治与被统治的关系，对于结姻双方来说，一般都是平等的和互利的。此外，结姻在突厥汗国与其属部或属国的关系中也起着重要作用，突厥政权与西域属国之间的关系就是如此。

相对来说，突厥政权对西域的政治统治是很薄弱的，武力是它

---

❶ （唐）魏徵等：《隋书》卷八十三，《西域传·石国》，中华书局，1973年，第1850页。
❷ （后晋）刘昫等：《旧唐书》卷一百九十四下，《突厥传下》，中华书局，1975年，第5185页。
❸ 吴玉贵：《突厥汗国与隋唐关系史研究》，中国社会科学出版社，1998年，第55页。
❹ 吴玉贵：《突厥汗国与隋唐关系史研究》，中国社会科学出版社，1998年，第55页。
❺ （唐）令狐德棻等：《周书》卷五十，中华书局，2000年，第618页。
❻ 吴玉贵：《北周千金公主考》，《国际汉学》（待刊）。

西域统一，拉开隋唐丝绸之路走向繁华的帷幕

赖以统治西域的主要手段。但武力并不是万能的。它可以迫使西域诸国被动地接受突厥政权的统治，但却不能积极地改善和加强突厥政权在西域的统治；能够得逞于一时，却不能施之以久远。为了弥补由政治统治的薄弱和武力手段的弊端带来的缺陷，改善与西域土著政权之间的关系，增强西域各国对突厥政权的向心力，政治联姻就成了突厥统治西域的重要的辅助手段。政治联姻是突厥政权广泛使用的一种有效手段，它对巩固突厥政权对西域的统治起到了重要作用。

说突厥政权对西域实行了一种比较松散的统治方式，只是就完全听命于突厥的西域国家而言的。如果西域土著政权对突厥稍有反抗，就会遭到残酷的杀戮。如上文提到的石国因贰于突厥，被射匮可汗兴兵灭之；阿波系处罗可汗因怀疑薛延陀部反叛，"遂集其魁帅数百人，尽诛之"❶。这些都是非常显著的例证。在唐玄奘讲述的"大龙池及金花王"传说中，曾提到龟兹境内有一座荒城，突厥"杀此城人，少长俱戮，略无噍类。城今荒芜，人烟断绝"❷。玄奘听说的这个故事，反映了突厥的统治在当时人们的心目中留下的恐怖印象。行政统治机构设置方面的朴陋，并不意味着实际统治的"宽松"，突厥政权虽未在西域设立复杂严密的统治机构，但它对西域的统治却是残暴的。残暴的武力既是突厥汗国征服西域的主要手段，也是突厥政权用来统治西域的重要工具。松散的行政统治机构是以强大的武力作后盾的，武力是突厥政权统治西域的链条中最重要的一环。统叶护可汗死后，西突厥汗国陷于长期分裂的混乱状态，从此逐渐走向衰落。

---

❶（唐）魏徵：《隋书》卷八十四，《北狄传·铁勒》，中华书局，1973年，第1880页。
❷（唐）玄奘：《大唐西域记》卷一，屈支国、章巽校点，上海人民出版社，1977年，第4页。

突厥对丝绸之路以西道路拓展的贡献

欧亚大陆的腹地非常奇特,其周围依次排列着古代中国、印度、伊朗以及西方诸文明。它使位于腹地周围的各种文明远远地被隔绝开,同时又使古代世界的各大文明之间得以在相互间保持微弱但却久远的联系。这块欧亚大陆腹地上就有一个游牧文明国家,即突厥帝国。突厥帝国在历史上第一次统一了东尽大漠、西至波斯、南抵印度的欧亚大陆的内陆地区,使欧亚大陆腹地的许多较小的草原或森林部落、被荒漠间隔开来的相对孤立的绿洲古国深深地打上了突厥的烙印,增强了古代亚欧腹地的各种文明之间的交流与联系。

尽管统一的突厥汗国国祚短暂,且汗国的各个属国拥有高度的自主权,但突厥却深远地影响了当时的欧亚大陆和后世的世界历史。在西方,"突厥"一词甚至取代了原来的"斯基泰人",在许多世纪中成了"野蛮人"的代名词。

此外,突厥汗国时期,在西域还存在"驿马递送"系统,给行旅之人带来了便利。唐玄奘通过西域前往印度取经时,与高昌王"结为兄弟",高昌王致书突厥可汗,请求他在途中帮助玄奘。信中说:"法师者是奴弟,欲求法于婆罗门国,愿可汗怜师如怜奴,仍请敕以西诸国给邬落马递送出境"。❶ 在热海会见突厥叶护可汗之后,可汗又封军中懂汉语及诸国语者为摩咄达官,"作诸国书",送玄奘到迦毕试国。在活国时,玄奘再次向突厥"请敕以西诸国给邬落马"❷。据近人研究,"邬落"是突厥语"驿马"的译音。通过这件事可以看出,在西突厥统治的西域地区,驿马制度普遍存在于各土著国内,且受西突厥政权的控制,高昌王所说的"敕以西诸国给邬落马递送出境",就是最好的证明。当必要的时候,突厥可汗不仅可以直接为行人提

---

❶ (唐)慧立、彦悰:《大慈恩寺三藏法师传》卷一,中华书局,2000年,第21页。
❷ (唐)慧立、彦悰:《大慈恩寺三藏法师传》卷一,中华书局,2000年,第21页。

第6章 西域统一，拉开隋唐丝绸之路走向繁华的帷幕

供驿马和使人，而且能够命令西域各属国提供行人所需要的驿马和使人。这个例证表明，突厥政权对丝绸之路的交通进行了有效的管理。

在突厥人之前，丝绸之路的交通主要是沿着欧亚大陆腹地的边缘地带，即大致上从今新疆的塔里木盆地翻越帕米尔，或南下印度次大陆，或继续向西，到达波斯后，经过两河流域，进而抵达拜占庭；另一条道路是翻越帕米尔之后，经过锡尔河与阿姆河之间的地区南下，抵达波斯。当时的交通路线主要是将中国、印度、波斯和罗马连接起来，而通往罗马则需要借道波斯。突厥汗国建立后不久，就因为丝织品贸易的问题与波斯之间发生了纠纷。结果，突厥与罗马之间开通了贸易通道，从而促进了东西方之间的了解。

在征服𠼝哒之后，突厥和波斯就成了当时丝绸之路贸易的最大受益者，丝绸之路贸易对双方都具有重要意义。控制或垄断商路贸易，是古代北方游牧政权用来增强其经济实力的一种有效手段。征服𠼝哒后，突厥人不仅占据了原来由𠼝哒控制的西域地区，而且接替了𠼝哒政权在丝织品贸易中的地位。

丝绸之路贸易对于波斯的重要性一点也不在突厥人之下。古代丝绸之路贸易的显著特点，就是它是通过转手贸易的方式进行的，在东方与拜占庭帝国间的丝织品贸易中，波斯人长期都充当着中间人的角色。这种角色使波斯人处在非常有利的地位，因为通过居间作用，波斯人不仅得到丝织品贸易的部分利润，而且占有了贸易的主动权。波斯人完全可以视自己的利益来中断或继续这种贸易。波斯人力求尽量地保持自己的这种优势地位，而罗马人和突厥人则期望改变这种状况，以使自己获得最大的利益。为此，罗马和突厥都尝试进行直接贸易。当时的罗马通过海上交通也可以进行丝织品贸易，但由印度启航的丝绸贸易船大都是在波斯的港口停泊登岸，为此，查士丁尼皇帝曾经与阿拉伯沿海的航海人联系，建议他们从印

度的港口直接运送丝织品，他还努力将蚕引进了罗马，在海上贸易还不很发达的情况下，罗马的这种努力显然收效不大。

与此同时，突厥人也力图改变由波斯人控制丝织品贸易的局面。据希腊史学家弥南记载，568年之前，原来臣服过哒，后来又臣服突厥的粟特人恳请突厥可汗室点密派遣使团到波斯，以使他们得到在波斯境内自由出售丝织品的允诺。室点密同意派遣一个粟特人的使团。使团来到波斯，恳求波斯王库萨和允许他们将丝织品运到波斯自由贸易。波斯王库萨和由于担心这样会使突厥人顺利地从东边进入波斯的领土，就以各种各样的借口，不予答复。在粟特人的反复请求下，库萨和终于召开了一次政务会议，最后决定用高价买下这些丝织品，再当众烧毁。这样一来，既表明波斯对丝织品毫无兴趣，又可以使突厥人明白波斯王做事不失公正。于是粟特人一无所获地回到了室点密的牙帐。由于室点密这时一心要与波斯建立友好关系，于是他再次派出了使团。库萨和认为，所有的斯基泰人的种族都是不能信任的，所以对于波斯人来说，与突厥人建立友好关系是很不明智的。为了防止突厥人再派遣类似的使团，波斯人在突厥使团的食物中放了毒药，除了三四个人幸免于难外，所有的使臣都被毒死了。由此，突厥与波斯关系恶化。

在突厥征服哒的过程中，曾经与波斯缔结了联盟，并建立了联姻的关系。突厥人主要是从经济利益出发，希望能够与波斯继续保持友好的关系，以便得到在波斯境内自由贸易的许诺，所以一再退让。波斯人由于占据了主动地位，所以表现出了咄咄逼人的气势。对突厥人军事入侵的顾虑，只不过是波斯人的借口。经济的因素在当时突厥与波斯的外交活动中占有非常重要的位置。突厥人在迫不得已的情况下，着手开辟与罗马人直接贸易交往的渠道。当波斯拒绝了突厥的要求之后，粟特商人向室点密建议发展与罗马之间的友好关系，将丝织品直接运送到罗马境内去出售。"这样突厥人将会得

第6章 西域统一,拉开隋唐丝绸之路走向繁华的帷幕

到更多的利益,因为他们(即罗马人)消费的丝织品比其他任何民族都要多。"于是室点密派人出使罗马。568年年初,突厥使团到达拜占庭,受到了罗马查士丁皇帝的热情接待,双方一拍即合。

至少在建立直接贸易关系这一点上,罗马人与突厥人的利益是共同的。双方除了经济的原因之外,还有迫切的政治动机。罗马人长期面临着北方边疆的凯尔特人的进攻和来自东方的波斯人的威胁。为了解除波斯的威胁,拜占庭每年都要向波斯交纳沉重的贡赋,以便能有效地对付北方的凯尔特人。对于罗马统治者来说,与突厥的结盟,无异于增加了自身的力量。

查士丁皇帝立即决定派遣使臣前往突厥。他命令当时担任东部城市执政官的西利西亚人Zemarchus准备这次活动。同年八月,一切准备就绪,Zemarchus一行从罗马出发,到达了白山,谒见了室点密可汗,室点密热情地接待了他们。后来,室点密决定带Zemarchus和他的20名随从一起去征伐波斯。室点密还将被掳的一名美丽的黠戛斯少女赐给了Zemarchus。当他们到达塔拉斯(Talas)时,遇上了前来晋见室点密的波斯使臣,室点密在宴会上折辱了波斯使臣,并做好了进攻波斯的准备。室点密还另派了一个突厥使团随他们一起返回罗马。从此以后,突厥与罗马间开始了密切的使臣交往。

塞诺尔据此认为,在突厥与罗马联盟的时代,当结盟一方的使臣离开本国出使另一方时,必有上次对方来的使臣一起陪同前往,换句话说,在突厥与罗马交往的时代,双方使臣间的往来很可能一直没有间断过,只不过在迄今所能见到的史料中漏记了这方面的情况。576年,离开君士坦丁堡的突厥使臣竟然多达106人,说明交往的规模是很大的,而且其中必定包括了许多商人。

正是在突厥和罗马双方的努力下,在这时开辟了新的东西方之间交往的通道。这条通道是在波斯以北,穿越咸海与里海之间的荒漠地区。当时主要的道路大概有两条:一是由锡尔河出发,通过咸

西域春秋——翻开2000年的西域卷轴

海的北岸；另一条是沿着阿姆河，通过咸海南岸。两条道路大概是在乌拉尔河口附近的地方会合，然后这条道路通向伏尔加河。从伏尔加河开始，或者沿着顿河和黑海北岸到达君士坦丁堡，或者穿越高加索，到达黑海的港口。这条道路应该就是裴矩在《西域图记》中记载的新北道的西段。这条道路虽然不如从波斯通往罗马的道路那样顺畅，但在经由波斯的通道被阻塞之后，这条道路的开通恢复了东西方间的交往，增进了相互的了解，开阔了当时人们的视野，在东西方交往的历史上具有重要的意义，而突厥汗国则在新北道的开通中扮演了重要的角色。

新北道开通后，突厥与罗马之间频繁的使节往还，说明了这条道路在当时的重大作用。据近代学者研究，拜占庭帝国只有在突厥汗国时期才对远东有较详尽的记载，此后，西方对东方的记载明显减少了，只是到了600多年后的蒙古帝国时期，希腊文和拉丁文记载中有关东方的内容才又逐渐增多起来。这个事实突出地证明了突厥人的活动不仅对当时的东西交往和了解起了重要的推动作用，而且对后世产生了巨大的影响。

吐蕃的扩张及其对西域的控制

唐朝，新疆部分地区在一段时期内曾被吐蕃占据。吐蕃于7—9世纪活跃于青藏高原，受唐册封。东汉时，诸多西羌部落，如越嶲羌（即牦牛部）、发羌、唐旄羌等先后徙入今西藏地区，并同当地土著居民孟族融合。至隋时，在今西藏和青海西南等地分布着苏毗、羊同、女国、附国、牦牛部等羌人部落和政权。其中，以牦牛部建立的吐蕃政权实力最强。隋末唐初，吐蕃赞普朗日伦赞兼并了苏毗。其子松赞干布即位后，又征服了羊同，进而统一了西藏高原，建立了强大的吐蕃王朝，定都逻些城。

第6章 西域统一，拉开隋唐丝绸之路走向繁华的帷幕

吐蕃的兴起和扩张

7世纪初，松赞干布执政后，采取一系列的建政措施，使吐蕃王朝的国力与日俱增，为吐蕃王朝的对外扩张奠定了物质基础。此后其逐渐向西、向北扩张，吞并了西藏西部地区的羊同、北部的苏毗、东北部的党项等，从而与吐谷浑南境相接。

622年后，吐蕃与西突厥弓月部及疏勒首领联合对西域发动进攻。于阗、疏勒则是唐与吐蕃争夺的主要地区。

670年，吐蕃已占据了西域十八州之地。唐一度放弃安西四镇，安西都护府也撤回西州，此后双方在西域展开拉锯战，安西四镇多次易手。"安史之乱"爆发后，唐抽调安西及北庭都护府、西域各国、陇右节度使所统兵力入关平叛，造成西部空虚，吐蕃乘机攻入西域，占领塔里木盆地南缘广大地区，一度在那里建立了其在青藏高原之外的军事领地，并统治半个多世纪。

由于西域绿洲邦国与吐蕃本土在自然地理条件、社会生产方式、区域文化特征等方面的差异较明显，吐蕃军事力量在新环境下的生存条件、生活环境、管理模式、建制体系等发生了一定的变化。这种变化对吐蕃在新占领地区实现有效的社会控制发挥了一定作用。

7世纪初，吐蕃与东面的唐朝、北面的突厥、西面的大食和南面的天竺在地域上存在着一个较大的缓冲地带。其间分布着众多势力较弱的小国或部落，除吐蕃与大食之间有大、小勃律等若干中亚小国外，吐蕃与唐中间有吐谷浑、党项、白兰诸羌部和滇西北高原的松外蛮，吐蕃与天竺之间有泥婆罗，吐蕃与突厥之间有龟兹、疏勒、于阗等西域小国。这些环绕吐蕃并直接与吐蕃相接的小国或部落，在吐蕃面前都处于劣势。即便是实力较强的吐谷浑，也因同时受到唐和吐蕃的威慑，难以与其相抗衡。这种外部环境为吐蕃的扩张提供了极其有利的条件，也是吐蕃立国后得以快速、强力扩张并获得

极大成功的重要原因。

强悍的骑兵和精良的装备是吐蕃对外扩张取胜的原因。当时流行一句话:"唐非牛不田,蕃非马不战。"❶ 吐蕃精锐剽悍的骑兵是决定战争胜败的中坚兵种,汉史称吐蕃骑兵"戎虏驰突,迅如风飙"❷。战马之优劣,数量之多少,直接关系到战争之胜败,吐蕃"以马为命,非马不能进军",因此吐蕃每次大举入侵,多在草盛马壮的夏秋季节。

吐蕃的对外扩张是全方位的。在其南部曾有过大规模的军事扩张活动。史载,648年,吐蕃借口唐朝王玄策出使天竺遭劫掠,发精锐一千二百人,并泥婆罗七千余骑进攻天竺,一直打到恒河沿岸。吐蕃也曾向西部进行强力扩张。8世纪初,吐蕃势力一度越过帕米尔高原,征服大、小勃律,使中亚20余小国皆称臣纳贡。尽管如此,吐蕃向外扩张所发动的一系列战事,绝大多数是与东面的唐朝进行的。

634年,吐蕃遣使与唐通好。641年,唐太宗以宗女文成公主出嫁赞普,唐蕃结甥舅之好,"和同为一家"。此后两百年间,新赞普继位,必得请唐天子册命,否则就不是名正言顺的君王。❸

然而,吐蕃在接受唐册封的同时,并未稍减向外扩张的势头,不仅击破与其接壤的诸羌胡政权,而且入侵唐边州和羁縻府州。

吐蕃与吐谷浑的关系

吐蕃与吐谷浑之间发生关系比较早。从新疆发现的吐蕃历史文书来看,早在唐朝与吐蕃建立关系之前,吐蕃与吐谷浑这两个相邻

---

❶ (宋)欧阳修、宋祁:《新唐书》卷一百四十六,《列传第一百四十一下·吐蕃传下》,中华书局,1975年,第6093页。
❷ (宋)司马光:《资治通鉴》卷二百三十四,《唐纪五十》,中华书局,1956年,第7546页。
❸ 参见《旧唐书》卷一百九十六上,《吐蕃传上》,《资治通鉴》卷二百四十六,《唐纪六十二》,"武宗会昌二年"条。

第6章 西域统一，拉开隋唐丝绸之路走向繁华的帷幕

的民族政权之间就有了密切的友好交往，是所谓甥舅之国。❶634年，吐蕃第一次遣使朝唐，就很可能是在吐谷浑人的引导下，通过吐谷浑地区来到长安的。对此，史无明载。但从此后不久文成公主经吐谷浑入藏及《释迦方志》第四篇所载由河州经吐谷浑入藏道和当时吐谷浑与吐蕃的关系看，这次遣使必为吐谷浑引导。

吐谷浑的疆域，在强盛时期，东南部包括青、甘、川交界的一部分地区，西部大致从5世纪中叶起，就占据了今新疆若羌、且末一带❷。518年，北魏和尚宋云路过鄯善时，其地由吐谷浑王第二子宁西将军率部落三千驻守❸。609年，隋炀帝亲征吐谷浑，吐谷浑疆域"自西平、临羌以西，且末以东，祁连以南，雪山以北，东西四千里，南北二千里，皆为隋有"❹。隋在吐谷浑地区设西海、河源、鄯善、且末四郡。后两者即今若羌、且末一带。隋末，"天下乱，伏允（吐谷浑王）复其故地"❺，若羌、且末一带又复归吐谷浑统治，唐初，尚未形成对西域的控制。丝绸之路沿线绿洲城邦于阗、疏勒、龟兹、焉耆、高昌等，除高昌外，都间接地受突厥的统治。丝绸之路南线的且末、鄯善仍在吐谷浑的统治之下，并有许多吐谷浑人民住在那里，敦煌所出《唐光启元年写沙州、伊州地志残卷》中有一条记载，"唐初有土人鄯伏陀，属东突厥，以征税繁重，率城人入碛，奔鄯善，至吐谷浑居住。"

随着吐蕃、吐谷浑势力的消长，吐蕃、吐谷浑与唐朝的友好关

---

❶ 《新唐书·吐蕃传》载唐太宗对吐蕃大臣仲琮说："吐谷浑与吐蕃本甥舅国。"王忠先生亦指出："吐蕃历史文书亦称驻军鄯善之吐谷浑王为甥"（见《新唐书·吐蕃传笺证》，科学出版社，1958年）。

❷ 《梁书》卷五十四，《诸夷传》载，吐谷浑的疆界"西邻于阗，北接高昌"；《北史·吐谷浑传》也说，吐谷浑"地兼鄯善、且末"。吐谷浑占有若羌、且末一带的时间，日本人藤田丰八认为起自520年（北魏孝明帝正光元年），也有认为起自508年以前（周伟洲，《吐谷浑史》），也有认为始于魏文成帝兴安元年，即452年（黄文弼，《西北史地论丛》）。

❸ 《宋云行记》载，《洛阳伽蓝记》。

❹ （唐）魏徵等：《隋书》卷八十三，《西域·吐谷浑传》，中华书局，1973年，第1845页。

❺ （唐）魏徵等：《隋书》卷八十三，《西域·吐谷浑传》，中华书局，1973年，第1845页。

系相继发生了裂痕,并很快转化为战争。634年,唐太宗在哈默设西伊州,为鄯善、且末的收复做准备。635年,唐太宗以李靖为西海道行军大总管,统五路军进攻吐谷浑,其中任城王李道宗被任命为鄯善道行军总管,凉州都督李大亮被任命为且末道行军总管,一直打到了且末西境。❶ 此前,且末、若羌都在吐谷浑的统治之下。

唐太宗征讨吐谷浑,也是因当时以青海、且末、若羌为基地的吐谷浑,不仅使陇右、河西不得安稳,而且对唐朝平定西域、开通丝绸之路有重大影响。可以说,平定占据且末、若羌之地的吐谷浑,是隋唐两代开通丝绸之路,稳定河西,进而平定西域诸地的必备条件。同样,青海、且末、若羌等被吐蕃占据后,对唐来说,不啻是失掉了控制西北地区或控制刚刚平定的西域和刚刚设立的安西四镇的一个重要的战略要地,而且对吐蕃来说,占领这块地区,不仅使它得到了大量人力、物力,而且还取得了继续东侵、西进的立足点和主动权,特别是打通西入南疆的通道。

这次进攻给吐谷浑带来沉重的打击,吐谷浑王伏允西逃至图伦碛,其子顺降唐,伏允自杀。伏允死后,其子顺及孙诺曷钵相继为吐谷浑王,与唐朝的关系也完全处于友好之中,且末、若羌地区又回到吐谷浑的手中。唐与吐谷浑的亲密关系引起吐蕃的忌恨。638年,吐蕃借口吐谷浑阻遏唐蕃联姻,遂"率羊同共击吐谷浑,吐谷浑不能亢,走青海之阴,尽取其赀畜"。❷ 虽然吐蕃军队很快撤回,但这次吐蕃对吐谷浑的进攻不仅破坏了吐蕃与吐谷浑的传统友谊,也迫使诺曷钵更加依赖于唐。

唐朝极力扶持吐谷浑作为抵御吐蕃的屏障。唐朝与吐谷浑的接近,以及吐谷浑对吐蕃与中原交往的阻遏,终于使吐蕃决心吞并吐谷浑。

---

❶ (宋)欧阳修、宋祁:《新唐书》卷二百二十,《西域传》,"吐谷浑"条,中华书局,1975年,第6226页。

❷ (宋)欧阳修、宋祁:《新唐书》卷二百一十六上,《吐蕃传上》,中华书局,1975年,第6073页。

第6章 西域统一，拉开隋唐丝绸之路走向繁华的帷幕

635年后，在顺和诺曷钵时期，鄯善、且末仍为吐谷浑的领地，并接纳了康国人康艳典等居住在这里。直至663年，整个吐谷浑地区包括且末、若羌地区都为吐蕃占据❶。因此，且末、若羌应是吐蕃所占据的最早的新疆地区。且末、若羌一带，在历史上是联结我国西北地区的一个重要通道，具有十分重要的战略地位。吐谷浑在占据且末、若羌之后，实际上就控制了丝绸之路的一条重要通道，使经过西域南道来往的商人均需经由吐谷浑地区，从而促进了青海道的发展，使吐谷浑统治者从中得利不少，对中原王朝与西方及西域的贸易和政治交往也有很大的影响。隋炀帝之所以亲赴青海征讨吐谷浑，就是因为吐谷浑占据且末、若羌等地，"羌胡之国为其壅遏，故朝贡不通"❷。

640年，唐太宗灭高昌，置西州，并设安西都护府。648年，平定龟兹，将安西都护府移至龟兹。649年，设置了焉耆、龟兹、疏勒、于阗四镇，由安西都护府总管，取代了突厥在西域的霸权。唐太宗薨后，突厥阿史那贺鲁统合十姓部落和葛逻禄、处月等突厥种族，大举反旗，迫使安西都护府退回西州，阻挡了唐朝统治西域的大业。唐高宗用时6年，方才打败阿史那贺鲁，结束了突厥帝国对西域的入侵和西突厥帝国对西域的统治，将以前西突厥十姓领土以伊犁河至碎叶河为界，分为东部的五咄陆部和西部的五弩失毕部，分别设置昆陵和濛池两个都护府，以兴昔亡可汗为昆陵都护，以继往绝可汗为濛池都护。658年，又将安西都护府迁回龟兹，建立了稳定的西域统治体制。之后，虽有659年五弩失毕部之一的思结部攻击于阗的叛乱，但唐朝很快将之平息，并将自身的影响远播到帕米尔以西的吐火罗、㕎哒、罽宾、波斯等16国，还分别设置都督府，置于安西都

---

❶ 据《敦煌本吐蕃历史文书》所载，《大事记年》记，龙年（668）吐蕃赞普在"几玛郭勒"建筑堡垒。此"几玛郭勒"即且末。

❷ （唐）魏徵等：《隋书》卷六十七，《裴矩传》，中华书局，1973年，第1580页。

护府的监督之下，巩固了对西域的统治。

吐蕃的东进及唐蕃的百年和战

6—8世纪是西欧人的"黑暗时代"。但是，这仅对西欧而言，因为在西欧之外的世界并不黑暗，当时，三个对后世有很大影响力的帝国——拜占庭帝国、阿拉伯帝国和大唐帝国并存，创造了灿烂的文明。

唐高宗年间，唐的疆域达到极致，东、西突厥汗国先后被唐所灭，伊吾、鄯善、高昌、焉耆、龟兹、疏勒、于阗等西域诸国在此后的几十年中或降唐，或被武力灭国。唐朝从此建立了以安西四镇为核心的西域统治体系——安西都护府。

尽管很多正统的世界史学家认为安西都护府辖境不能算唐帝国的正式领土，只是唐帝国的保护国，但直到开元、天宝年间，这一带始终处于中华文化圈之内，受中华文化影响，如果从文化层面来讲，说那片地区属于大唐也并不为过。

到了唐玄宗时代，唐帝国不断维护先辈打下的领土，从东方的白山黑水到西边的黄沙之土，都留下了大唐征战的印痕。其中，唐最重视的当属安西都护府的利益，在那片土地上不断上演着攻战和杀伐，而当时最能和大唐相抗衡的无疑是安西地区南部的吐蕃。

大唐和吐蕃的关系可谓是分分合合，关系最好的时期当属文成公主身在吐蕃的30年，但是自她去世后，两个国家又开始彼此产生摩擦。吐蕃常年骚扰唐境，而唐朝虽然不断击退吐蕃的进犯，但对吐蕃的骚扰感到很是头疼。为了确保长安的安全，大唐决定通过占领河西地区控制青海，进而通过占领西域，使得吐蕃帝国的势力不能全力向东扩张。双方战争不断。唐朝和吐蕃在不断的和战之中走过了很多年，而每次争斗，吐蕃要么直接进犯唐境，要么通过压制西域某个小国来达到向唐朝施压的目的。

第6章 西域统一，拉开隋唐丝绸之路走向繁华的帷幕

当阿拉伯人退出珍珠河以北和十姓可汗故地时，吐蕃却乘机深入到该地区。拔汗那一役，唐军又一次将吐蕃人驱逐出葱岭以北，此后唐蕃之间的争夺便转移到葱岭以南诸地。

660年，吐蕃乘唐朝平定西突厥阿史那贺鲁及处理此次事变善后之机，发兵攻入吐谷浑。662年，早已臣服唐朝的西部继往绝可汗在十姓部落故地秘密扩大自己的势力，而唐朝海道总管苏海政意欲稳固十姓部落故地，双方共同密谋杀害了兴昔亡可汗，由此引发了东部五咄陆部对唐朝的强烈不满。继往绝可汗治下五弩失毕部之一的拔塞干部又背叛了唐朝，同属于五弩失部的月弓部还引导吐蕃军队向苏海政挑衅。从此，吐蕃不仅在河西地区与河湟地区向唐朝挑起战端，而且开始了在西域与唐朝的争夺。662年也被认为是吐蕃军队登上中亚舞台的开始❶。

663年，吐蕃大破吐谷浑，吐谷浑王诺曷钵与弘化公主（唐宗室女，诺曷钵妻）引残部遁走凉州。吐蕃攻占于阗，继而伙同于阗军队进犯安西四镇的其他三镇，安西都护府再次退回西州。继往绝可汗于667年去世，处于北部的突厥"余众附于吐蕃"❷，唐军夹在突厥与南部吐蕃两股势力之间，在西域的形势陷入不利。吐蕃占领今青海地区及塔里木盆地东南部分地区，直接威胁唐朝对西域及河陇地区的统治。670年，"夏四月，吐蕃寇陷白州等一十八州，又与于阗合众，袭龟兹拨换城，陷之。罢安西四州"❸。

674—676年，唐朝重新夺回了安西四镇，但不久又在阿史那都

---

❶ 森安考夫著，劳江译：《吐蕃在中亚的活动》，《国外藏学研究译文集》第一辑，西藏人民出版社，1985年，第72页。
❷ （宋）王钦若等：《册府元龟》（校订本）卷九百六十七，《外臣部·继袭二》，周勋初等校订，凤凰出版社，2006年，第11200页。有研究认为继兴昔亡、继往绝可汗二世之后，吐蕃势力扶立了阿史那侯子、阿史那仆罗、阿史那拔布等政权。见薛宗正：《唐、蕃对峙中的西突厥羁縻政权》，《新疆历史研究》，1986年第2期。
❸ 《旧唐书》卷五，《高宗本纪》，《新唐书》卷二百一十六上，《吐蕃传》，《资治通鉴》卷201，"咸亨元年夏四月"条及《旧唐书》《新唐书》地理志均有相同记载。

支和李遮匐所集结的西突厥遗众与吐蕃的联合进攻下，再度失去安西四镇。从此，进入唐朝、吐蕃、突厥三家反复争夺西域的时期。

大非川一战，唐军大败，吐蕃"遂灭吐谷浑"❶，并进而攻占唐以党项等羌所置的三十个羁縻州和龟兹拨换城，致使唐"安西四镇并废"❷。由于不断对外侵伐，吐蕃版图日益壮阔，至680年，"东与凉、松、茂、巂等州相接，南至婆罗门，西又攻陷龟兹、疏勒四镇，北抵突厥，地方万余里，汉、魏以来，西戎之盛，未之有也"❸。

失去安西都护府后，唐朝的攻略重点仍在突厥一侧，先是计擒阿史那都支和李遮匐，并很快恢复了安西四镇，接着又在679年将四镇之一的焉耆安插到了碎叶，意在从核心位置控制突厥各族，削弱了西突厥的力量。687年，吐蕃又大举侵入除碎叶以外的安西四镇和这时已经不属四镇的焉耆。吐蕃在东部边境与唐军的战事也进一步吃紧，在西域的力量有所回缩。692—694年，唐朝派遣常驻安西都护府的军队收复四镇，将对西域的有效控制维持到"安史之乱"之前。

终唐一朝，吐蕃人的威胁远胜于在更远的西方活动的大食人，因而，驱逐吐蕃，牢牢控制葱岭边缘地区，以保安西四镇，成为唐帝国在西域地区的首要任务。因此，唐帝国一直没有答应西域各国自大食介入中亚以来所发生的上书请击大食事件，但对受到吐蕃攻击的小国的呼救，则多次不惜动用军队。722年，唐朝政府继拔汗那王请求反击吐蕃后，又应小勃律王之请南破吐蕃。此后，唐帝国在葱岭以南对吐蕃反攻，屡获全胜。天宝年间，从剑南经青藏高原边

---

❶（宋）王钦若等：《册府元龟》（校订本）卷一〇〇〇，《外臣部·亡灭》，周勋初校订，凤凰出版社，2006年，第11576页。

❷（宋）欧阳修、宋祁：《新唐书》卷二百一十六上，《吐蕃传上》，中华书局，1975年，第6076页。

❸（后晋）刘昫等：《旧唐书》卷一百九十六上，《吐蕃传上》，中华书局，1975年，第5181页。

第6章 西域统一，拉开隋唐丝绸之路走向繁华的帷幕

缘至葱岭以南，唐帝国对吐蕃展开全面反击，使得吐蕃全面收缩到青藏高原，一度停止了扩张。于是，唐与大食这对次要矛盾便上升为主要矛盾，怛罗斯之战便是这种矛盾冲突的顶峰。

由于吐谷浑的关系，吐蕃与鄯善地区发生关系较早，先后于747年的小勃律之役及754年封常青破播仙镇之役中两度击破鄯善，"安史之乱"爆发后，鄯善成为吐蕃控制西域的中心。鄯善地区的米兰古戍堡是吐蕃势力控制罗布泊地区的另一个军镇中心。

755年，唐朝发生"安史之乱"，唐玄宗从长安逃到四川，安西四镇与朝廷的联系中断。此时回纥汗国还远在漠北地区，大食也无意于纠结西域。吐蕃于是分别从河西地区和帕米尔地区开始了向西域的蚕食。"安史之乱"中，唐朝政府尽征河西、陇右、朔方诸镇对付吐蕃的大量军队平叛。乘唐西北边防无备，吐蕃攻占唐凤翔以西、邠州以北数十州之地，至763年一度攻入长安。此后，吐蕃取代唐朝管理西域，继续同大食的河外扩张相抗争。

吐蕃曾为了对付唐朝同大食结盟，直到唐玄宗初年，还与大食保持友好往来。但到了吐蕃赞普照乞梨苏笼猎赞在位时，吐蕃的声威也一度远播中亚，并因宗教信仰、势力范围的领属而同大食形成尖锐对立。吐蕃信仰佛教，自然成为河中诸国中佛教信徒的保护神，因而同反对任何偶像崇拜的阿拉伯之间的矛盾不可调和。所以吐蕃取代唐朝以后，至少抗击大食达半个多世纪。

赤松德赞在位期间，吐蕃的辖地大大扩张，东面与唐大体上以陇山为界，北到宁夏贺兰山，南面以南诏为属国。790年后，吐蕃占据北庭、安西（数十年后吐蕃失去北庭、安西）。据藏文史籍记载，吐蕃还一度推进到喜马拉雅山以南的恒河北岸。

"安史之乱"后，吐蕃占领了塔里木盆南缘地区，直到9世纪中叶，期间在这里驻扎军队，实行军事统治，其管理机制和模式通过与当地的自然地理及其绿洲邦国特征的制约条件相磨合，形成具

西域春秋——翻开 2000 年的西域卷轴

有新的特征的社会控制局面，这样既有利于加强自身在西域地区的统治地位，也有利于削弱唐朝对西域形成的控制体系。783年，双方约和，于清水会盟中正式划界：泾州以西至弹筝峡西口，陇州西至清水县，凤州西至同谷县，剑南西山、大渡河东，为唐界；兰、渭、原、会四州为吐蕃守镇；西至临洮，东至成州，抵剑南西界磨些诸蛮、大渡河西南，为吐蕃界。又在黄河以北、故新泉军以北至大碛、以南至贺兰山骆驼岭置"闲田"，作为唐蕃的北段边界和缓冲地。❶这条唐蕃新界，基本上是南北走向，即北起贺兰山以北，沿贺兰山南行，经六盘山和今甘肃清水、成县，再西南至大渡河，东为大唐，西则为吐蕃。唐蕃新界的划分表明，吐蕃民族的分布早已超越了其初兴时的青藏高原的局限，不仅拥有唐前期的西域地区，而且扩张到唐帝国的关内道到剑南西川一带。

790年，吐蕃与葛逻禄人联合攻破北庭，西域西州、于阗等地也被攻陷，唐朝的势力最终退出西域。吐蕃抗击大食失败引起内部激烈的抗争。吐蕃末代赞普朗达磨是一位著名的灭佛赞普，他将战争的失败归咎于佛教的仁弱教义和僧侣过多，削弱了吐蕃的财力和军事实力，因而厉行改革，强令僧侣还俗务农牧。正当这场改革紧锣密鼓地进行之时，漠北回鹘汗国在黠戛斯的打击下灭亡，大批回鹘部落西迁西域，于841年到达天山北麓，进入葛逻禄牧地，在西域与吐蕃展开争战。吐蕃政权也因其内部的矛盾开始崩溃，841年，朗达磨赞普被刺，他的两个妃子借助吐蕃贵族的支持，在王位继承权上发生了激烈的争夺。朗达磨之侄乞离胡与其遗腹子光护王二赞普并立，吐蕃国中大乱。西迁回鹘乘机由天山北麓进入焉耆，建立安西回鹘政权。866年后，吐蕃在西域的统治也逐步瓦解。从此，回鹘逐渐代替吐蕃，成为西域的统治力量。此时的阿拉伯帝国已过繁荣强盛时期，出现割据局面，客观上给西迁回鹘的立足和发展提供了有

---

❶（宋）王钦若等：《册府元龟》（校订本）卷九百八十一，《外臣部·盟誓》，周勋初等校订，凤凰出版社，2006年，第11361页。

西域统一，拉开隋唐丝绸之路走向繁华的帷幕

利的历史条件。

晚唐时期，吐蕃内讧势衰，唐朝乘机收复了河西陇右的一些"陷蕃百余年"[1]的失地。

唐蕃古道

从吐蕃决定东向发展的时候起，就同唐结下了不解之缘，而唐和吐蕃之间联系的纽带，很多时候都由唐蕃古道的驿使来担当。唐蕃古道是吐蕃通往唐朝中原地区的一条主要道路，同时也是我国古代历史上三大古道之一，藏称"迎佛路"。唐蕃古道是唐朝以来从中原去尼泊尔、印度等国的必经之路，至今已有1300多年的历史。这条古道全长3000多公里，横贯中国西部，跨越世界屋脊，联通西南友邦，是一条情意绵绵的纽带，无论是和平时期还是烽烟四起的纷争时代，它都承载着特殊的历史内涵，被称为"丝绸南路"。

唐蕃古道可分为东段和西段两部分。它的东起点是长安，经过凤翔、陇州、秦州、渭州、临州、河州（或兰州），到达鄯州；西段从鄯州到吐蕃牙帐。在吐蕃境内鹊莽驿、突录济驿、农歌驿等驿站都设置有迎接唐朝使节的专门机构，其他驿站吐蕃也派专人留守，专门慰劳唐蕃双方的使者。

文成公主入藏后，此道更为通畅，经由此道往来于天竺与中原地区的僧人也逐渐增多，因为它不但方便，而且较其他道路更为安全。也有部分僧人取道于唐蕃古道的延伸段——"吐蕃—泥婆罗"道，他们经由丝绸之路到达于阗，再由于阗借道进入吐蕃境内，前往泥婆罗或印度。吐蕃处于这段道路中间，东边是汉文明发达的大唐，西、南边是佛教的发祥地印度，尽情地汲取着两大东方古国的深厚文明。吐蕃—泥婆罗道肩负了中印、中尼文化交流的使命，从这一意义来说，这是一条文化之路。

---

[1] （后晋）刘昫等：《旧唐书》卷一八下，《宣宗本纪》，中华书局，1975年，第629页。

吐蕃通往西域的道路主要有三条。

东道：出柴达木盆地西北，沿阿尔金山北麓到若羌绿洲。从若羌向西北去焉耆或向西去于阗须经塔克拉玛干沙漠。

中道：包括两条路线。一是穿越夹在昆仑山和喀喇昆仑山之间的阿克塞钦到达西域的道路；二是从西藏高原西北的拉达克向北翻越喀喇昆仑山山口、苏盖提山口，过赛图拉向西北直下塔里木盆地西南斜坡上的叶城，或向北由桑珠达坂翻越昆仑山，再东去和田或西去叶城。中道的路途环境相当恶劣，从于阗顺着山道走，可以直达阿克塞钦，并通过古时修筑的桥可以到达吐蕃的都城。由于山中氧气稀薄，呼吸和说话非常困难，许多人因此而丧命，故而这座山被吐蕃人称为"毒山"。通过阿克塞钦西北可以通向疏勒，南下可以达吐蕃，部分路线与今天的新藏公路走向一致。

东道和中道主要是因战争而开辟的，是吐蕃军事扩张的直接结果。吐蕃军队主要通过这两条道路进入西域地区。而西道对于吐蕃来说具有特殊的意义，它肩负着通往中亚、西亚、南亚的任务，印度、波斯等文明正是通过这扇窗口而传入青藏高原的。当中亚、南亚、西亚、中原的先进技术以及物品源源不断地通过这两条道路输入雪域高原时，包括佛教、摩尼教等在内的宗教也伴随而来。这些都为吐蕃的崛起创造了良好的条件。

西道：主要是从勃律道、罽宾道到达西域。毫无疑问，勃律道、罽宾道在吐蕃与西方的经济、文化交流中扮演了重要的角色。勃律是克什米尔北部印度河流域的古国，该国方圆4000余里，濒临雪山，属于东西长、南北窄的长条地带。由于勃律的重要性，吐蕃与大唐展开了反复争夺，结果是勃律分裂为大、小勃律。小勃律虽面积不大，但地理位置十分重要，北可通西域，南可达天竺，西向中亚，东南至吐蕃。因此，吐蕃采取种种措施要打通这条道路，但一直未能如愿。赞普身边一侍者献上假道计。于是，吐蕃赞普派使者携带亲笔书信、黄金千两、良马百匹前往小勃律拜见其君王没谨，请求借道小勃律

第6章 西域统一，拉开隋唐丝绸之路走向繁华的帷幕

进攻安西四镇，并允诺小勃律可任意选择安西四镇中的一镇作为借道的回报。没谨眼见利益丰厚，便答应了吐蕃使者的请求，任由吐蕃大军经由其境进攻大唐安西四镇。

实际上，吐蕃并非是单纯为了进攻安西四镇，还想通过占领小勃律进而将势力扩张至整个中亚，使吐蕃本土、中亚、西域连成一片。另外，罽宾当时已经发展成为一个颇具实力的国家，如果进攻罽宾付出的代价要比进攻小勃律大得多，从战争成本上来说属于下策，因此只能选择进攻小勃律。

吐蕃大军刚到其境，立即展开了对小勃律一些重要城市的进攻，很快吐蕃就攻占了9座城市。没谨忙向唐朝北庭都护府求救。北庭节度使张孝嵩派疏勒副使张思礼率军前往救援，与小勃律军民大破吐蕃军队，收复9城。大唐册封没谨为小勃律王。

罽宾位于吐蕃之西、勃律之南，由于地理位置特殊，因此在一定时期内也起到了与勃律同样重要的作用。罽宾境内虽有道路通往外部，但四周高山林立，道路狭窄。唐朝与吐蕃争夺勃律时，罽宾境内的道路成为唐军的补给线，吐蕃占领小勃律后，这条路线也成为沟通吐蕃与罽宾的重要通道。

事实上，在唐蕃争夺勃律前，罽宾道的军事意义并没有彰显出来，并且充当补给线的这条道路并不畅通，只是因为唐军攻打小勃律而打通了这条道路。罽宾道除军事功能外，还是运输食盐与麝香的交通线，因此也被称为食盐之路、麝香之路。此后，罽宾道在相当长的时间里肩负了军事、商业、文化的重任，对吐蕃意义重大。罽宾道全面影响着吐蕃的对外交流、文化传承和军事进攻，完全可与勃律道的重要程度比肩。

在这条藏滇的交通线上，还有一条建于金沙江上的神川铁桥。这条铁桥在吐蕃与南诏关系史上具有重要意义，有利于吐蕃更加快捷地进入云南。吐蕃还设立神川都督府，并为守护铁桥建铁桥城。

唐朝为了断绝吐蕃进入南诏的道路，在茂州西南修筑了安戎城。

赤都松赞即位后，在对南诏的争夺上采取了强硬的态度。吐蕃在西北与唐、突厥争战的同时，东南方向的诸蛮也成了他经略的重点，并以强大的军力投入到征服南诏的战争中。唐与吐蕃围绕蛮地的争夺达到了白热化程度。唐朝拉拢南诏兼并其他五诏，以扼制吐蕃的势力。西洱海北面的遗赕、浪穹、施浪等乌蛮面对后台强大的南诏，只能退居于神川都督府境内，以寻求吐蕃的保护。680年，吐蕃攻陷安戎城，这样，吐蕃切断了唐与诸蛮的联系，使得唐朝势力无法南下深入蛮部。因此，吐蕃获得了一条不直接经过唐朝辖域而进入蛮部的通道。这条道路不仅在军事上意义重大，还有着巨大的经济价值。南蛮之地物产丰富，铎鞘、浪川剑、生津、瑟瑟、牛黄、琥珀、白叠茂、纺丝、象牙、犀牛角、越赕马、统备甲马等物品通过该道进入吐蕃地区，并且这些地区盛产食盐，吐蕃将大量的食盐源源不断地运到雪域地区，而吐蕃的牛羊、麝香等产品也输入滇区。所以说这条道路可以毫不夸张地被称为商业之路。

另外，《云南志》中还记载了位于高黎贡山之西的一条道路。这条道路从软化府到宝山城，过丽水到金保城，再至大赕，翻越大雪山到达吐蕃。不过这条道路也是一条死亡之路，途经多处南蛮部落、充满瘴气的山谷和常年积雪的大雪山。南诏王阁罗凤曾命手下将领在大赕中修筑城池以统治蛮部，但还没有超过半年，大军死于瘴气者已经过半，无奈之下只好废弃城池，不再进入该地区。

吐蕃还时刻垂涎着四川这个天府之国。从地形上来看，吐蕃向东发展要远比其向南、向西和向北发展容易。吐蕃向东扩张以川西为突破口，但川西地形复杂，河流和山脉大都是南北走向，一定程度上影响了吐蕃的东扩战略。但吐蕃可沿着河谷行进东扩，许多交通线都是沿着河谷开辟的。据《新唐书》记载，吐蕃与剑南作战的路线共有11条，在这11条路当中有4条是通过云南到川西的，有7条

第6章 西域统一，拉开隋唐丝绸之路走向繁华的帷幕

与川西直接互通。这些路线都不属于主干道，因此在军事上成为出奇制胜的道路。

吐蕃与川西的交通线可以分为南道和北道。南道主要包括从雅州、黎州、巂州等地通往吐蕃的道路，北道主要包括从川西北的维州、悉州、茂州、松州等地沿西山进入吐蕃的道路。

南道主要路线大都在雅州、巂州境内，路线比较复杂多变。其中，和川路从和川镇沿和川河向西行至罗岩州，过大渡河，达会野等州进入吐蕃界；灵关路从雅州沿浮图水北上翻过卢山，经灵关镇达吐蕃界。但是这两条道路的路况不尽如人意，所以巂州至吐蕃的道路就成为川西进入吐蕃的重要交通路线。这条道大致是从黎州南部的北谷沿孙水至柳强镇，再南下达台登，从台登径直向西有西望川，行150里到曲罗，从曲罗可北达雅江、理塘，往西南可到达吐蕃境内。该道上河流域山脉众多，交通状况同样比较糟糕。

除了吐蕃直达川西的道路之外，从川西南过滇区到达吐蕃的路也算作吐蕃通川西的重要组成部分。从四川到云南有三条大道：第一条是经明山、雅州、荥经，再翻越邓峡山、黎州，渡大渡河至清溪关；第二条是经眉州、嘉州转道阳江至大渡河而抵清溪关；第三条是从马湖江、东泸水、丽水进入吐蕃界。

吐蕃至川西的地形比较复杂，交通路线也比较纷繁复杂。为争夺对巴蜀地区的控制权，吐蕃与唐朝展开了持久的战争。吐蕃将势力扩张到川西的扶州、叠州、松州、维州等地。吐蕃占领这些地方以后，进一步沟通了这些地区的交通，将吐蕃东部与川西连成一片。

第7章 五代十国、宋、辽、夏、金时期,西域的多姿多彩

　　五代十国时期,中国北方分布着汉、契丹、沙陀、吐谷浑等众多民族或其分支。北方诸民族在中原政权更迭,军阀割据,互相拓展生存空间,壮大自身力量,呈现出多姿多彩的活跃局面。各民族间的经济、文化交流进一步加强,中原文化的凝聚力进一步凸显。两宋期间,边疆形势和民族关系十分复杂,北方民族先后建立了强大的辽、夏、金政权,与宋朝形成对峙。金朝还进占了中原,将宋廷逐至东南半壁。蒙古继金而起,最终灭宋。两宋与辽、夏、金这些政权的和战关系,也成为贯穿这一时期的一条重要线索。

五代十国、两宋、辽、夏、金的边防格局和对西域的管辖

907年唐朝灭亡之后,中国历史进入五代、辽、宋、夏、金时期。这一时期是民族政权林立、战乱不断的分裂时期,也是西域历史的转折时期。13世纪中叶,蒙古民族统一了中原和南方,建立了元朝。在宋朝,西域新疆也出现了三个地方政权,其处于喀喇汗王朝、于阗李氏王朝以及高昌王朝等地方割据政权的统治之下。其后,辽与西辽对西域诸政权实施羁縻统治。

五代十国与西域

五代十国(907—960)是隋唐以后的短暂动乱时期。五代十国是对五代与十国的合称,也指唐朝灭亡到宋朝建立之间的历史时期。在这段时间里,中原地区出现先后递嬗的后梁、后唐、后晋、后汉、后周五个政权,为五代。

五代及宋初,中原政权之外还并存过许多割据政权,其中前蜀、后蜀、吴、南唐、吴越、闽、楚、南汉、南平(荆南)、北汉等十个割据政权统称十国。此外,还有北疆的契丹(后称辽朝)、东北的渤海国、西南的南诏(后称大理国)和西藏的吐蕃等政权。

五代十国时期的西域有回鹘汗国称雄于漠北。回鹘汗国对唐朝平定"安史之乱"和收复两京(长安、洛阳)出力很大。9世纪初,回鹘汗国崩溃后,被迫分三支西迁。其中一支就迁徙到今甘肃省河西走廊,当时,吐蕃势力已经发展到河西走廊,这样,这支回鹘人就依附于吐蕃,接受其统治。这在《新五代史论》中就有详细记述。

第 7 章　五代十国、宋、辽、夏、金时期，西域的多姿多彩

"是时吐蕃已陷河西、陇右，乃以回鹘散处之"。[1] 这支回鹘史称河西回鹘，因其统治中心在甘州，又称甘州回鹘，恢复了北庭，11世纪初为西夏所并。一支进入新疆东部地区，以唐代西州为统治中心的西州回鹘，也称高昌回鹘，还有一支迁至天山北麓和葱岭以西楚河一带，称葱岭西回鹘，10世纪中至12世纪建立了喀喇汗王朝。

　　五代十国时期的边防形态是一种典型的内乱型攻伐边防，就全中国范围而言，不存在对外防御问题，但从各割据政权来说，却有防御外来袭扰、镇戍地方、防备藩镇叛乱的作用，其边防斗争往往以攻伐战争的形式出现。由于中原诸朝自顾不暇，无力经营西域，天山南北经过一段时间的分裂和吞并后，最后留下来三个实力较强盛的地方政权：以今吐鲁番地区为中心的高昌回鹘政权、以今和田各地为中心的大宝于阗政权，以及先后以喀什噶尔、八拉撒衮为其治所的喀喇汗王朝（一称哈剌汗朝、黑汗王朝，汉籍作"黑韩王"）。这三者各霸一方，彼此互不相属，但是都与中原诸封建王朝保持密切的交往和联系。例如，高昌回鹘政权曾向后周朝贡其土地特产；于阗政权则先后向后晋、后汉遣使者朝觐，938年，"于阗国王李圣天遣使者马继荣来贡……晋遣世奉官张匡邺假鸿胪卿，彰武军节度判官高居诲为判官，册圣天为大宝于阗国王"[2]，可见于阗政权与中原王朝还存在政治上的臣属关系；至于喀喇汗王朝，史载，其地首领将中原称为"桃花石"（中国），而自称为"桃花石汗"[3]，亦即中国汗，更是直接表明了该地与中原地区各王朝的管属关系。

---

[1]（宋）欧阳修：《新五代史》卷七十四，《四夷附录第三·回鹘传》，中华书局，1974年，第961页。
[2]（宋）欧阳修：《新五代史》卷七十四，《四夷附录·于阗》，中华书局，1974年，第917页。
[3] 魏良弢：《关于喀喇汗王朝的起源及名称》，《历史研究》，1982年第2期。

宋朝与西域诸政权的关系

宋朝是中国历史上上承五代十国，下启元朝的朝代，分北宋和南宋两个历史阶段。两宋时期，在边疆地区并存着多个割据政权，形成了中央王朝与边疆割据政权对垒的基本态势。

北宋建立后，北面有大辽，西北面有西夏，西南面有吐蕃诸部与大理政权，西域还有回鹘和突厥势力。宋初三代，辽朝为患河北，辽兵经常南下，威胁开封，"澶渊之盟"后，宋辽之间相对和平，但西北的西夏又崛起，因此北宋始终把边防的重点放在北方。此时，南部的越南开始独立建国。968年，丁部领平定了"十二使君之乱"，建立了大瞿越国，越南从此脱离了中国的版图。南宋是北宋的延续，统治范围仅限于江南和川陕一隅，边防前期以抗金为主，后期以抗元为主，大量守军长期集结于长江边防和淮汉地区，川陕边界实行要塞防守制。两宋时期的边防格局是典型的分割型南北对峙边防。

由于西夏阻隔了西北的丝绸之路，加上经济中心南移，从宋朝开始，东南沿海的港口成为新的贸易中心。

宋朝将西域诸国视为藩属国，所以对其国家的外交承认被称为"册封"。宋朝在京城设置许多外交接待馆驿，作为国家接待各国使节的地方。

从960年北宋建立至1368年元朝灭亡，这一段时期是中国历史上风云变幻的复杂时期。在长达400多年的时间里，经过宋、辽、夏、金的南北对峙和元朝的统一，以"华夷同风""天下混一"为核心的祖国观念得到了进一步的弘扬和发展。这一时期，中国历经了从分治割据走向统一的发展历程，打破了正统与非正统的观念，强调"自古帝王混一天下，然后可为正统"[1]。各民族在战乱中加强了经济文化交流，巩固了"华夷同风"的祖国观念，并形成了与其相适应的复

---

[1] （元）脱脱等：《金史》卷八十四，《耨盌温敦思忠传》，中华书局，1975年，第1883页。

第7章 五代十国、宋、辽、夏、金时期，西域的多姿多彩

杂多变的边防格局。

962年，高昌回鹘政权与宋朝建立了朝贡关系，此后，历年朝献不绝。984年，北宋政府派王廷德出使高昌，向其王颁赐袭衣、金带等物。于阗地方政权也经常向宋朝遣使朝贡。1063年，宋朝政府应于阗黑韩王的要求，册封他为"特进归忠保顺鉐麟（金翅鸟）黑韩王"。于阗王还与敦煌地区的宋归义军节度使、敦煌郡王曹氏家族建立了姻亲关系。

与两宋同时并存的西域少数民族政权主要有高昌回鹘国、喀喇汗国和于阗王国，后有高昌汗国和喀喇汗国的对峙，1134年后西辽统一西域。

于阗国是西域存在时间最长的地方王国。851年，于阗王率军驱逐了吐蕃官兵，恢复独立。其领土包括今塔里木盆地西南部和帕米尔高原地区，建都于阗。于阗"国城（即王都）东有白玉河，西有绿玉河，次西有乌玉河。源出崐冈山，去国城两千三百里。每岁秋，国人取玉于河，谓之捞玉"❶。从971年开始，于阗国与喀喇汗国进行了长达30多年的宗教战争。1006年，喀喇汗国的玉素甫·卡迪尔汗率军攻灭于阗。

高昌回鹘国又叫北庭回鹘、西州回鹘、和州回鹘、安西回鹘、龟兹回鹘、西州龟兹回鹘。840年，回鹘汗国灭亡后，一部分回鹘人在北庭回鹘首领仆固俊的率领下西迁西域北庭一带，并建立北庭回鹘政权。866年，仆固俊从北庭率军大败吐蕃军，攻占西州、轮台、清镇等地。至此，吐蕃在西域的统治结束。此后，北庭回鹘巩固了在西域的统治，正式迁都西州（即高昌）。其领土包括今北疆的准噶尔盆地、整个东疆地区和南疆塔里木盆地的东北部。伊、西、庭三州，焉耆和龟兹两个都督府以及沙洲的绝大部分地区都属高昌回鹘管辖。

喀喇汗国又称喀喇王朝、哈拉汗王朝、黑汗王朝、黑韩王朝、

---

❶（元）脱脱等：《宋史》卷四九〇，《外国六·于阗传》，中华书局，1977年，第14106页。

葱岭西回鹘国。840年，庞特勤率领一部分回鹘人从漠北草原出发，经阿尔泰山北部，西迁葛逻禄部居住的中亚地区，并在西域西部和中亚地区建立了回鹘族政权。911年，喀喇汗国开始推行伊斯兰教，逐渐成为一个伊斯兰王朝。其领土包括今新疆西部和阿姆河以东以北、咸海与巴尔喀什湖以南的中亚地区，也就是今新疆的塔城、博尔塔拉、伊犁地区和喀什绿洲地区，中亚巴尔喀什湖以南、锡尔河以北以东的七河地区，锡尔河和阿姆河之间的河中地区。1006年后，还包括于阗国的全部领土。

两宋对西域地方政权的政策比较消极，主要是怀柔扶绥政策。981—984年，宋太宗派王延德、白勋率领100多人的使团出使高昌回鹘国，受到回鹘王的盛情款待。985年，王延德写有《西州使程记》一书（现在又叫《高昌行记》），记载了北宋使者出使高昌的所见所闻。

然而，北宋国势积弱积贫，缺乏经营西域的实力和积极性，对西域地方政权希望进一步加强往来的要求拒而远之。北宋建立后，于阗国遣使入贡。特别是在与喀喇汗国的宗教战争爆发初期，于阗国为了得到宋朝的帮助和支援，连续派人出使宋朝。建隆二年（961），"十二月，圣天遣使贡圭一，以玉为柙，玉枕一。本国摩尼师贡琉璃瓶二、胡锦一段"❶。965年，于阗名僧善名、善法使宋，并带来宰相致枢密使李崇矩"求通中国"的信，宋太祖命李崇矩报以书及器币，但对"求通中国"一事未予响应。此后，由于于阗和喀喇汗国长期进行宗教战争，而宋朝又无力支援，于阗到宋朝的朝贡中断。

1006年，喀喇汗国吞并于阗国。1009年，统治于阗的玉素甫·本·哈桑向宋朝派出了第一个使团，同宋朝建立了正式的友好关系，并希望宋朝派使出使西域，"安抚远俗"❷。宋真宗以"路远""劳费"

---

❶ （元）脱脱等：《宋史》卷四百九十，《外国六·于阗》，中华书局，1977年，第14106页。
❷ （元）脱脱等：《宋史》卷四百九十，《外国六·于阗》，中华书局，1977年，第14107页。

五代十国、宋、辽、夏、金时期，西域的多姿多彩

为借口拒绝，不愿派使回访。为了消除威胁和扫清丝绸之路的障碍，北宋对来访的喀喇汗国使臣都以重礼相待，并希望联络喀喇汗国对付共同的对手西夏。南宋偏安江南，始终处于金国的武力威胁之下，因而对西域的政策，除设法通过贸易获得军事所需要的马匹以外，基本无暇西顾。

宋朝对西域的怀柔扶绥政策是从其国力的具体实情出发的，对维护宋朝的统治有着现实的意义，同时对增强西域各民族对祖国大家庭的向心力也有一定的作用。但由于宋朝本身的软弱和政治的腐败，这一政策的积极作用没有很好地发挥出来。

喀喇汗国认为自己是中原政权的外甥。1081年，喀喇汗国哈桑·布格拉汗二世在位时，其于阗部属"于阗国偻儸有福力量知文法黑汗王"在给宋朝皇帝的信中仍然称宋朝皇帝为"东方日出处大世界田地主汉家阿舅大官家"❶。喀喇汗国的可汗一直认为自己是中国人，并承认与中原王朝有隶属关系，称号也常带"桃花石汗"。例如，东喀喇汗国大汗哈桑·本·苏来曼自称"桃花石·布格拉汗"，西喀喇汗国大汗尹卜拉欣·本·纳赛尔称"桃花石·布格拉汗·东方与中国之王"等。这使得喀喇汗国同宋朝一直保持着友好关系。《宋史·于阗传》曾多次记载喀喇汗国和北宋来往的情况。1063年8月，喀喇汗所属于阗遣使罗撒温献方物。尤其是在马哈茂德·托格鲁尔汗统治时期，喀喇汗国与宋朝的关系极为密切，几乎年年遣使携带贡品到宋朝，以至于"远不逾一二岁，近则岁再至"❷。

宋朝建立后，高昌回鹘多次派使到宋朝贡、贸易。《宋史·高昌传》记载，建隆三年（962），西州回鹘阿都督等42人以方物来贡。乾德三年（965）十一月，西州回鹘可汗遣僧法渊献佛牙、琉璃器、琥珀盏。太平兴国六年（981），其王始称西州外甥狮子王阿尔斯兰

---

❶ （元）脱脱等：《宋史》卷四百九十，《外国六·于阗》，中华书局，1977年，第14109页。
❷ （元）脱脱等：《宋史》卷四百九十，《外国六·于阗》，中华书局，1977年，第14108页。

汗，遣都督埋索温来献。太平兴国八年（983），高昌使百余人随王延德来谢恩。景德元年（1004），遣使金延福来贡。康定二年（1041），北庭可汗奉表贡玉、乳香、名马等。高昌回鹘的属国龟兹，也常派使到宋朝贡、通商。《宋史·回鹘传》记载，咸平四年（1001），"二月，（龟兹）回鹘可汗禄胜遣使曹万通，以玉勒名马、独峰无峰橐驼、宾铁剑甲、琉璃器来贡"。宋政府"特授万通左神武军大将军，优赐禄胜器服"❶。此后至1096年，龟兹使者曾到北宋朝贡十多次。

契丹辽朝与西辽同西域的关系

辽朝是由契丹族在中国北方地区建立的封建王朝。契丹族源于东胡鲜卑宇文部的一支。334年，宇文部分为契丹和奚。386年，契丹被北魏军队击败，避居于潢水以南、和龙以北，从事游牧。其常以名马文皮贡献北魏，并进行贸易。

唐初，契丹形成了统一的大贺氏联盟。当时契丹酋长辗转臣服于唐朝和突厥之间。唐太宗以后，唐置松漠都督府，赐姓李。大贺氏联盟瓦解后，契丹人又建立了遥辇氏部落联盟，依附于后突厥汗国。745年，后突厥为回纥所灭，此后百年间，契丹人一直为回鹘（唐德宗时回纥改名为回鹘）所统治。

907年，契丹首领耶律阿保机自立为可汗。随后，耶律阿保机平息了诸部守旧势力的叛乱，日渐强大，于916年称帝，建立大契丹国。

辽朝与西域诸国的关系也源远流长。辽太祖曾率军西征，使西域诸国相继臣服。916年，耶律阿保机亲自率军征讨突厥、党项、沙陀诸部，都取得胜利。918年，派兵攻打西南诸部。919年，进击乌古部，迫使其举部降服。923年，征服奚族。924—925年，耶律阿保机以儿子耶律德光为大元帅，率军西征吐谷浑、党项、阻卜（鞑靼）

---

❶ （元）脱脱等：《宋史》卷四百九十，《外国六·回鹘传》，中华书局，1977年，第14115页。

第7章 五代十国、宋、辽、夏、金时期，西域的多姿多彩

诸部后，又征服了西北诸部。924年7月，契丹攻入西域，8月攻入乌孤山，9月攻占古回鹘城，破胡思母思山诸部，漠北蒙古草原皆为其所属，10月，契丹军攻入今新疆东北部，通过准噶尔盆地东部沙漠。契丹"遣兵逾流沙，拔浮图城，尽取西鄙诸部"❶。浮图城即唐之金满城，今吉木萨尔县地，当时是回鹘政权之夏都。耶律阿保机平定西北，不仅掳掠到大量的人口和牲畜，使西北地区不少民族每岁遣使上贡，而且沟通了与西域的关系。其全盛时期疆域东到日本海，西至阿尔泰山，北到额尔古纳河、大兴安岭一带，南到河北省南部的白沟河。辽朝西境的主要邻国西夏，长期以来一直与辽朝保有朝贡和联姻关系，一度为辽藩属，被称为"甥舅之邦"。

在唐朝灭亡之后，西域、西亚与东欧地区皆将辽朝（契丹）作为中国的代表称谓。中亚和西亚的伊斯兰兵书中还将中国传过去的火药与火器称为"契丹花""契丹火箭"等。直到今日，俄罗斯民族的语言和文字当中也依旧以契丹作为中国的称呼。

其后，辽国北面属国官署中设置了高昌国大王府、于阗国王府、阿萨兰回鹘（即喀喇汗国）大王府，用以管理有关西域三国的具体事务。高昌回鹘的可汗严守辽国的册封，称为"大王""于越"等。辽国在高昌设有互市点，以便和西北各族贸易。但辽国对西域的经营也仅满足于使西域的地方政权在名义上臣属于自己，并未在有效管辖西域上进行更多的努力。

此外，西亚的波斯与大食在辽初也相继遣使来通好。923年，波斯使来，924年大食使来。大食国王遣使为王子请婚，未允。925年，复遣使请婚，辽圣宗以宗室之女嫁之。契丹的经济、文化、手工业、农业等都比较繁荣，这对契丹在丝绸之路上的沟通交往起到了很好的引导作用，为丝绸之路文化的繁荣增加了特色。

---

❶ （元）脱脱等：《辽史》卷七十，《属国表》，中华书局，1974年，第1127页。

由此可知，高昌回鹘等西域诸地时为辽朝藩属。按辽制，"属国、属部官，大者拟王封，小者准部使，命其酋长与契丹人区别而用，恩威兼用"❶。又根据《辽史·百官志》所言，则上述机构俱归辽"西北路招讨使司"所领。

947年，辽太宗改国号为辽，984年，又改称大契丹，1066年，复号大辽。后人习称契丹人建立的王朝为辽朝。辽朝立国后，积极向外开拓疆土。

统和年间，王太妃出师西域，1003年建可敦城，作为西北的边防重镇，经过多年经营，辽朝的势力范围涵盖漠南、漠北与西域之地。辽朝政府对这些降附的部落属国均采取羁縻政策，使其互相监督。这些都使葱岭以东的甘州回鹘、西州回鹘与葱岭以西的喀喇汗国基本上都亲附辽朝，其与北宋的关系较疏。

960年，宋朝继后周而立，辽、宋对峙期间西域各国与两个王朝关系都很密切，经常向两个王朝同时进贡朝觐。11世纪初，大宝于阗为喀喇汗王朝吞并，全民皆皈依伊斯兰教，但与中原关系一如既往。根据1009年，于阗国一特使罗斯温的报告，时"自瓜、沙抵于阗，道路清谧，行旅如流"❷。1053年，辽朝设"回鹘国单于府，诏回鹘部副使以契丹人充"，又立"高昌国大王府"，还在西域诸地另设"突厥国王府""西突厥国王府""乌孙国王府""辖（黠）戛斯国王府""于阗国王府"等。❸

1063年，宋朝封于阗王"特进归忠保顺砺鳞黑韩王"，于阗谓金翅鸟为"砺鳞"，"黑韩盖可汗之讹也"❹。1081年，该地使节进贡上表

---

❶（元）脱脱等：《辽史》卷四十六，《百官志》二，"北面属国志"条，中华书局，1974年，第754页。

❷（元）脱脱等：《宋史》卷四百九十，《呼阗传》，中华书局，1977年，第14107页。

❸（元）脱脱等：《辽史》卷四十六，《百官志》二，中华书局，1974年。"西北路招讨使司"恐异名很多，不一一俱列。

❹（元）脱脱等：《宋史》卷四百九十，《于阗传》，中华书局，1974年，第14108页。

第7章 五代十国、宋、辽、夏、金时期,西域的多姿多彩

文称宋朝为"阿舅大官家"。高昌回鹘曾臣属辽朝,但也同时向宋入贡,其王阿斯兰汗自称"西州外生(甥)师子王"❶。

辽朝也曾在高昌和于阗设立高昌国大王府和于阗国王府。

1124年,辽朝皇族耶律大石因和辽朝天祚帝不和,自立为王。1125年,在金军的进攻下,辽天祚帝被俘。1130年,耶律大石率部众西迁,后向西发展,途经回鹘地区,回鹘王毕勒哥表示愿为耶律大石属部。耶律大石继续西行,到寻思干,又西至起儿漫。耶律大石征服了今中亚的广大地区。

1131年,耶律大石在也米里城称帝,号称菊尔汗(大皇帝),于西域建立西辽王朝,又称喀喇契丹、黑契丹。其政权组织机构完全承袭辽朝,对西域各方面的发展起过一定作用。1132年起,西辽经过10年征战,先后攻灭或征服喀喇汗国和高昌回鹘国、花剌子模诸国及康里、葛逻禄、乃蛮各部族,重新统一今新疆地区,结束了西域的分裂局面,建立了西辽帝国,西辽成为整个中亚地区最强大的国家。中亚地区形势为之一变。西辽的领域,东起高昌回鹘,包括了今新疆的全部,西到咸海、阿姆河,北至巴尔喀什湖,过阿尔泰山北,南到河中府和昆仑,成为当时中亚地区的强国。❷1134年,耶律大石建都于虎思斡耳朵,西辽终于完成了对西域各地的再度统一。

西辽政权是一个带有浓厚的汉文化色彩的政权。西辽统一西域后,对天山南北各地采用派遣"镇守官"监理政事,仍由当地民族或部落头领进行具体管理的方式。辽统治者仍旧保留这些地方首领的名号和职权,但须按期向辽纳付规定数量的赋税和贡献。例如,西辽改高昌回鹘汗为"亦都护",管理当地政务,并遣一"镇守官"驻扎此地监理。在叶密立、阿力麻里等地,辽统治者也派"镇守使"管理。西辽对天山南北诸地的治理方式,从表面上看,仍是以前中

---

❶ (元)脱脱等:《宋史》卷四百九十,《高昌传》,中华书局,1974年,第14110页。
❷ 布莱资须纳德:《西辽史》,梁园东译,中华书局,1955年。

西域春秋——翻开2000年的西域卷轴

原历代王朝统治的继承,但内部控制比较松散,因而一旦形势有变,极易丧失对其辖地局面的控制。

西辽于1218年为成吉思汗的蒙古所灭。西辽灭亡后,又有部分契丹人在西辽贵族八剌黑的带领下,在今伊朗南部克尔曼地区建立起儿漫王朝,俗称后西辽、西契丹。

由耶律大石率领西迁的这部分契丹人后来可能融合于回鹘、蒙古和中亚当地人。大部分生活在中原地区的契丹人在辽朝灭亡后沦为金朝的臣民。金在灭辽过程中,先强行迁徙部分契丹人至今东北中部和北部地区。因女真族受够了契丹族的压迫,反过来对契丹族实施歧视政策,将其姓氏耶律改为移剌,萧改为石抹,但也有用赐国姓完颜的方法拉拢契丹上层贵族人物的情况。

元朝为统一中国,开疆辟壤,动员契丹兵马参加灭金、灭南宋的战争。契丹人也对女真亡其国十分不满,遂积极参战,屡建战功。从地域来看,宋元亡际的契丹人主要仍分布在故地,即今内蒙古赤峰、通辽和辽宁、吉林一带。但随着蒙古人破西夏、灭金、降高丽、平大理、亡宋、西征等,部分契丹人被征调出征,离开了上述地区,开始遍布整个中国,甚至远至朝鲜、中亚和西亚地区。

金朝与西域的关系

金朝是中国历史上由女真族建立的北方政权。女真原为辽朝臣属,1115年,完颜阿骨打建立金朝,金以其强大的军事实力先灭辽,后吞并北宋。不过总的来说,这时的金朝及南宋对西域的政治影响不是太大。这时期行使对天山南北管辖权的依然是西辽政权。

金朝迁都中都时,领有华北地区以及秦岭、淮河以北的华中地区,使南宋、西夏与漠北塔塔儿、克烈等部落臣服而称霸东亚。1124年正月,金太宗为了联合西夏灭辽,把下寨以北、阴山以南的辽地割给西夏,西夏则改对金朝称藩。

第7章 五代十国、宋、辽、夏、金时期，西域的多姿多彩

五代十国、辽、宋、夏、金时代内地与西域的关系

五代十国、辽、宋、金时期，中原的主要政权对西域的重新组合也很有建树，虽然是各国强权争夺导致，但是也使中原政权和西域诸国，甚至包括各族文化再一次推陈出新。

五代十国时期，西域各地仍与内地中原王朝保持了相当密切的关系。938年，于阗王李圣天派马继荣到后晋都城东京，带来了红盐（药材）、郁金（药材）、蓬牛尾、玉、氎（细棉布）等贡品，后晋封马继荣为镇国大将军。❶ 同年，后晋派张匡邺、高居诲到于阗，册封李圣天为"大宝于阗国王"❷。此后，李圣天还派人到内地，如派都督刘再升献玉千斤、玉印等。948年，于阗又遣使者王知铎来朝后汉，和内地中原王朝一直保持着臣属关系。

951年，西州（高昌）回鹘派都督到后周，恢复了和内地中原王朝的经济、文化关系。后周政府也采取措施"命除去旧法，每回鹘来者，听私下交易，官中不得禁诘"❸，开放了民间贸易。回鹘商人主要以玉、马、皮毛、药材等进行贸易，换回金银及钱币等。

924年，辽曾派兵到浮图城。此后西域各地如高昌、于阗、龟兹等与契丹政权保持了政治、经济的密切关系，其每三年派人到契丹进行贸易，带去药材、香料、玉石、毛织物等，换回契丹的铜、铁和钱币。960年，宋朝建立，此后形成了辽宋对峙的局面，西域各地仍分别与辽、宋保持密切关系。辽在西域采取了许多行政措施，从而使它在西域的统治得到进一步巩固。辽在西域根据地区的大小设立大王、于越（贵官）、左相、右相、司徒、太师、太保、司空、节度使司、详稳司（监治长官）、都监、将军等官职，设立了高昌大王

---

❶（宋）薛居正等：《旧五代史》卷七十七，《高祖纪第三》，中华书局，1976年，第1022页。
❷（宋）欧阳修：《新五代史》卷七十四，《四夷附录第三》，中华书局，1974年，第917页。
❸（宋）薛居正等：《旧五代史》卷一百三十八，《外国列传第二·回鹘传》，中华书局，第1843页。

西域春秋——翻开2000年的西域卷轴

府、于阗王府等地方行政机构,对西域地区行使国家权力。❶高昌等地经常向辽入贡,辽上京还设有专门接待商人的回鹘营。

宋朝在西域的政治势力也很大。962年,于阗王李圣天派人到宋朝进贡,贡物有圭、玉枕等。964年,于阗僧善名、善法来朝。966年,李圣天派其子德从到宋朝进贡土特产品。969年,又派直末山来贡。1001年以后,于阗地区被黑韩王朝所统治,但仍受宋朝册封,朝贡不绝。1009年,于阗黑韩王派回鹘罗厮温等来贡土特产品。1025年,派罗面干多、金三、安多、赵多来朝贡,带来玉鞍辔、白玉带、胡锦、独峰驼、乳香等。1063年,派罗厮温来贡献土特产品,并请求为于阗王赐号,宋朝政府赐予阗王为"特进归忠保顺砺鳞(金翅鸟)黑韩主"。此后至北宋末仍朝贡不绝。❷

龟兹对宋朝的朝贡也是经常不断的。1001年,龟兹就来朝贡。1010年,龟兹王派李延福、安福、翟进等来进贡香药、花蕊布、名马、独峰驼、大尾羊、玉鞍勒、琥珀、玉石等。1013年,龟兹又派李延庆等36人来进献名马、弓箭、鞍勒、团玉、香药等。1020年,龟兹与回鹘一起来朝贡。1023—1037年,曾5次入贡。1071年、1072年、1096年都派人来宋朝入贡。❸

高昌回鹘从宋朝建立起就不断派使者和僧侣到宋朝入贡。962年,派阿都督等42人来贡土特产品。965年,派僧法渊献佛牙、琉璃器、琥珀盏等。981年,高昌王自称"西州外甥师子王阿厮兰汗",派麦索温到宋朝入贡,表示了与宋朝的亲密关系。同年,宋太宗派王延德、白勋等去高昌,第二年到达高昌,在北庭见到了回鹘王,以袭衣、金带、缯帛等赠给各地首领,"其王及王子、侍者皆东向拜受赐"。当时契丹派在高昌的人就对高昌王说:"高敞(昌)本汉土",这也从另一方面证明了高昌与宋朝的关系。983年,王延德返回时,高昌

---

❶ (元)脱脱等:《辽史》卷四十六,《百官志二》,中华书局,1974年,第748—750页。
❷ (元)脱脱等:《宋史》卷四百九十,《外国六·于阗传》,中华书局,1977年,第14108页。
❸ (元)脱脱等:《宋史》卷四百九十,《外国六·龟兹传》,中华书局,1977年,第14116—14117页。

五代十国、宋、辽、夏、金时期，西域的多姿多彩

王派人跟着到宋朝"谢恩"。1004年，高昌又派金延福来贡。❶

西域从10世纪前期就接受契丹（辽）、宋朝的管辖，以后又受西辽管辖。1206年，成吉思汗统一了蒙古各部落。1209年，高昌回鹘不堪西辽的残酷压榨，为了摆脱西辽的统治，高昌回鹘王（亦都护）巴而术阿而忒的斤杀死西辽派在高昌的少监（官名），派使者去见成吉思汗，表示愿意归属。❷此后，蒙古人在史书上称回鹘为畏兀儿或畏吾。1219年以后，成吉思汗取西域，消灭了篡夺西辽政权的乃蛮王子屈出律，接着占领了天山南路。从此，西域完全置于蒙古的统治之下。

五代十国至宋、辽、金时期中亚对亚洲和世界历史有影响的政权

"中亚"这个概念有多种不同的理解。其中的一个概念即指帕米尔以西、锡尔河以北及毗连的东部地区，咸海、里海一带及伊朗地区。这里所说的"中亚"正是取这一含义。在阿拉伯帝国走向衰落和蒙古人大举西征之前的两三百年中，也就是中国的五代十国至宋、辽、金时期，中亚相继出现了萨曼王朝、伽色尼王朝、喀喇汗王朝、塞尔柱王朝、花剌子模纳施特勤王朝、西辽王朝等几大对亚洲和世界历史有影响的政权，而影响最大者当推塞尔柱王朝及其所建立的塞尔柱帝国。塞尔柱帝国最盛时，其版图"论长是从突厥人的国土最边远的城市喀什噶尔到耶路撒冷，论宽是君士坦丁堡到里海"❸。

---

❶（元）脱脱等：《宋史》卷四百九十，《外国六·高昌传》，中华书局，1977年，第14113页。
❷（明）宋濂等：《元史》卷一百二十二，《巴而术阿而忒的斤传》，中华书局，1975年，第2999—3000页。
❸ 希提：《阿拉伯通史》上册，商务印书馆，1979年，第570页。

萨曼王朝

萨曼王朝、萨法尔王朝和伽色尼王朝是三个早期的穆斯林王朝。

怛罗斯战役后,阿拉伯帝国的统治在乌浒河外地加强,在百年后被伊朗民族所利用。9世纪后期,布哈拉与撒马尔罕的政权从阿拉伯征服者的手中转到古老的民族索格底亚那人——伊朗土著人的手里。来自巴里黑附近的萨曼遂于875—999年成为乌浒河外地的主人,并以布哈拉为首都。

阿拉伯帝国倭马亚王朝哈里发希沙木时期,中亚巴里赫附近的一个村主萨曼皈依伊斯兰教,其后代建立的割据王朝命名为萨曼王朝。萨曼王朝因其始祖萨曼而得名。这个政权的转移并没有经过革命与暴力,萨曼王朝的人充任巴格达的哈里发的代表。约819年,萨曼的4个孙子被哈里发麦蒙擢升为撒马尔罕、费尔干纳、柘支和赫拉特的城主。

875年,费尔干纳城主获得河中地区,其子纳斯尔·伊本·艾哈迈德于895年被哈里发封为整个河中府的总督。纳斯尔命其弟伊斯梅尔治理布哈拉,伊斯梅尔深得民心,成为纳斯尔的继承人,在河中地带和呼罗珊建立起政权,开创了萨曼王朝。他于900年灭萨法王朝,又征服中亚许多独立小邦,治理有方,至其孙纳斯尔二世时达到鼎盛。

萨曼王朝的强盛始于纳昔儿·伊本·阿合马时期。他于874—875年从哈里发穆达米德那里获得乌浒河外地以为采邑❶,以撒马尔罕为建牙地。同年,纳昔儿任命他的弟弟亦思马因为布哈拉的总督,斗争很快就爆发于两兄弟之间。纳昔儿死后,亦思马因成为乌浒河外地的唯一君主,布哈拉从此就变为萨曼王朝的首都。

亦思马因是个伟大的君主。在伊朗,他扩充了一倍的领土,900

---

❶ 采邑是封建国家的国王封赏给臣属终身享有的土地。

第7章 五代十国、宋、辽、夏、金时期,西域的多姿多彩

年春季,萨曼王朝的军队在巴里黑附近打败并俘虏了呼罗珊萨法儿王朝的国王阿米尔,吞并了呼罗珊。902年,他又夺取了陀拔斯坦,包括雷依与可疾云。在东北方面,他从898年起在怛罗斯方面进行了一次战争,占据了怛罗斯城。

萨曼王朝领土扩大到极点是在纳昔儿二世统治时期。沙失在北方,费尔干纳在东北,雷依在西南(此城直至928年才归于统治),它们都属于萨曼王国,萨曼王国一直征战到喀什噶尔。但是,纳昔儿皈依什叶派引起了严重的叛乱,导致其被迫退位。此后,乌浒河外地的伊朗人成为逊尼派教徒。

在努赫一世统治时代,萨曼王朝开始衰落。伊朗籍军人贵族不停地鼓动叛乱。在西南方,萨曼王朝与另外一个伊朗王朝——布亦王朝发生战争,战争是由宗教上的分歧而引起的,战争的目的是获得雷依城的所有权。

宗教信仰的转变给了突厥人伊朗城垣的钥匙。未来的哥疾宁王朝的情况就是如此。在萨曼国王奥都·篾里克一世统治时代,961年,一个突厥奴隶,阿勒普特勤被任命为呼罗珊的总督。在萨曼国王曼苏尔一世统治时代,阿勒普特勤被撤职,退至巴里黑。962年,阿勒普特勤又被萨曼王朝军队从此城驱走,逃至阿富汗的哥疾宁城避难,被迫承认萨曼王朝的宗主权。换句话说,这个哥疾宁城是突厥人在伊朗建立的第一个国家。

阿勒普特勤死后,他在哥疾宁城安置好的突厥雇佣兵被另一个突厥奴隶——赛布克特勤所支配。哥疾宁国王赛布克特勤成为吐火罗斯坦(巴里黑—昆都士)与坎大哈的君主,并开始征服喀布尔地区。

在萨曼国王努赫二世统治时代,萨曼王国形成了封建割据的形势。992年,伊朗军人贵族阿不·阿里请求喀喇汗突厥国王布格拉汗诃伦进军至布哈拉,喀喇汗突厥军队于992年5月进城。为了平定这

些叛乱和抵抗喀喇汗国突厥人的威胁，995年，努赫二世向哥疾宁的突厥人求援。这时，赛布克特勤率军前来，将萨曼王朝置于他的保护之下，同时将呼罗珊据为己有。结果，伊朗王国只保留有乌浒河外地，处于两大势力之间：一方面是统治阿富汗与呼罗珊的哥疾宁突厥人，另一方面是统治楚河与伊犁河流域及喀什噶尔的喀喇汗突厥人。

999年，萨曼国王奥都·篾里克二世从两方面受到致命的打击。这年5月，赛布克特勤之子及继承人马合谋在马鲁附近击败萨曼国王，自此，萨曼被迫退出呼罗珊。10月，费尔干纳的讹迹邗国王、喀喇汗族人悉兰·伊勒克·纳昔儿进入布哈拉，俘虏了萨曼国王阿卜杜勒·麦利克，吞并了乌浒河外地。❶ 东伊朗的伊朗王国与乌浒河外地遂被喀喇汗王朝和伽色尼王朝所瓜分。喀什噶尔的喀喇汗王朝的汗王占据了乌浒河外地，阿富汗的哥疾宁国的算端❷占据了呼罗珊。其对这两个地区的完全突厥化起着极其重要的作用。

萨曼王朝名义上尊奉阿拉伯哈里发，其王称"异密"，建都布哈拉，版图最大时北达咸海，西抵里海，南至印度河上游，东达阿姆河、锡尔河，999年被伽色尼王朝推翻。

掌握河中地区经济命脉的商业贵族和农业地主是萨曼王朝的统治基础。他们受波斯文化的影响很深，和波斯地区的经济交往素来密切。

萨曼王朝的贸易持续活跃。进口产品主要来自中国（丝绸和瓷器），少许来自印度。《世界境域志》声称，在撒马尔罕，这座"庞大而又美好的城邦中……世界各地的商贾纷至沓来"。❸ 其出口规模相当大，因为康居能大量地生产一切，从而使它永远能够很好地自给自足。撒马尔罕长时间内几乎掌握着纸张交易的垄断权。继怛罗

---

❶ 格鲁塞：《草原帝国》，青海人民出版社，2013年，第295页。
❷ 算端是元明时期西域信奉伊斯兰教诸政权首领的称号，又作"速坛""锁鲁潭"等。
❸ 佚名著，王治来译注：《世界境域志》第二十五章，《关于河中地区及其诸城镇》，上海古籍出版社，2010年，第108页。

第7章 五代十国、宋、辽、夏、金时期，西域的多姿多彩

斯战役之后，纸张才为阿拉伯人所熟悉。与呼罗珊的尼沙布尔学校有联系的那些瓷工学校，也受到了进口中国瓷器的刺激。那里的纺织业也甚为繁荣。

萨曼人还承袭萨珊王朝留下的一套国家行政管理制度，加强中央集权。萨曼王朝时期，河中地区出现波斯文化的复兴，使河中地区的科学、文学艺术昌明，成了伊斯兰世界中又一个文化中心。这次复兴浪潮也使波斯传统文化与阿拉伯传统文化相融合，波斯文化遗产成了伊斯兰文明不可分割的部分，从而向伊斯兰世界注入了活力。

伽色尼王朝

伽色尼王朝是统治阿富汗东南部突厥人的伊斯兰王朝，又称哥疾宁王朝、伽兹尼王朝。伽色尼王朝是中亚萨曼王朝的突厥族奴隶出身的将领阿勒普特勤建立的，都城在伽色尼（又译哥疾宁、加兹尼）。其名义上仍承认萨曼王朝的宗主权。

萨曼王朝曾经以正统穆斯林的虔诚和对波斯文化的复兴而闻名。而伽色尼王朝则以其军事实力和对伊斯兰教的激烈推进而著称于世。

伽色尼王朝建立之初，很多在对由穆斯林统治者控制的伊斯兰地区之外的袭击中俘获的奴隶被补充进穆斯林的军队，并很快成为穆斯林军队的领导者。此类奴隶军官常常掌握有效的权力，最终坐大并独揽大权。阿勒普特勤便是这样一位奴隶出身的突厥将军，他上演了一场失败的政变之后，率领他的突厥支持者逃往伽色尼，并从961年开始，统治伽色尼地区。至994年，阿勒普特勒的继任者萨布克的斤把伽色尼王朝的控制范围扩大到乌浒水以南的所有呼罗珊地区，并倾覆了萨曼王朝。

萨布克的斤的儿子伽色尼·马哈茂德成为伽色尼帝国的缔造者，这是第一个在阿富汗境内进行统治的穆斯林大国。马哈茂德曾17次亲征印度，把俾路支斯坦、旁遮普、克什米尔和恒河上游地区纳入

其统治之下。马哈茂德和他的毛拉❶在印度和阿富汗发动了大规模的皈依伊斯兰教的行动,从阿富汗地区清除印度教,使阿富汗成为世界上最纯粹的伊斯兰国家之一。

马哈茂德一旦稳固了他的王权,便利用战争所得的战利品把伽色尼重建成一个庞大而辉煌的城市。一些他所建设的清真寺和宫殿的废墟仍旧矗立在阿富汗的各种考古学遗址中。他还设立了教授数学、宗教、医学和人文学科的大学。伽色尼王朝模仿萨曼王朝,使得波斯语成为宫廷和帝国的官方语言。据说,马哈茂德曾把900名学者、诗人和穆斯林哲学家带回伽色尼。

马哈茂德死后,伽色尼帝国不再能保持原貌。来自大草原的突厥人,包括塞尔柱人,开始蚕食帝国的北部和西部。在印度,一批小王国如雨后春笋般涌现出来。1040年,马哈茂德之子马苏德一世在塔卢坎战败,后逃离伽色尼,在逃往印度的途中被杀。

喀喇汗王朝

喀喇汗王朝位于中亚地区和我国新疆西部,在其强盛时期为强大的中亚帝国。喀喇汗王朝以伊斯兰教为国教,从此正式开始了第一个突厥语民族伊斯兰王朝的历史。

1.喀喇汗王朝的兴起与极盛

喀喇汗王朝是指9—13世纪初西迁的铁勒回鹘人与葛逻禄人的克尼克部落氏族,在中亚乌兹别克斯坦、哈萨克斯坦南部,吉尔吉斯斯坦,塔吉克斯坦及今新疆喀什、阿克苏、和田、伊犁等地区建立的一个信仰伊斯兰教的突厥王朝。喀喇汗王朝在极盛时期据有东起库车,东南起罗布泊,西至咸海、花剌子模,南临阿姆河,北至

---

❶ 毛拉是波斯语的音译,该词有学者、知识分子等多重意思,作为人名的一部分时表示尊称,而在这里指伊斯兰教学者或伊斯兰教教职人员。

第7章 五代十国、宋、辽、夏、金时期，西域的多姿多彩

巴尔喀什湖、七河流域的广大区域，版图囊括今天的乌兹别克斯坦、吉尔吉斯斯坦、塔吉克斯坦、哈萨克斯坦南部以及我国新疆中西部。

1004年，喀喇汗王朝灭于阗国，和田地区尽为喀喇汗王朝所辖。后来，喀喇汗王朝同高昌回鹘发生战争，喀喇汗可汗阿赫马德·托干汗率军数次击败高昌回鹘，此时的高昌回鹘国力强盛，并与辽朝关系友好。面对喀喇汗军队的进攻，高昌回鹘一方面组织武力抵抗，另一方面策动游牧民族夹击。在辽朝的默许之下，高原耶律大石的"异教游牧部落"大肆进入喀喇汗王朝的边境，阿赫马德·托干汗击溃了耶律大石的侵袭，并将他们牢牢地拴在阿力麻里、叶密立等地的草原。喀喇汗王朝的边界在此时推进到了阿克苏地区的库车，此时的汗朝俨然是一个中亚帝国。

喀喇汗王朝在七河流域与伊犁河河谷兴建了大批城市。大批突厥语民族由游牧转入定居，经济文化非常发达。

2. 喀喇汗王朝的分裂及在西域的悲惨命运

喀喇汗王朝建立后，阿尔斯兰·伊利克纳赛尔征服河中地区。在玉素甫·卡迪尔汗为汗国大汗时，哈桑的幼子、玉素甫的兄弟阿里特勤成为河中地区的统治者，自称桃花石·喀喇汗。他死后，其子伊利克·玉素甫继位。1038年，曾征服河中地区的纳赛尔之子伊卜拉欣从玉素甫的囚禁中逃脱，招募军队，同玉素甫争夺河中地区。经过两年多的战争，伊卜拉欣攻下布哈拉，控制了整个河中地区。

这时，喀喇汗王朝汗桃花石族已完全形成两大系，即长支阿里系和幼支哈桑系。起初，喀喇汗国的统治权控制在阿里系手中，但玉素甫·卡迪尔汗占领喀什噶尔后，汗国的统治权转到哈桑系手中。阿里系控制了河中地区，而哈桑系控制着汗国东部。伊卜拉欣自称桃花石·博格拉·喀喇汗，不承认东部喀喇汗为宗主。于是，在中亚形成东部喀喇汗王朝和西部喀喇汗王朝两个独立汗国。

1089年，塞尔柱王朝攻下布哈拉，西部喀喇汗王朝从此成为塞尔柱王朝的附庸。东部喀喇汗王朝在1130年也曾一度表示臣服于塞尔柱王朝。1124年，辽国灭亡，辽国皇族耶律大石逃亡至东喀喇汗王朝请求避难，此时的东喀喇汗王朝自顾不暇，耶律大石遂联合3万帐"异教游牧部落"，驻扎叶密立，开始发展自己的势力。

1137年，西部喀喇汗王朝的军队被西辽击溃。1141年，塞尔柱王朝与西辽王朝在卡特万草原上进行了大会战。耶律大石协同后辽上将魏振兴指挥东喀喇汗以少胜多，击败塞尔柱王朝，迫使其退出了河中地区。西部喀喇汗王朝改换宗主，仍以附庸形式保存下来。

西辽对原喀喇汗王朝各个地区的统治并不牢靠，部分地区更是政令不通，所以西辽将东、西喀喇汗与葛逻禄分而治之，分别派驻不同的监察官。西辽政权直接占据八剌沙衮附近，叶密立附近又出现半独立的政权，汗朝逐渐失去了七河流域与伊犁河流域，逐渐由相对统一演变为多个政权组成的松散联合体。

从12世纪中期开始，喀喇汗王朝各属地纷纷独立，与西辽分庭抗礼。12世纪末，一个名叫斡匝儿的葛逻禄响马占据了喀喇汗王朝的阿力麻里，建立起小汗国。不久，另一个名为阿尔斯兰的葛逻禄人占据海押立，对抗西辽。喀喇汗王朝遂彻底失去伊犁河流域。

3. 喀喇汗王朝的灭亡

东喀喇汗王朝成为西辽王朝的附庸之后，其首领伊卜拉欣二世被西辽派往河中地区镇压葛逻禄叛乱。1205年，玉素甫的儿子穆罕默德二世继位。在其统治时期，宗主西辽王朝政局不稳，附庸国或独立，或转投成吉思汗。穆罕默德二世被西辽囚禁。1211年，乃蛮王子屈出律取代西辽末帝直鲁古的统治，放穆罕默德二世回喀什噶尔，其被喀什噶尔贵族刺死，东喀喇汗王朝灭亡。

第7章 五代十国、宋、辽、夏、金时期，西域的多姿多彩

西喀喇汗王朝臣服西辽王朝后，西辽王朝册封伊卜拉欣为桃花石汗。在桃花石汗伊卜拉欣统治时期，西喀喇汗王朝持续与葛逻禄发生战争。1156年，桃花石汗与葛逻禄进行会战，失败被杀。继位的是阿里，称恰格雷汗。此后，西喀喇汗王朝的统治权又转回哈桑系手中。此后，西喀喇汗王朝汗位更替频繁，至13世纪初，西喀喇汗王朝的末代君主奥斯曼即位时，汗权已经十分衰弱。

1206年，布哈拉城爆发了反对宗教封建主的市民起义，原来臣属于西辽的花剌子模国王摩诃末把这次市民起义看作征服河中地区的最好时机，于是率军直取布哈拉，残酷地镇压了这次起义。为了"和平"占有整个河中地区，摩诃末暂时与西喀喇汗王朝结成同盟。西辽出兵打败了花剌子模与西喀喇汗王朝的联军。摩诃末仓皇逃回花剌子模，西喀喇汗王朝首领奥斯曼又转向西辽，并向西辽皇帝直鲁古的女儿求婚，但遭到拒绝。奥斯曼受辱后又承认花剌子模为自己的宗主，这导致西辽王朝再次出兵，攻占了撒马尔罕。然而，正在此时，西辽东部发生了比这更为严重的叛乱——乃蛮王子屈出律起兵骚扰各地，直鲁古不得不从撒马尔罕撤兵，返回东部。

摩诃末利用这一时机，再次率军进入河中地区，进驻撒马尔罕。西喀喇汗王朝成为花剌子模的属国后，河中地区处于花剌子模驻撒马尔罕总督的有力控制之下。1212年，西喀喇汗王朝人民不满花剌子模王朝的盘剥而起义，起义得到奥斯曼汗的支持。起义最终被摩诃末率军镇压，奥斯曼汗被处死，西喀喇汗王朝灭亡。

喀喇汗王朝与宋王朝一直保持着友好关系，往来不绝。其与辽朝相互访问频繁，并结为姻亲，一直保持着友好的关系。这促进了民族大团结，也有益于丝绸之路的贸易交流和文化传播。

在喀喇汗王朝统治时期，社会经济得到了相当大的发展，特别是手工业和商业空前的繁荣昌盛，为西域文化、经济的发展提供了很好的基础。建筑业有了巨大的进步，在布哈拉、撒马尔罕、喀什

噶尔等城兴建了一批宏伟壮丽的建筑物，这显示了喀喇汗王朝当年光辉灿烂的物质文明，也为丝绸之路增光添彩。

喀喇汗王朝扼居丝绸之路的要冲达数百年之久，研究这个王朝的历史及境内各民族的变迁情况，对研究丝绸之路有重要价值。

塞尔柱王朝

塞尔柱帝国即塞尔柱王朝，故地在今西亚。它的起源要追溯到突厥。隋唐时期的"九姓"部落联盟乌古斯❶，臣属突厥。突厥帝国瓦解后，九姓的一部分辗转西去，称乌古斯或古兹。

1. 塞尔柱帝国的兴起与拜占庭帝国的灭亡

10世纪初，中亚有三支突厥力量：定居于天山的回鹘突厥、定居于喀什噶尔的葛逻禄突厥，以及定居于呼罗珊、里海、马鲁的乌古斯突厥。

塞尔柱帝国是阿拔斯王朝解体中兴起的突厥政权。突厥汗国成立后，把中亚草原、西域诸城郭国家、蒙古草原统一了起来。630年，唐太宗派兵灭亡东突厥，659年，唐高宗又把西突厥一举摧垮。从此，中国史籍中的突厥事迹逐渐消失，不过西突厥人没有灭绝，他们迁徙到中亚，并在那里定居下来，在波斯人、阿拉伯人、拜占庭人的史籍中频繁出现。如今整个中亚大部说的语言都源自突厥语。突厥人在中亚建立了一个庞大的帝国，那就是奥斯曼帝国。奥斯曼帝国的前身就是塞尔柱帝国。

8世纪，阿拉伯倭马亚王朝侵占了突厥的西部地区，将大量的突厥人赶到阿拉伯国家充当奴隶。956年，阿拉伯人在中西亚的势力四分五裂。塞尔柱突厥原为中亚大草原的乌古斯叶护国的一支，塞尔柱原为乌古斯部落联盟的一个酋长。970年，突厥人的乌古斯部族因

---

❶ 乌古斯人是一个突厥部族，分为九个支族，所以叫作九姓乌古斯。

第7章 五代十国、宋、辽、夏、金时期,西域的多姿多彩

为土地问题与叶护产生了尖锐的矛盾,锡尔河下游也发生了反对叶护的抗税斗争,塞尔柱人利用这一有利形势,率众回师毡的,与下游重镇毡的人民共同夺取了毡的及周围地区。从此,塞尔柱的名声在中亚地区广泛流传。

后来,阿里汗的儿子沙赫马立克继任叶护,动员各部将塞尔柱家族及其追随者赶走,重新夺回毡的,维护了叶护政权和乌古斯人的传统制度。塞尔柱人再次南迁至锡尔河中游与咸海附近。不久,部分乌古斯部族在酋长塞尔柱的带领下,同叶护分道扬镳,进入锡尔河下游和卡拉套山区,定居于花剌子模。这里靠近中亚大地上的波斯萨曼王朝的北部边境,其地住有许多已经伊斯兰化的乌古斯人和其他突厥人。他们不仅游牧于萨曼王朝边境之外,而且从萨曼王朝境内得到了大片牧场的使用权,条件是为萨曼王朝服役,并保护萨曼王朝的边境不受"异教徒"的侵犯。此时,萨曼王朝被伽色尼王朝取代,迁徙到此地的"突厥族"乘机坐大。伽色尼王朝的统治者马哈茂德苏丹任命塞尔柱家族世袭贝伊头衔❶,为王朝守卫北方边疆。塞尔柱人从此在伽色尼王朝北方繁衍生息,并大批迁至城市中居住,逐渐具备了强大的政治与经济实力。塞尔柱很快成了这一带穆斯林反对异教同族人的军事领袖,这些乌古斯人遂被称为"塞尔柱人"。10世纪中叶,塞尔柱酋长塞尔柱率乌古斯诸部从中亚北部草原迁至锡尔河下游地区,约于985年定居丁布哈拉一带,接受伊斯兰教。

1030年,伽色尼王朝的马哈茂德苏丹死后,马苏德继任苏丹,此时波斯中西部的一些省份的分裂势力抬头,图格鲁克趁机在花剌子模地区反抗苏丹统治,南下夺取伽色尼王朝呼罗珊省的木鹿

---

❶ 贝伊是奥斯曼帝国对长官的称谓,亦译"贝格""巴依""伯克",系突厥语音译,意为"首领""头目""统治者""官吏"等。在奥斯曼帝国时期,此词先是对贵族或旁系王子的尊称,次于汗或帕夏,后泛指各省区执政者。

和内沙布尔。

到了1037年，图格鲁克开始将突厥人的势力向中亚扩展，他率军击溃了乌古斯叶护沙赫马立克，几乎领有全部的乌古斯部落。1040年，塞尔柱人攻入呼罗珊，在木鹿一举打垮印度伽色尼王朝的军队，趁机占领了中亚的很多地区，占领了呼罗珊全境，包括伊朗大部和两河流域，成为古波斯核心地区的控制者。图格鲁克自封为"呼罗珊伯克"。1043年，图格鲁克领兵继续西进，并吞米迪亚，进据两河上游的雷伊、哈马丹。扩张开始后，塞尔柱人又盯上了东罗马帝国统治下的亚美尼亚。1051年，塞尔柱攻占中亚的伊朗中部城市伊斯法罕，并迁都于此。1054年，塞尔柱王朝又征服阿塞拜疆。此时，阿拔斯王朝已经被挤压到两河流域的一小块地区。

1055年，图格鲁克率领塞尔柱人进入阿拉伯世界，占领了巴格达，消灭了由波斯人建立的布韦希王朝，废黜其末代王埃米尔，图格鲁克迫使阿拔斯王朝的哈里发封他为阿拉伯国家的摄政，赐号苏丹，封他为"东方与西方之王"。图格鲁克建立起塞尔柱帝国，定都赖伊，成为阿拔斯哈里发帝国的统治都。从此，阿拔斯王朝所有权力悉归苏丹控制，哈里发仅是象征性的宗教领袖。图格鲁克及其继任者阿尔斯兰、马立克创造了塞尔柱王朝最强盛的时代。

随后，塞尔柱人在伊斯法罕建立基地，向东罗马帝国统治下的亚美尼亚和安纳托利亚发动进攻。突厥人很快就占领了亚美尼亚。1064年，图格鲁克占领拜占庭亚美尼亚省首府阿尼。塞尔柱人以猛烈的攻势，席卷了自陶鲁斯山脉到狄奥多西城之间的300千米长的边界，摧毁了这片土地上的800多所教堂，13万基督教徒成了这次入侵的牺牲品。1070年，阿尔斯兰率兵攻占阿勒颇，其势力扩张到耶路撒冷和大马士革，并从法蒂玛王朝手中取得麦加和麦地那，之后又渡过幼发拉底河，将叙利亚、西里西亚和卡帕多细亚据为己有。

1068年，拜占庭皇帝罗曼努斯四世率军进入亚美尼亚，打算将

第7章 五代十国、宋、辽、夏、金时期，西域的多姿多彩

入侵的塞尔柱突厥人赶出去。但拜占庭军队来自各个部族和地区，成员复杂，很难协调作战。战斗开始时，东罗马军队将塞尔柱突厥人打得节节败退，屡次胜利让罗曼努斯四世感到有诈，于是便下令撤退。此时，塞尔柱突厥人立即向东罗马军队反扑，并散布东罗马帝国战败的谣言，动摇了东罗马帝国的军心。结果，罗曼努斯四世成了俘虏，被迫签订和约，向突厥人交纳了大量的贡赋，东罗马帝国丧失了对亚美尼亚和小亚细亚的统治，这两个地区迅速被突厥化。

1071年，塞尔柱在凡湖以北再次打败拜占庭军队，俘掳拜占庭皇帝罗麦努斯·戴俄格尼斯，占领小亚细亚东部。大量塞尔柱乌古斯人相继迁往小亚细亚，建立起罗姆苏丹国。

1091年，马立克沙把首都迁到巴格达。11世纪末，塞尔柱人的版图，在马立克沙时期至秦于极盛，其全盛时期的疆域，东起中亚内陆地区并与中国西北部的新疆地区接壤，西至叙利亚及小亚细亚，南达阿拉伯海，北至基辅罗斯边境，形成强大的军事封建帝国。1091年，塞尔柱帝国兵临君士坦丁堡，著名的十字军东征由此爆发。1097年，十字军攻占尼西亚，后又入侵叙利亚和巴勒斯坦。

11世纪末，塞尔柱开始衰落。马立克沙和尼扎姆·穆勒克相继逝世后，塞尔柱帝国王室诸子争位，皇族内讧，各地军事封建主割据称雄，帝国四分五裂。伊斯玛仪派的阿萨辛支派在波斯和叙利亚占据许多堡寨，出击王朝军队，进行暗杀活动，一些伊斯兰清真寺被破坏。罗马教皇和教廷借此煽动宗教对立，从而使塞尔柱帝国开始解体。各分裂王朝间相互混战，削弱了抵御外敌的能力。

塞尔柱帝国东南则有十字军在叙利亚建立的基督教国家，以致与东方日益隔绝。叙利亚的塞尔柱王朝为阿尔斯兰之子图图什所建。他曾阻止第一次十字军侵略。他死后不久，一些将领以塞尔柱幼主的保傅身份各自建立小王朝。塞尔柱家族在叙利亚的统治只维持了20余年。

克尔曼的塞尔柱王朝是由图格里勒伯克之侄卡武尔特在1041年建立的。12世纪中叶,波斯湾海盗横行,拜占庭和印度间的贸易经由波斯东南部的陆路,促成了克尔曼的经济繁荣。1185年,克尔曼的塞尔柱王朝为呼罗珊的乌古斯系同族土克曼人所灭。

塞尔柱诸王朝存续时间最长的是小亚细亚的罗姆苏丹国。罗姆苏丹国西北与拜占庭为邻,两国结成同盟。1243年,蒙古军入侵小亚细亚,塞尔柱军溃退,罗姆苏丹国从此沦为蒙古人的藩属,于1308年灭亡。

12世纪中叶,塞尔柱为西辽所败,丧失了中亚地区。1157年,塞尔柱帝国遂亡。

2. 塞尔柱帝国与西辽大战

1137年,西辽军队与塞尔柱帝国展开了一场殊死大战。此时的塞尔柱帝国是西亚霸主。西辽和塞尔柱帝国并不接壤。但西辽的崛起对塞尔柱帝国构成的威胁最大。

塞尔柱苏丹桑贾尔用了6个月的时间,集结了一支十余万人的强大骑兵军团。1141年9月9日,在撒马尔罕城北边的卡特万草原上,塞尔柱苏丹桑贾尔的骑兵军团与西辽大军展开决战。桑贾尔的阵线很快就被冲垮了,三万人战死,桑贾尔的宰相和妻子被俘。桑贾尔带着残兵侥幸夺路而逃,并丧失了对西喀喇汗王朝的控制权。此时,西辽的疆域控扼数万里,四方部族皆向其纳贡称臣。领土和当年辽国全盛时期不相上下。几年后,桑贾尔被叛军囚禁。1157年,桑贾尔死后,曾经纵横中亚的塞尔柱王朝就此消亡。

塞尔柱人在大半个世纪的不断迁徙过程中,先是树起伊斯兰教的旗帜,然后再融合了锡尔河下游和南哈萨克斯坦一带的游牧和半游牧乌古斯部落,他们接受伊斯兰教后被称为土库曼人。这对丝绸之路上的民族重组和文化整合起到了一定的作用。他们也是伊斯兰

第7章 五代十国、宋、辽、夏、金时期，西域的多姿多彩

教的传播者，这也是构成西域文化的重要部分。

同时，那些受影响的民族和国家在塞尔柱帝国争战，建立自己的主权时不断迁徙，也引发了丝绸之路上民族的重组和文化的交流、融合。1194年，巴格达的米迪亚塞尔柱王朝被花剌子模王朝军队所败，土克曼人控制阿拔斯王朝的历史从此告终。14世纪初，各地的小王朝相继灭亡。

花剌子模王朝

花剌子模，旧译火寻，是中亚西部地区的一个古国。

11—13世纪，花剌子模建立突厥人王朝，花剌子模先臣属于塞尔柱突厥帝国，后独立，直到蒙古人建立希瓦汗国之前，花剌子模一直没有建立起独立的王朝。

花剌子模自成一国是在11世纪末塞尔柱突厥人的王朝瓦解之时。塞尔柱突厥人中的图格鲁克在1055年打下巴格达城，由当时的哈里发封作苏丹。其侄子阿尔斯兰在1071年战胜东罗马，俘虏了东罗马的皇帝罗麦纽斯·戴俄格尼斯。阿尔斯兰的儿子马立克沙把伊拉克和叙利亚并入版图。1092年，马立克沙死后，其弟弟土土希与马立克沙的三个儿子争位，塞尔柱帝国瓦解。

马立克沙的三个儿子是巴奇雅罗克、穆罕默德、桑加儿。1138年，桑加儿与花剌子模的阿特西斯有过很大的冲突：占领了花剌子模，但不久又丢失。阿特西斯的祖父阿努什特斤属于突厥种，自幼被人掠卖为奴，渐渐因功脱籍，升迁为花剌子模总督。阿努什特斤的儿子是阿特西斯的父亲库特布德丁·穆罕默德。此人在马立克沙死后，僭号自称"花剌子模沙"。

阿特西斯对桑加儿作战，对耶律大石投降。阿特西斯的儿子阿尔斯兰夺占忽喇桑的西半部。阿尔斯兰的儿子塔卡希夺占忽喇桑的其余半部，加上伊斯发韩。塔卡希死于1199年，其子阿拉·乌德丁·

穆罕默德继位。阿拉·乌德丁·穆罕默德和乃蛮屈出律联合推翻了西辽直鲁古。

1156年，阿尔斯兰继承王位时，建立了独立的花剌子模王朝。13世纪初，穆罕默德在位时，国力一度强盛，从波斯湾到阿塞拜疆的广大地区都成了花剌子模的领土，阿富汗、波斯和部分伊拉克领土也在其疆域范围内。阿姆河畔的花剌子模城为其首都，这里是中西交通必经之地。

花剌子模王朝是萨曼王朝衰落后在中亚建立起来的。这一时期中亚发生了重大变化，其显著特征是伊斯兰化和突厥化。而早在六世纪至七世纪时，操突厥语的部落就开始迁往中亚，与当地居民逐步融合。此后，回鹘西迁建立的喀喇汗朝在河中地区统治了200余年，而其他的一系列由突厥语民族建立的王朝更加速了这一进程，这些都使得操突厥语民族开始在中亚占据优势。早在突厥化之前，一部分迁到中亚的突厥人已信奉了伊斯兰教。960年，喀喇汗朝的巴依塔什宣布伊斯兰教为国教，这更使伊斯兰教在突厥人中迅速传布，形成了一种突厥伊斯兰文化。突厥人在民族、宗教、语言、文化、风俗、习惯等方面逐渐与当地民族融合。❶而花剌子模也在这样的大潮中。

花剌子模居民最初是中亚的土著，而后随着各种势力进入中亚，其成分已发生了巨大的变化，逐渐与波斯人、希腊人、突厥人、阿拉伯人、蒙古人、土库曼人、俄罗斯人等融合。不可否认，在中亚突厥化及伊斯兰化时期，花剌子模人也卷入了这个洪流中，并建立了强大的王朝。但是，这个王朝在蒙古军队的打击下很快就覆灭了，花剌子模人与进入该地区的各色人逐渐融合。1220年，花剌子模被成吉思汗征服，后归入金帐汗国。14世纪末又为帖木儿征服。

---

❶ 马大正：《中亚历史述叙》，《马大正文集》，上海辞书出版社，第412页。

第7章 五代十国、宋、辽、夏、金时期,西域的多姿多彩

西辽王朝

12世纪初,正当金国灭辽之时,契丹贵族耶律大石西行,在楚河流域建立了西辽政权,又称喀喇契丹、哈拉契丹。西辽的建立对西北民族关系史产生了重大影响,是这一历史时期西北民族关系史上的大事。

1. 西辽同喀喇汗国的关系和西辽占领河中地区

西辽的建立与发展,同喀喇汗朝的兴衰有直接关系,又同喀喇汗朝的分裂,特别是同喀喇汗朝的统治者与葛逻禄人、康里人的矛盾有很大关系。当耶律大石西至喀喇汗朝都城八剌沙衮时,喀喇汗朝的统治者是伊卜拉欣汗。他同葛逻禄人、康里人的矛盾十分尖锐,便想利用耶律大石的军事力量镇压葛逻禄人。耶律大石帮助伊卜拉欣汗打败了葛逻禄人,却又乘机占领了八敕沙衮,因此,"契丹的胜利是利用了八敕沙衮汗和处于屈服地位的游牧民之间的倾轧"[1]。这里的游牧民正是指葛逻禄人。

耶律大石占领八剌沙衮之后,取消了伊卜拉欣的汗号,强迫他迁居喀什噶尔。可以说,西辽的建立与兴盛,正是东部喀喇汗朝衰落的结果。

但是,耶律大石还没有力量彻底消灭东部喀喇汗朝。契丹人信奉佛教,而此时的东部喀喇汗朝已是伊斯兰国家,虽然能以武力迫使其臣服,却很难进行有效的统治。因此,耶律大石仍然保留了喀喇汗朝的名义,又将伊卜拉欣封为"伊利克"(王),让他直接统治喀什噶尔、和阗等原属东部喀喇汗朝的领土,这就使东部喀喇汗朝附属于西辽。作为西辽的附庸,东部喀喇汗朝继续维持着自己的统治。伊卜拉欣死后,其子穆罕默德继位,继而由其孙玉素甫·本·穆罕默德嗣继。

---

[1] 威廉·巴托尔德:《中亚突厥史十二讲》,罗致平译,中国社会科学出版社,1984年,第126页。

随着西辽的内讧和衰落，东部喀喇汗朝又复苏，恢复了汗位，但仍臣服于西辽。后来，反抗西辽统治的斗争从和阗兴起，波及东部喀喇汗朝的大部分地区，玉素甫可汗被西辽囚禁。这位玉素甫是东部喀喇汗朝的末代可汗，西方史料因其居住在喀什噶尔，称作"可失哈耳汗"。"可失哈耳和忽炭的君主曾起兵造反，可失哈耳汗被菊儿汗所俘囚。"❶乃蛮部首领屈出律篡夺西辽政权后，释放了玉素甫，但是，玉素甫又被当地贵族所杀害。至此，东部喀喇汗朝灭亡。可以看出，东部喀喇汗朝的衰落与灭亡，同西辽的兴衰有直接关系。

　　西部喀喇汗国的衰落与灭亡，也同西辽的兴衰有直接关系。当耶律大石称帝建国，并在八剌沙衮巩固其政权之后，便积极准备向西推进，征服河中的西部喀喇汗朝。1137年，耶律大石在和毡（又译忽毡）打败了西部喀喇汗朝的军队。此时，西部喀喇汗朝的统治者是马哈茂德，他对内同葛逻禄人有极大的矛盾，采取镇压政策，对外依附于塞尔柱王朝。在西辽大兵压境之时，马哈茂德立即向塞尔柱苏丹桑贾尔求援，而西辽却采取占领八剌沙衮时相反的态度，转而支持葛逻禄人。1141年，双方大战于撒马尔罕。据《辽史》所载，耶律大石兵"至寻思干，西域诸国举兵十万，号忽儿珊，来拒战"，西辽军队"三军俱进，忽儿珊大败，僵尸数十里"❷。

　　这里的寻思干即撒马尔罕，忽儿珊又译呼罗珊，即今伊朗东北部的霍腊散一带，当时为塞尔柱王朝占据，"号忽儿珊"，意即以塞尔柱王朝为首的西域伊斯兰国家联军。会战结果：西部喀喇汗朝及其依靠力量塞尔柱王朝彻底失败，西辽占领河中。但是，西辽并未彻底消灭西部喀喇汗朝，而是同对待东部喀喇汗朝一样，封马哈茂德的弟弟伊卜拉欣·本·穆罕默德为桃花石汗，继续统治西部喀喇汗朝，喀喇汗朝每年向西辽交纳贡赋，保持对西辽的臣属地位。而以喀喇汗为首的统治阶层同葛逻禄人的矛盾并未解决，战乱不时发生。

---

❶ 志费尼：《世界征服者史》，何高济译，内蒙古人民出版社，1980年。
❷ （元）脱脱等：《辽史》卷三十，《天祚皇帝四》，中华书局，1974年，第356页。

第7章 五代十国、宋、辽、夏、金时期，西域的多姿多彩

1156年，桃花石汗同葛逻禄人发生大战，桃花石汗战败被杀。以前，当西辽征服河中时，是站在葛逻禄一边的。当西部喀喇汗朝臣服于西辽，桃花石汗被杀之后，作为宗主国的西辽不能熟视无睹。因此，西辽又站在桃花石汗一边，镇压葛逻禄人。1158年，曾将东部喀喇汗朝伊利克阿赫马德派往河中，镇压葛逻禄人，并封哈桑为西部喀喇汗朝的恰格雷汗。西辽为了彻底解决喀喇汗王朝统治者同葛逻禄人的矛盾，命令恰格雷汗把葛逻禄人迁居喀什噶尔，不许佩带武器，这引起葛逻禄人的强烈反抗。13世纪初，花剌子模向河中进攻。此时，西辽已无力援助其属国，西部喀喇汗朝覆灭，西辽的灭亡也为期不远了。

2. 西辽同花剌子模的关系和西辽退出河中

花剌子模的居民以突厥语族诸民族为主。此时的花剌子模已被阿拉伯人征服，信仰伊斯兰教。西辽征服河中后，花剌子模也臣服于西辽，"每年进贡三千底纳儿"，花剌子模王还"给子孙留下了遗嘱，让他们忠于这一点，永远不背叛"❶。此时，西辽同花剌子模的关系极为紧密，西辽曾派兵帮助花剌子模打退外来的入侵者。

至12世纪中叶，河中地区各民族不满西辽的统治，纷纷拒缴赋税，花剌子模沙赫穆罕默德乘机出兵进攻西辽，却被打退。13世纪初，花剌子模占领了附属于西辽的布哈拉，并同附属于西辽的西部喀喇汗朝结盟，这引起了西辽的不满。西辽出兵攻打花剌子模和西部喀喇汗朝的联军。花剌子模沙赫穆罕默德无力抵抗，只好逃回花剌子模。接着，乃蛮首领屈出律起兵攻打西辽，花剌子模乘机摆脱了西辽的统治，宣布独立，继而占领了河中。至此，西辽退出了河中，但是，此时西辽实力尚强，当花剌子模打到布哈拉以后，又同西部喀喇汗朝首领奥斯曼联兵，决定向西辽进行一次"圣战"。1210年，

---

❶ 拉施特：《史集》第一卷第二分册，余大钧、周建奇译，商务印书馆，2009年，第271页。

花剌子模沙赫穆罕默德与西辽在怛罗斯会战，西辽大将塔阻古受伤被俘，西辽大败。这次大战，花剌子模沙赫穆罕默德虽然未能彻底消灭西辽，但是，"河中完全处于他的政权之下"❶。这个胜利使花剌子模沙赫穆罕默德"给自己的统治权带来了新的光辉"❷。由于这次胜利，"四方的诸侯向他的宫廷遣送驿使和贡礼"❸。

3. 西辽同乃蛮的关系和西辽的灭亡

正当花剌子模向西辽进攻的时候，乃蛮酋长屈出律逃到西辽。乃蛮部本是游牧于阿尔泰山和杭爱山之间的游牧部落，13世纪初，蒙古成吉思汗强大起来，乃蛮部太阳汗与成吉思汗争雄，战败身亡，其子屈出律逃往西辽。此时西辽的古儿汗❹为直鲁古。直鲁古收降了屈出律，使其为自己效力。但是，屈出律"目睹古儿汗地位摇摇欲坠"，"他对四面楚歌的古儿汗变了心"，想收集流窜的乃蛮旧部，"占领古儿汗的国家"❺。于是，屈出律假意向直鲁古提出收集乃蛮残部，效忠西辽，抵抗敌人的建议。他说："我决不能背离菊儿汗指定的方向，哪怕竭尽全力也要完成他的任何命令。"❻直鲁古轻信了屈出律的谎言，同意让屈出律前去收集乃蛮残部。

但是，屈出律收集兵力之后，反而同正在进攻西辽的花剌子模结盟，东西夹攻西辽。这就是上面说的花剌子模于1210年怛罗斯会战中所取得的重大胜利。直鲁古败于花剌子模后，回到八剌沙衮，军心浮动，屈出律看到进攻西辽的条件已经成熟，"就像云中的闪电一样向他（直鲁古）突袭，出其不意地把他俘虏，夺取他的国土

---

❶ 拉施特：《史集》第一卷第二分册，余大钧、周建奇译，商务印书馆，2009年，第235页。
❷ 威廉•巴尔托德：《中亚突厥史十二讲》，中国社会科学出版社，1984年，第155页。
❸ 志费尼：《世界征服者史》，何高济译，商务印书馆，2011年，第384页。
❹ 古儿汗是西辽人、蒙古人对最高统治者的称呼，亦作"菊儿汗""阔儿汗"，即"诸汗之汗"之意。
❺ 拉施特：《史集》第一卷第二分册，余大钧、周建奇译，商务印书馆，2009年，第272页。
❻ 费志尼：《世界征服者史》，何高济译，商务印书馆，2011年，第66页。

第7章 五代十国、宋、辽、夏、金时期，西域的多姿多彩

和军队"❶。这就是《辽史》所说："仁宗次子直鲁古即位，改元天禧，在位三十四年。时秋出猎，乃蛮王屈出律以伏兵八千擒之，而据其位。"❷

屈出律虽然俘虏了直鲁古，但未敢改变西辽国号，仍称西辽，"袭辽衣冠，尊直鲁古为太上皇，皇后为皇太后"❸，也就是说，屈出律篡夺了西辽政权。拉施特是这样叙述这一历史事件的："由于古儿汗没有出路，便要向他屈服称臣。古失鲁克不许，把他看作父亲，表面上尊敬他，名正言顺地将古儿汗统治下的突厥斯坦地区和他的王位夺取到自己手中。"西辽王朝"积累起来的帑藏、财物、军队和动产全部落到了古失鲁克手中，称王了好几年"❹。这里的古失鲁克是屈出律的异译，中外史料对屈出律篡夺西辽政权的记载是完全一致的。

屈出律篡夺西辽政权以后，对西辽各民族实行残酷统治，"好淫烧杀""毁坏他们的庄稼""百姓为饥饿所困"❺。屈出律又强迫穆斯林改信佛教或基督教。拉施特记载了这样一个事件：在屈出律强迫穆斯林改变宗教信仰的暴行中，和阗伊斯兰教长阿剌丁·马合谋挺身而出，抵抗暴行，同屈出律开展面对面的辩论，使屈出律"目瞪口呆，惊慌失措"，无以对答。屈出律恼羞成怒，对阿剌丁酷刑拷打，最后把阿剌丁钉死在十字架上。❻这引起伊斯兰教界的强烈反对。因此，当蒙古大军西征时，屈出律也被伊斯兰教徒活捉，交给了蒙古大军，威震西域的西辽政权彻底灭亡了。

---

❶ 费志尼：《世界征服者史》，何高济译，商务印书馆，2011年，第67页。
❷ （元）脱脱等：《辽史》卷三十，《天祚皇帝四》，中华书局，1974年，第358页。
❸ （元）脱脱等：《辽史》卷三十，《天祚皇帝四》，中华书局，1974年，第358页。
❹ 拉施特：《史集》第一卷第二分册，余大钧、周建奇译，商务印书馆，2009年，第274页。
❺ 拉施特：《史集》第一卷第二分册，余大钧、周建奇译，商务印书馆，2009年，第68页。
❻ 拉施特：《史集》第一卷第二分册，余大钧、周建奇译，商务印书馆，2009年，第252页。

高昌回鹘与西域各国及周边国家的关系

高昌回鹘王国从建立之初就积极发展同许多国家和民族的密切关系，在阿拉伯文化和波斯文化传入西域等方面起到了重要的作用。伊斯兰教的传播在客观上促进了西域各民族的大融合。高昌回鹘十分清楚，用好丝绸之路这条黄金道，可得过往商税，可沟通与中原各政权的关系，可从朝贡与回赐中得到利益，可探得别国局势以调整自己的对策，可谓一举多得。故《宋史·吐蕃传》记载："高昌诸国商人皆趋鄯州贸卖，以故富强。"

高昌回鹘的兴起与高昌文化

高昌回鹘于843年立国，于1275年被反叛元朝的都哇大兵压境、围攻灭国，是中国历史上寿命较长的王朝之一。高昌回鹘为西域文化做出了重要的贡献。

9世纪中叶，蒙古高原的回鹘汗国国都被黠戛斯攻破，亡国的回鹘部众分别向南、向西迁徙逃亡。回鹘王子庞特勤率领十五个回鹘部落西迁此地，建立起"高昌回鹘国"，又称"西州回鹘国"。高昌回鹘吞并了焉耆、龟兹等，由于南迁汉地的乌介可汗尚在，庞特勤自称叶护，以焉耆为治所，余部活动于吉木萨尔与吐鲁番一带。后来，逃到漠南的回鹘乌介可汗被杀，住在焉耆一带的庞特勤得悉后自称可汗。856年，唐朝还对庞特勤称可汗进行过册封，但册封团使王端章一行被另一股回鹘所阻，册封没有实现。后来庞特勤又从黠戛斯手中夺回清镇玛纳斯、轮台和北庭，任命大将仆固俊为北庭首领。

高昌回鹘疆域最广时，东起今甘肃西部，西到中亚两河流域，

五代十国、宋、辽、夏、金时期,西域的多姿多彩

南抵昆仑山北麓与于阗、喀什一线,北达天山以北。境内民族除回鹘人、汉人外,"南突厥、北突厥、大众熨、小众熨、样磨、割禄、黠戛司(斯)、末蛮、格哆族、预龙族之名甚众"❶。

高昌回鹘在吐鲁番盆地定居以后,已具有西域的特点。在农业生产上,地产五谷,产葡萄酒,在种植棉花并织成布方面有长远的传统。利用水力引导天山上的雪水以灌田园,制作水硙(即水磨),便于粮食加工,因地制宜,用骆驼耕田,也有一部分畜牧业。

在手工业上,丝织品有兜罗、锦、纻丝、熟绫。棉、毛织品有斜褐、白毯布、绣文花蕊布。铁制品中,回鹘人已有镔铁(即钢),当时回鹘人手工业操作的各种器械,许多得用钢铁才能制成。

在商业上,其与内地商业的往来频仍。回鹘人多到辽南京做买卖,善于鉴别珍宝,也常到辽上京进行贸易,辽朝特别在上京南城设立"回鹘营"作为居留地,与五代时期各王朝及北宋也进行贸易。向宋朝的洛阳、开封源源不绝地输送马匹。

高昌回鹘人在宗教信仰上,最早信仰从波斯传来的摩尼教,后信佛教。在今新疆吐鲁番西的木头沟、吐峪沟的墙壁上,已发现大量回鹘人的宗教壁画,表现出与波斯文化融合的倾向。另外,阿拉伯文化艺术的传播主要应归功于回鹘。阿拉伯文化和波斯文化传入西域使西域各国固有的文化增添了新的内容和光彩。

与辽的关系

高昌回鹘(西州回鹘)与契丹的政治交往始于辽朝建立之初。据《辽史·属国表》记载,907年,"和州回鹘来贡(辽史谓高昌)"❷。924年,辽军打到北庭,高昌回鹘表示臣服。《耶律斜涅赤传》记载:

---

❶ (元)脱脱等:《宋史》卷四九〇,《高昌国传》,中华书局,1977年,第14112页。
❷ (元)脱脱等:《辽史》卷二十七,《天祚皇帝一》,中华书局,1974年,第326页。

"帝西征至流沙，威声大振，诸夷溃散，乃命斜涅赤抚集之。"❶这种政治上的从属关系，与高昌回鹘对宋朝的经济联系略不同。932年，高昌回鹘遣使向辽朝贡。❷宋朝使者王延德到达高昌后不久，辽国的使者也相继到达，双方差一点在高昌回鹘国内发生火并，这也说明西州回鹘开始疏远辽国。

从981年以后，《辽史》中多见朝觐辽国的回鹘名称添了"阿萨兰""阿萨兰回鹘""狮子国"等称谓。根据辽朝的规定，高昌回鹘国每年可向辽国派遣一次大型使团，人数不得超过400，携带的货物则不加限制。根据官方记载，这种使团贸易，每次的金额不少于40万贯。有时，官方的贸易数量过分巨大，高昌回鹘使团和辽国官吏都不敢擅自做主时，两国首脑就会晤，亲自商谈货物的价格，"其国（西州回鹘）主其与北主评价"❸。高昌回鹘的民间商人前往辽朝的也不少。辽朝的上京就设有专门接待回鹘商人的宾馆区，叫作"回鹘营"。"南门之东回鹘营，回鹘商贩留居上京，置营居之。"❹

高昌回鹘国于913年入贡于辽。频繁的商贸也使辽国受益匪浅。为此，辽国专门设立互市。回鹘的许多物产传入辽国。《契丹国志》引宋人胡峤《陷北记》云："自上京东去四十里至真珠寨……西望平地松林，郁然数十里，遂入平川，多草木，始食西瓜。云契丹破回鹘得此种，以牛粪覆棚而种，大如中国冬瓜而味甘。"❺二者的关系经久不衰，加上西辽等在西域实行了宽松的文化宗教政策，使伊斯兰教在新疆范围内得以传播；同时，一部分佛教文化艺术的宝贵遗产也得以保存，西迁回鹘在继续保存龟兹文化的同时也发展了佛教、

---

❶ （元）脱脱等：《辽史》卷七十三，《耶律斜涅赤传》，中华书局，1974年，第1244页。
❷ （元）脱脱等：《辽史》卷七十，《属国表》，中华书局，1974年。
❸ （宋）叶隆礼：《契丹国志》卷二十六，《诸蕃记·高昌国》，上海古籍出版社，1985年，第246页。
❹ （元）脱脱等：《辽史》卷三十七，《地理志·上京道》，中华书局，1974年，第441页。
❺ （宋）叶隆礼：《契丹国志》卷二十五，《诸蕃记》，上海古籍出版社，1985年，第238页。

第7章 五代十国、宋、辽、夏、金时期，西域的多姿多彩

景教、摩尼教，从而形成引人注目的文明。

924年，辽太祖西征，"遣兵逾流沙，拔浮图城，尽取西鄙诸部。"❶随后，辽于北庭置监国太师，筑可敦城，屯以重兵，高昌回鹘遂为辽之属邦，辽设高昌大王府以羁縻之。不过，高昌回鹘与宋、辽的这种臣属关系只是形式上的，实际上仍保有独立地位。

在文化上，《辽史·皇子表》记载："回鹘使至，无能通其语者，（萧）太后谓太祖曰：'迭剌聪敏可使。'遣迭之。相从二旬，能习其言与书。因制契丹小字，数少而该贯。"❷后来西辽建立后，其国主菊儿汗还招高昌回鹘人哈喇亦哈赤北鲁到国都八剌沙衮做皇子的老师，专门教其回鹘文。❸

1012年，辽军将领耶律化哥经略西境时，无意间错掠了西州回鹘，破坏了两国的关系，此事《辽史·耶律化哥传》记载："开泰元年，（化哥）伐阻卜，阻卜弃辎重遁走，俘获甚多。帝嘉之，封豳王。后边吏奏，自化哥还阙，粮乏马弱，势不可守，上复遣化哥经略西境。化哥与边将深入。闻蕃部逆命居翼只水，化哥徐以兵进。敌望风奔溃，获羊马及辎重。路由白拔烈，遇阿萨兰回鹘，掠之。都监裹里继至，谓化哥曰：'君误也，此部实孝顺者。'化哥悉还所俘。诸蕃由此不附。上使案之，削王爵。"❹然而西州回鹘为了自己的利益，还是与辽保持着朝觐贸易的关系。从辽重熙十八年（1049）三月起，到天庆二年（1112）六月，辽国史书还有相关记载。❺

高昌回鹘国与辽朝的政治往来和贸易关系一直保持到12世纪前期金灭辽为止。高昌回鹘国与后周、北宋、金的往来也极频繁。北

---

❶ （元）脱脱等：《辽史》卷二，《本纪第二·太祖本纪》，中华书局，1974年，第20页。
❷ （元）脱脱等：《辽史》卷六十四，《皇子表》，中华书局，1974年，第968页。
❸ （明）宋濂等：《元史》卷一百二十四，《哈剌亦哈赤北鲁传》，中华书局，1976年，第3046页。
❹ （元）脱脱等：《辽史》卷九十四，《耶律化哥传》，中华书局，1974年，第1381—1382页。
❺ 田卫疆：《丝绸之路与东察合台汗国史研究》，新疆人民出版社，1997年。

宋王朝刚刚建立，高昌回鹘国即主动发展双方的政治关系。962—1004年，高昌回鹘国曾多次主动向北宋赠送方物。高昌回鹘与河西走廊各政权及北方诸政权都有政治经济关系。

与中原王朝的关系

10世纪中叶，河西回鹘处于鼎盛时期。河西通往陇右的道路已经开辟，这就为高昌回鹘与中原王朝的交往创造了条件。951年，高昌回鹘（西州回鹘）首次向后周朝贡，携带的贡品多得惊人。接着，高昌回鹘又以摩尼教经师为使者，再次向后周朝贡，其贡品数量也很多。❶

北宋建立后，高昌回鹘不断地遣使朝贡。高昌回鹘与北宋王朝的往来始于960年，"西州回鹘阿都督等四十二人以方物来贡"❷。965年，又有"西州回鹘可汗遣僧法渊献佛牙、琉璃器、琥珀盏"❸。976年，"西州回鹘遣使易难与婆罗门波斯外道来贡"。这些使团实际上是官方贸易的代表。高昌回鹘不但乐于向内地的中原王朝进贡，甘冒风霜和跋涉之苦，而且高昌回鹘对中原王朝的态度之恭谨，也是任何其他周围政权所不能比拟的。❹

981年，高昌回鹘派遣都督麦索温等人朝贡于宋，汗王"始自称西州外甥师子王阿斯兰汗"。可见，高昌回鹘可汗仍然承认与宋朝的"甥舅关系"。高昌回鹘贡表称"西州外甥"，反映出回鹘汗王急于恢复与中原王朝政治（隶属）交往联系的迫切愿望。为使这种关系升温，当年五月，宋朝遣供奉官王延德出使高昌回鹘国，双方的交往达到了高潮。西夏攻灭河西回鹘，河西走廊道绝，高昌回鹘与北宋的政

---

❶ （宋）欧阳修：《新五代史》卷七十四，《四夷附录三》，中华书局，1974年，第916—917页。
❷ （元）脱脱等：《宋史》卷四百九十，《外国传·高昌》，中华书局，1977年，第14110页。
❸ （元）脱脱等：《宋史》卷四百九十，《外国传·高昌》，中华书局，1977年，第14110页。
❹ （元）脱脱等：《宋史》卷四百九十，《外国传·高昌》，中华书局，1977年，第14112—14113页。

第7章 五代十国、宋、辽、夏、金时期,西域的多姿多彩

治交往被迫结束。可民间的回鹘商人仍然通过西夏占领区,一批批地前往北宋。❶

与东边瓜、沙州归义军割据政权的关系

在高昌回鹘依附瓜、沙州归义军势力的半个世纪里,因两地国民大都笃信佛教,而沙州的莫高窟又是佛教圣地之一,所以其对归义军割据政权的态度一直没变。从敦煌发现的文书看,双方的使者往来不断。归义军割据政权的统治者经常向高昌回鹘僧赠送佛经,并从高昌回鹘国获得硇砂、貂裘、胡桐泪等珍贵物品,将它们转输给宋朝,从中获得丰厚的利润。

与甘州回鹘的关系

从925年甘州回鹘可汗遗子统治高昌回鹘后,高昌与甘州的往来日密。高昌后虽相对独立,但仍恭认甘州回鹘为宗主。再说,甘州回鹘地处河西走廊中部,为西域前往内地的必经之路,为求东方的贸易道路畅通无阻,高昌回鹘也不得不尊重甘州回鹘(河西回鹘)。

从一些敦煌文书和少量的历史记载看,高昌与河西常有信使往来。高昌回鹘前往中原地区的使者及商人大多通过河西回鹘,往来顺利又安全。河西回鹘则从高昌获得许多珍贵物品,高价转售给中原王朝,直到1036年河西回鹘国被西夏攻灭为止。

与西夏的关系

由于西夏离高昌较远,又与宋朝处于敌对状态,高昌回鹘初与西夏并无往来。1036年,西夏灭河西回鹘,并攻占高昌回鹘的伊州,双方开始接界,关系初显恶化但并没有严重地影响高昌回鹘的贸易

---

❶ (元)脱脱等:《宋史》卷四百九十,《外国传·高昌》,中华书局,1977年,第14113页。

西域春秋——翻开2000年的西域卷轴

活动。由于西夏占据着河西和陇西，高昌回鹘与北宋和辽朝交易时必须穿越西夏统治区。西夏在关卡上设立榷税机构，对高昌回鹘的商人收取重税。高昌回鹘能从北宋和辽国获得丰厚的利润，对西夏所收取的重税并不十分介意。西夏则能从高昌回鹘商人处获得巨额税收，还是欢迎他们过境的。❶

与黠戛斯、乃蛮等部落的关系

黠戛斯原与回鹘结怨极深，但自高昌回鹘（西州回鹘）建国后，随着时间的流逝，双方的仇恨情绪日渐淡漠，和睦友好的关系不断增进。至10世纪后期，高昌回鹘不但能与阿尔泰山东北部的黠戛斯汗国和平相处，而且还允许不少黠戛斯人迁徙到天山以南来从事商贸活动。因此，王延德出使高昌回鹘时，见到境内有许多黠戛斯人、乃蛮人。高昌回鹘也从黠戛斯和乃蛮等民族那里，用粮食、棉布和丝绸等换取黄金、貂裘、鹿皮和熟铁，加工后输往东方和西方。❷

与喀喇汗王朝的关系

1. 与喀喇汗王朝的战争

回鹘西迁，喀喇汗王朝迁徙往中亚。喀喇汗国其先信仰佛教，10世纪初，皈依了伊斯兰教的喀喇汗王子萨图克·布格拉发动宫廷政变，夺得了政权。此后，其父子都极力推行"圣战"。10世纪末，在喀喇汗王朝同于阗王国的宗教战争中，由于高昌回鹘支持于阗，高昌回鹘与喀喇汗王朝的关系恶化，喀喇汗王朝对信仰佛教的高昌回鹘人恨之入骨。穆罕默德·喀什噶里在他的《突厥语大词典》里就称不信仰伊斯兰教的高昌回鹘人是"最凶恶的敌人"。所以，喀喇

---

❶ 新疆社科院历史所：《新疆简史》，新疆人民出版社，1979年，第168页。
❷ 新疆历史教材编写组：《新疆地方史》，新疆大学出版社，1991年。

第7章 五代十国、宋、辽、夏、金时期,西域的多姿多彩

汗王朝在灭于阗后不久,就发动了对高昌回鹘的"圣战"。❶

1017年,喀喇汗王朝的阿赫马德·托干汗亲率大军从八拉沙衮出发,越过伊犁河,攻入高昌回鹘境。喀喇汗王朝军队开到轮台时,高昌回鹘开始反击。经过两天三夜的激战,喀喇汗王朝东征军败逃。高昌军队乘胜追击,并派轻骑断其后路,高昌军队追到了距八剌沙衮仅8天的路程时,因给养问题而返回。❷

《突厥语大词典》里收录了多首有关这次战争的诗歌。这些诗歌有反映战斗激烈、场面残酷的,有描述入侵者对高昌佛教文化进行毁灭性破坏情况的。攻入高昌回鹘境内的东喀喇汗王朝的军队对回鹘人进行了残酷的杀戮,对回鹘佛教寺院进行破坏。

在战争中,阿赫马德·托干汗病情加重,其对高昌回鹘的"圣战"无果而终。此后不久,喀喇汗王朝分裂为东、西两个政权。这样,高昌回鹘在天山以北,与西部的喀喇汗王朝以瞻河为界;在天山以南,与东部喀喇汗王朝以拨换城为界。

2. 与西喀喇汗王朝的关系

西喀喇汗王朝的呼罗珊王因痛恨高昌回鹘,要杀死该地的几百名摩尼教徒。当时西喀喇汗王朝已经皈依伊斯兰教,教民在高昌回鹘国的北庭经商定居者颇多。为排挤异教徒,呼罗珊王才出此下策。高昌回鹘王遣使威胁:"如果你们杀死一个摩尼教徒,我们就把高昌国内所有的伊斯兰教徒杀光,并毁掉所有的清真寺。"呼罗珊王只得作罢。

10世纪末至11世纪初,西喀喇汗王朝内部不稳,统治者和被统治的葛逻禄、康里等族的矛盾渐趋恶化,因此无力顾及东部的邻邦,与高昌回鹘处于和平友好的状态。

---

❶ 魏良弢:《喀喇汗王朝经济的几个问题》,《民族研究》,1983年第4期。
❷ 新疆维吾尔自治区党委宣传部:《新疆民族与宗教知识百题》,新疆大学出版社,2002年。

3. 与东喀喇汗王朝的关系

东喀喇汗王朝的历代大汗都竭力推行伊斯兰教，常与高昌回鹘闹磨擦。由于东喀喇汗王朝不断地向北"圣战"，到11世纪末，高昌回鹘丧失了龟兹以西的广大地区。12世纪中期，西辽征服了东喀喇汗王朝，其与高昌回鹘的敌对行动才有所收敛，两国关系紧张的状态才有所缓和。和平时期，双方的经济往来十分频繁，这从高昌回鹘入贡内地中原王朝的物品中有大量的玉石、骏马、乳香等东喀喇汗王朝的特产可以证明。

与西辽的关系

1130年以后，高昌回鹘臣属西辽。以时间而论，从西辽开始，高昌回鹘才真正从属于其他政权，直到元初其王室东迁。然高昌回鹘归依西辽是被迫的，有1131年回鹘使向金国传递耶律大石死讯并招金国使来巡查之事可证。

西辽初管高昌回鹘，只是羁縻式，按期交贡赋即可。即便这样，回鹘也不情愿，于1153年春，回鹘"见夏国日盛，遣使献方物"❶。西辽对高昌回鹘政权的控制是到后期才加强的。高昌回鹘政权"亦都护月仙帖木儿卒，子八儿出阿儿忒的斤亦都护年幼，西辽主鞠儿可汗（波斯文称"直鲁古"）遣使据其国"❷。即派一名"沙黑纳"监国，按高昌国户数，着每户年缴一个"狄纳尔"（变地税为户税），双方关系开始密切。缘此，高昌回鹘不但解除了东喀喇汗王朝伊斯兰势力继续东扩的威胁，而且从中西贸易中获得了更多的利益。高昌回鹘与西辽的关系一直保持到13世纪初期乃蛮王子屈出律篡夺西辽皇位为止。

---

❶ （清）吴广成：《西夏书事校正》卷三十六，"绍兴二十三年"条，甘肃文化出版社，1995年，第421页。

❷ （明）宋濂等：《元史》卷一百二十四，《哈剌亦哈赤北鲁传》，中华书局，1976年，第3046页。

第 7 章　五代十国、宋、辽、夏、金时期，西域的多姿多彩

与印度、大食和拂菻的关系

由于距离遥远，高昌回鹘与印度、大食和拂菻并无直接的政治交往。但高昌回鹘国人大多笃信佛教，国中僧人前往印度取经者不在少数，印度也常有僧人前来高昌，僧侣间的往来密切了两国关系。

高昌回鹘也有少数人信仰祆教、伊斯兰教、摩尼教和基督教。这些宗教都源于波斯、大食和欧洲。当时波斯臣属于大食，欧洲东南部则为拂菻（即东罗马帝国）的领土，因此不断有祆教、摩尼教、伊斯兰教和基督教的传教士前来高昌回鹘传教。许多印度、大食、波斯和拂菻的商人与传教士结伴为侣，长途跋涉，聚集高昌。因此，高昌回鹘与印度、大食、拂菻的经济交往是频繁的。高昌回鹘输入内地的许多珍奇物品都来自上述诸国。

第8章 元朝时期蒙古族为西域的繁荣发展做出了卓越贡献

在元朝,西域与中原重新统一。成吉思汗大规模地向外扩张。元帝国的建立使中原和西域联成一体。西域之地大部在窝阔台汗国和察合台汗国之内。汗国是蒙古大汗的藩属地,奉大汗为宗主,但对其领地内的事务有裁决权。天山南北绿洲地带的城邦诸国则由元朝派官员直接管理。漠北蒙古的兴盛以及对天山南北各地的统一管辖是新疆古代史上重要的政治事件,为西域的繁荣发展做出了卓越的贡献。

元朝对天山南北各地的统一管辖

元朝是西域发展的一个重要时期。人口从中亚到内地的迁徙，以及蒙古贵族的分封，对之后的西域影响很大。尤其是13世纪初蒙古汗国西征后，大批西域人迁居蒙古草原，对元朝的政治、军事和文化影响巨大。经百年的融合，这些西域人基本上融入中原文化而汉化，同时由于元代蒙古贵族政治地位和蒙古文化的影响，也有许多西域人接受蒙古文化，终化为蒙古人的一部分。

蒙古统一天山南北

蒙古人是蒙古高原的土著游牧民族之一。在先秦至北朝时期，蒙古高原上的主要居民为匈奴人。西汉、东汉、五胡十六国时期，匈奴或归降汉族，或被迫西迁。匈奴势力衰败后，鲜卑人进入蒙古高原，后又有突厥、回纥人等崛起于此。

5—10世纪，室韦族主要活动在如今内蒙古东北部和嫩江流域，处在原始公社阶段。突厥汗廷统治蒙古高原后，室韦人成为其臣属。至隋朝，室韦分成5部：南室韦、北室韦、钵室韦、深末怛室韦、大室韦。7世纪，蒙古族生活在今中国东北大兴安岭北段、额尔古纳河南岸一带。9世纪，一部分蒙古人迁至斡难河、怯绿连河一带的漠北草原。

唐朝后期，室韦各部逐渐移居到蒙古高原，并对蒙古族的最终形成起了决定性的作用。各部据有斡难河、怯鲁连河和土拉河上游地带，东起贝加尔湖、西至额尔齐斯河、南达万里长城、北到西伯利亚的广阔高原地区都是其游牧范围。

第 8 章 元朝时期蒙古族为西域的繁荣发展做出了卓越贡献

10—12世纪，蒙古逐步并入辽朝版图。10世纪后，蒙古形成互不统属的许多大小部落。金朝中期曾使蒙古臣服，随着金朝的逐渐衰落及蒙古势力的逐渐强盛，蒙古不再向金朝进贡。

漠北草原游牧部落除蒙古族之外，还有塔塔儿、克烈、乃蛮、弘吉剌、汪古、蔑儿乞等许多部族。他们共同生活在蒙古高原，辽金时期被泛称为鞑靼。金朝建立后，蒙古族无法忍受金朝的残酷压迫，双方经常发生战争。蒙古各部落贵族亦为争夺领土相互征伐不断。

12世纪下半叶，蒙古高原的蒙古部、克烈部、塔塔儿部、蔑儿乞部、乃蛮部五大部落集团展开激烈厮杀。在这样的历史背景下，蒙古族领袖铁木真登上了历史舞台。13世纪初，铁木真完成了蒙古各部的统一。1206年，铁木真被公推为成吉思汗，正式建立蒙古汗国，蒙古帝国的历史自此开始。此时的中国北部有四分天下之势，蒙古的正南方是西夏，东南部是金朝，西南部则是西辽。

从此，蒙古汗国开始迅猛扩张。从1219—1260年，蒙古汗国在成吉思汗的率领下进行了三次西征。成吉思汗创建的蒙古国对西域诸地的统一进程大致可分为两个阶段：

第一阶段，招降西域，灭西辽。铁木真称汗立国后，从1206—1218年，对西北地区未臣服的各部采取了一系列招降兼并活动。如1207年，铁木真派其长子术赤进军贝加尔湖附近的游牧部族。贝加尔湖附近的布里亚特等游牧部族皆归附。同年，铁木真遣使者二人往谕乞儿吉思、谦谦州两部首领来降。"乞儿吉思，突厥种，据地广大，南界小金山，与乃蛮接境，东南界薛灵格河，东北抵安哥剌河。"❶乞儿吉思即7世纪唐朝辖内的黠戛斯。成吉思汗时期，黠戛斯分为乞儿吉思、谦谦州两部，他们均十分尊重成吉思汗的使者，并与阿尔泰山麓的秃马惕等游牧部族相继归附。唯有以河套以西为中心的西

---

❶ 多桑:《多桑蒙古史》上，冯承钧译，商务印书馆，2013年，第70—71页。

夏，虽几次被征服，但时服时叛。接着，成吉思汗的势力逐渐向天山南北的西域地区伸展。

西夏扼守着通往西域、漠南、漠北的要道。古代东西交通线主要有两条：一条是汉唐以来开辟的经河西走廊出玉门关去西域的丝绸之路；另一条是辽河流域沿阴山山脉南北两麓向西穿越戈壁，中经居延海而达天山南北的居延路。西夏占有鄂尔多斯及河西等地区，所以两路均要通过当时它的势力范围。

当13世纪初蒙古崛起于漠北时，西域广大地区在西辽的统治下，畏兀儿也为西辽臣属，如能招降，则可作为灭西辽的根据地。西辽末世，乃蛮王子屈出律篡夺西辽王位，属部各族渴望摆脱其控制，屈出律对畏兀儿人的压迫更为暴虐。屈出律征服忽炭以后，强迫居民放弃伊斯兰教信仰，令改奉基督教或佛教，改穿契丹服装。

西域广大地区对西辽的统治痛恨万分。这为蒙古势力进入西域创造了条件，也是西域畏兀儿能迅速归附成吉思汗的外因。

1209年，高昌回鹘部众因西辽"镇守官""恣睢用权，奢淫自奉"[1]而不堪忍受其压迫，其亦都护巴而木陈阿而忒的斤令其部众杀死"镇守官"。1212年，亦都护亲往克鲁伦河畔的蒙古汗廷朝觐成吉思汗，自愿归属于蒙古。成吉思汗把也立安敦公主许配给巴而木阿而忒的斤，以表示他对这种主动归附的奖励，以后直到元代，屡配公主给畏兀儿名门贵族，畏兀儿人的地位在蒙元时期仅次于蒙古统治阶层。这种政策在西域明显收到了显著效果，而且对西藏后来的归附也有很大影响。据载，同年，成吉思汗还接受了西辽古儿汗生前另外两个附属国主对他的臣服。一个是哈剌鲁突厥人的首领阿尔斯兰汗，另一个是阿力麻里统治者布匝儿。这也与成吉思汗在西域所采取的宗教信仰自由政策有关。

自此，天山北部各地实际上已归蒙古汗国所辖。

---

[1] （明）宋濂等：《元史》卷一百二十四，《岳璘贴穆尔传》，中华书局，1976年，第3049页。

第8章 元朝时期蒙古族为西域的繁荣发展做出了卓越贡献

第二阶段是1218年左右,成吉思汗派遣大将哲别带兵征西辽屈出律,败西辽,杀屈出律于塔里木盆地南部,接着,又攻占天山南麓哈实哈儿、鸭儿看、和阗诸城。天山南北各地皆归属蒙古,唐末以后新疆诸地纷争割据的混乱局面宣告结束,为元明两朝统治天山南北各地打下基础。

13世纪初,蒙古逐步统治了西北边疆。13世纪中,库尔喀喇乌苏以东由畏兀儿亦都护管辖,西北边疆其他地区都是成吉思汗第二子察哈台和第三子窝阔台的领地。

忽必烈灭南宋建立元朝后,察哈台、窝阔台的后裔和畏兀儿亦都护都在元政府的管辖之下。1268年后,窝阔台后裔和察哈台后裔发动叛乱,元政府经过40多年的平叛斗争,使窝阔台、察哈台后裔逐渐恢复了对元政府的隶属关系。

自元朝建立以来,伊犁以东的广大地区一直居于元政府的管辖之下。在伊犁,早在1268年,忽必烈就以皇子北平王那木罕为总管,统率大军驻守于阿力麻里。在畏兀儿地区,包括吐鲁番和北疆东部地区,设置了镇北庭都护府,1295年又设北庭都元帅府,1289年以前,在和阗设有宣慰使元帅府。此外,元朝政府还在西域地区设立了提刑按察司、交钞提举司、宣慰司、织造局、西域亲军都指挥使司等军政机关。

西域各地统一后,蒙古时期及忽必烈建立元朝前后,天山南北各地因政治、经济形势的需要,设立了不少名目繁多的军政管理机构和职官。这些军政管理机构和职官的设立真实具体地体现了内地中央政府对新疆广大地域的管辖统治,是汉代以后历代中央王朝对天山南北各地进行管辖统治的延续和发展。

元代内地与西域的关系

1225年,成吉思汗把他征服的地方分封给儿子。次子察哈台得到锡尔河以东的广大地区，三子窝阔台得到叶密尔河（额敏河）流域的广大地区。因此，西域的广大地区就成了察哈台和窝阔台的封地。高昌的亦都护（王）因归附蒙古最早，其辖区仍在高昌地区。

　　成吉思汗死后，蒙古帝国中央为了加强对西域的统治，于1251年设立别失八里等行尚书省，委派官员管理西域的军事、行政等事务。这是历史上最早在西域建立的行省。

　　1271年，元朝为了加强对西域地区的直接统治，曾在阿力麻里设行中书省，并在畏兀儿地区设断事官。1280年，忽必烈又设立北庭都护府，驻别失八里，成为管理畏兀儿地区的军事、行政机构。1283年，又设置别失八里、和州等处宣慰司，管理南北疆军政事务。1286年，元在别十八里又设元帅府。1289年前，曾在斡端设立过宣慰使元帅府。这些地方机构除负责传达元朝的命令及管理行政事务外，还是军事指挥机构；同时，还管理屯田，解决驻戍军队的粮食问题，在灾年还曾代表元朝政府赈济饥民。

　　为了通达边情，传达军政命令，运输给养，加强对西域的管辖，在1281年从山西太和岭到天山北的别失八里，元朝政府新设了30个驿站。1285年，又在别失八里设立驿站。天山以南，于1274年在于阗和鸦儿看两地设立13个水驿。1280年，元朝在畏兀儿地区设交钞提举司，后来又设立交钞库，并发行元朝政府的钞币——中统钞和至元钞。西域的赋税、差役也由元朝政府直接管理，如1274年，曾免于阗采玉工差役，1279年，又命令畏兀儿界内按亩缴纳赋税。在别失八里、忽丹还设立织造局，在别失八里设立冶场，鼓铸农具，促进了西域农业、手工业的发展。

　　在元代，西域和内地在经济方面也有密切的联系。西域的产品如棉织物、药材、香料和玉制品运往内地，内地的丝织品、茶叶和瓷器等则运到西域，供西域各族使用。如在吐鲁番高昌故城中发现的青瓷盘，就是元代时内地的产品。

第8章 元朝时期蒙古族为西域的繁荣发展做出了卓越贡献

元代西域各族为发展祖国文化做出了重要贡献，涌现了许多著名的人物。如畏兀人塔塔统阿，首先以回鹘字母为基础，为蒙古族制定了最初的文字。畏兀人贯云石，精通汉文，擅长乐府散曲，风格豪放，是当时有影响的名人之一。畏兀人廉希宪，很喜爱研究经史，并精熟儒学，被称为廉孟子，担任过中书右丞、中书平章政事等职。其侄廉惠山海牙，在《辽史》纂修官中名列第一，并参加预修英宗、显宗实录及《金史》《宋史》等。其他如精通佛学的阿鲁浑萨里（北庭人）、书法家盛熙明（龟兹人）、画家边鲁（北庭人）等都很有名。农学家鲁明善（畏兀儿人）所著《农桑衣食撮要》一书，是按"月令"（农历各个月的气候和物候）编写的一部讲农业生产技术的农书，是现存至今最古老的农家月令书。

元末农民大起义推翻了元朝的统治，朱元璋取得政权，建立明朝。明朝初年，西域的大部分地区仍被蒙古贵族察哈台后裔所统治。察哈台后王驻在别失八里，派蒙古贵族充任各地的军事行政长官，他们在各自管辖的地区实行封建割据，不相统属。阿尔泰山一带则是瓦剌的势力范围。

元后期西域建置的日益军事化

元后期，元中央政府在天山南北设立了种类繁多的军事管理机构，并且行政组织日益军事化，此可谓是元后期新疆军政建置的一个特点。先是元朝政府为了平定海都等蒙古西北藩王的叛乱，于1279年在天山南麓置斡端宣慰使（司）元帅府，专理该地驻戍屯垦事宜。这是当时蒙古镇守西域驻军最高的管理机构。

横扫亚欧大陆的蒙元帝国与四大汗国

蒙古汗国建立后,曾三次西征,横扫亚欧大陆。蒙古铁骑所至,既给封建经济带来了血与火的灾难,也摧毁了横亘于东西方传统贸易之路上的种种障碍,为元朝丝绸之路贸易提供了比较有利的社会环境。这个时期,东南方陆路经济交往在丝绸之路贸易史上也占有不容忽视的地位。13世纪初,在成吉思汗的统治下,蒙古部族的势力逐渐强大起来,先后攻灭了草原上的多个部落。

成吉思汗的第一次西征

第一次西征被称为成吉思汗西征。蒙古主要用兵西亚,成吉思汗亲自率领,兵锋直指印度,以及里海、黑海和俄罗斯。1218年灭西辽,1222年灭花剌子模,占据整个中亚。

1. 灭西辽

1218年,蒙古人对被金朝打败后跑到中亚地区建国近百年的西辽用兵,其名义是征讨攫取西辽政权的老仇家屈出律。

当成吉思汗了解到,屈出律因强迫居民改信佛教或基督教,激起了广大穆斯林的强烈不满时,他立刻把征伐高丽的哲别和速不台的军队从东线招回,开赴西域,并专门指示哲别:"入城,宣布信教自由。"于是"城民尽屠屈出律士卒之居民舍者"[1]。这样,穆斯林教徒认为:"全能真主为清除屈出律的恶行,很快便派蒙古军去讨伐他;在今世,他已因他的奸邪品行和不祥生命而受到惩罚;在来世则受

---

[1] 多桑:《多桑蒙古史》上,冯承钧译,商务印书馆,2013年,第94页。

第8章 元朝时期蒙古族为西域的繁荣发展做出了卓越贡献

到狱火的折磨。愿他死不安宁!"❶ 他们把成吉思汗出兵讨伐屈出律看作是"天意",主动捕杀屈出律的士兵。

所以,1218年,成吉思汗派哲别率2万骑兵讨伐屈出律的战斗进行得十分顺利。当时,屈出律正在攻打阿力麻里,刚一听到蒙古军进攻的消息,就望风而逃。哲别军顺利进驻西辽的首都虎思斡耳朵,屈出律逃向可失哈儿。哲别随后追击,并向当地人宣布,人人都可以信仰自己的宗教,遵守自己的教规,并绝不侵犯当地百姓。这一政策受到当地人民的热烈拥护。他们积极协助蒙古军队消灭屈出律的士兵。很快屈出律士卒被消灭殆尽。屈出律被蒙古军擒杀。各地相继归附,西辽领土全部被蒙古军占领。

蒙古军顺利进入西辽国都,西辽各地相继归附,西辽国灭。西辽的灭亡揭开了蒙古西征的大序幕。

2. 灭花剌子模

成吉思汗灭西辽后,蒙古帝国开始与花剌子模接壤。蒙古帝国兴起后,大批花剌子模商人来到蒙古,通过与蒙古人的贸易,获得了丰厚的利润。花剌子模商人贩卖来的珍稀商品引起了蒙古贵族的强烈兴趣,成吉思汗命令在商路沿途设立驿站,保护花剌子模商人的活动,双方逐渐建立起了密切的贸易关系。

1219年,由于花剌子模劫杀蒙古使者及商团,成吉思汗决心用战争来惩罚花剌子模,蒙古军队以此为由杀进中亚。成吉思汗率20万蒙古大军出征花剌子模。花剌子模虽然拥有40万军队,又有精良的武器、充足的物资储备和坚固的城池,但军心涣散,战斗力不强。蒙古军队拥有1214年前便建成的炮兵部队。当时,蒙古军队的大炮是世界一流的进攻武器。蒙古军队首先围攻讹答剌城,但讹答剌城的城墙高大坚固,守军据险坚守,蒙古军队一时难以攻破。于是,

---

❶ 志费尼:《世界征服者史》上册,何高济译,商务印书馆,2011年,第79页。

成吉思汗留下儿子察合台、窝阔台继续攻城，自己则亲率主力进攻花剌子模军事重镇不花剌。1220年2月，成吉思汗到达不花剌，守城的将领突围而出，被成吉思汗彻底歼灭。不花剌城宣告投降。

成吉思汗又命术赤为主帅，察合台、窝阔台为副帅，率军合围，分兵封锁呼罗珊北境，截断其后路。接下来，随之西进，攻打花剌子模国都玉龙杰赤。1221年4月，玉龙杰赤城破，残军及妇孺誓死抵抗，巷战七昼夜，皆被掳为奴，并挑选出10万工匠送往东方，5万壮丁编入军队，其余居民被悉数屠杀。蒙古军队又掘开阿姆河，引水淹城，将玉龙杰赤城夷为平地。

不久，察合台、窝阔台也攻下讹答剌，在城里大肆杀戮。随后，成吉思汗开始进攻花剌子模的新都撒麻尔干（撒马尔罕）。为了抵抗成吉思汗，花剌子模国王摩诃末增修了工程浩大的壁垒，调集了十几万波斯和突厥士兵协助守城。花剌子模军曾发动过几次反击，并出动了战象，但是战象却被蒙古军队的火器所惊，掉头冲入花剌子模军中，结果花剌子模在首战中惨败。花剌子模的士气开始瓦解，开城投降。

蒙古大军进入撒麻尔干后才发现摩诃末早已逃走，于是成吉思汗派大将哲别和速不台率军穷追摩诃末至里海的一个小岛上，摩诃末就病死在这座孤岛上。但追击摩诃末的蒙古军队并没有得知他的死讯，为了捉拿摩诃末，这支蒙古军队从里海南边攻入波斯和南高加索地区，此后又越过高加索山，横扫钦察草原、俄罗斯平原南部及乌克兰地区。哲别、速不台继续西侵，远抵克里木半岛。

摩诃末死后，其子札兰丁纠集军队，企图继续抗击蒙古大军。1221年，蒙古军队在印度河畔与札兰丁的部队展开决战。蒙古铁骑彻底击溃了花剌子模的军队，札兰丁逃入印度。1223年，成吉思汗率主力部队东返。由哲别、速不台统领的部队也在击败了斡罗思诸国王公与钦察人的联军后退兵，与成吉思汗会师后回到蒙古，第一

元朝时期蒙古族为西域的繁荣发展做出了卓越贡献

次西征结束。

在蒙古帝国的西征期间，蒙古对金、南宋王朝也大举用兵。1234年，蒙古和南宋的军队联合灭金。1235年，蒙古军开始进攻南宋。1271年，元世祖忽必烈正式定国号为大元，次年定都大都。1276年，元军占领临安，南宋灭亡。元最终统一了全国。元朝疆域辽阔，这里所讲的疆域是指元朝直辖地区，不包括后来的钦察汗国、察合台汗国、窝阔台汗国、伊利汗国。史载，元朝疆域"北逾阴山，西极流沙，东尽辽左，南越海表"❶，幅员之广远超汉唐盛世。

1. 灭西夏

蒙古在灭金之前，为了免受西夏牵制，先对西夏用兵。1205年、1207年、1209年，成吉思汗连续三次入侵西夏，西夏军主力被消灭殆尽，西夏求和，纳贡称臣。西夏屈服后，成吉思汗完成了对金的战略包围，便临时撤兵。

1226年，成吉思汗西征东返，再次进攻西夏。西夏军民在肃州、灵州进行顽强抵抗后，退守兴庆府，坚守了半年多。不过，成吉思汗没能等到西夏投降便死于贺兰山。

1227年7月，西夏王投降被杀，西夏灭亡。此时的蒙古帝国已经在短短20年间攻占了蒙古高原、中国西北、东北、华北部分，以及中亚、西亚大部。

2. 灭金

在很长一段时间里，金对蒙古人采用的是分化策略。此策略在成吉思汗手上被瓦解。这让金朝意识到与蒙古必有一战。自金章宗时代起，金沿蒙金边界陆续开挖长达3000华里的界壕，但另一方面又自恃雄兵百万，无忧于蒙古。

1211年，蒙金的战争打响，成吉思汗南下攻金，金兵连败，40余

---

❶（明）宋濂等：《元史》卷五十八，《地理志》，中华书局，1976年，第1345页。

万金军也没能挡住10万蒙古铁骑的冲击。蒙古铁骑势如破竹,直抵黄河边上。1215年,蒙古军占领中都。1227年8月,窝阔台即位,在其任内,第一件大事是完成了对金的征服。1231年,窝阔台亲征,兵分三路直扑金。三年内,攻下陕西南部、河南北部及淮西一带。1234年年初,联合南宋攻金之蔡州,金哀宗自缢,金遂亡。

3. 灭南宋

蒙古灭金后,直接与南宋接壤,拉开了双方45年争战的序幕。蒙古攻灭南宋的战争可分为三个阶段。

(1)太宗窝阔台阶段。这一阶段,由于南宋军民英勇抗击,蒙古军的进攻没有取得显著进展。

(2)宪宗蒙哥阶段。1251年蒙哥即位,灭掉云南大理政权,使吐蕃各部臣服,完成了对南宋从西南方向的战略包围。1258年,蒙哥与忽必烈分兵攻宋,南宋军民英勇抵抗,在钓鱼城之战中,蒙哥被宋军炮石打伤,死于军中。

(3)世祖忽必烈阶段。1267年11月,蒙古军集中力量袭击襄阳、樊城。1274年年初,樊城首先被攻破。忽必烈命丞相伯颜率20万军队由汉水进入长江,顺江而下直逼临安。1276年1月,元军攻破临安。1279年2月,崖山一战,宋军大败,南宋灭亡。

1260年,忽必烈夺得蒙古大汗之位。1264年,忽必烈定都燕京。1271年,忽必烈正式改国号为元,又在燕京旧城的东北筑新城,将新都命名为大都。

1227—1279年,蒙古经过半个多世纪的向南用兵,先后攻灭西夏、金和南宋,用武力统一全国,实现了大统一,基本上奠定了我国以后的疆域。

第8章　元朝时期蒙古族为西域的繁荣发展做出了卓越贡献

拔都的第二次西征

第二次西征被称为拔都西征。成吉思汗之孙拔都和贵由、蒙哥等率军进入俄罗斯，攻陷莫斯科，并连陷勃列儿、马札儿，直抵今德国边境。

1221年，托雷占领呼罗珊全境。花剌子模国王摩诃末之子札兰丁从印度逃到高加索，乘蒙古军离去后，札兰丁又潜回今伊朗，重建了花剌子模帝国。1210年，札兰丁与邻近的伊斯兰教国家作战，蒙古军乘机把札兰丁的军队打败。札兰丁逃到曲儿忒地方，被杀身亡，花剌子模国才真正灭亡。成吉思汗在占领区置达鲁花赤监治。

1. 进军俄罗斯

蒙古军打败花剌子模国后，乘势推进，占领了阿特耳佩占、大阿美尼亚、曲儿忒及谷儿只国，后又再进兵中亚细亚，欲使这一地区的国家成为蒙古的外藩。为了这个目的，蒙古军展开了第二次西征。

蒙古第二次西征于1235年开始。窝阔台西征的第一个目标便是俄罗斯大草原。这次西征是由铁木真长子术赤之子拔都主导。拔都为统帅，带领大军15万大举出征钦察、俄罗斯诸国。拔都又以速不台、鄂尔达、伯勒克、拖雷之子蒙哥等为先锋。1237年，蒙古军杀到不里阿尔。

这次进军路线是沿着阿尔泰山由蒙古灭不里阿尔。蒙古军用了半年才破城而入。对于这种顽强抵抗的城市，蒙古军队施以报复性攻击，杀光烧光。之后，蒙古人顺伏尔加河南下，进攻下游的钦察人——这也是西迁后的突厥人的一个分支。钦察人的地盘大约是西到顿河、南到里海、东到伏尔加河下游、北到不里阿尔。钦察人很快便败亡了。1237年秋，拔都决定沿伏尔加河北上，进攻俄罗斯薄弱的东北部，然后自北向南，解决南俄罗斯。此时的俄罗斯四分五裂，小城邦国家星罗棋布。北俄罗斯有三大公国，从南到北为梁赞公国、弗拉基米尔公国、诺夫哥罗德公国。速不台从刚被征服的不里阿尔征调大船，将蒙古兵尽数运过伏尔加河。1237年冬，蒙古人出现在俄罗斯的梁赞公国边境。这个梁赞公国以极少的兵力，坚守6天方告城破。此役蒙古人损失不小，破城后，尽屠城中居民。

弗拉基米尔公国是当时俄罗斯诸分裂王国中实力最强大的一个，如今的莫斯科亦属其领地。当时，莫斯科是一座新兴的商业城。蒙古人用火器攻城，莫斯科城内大量的木制建筑成为一片火海，不攻而破，蒙古兵劫掠而去。这是莫斯科建城以来所遭受的第一次侵略。在与基辅罗斯公国的战争后，俄罗斯后人的《诺夫哥罗德编年史》悲叹说："无数人阵亡，城乡各地到处是一片悲伤的哭泣。"但与征服并占领花剌子模不同的是，这次蒙古人对里海沿岸及罗斯公国只是进行了一番洗劫，并没有进行占领。

1238年2月6日，蒙古人开始围困弗拉基米尔城，次日破城，欲往北继续攻打，但迫于气候，南归于钦察草原。在这里，拔都建立了自己的汗国——钦察汗国。1240年，蒙古骑兵决定出征南俄罗斯。蒙古人驻扎在第聂伯河以东，和基辅城隔河相望。12月6日，蒙古军占领并完全破坏了基辅，至1241年年初，基本上已全部攻占俄罗斯的重要城镇。

2. 西征欧洲

蒙古人不满足，于是兵分两路，杀向欧洲中心区。此时欧洲中心区已经建立神圣罗马帝国，但德意志皇帝却和罗马教皇闹矛盾。蒙古南线大军由拔都率领，进攻匈牙利。北线由察合台之子拜答尔领3万大军进攻波兰。波兰早期亦是由分散的城邦组成的国家，1025年方统一。1138年，波兰陷入割据时期，形成五个公国，基本就是一盘散沙。

第8章 元朝时期蒙古族为西域的繁荣发展做出了卓越贡献

1241年2月,蒙古骑兵开到波兰东部的维斯杜拉河附近,这条河是波兰的军事屏障。不过,此时正值严冬冰期,幸运的蒙古人很快成功渡河。蒙古人一路杀至波兰西境。此时欧洲流行的是重装骑兵,机动性差,但有着优良的近身防御能力,适合在短距离列阵作战,主要用于多兵种联合作战。蒙古军则是轻装出阵,只有一个小小的头盔来保护头部,占有很大的机动性优势。蒙古普遍采用复合弓,射程远,一旦和敌军拉开距离,这种强弓的威力将凸显出很大优势。蒙古军完全没有重装骑兵那种整齐的队形,这种松散模式极适合进行远距离迂回、包抄战术。察合台长子拜答尔被捷克军队所杀,北路蒙古军失去了主心骨,便穿过捷克,与南路入侵匈牙利的拔都部队会合。

拔都部队借口匈牙利国王贝拉四世接纳了从蒙古人手上逃走的钦察人而入侵匈牙利。1241年3月,蒙古骑兵进入中欧平原,到达布达佩斯城,将欧洲重装骑兵引入沼泽,而后围歼。恰值此时,蒙古军收到窝阔台去世的消息,诏令其子贵由班师。1242年,拔都开始撤兵,蒙古第二次西征结束。重生的匈牙利人修建了牢固的城防,用来抵御蒙古铁骑的再度到来。

蒙古第二次西征掀起的这一场狂风令整个欧洲陷入不安。匈牙利历史学家福马在他的《编年史》中这样描写蒙古人的入侵:"这些人个头不高,但胸膛宽阔,他们的相貌十分吓人:脸部扁平,不长胡子,鼻子粗而宽,两只眼睛很小,彼此离得很远……鞑靼人的箭要比我们的箭长四指。他们的旗帜是黑色的,上面飘着几束马鬃。鞑靼人骑马常常不用鞍子。他们的马个头小而结实,惯于长途跋涉,善于忍饥挨饿。这些马虽然没有钉马掌,但是上山下山像山羊一样轻盈,连续奔波三天之后,只需要休息片刻,补充少许饲料,又可以作战了。鞑靼士兵对食物也无甚苛求,他们不吃粮食,吃的是肉食、马奶和血。鞑靼人带着许多俘虏。他们驱赶着库曼人打头阵,如果发现有人不拼命冲杀，就把这些人杀死。而他们自己是不愿意首先投入战斗的。几乎没有一条河流能够阻挡他们，他们借助于吹满气的皮筏子或者苇草扎成的小筏子渡河。他们的行军帐篷用布料或者皮革缝制而成。鞑靼大军虽然人数众多，但是他们的营地中却不曾有过怨言，也不曾有过纷争。他们每个人都能吃苦耐劳，英勇作战。"

旭烈兀第三次西征

窝阔台死后，蒙古帝国内部为大汗之位发生了激烈争夺，最后，贵由继承汗位。1247年，贵由派野里知带兵西征，统治波斯地区，与拔都抗衡。1248年，贵由死后，由拖雷之子蒙哥于1251年继位。蒙哥汗积极筹划进一步扩张，培植忽必烈、旭烈兀，以忽必烈负责管理国内事务，以旭烈兀为西征大军的统帅，于1252年开始了蒙古帝国的第三次大规模西征，征讨尚未臣服的诸国。

第三次西征被称为旭烈兀西征，由成吉思汗之孙拖雷之子旭烈兀率领。1253年，旭烈兀率主力军出发渡过阿姆河，攻灭了木剌夷和黑衣大食阿拔斯王朝，进入了叙利亚的大马士革等地。

1252年8月，先头部队1.2万人由怯的不花率领，进攻忽肯思丹，占领其大部分地区。第二年5月始围攻吉儿迭苦黑堡，到1254年才将该堡攻克。此外，旭烈兀又命撒里那颜出征怯失迷儿。

旭烈兀的大军长途跋涉，经别失八里、阿姆河以北地区抵达波斯，杀入阿拔斯王朝的疆域。阿拔斯王朝当时由塞尔柱人主导，已经衰落。当时，盘踞今伊朗马德兰诸山城的伊斯兰教亦思马因教派，被其他伊斯兰教徒称为"木剌夷"。1256年，旭烈兀灭木剌夷国。1257年，旭烈兀大军抵达巴格达，向哈里发劝降，遭拒。1258年，旭烈兀攻陷巴格达，杀末代哈里发。巴格达的陷落让伊斯兰世界陷入恐慌。旭烈兀连战连捷，在接受亚美尼亚国王的归顺后，开始攻打叙利亚。

第8章 元朝时期蒙古族为西域的繁荣发展做出了卓越贡献

1259年，西征军开始西征叙利亚。各种火药武器在诸次战斗中发挥了很大的威力。次年春，西征军占领了叙利亚首都大马士革，俘虏了叙利亚算端纳昔儿。战事尚未结束，即传来了蒙哥在南宋四川地区战死的死讯，旭烈兀遂退回到波斯，留先锋怯的不花继续作战。1260年，怯的不花遂遣使劝降埃及国王忽秃思投。埃及方面不仅杀死了使者，还派兵出征，击败怯的不花。

1259—1260年，旭烈兀先后攻破阿勒颇和大马士革并欲南下攻打埃及。然而，蒙哥的死让蒙古帝国甚至世界历史改变脚步，让诸兄弟陷入长达5年的皇位争夺战中，最后忽必烈夺取汗位。另一方面，各地蒙古官员被杀，旭烈兀决定不再东归，留驻波斯。1264年，旭烈兀接受元朝的册封，成为伊尔汗。波斯遂成为旭烈兀的领地，他所打下的领土也为伊利汗国的一部分。蒙古西征的锋芒终于被遏制住了，而留在叙利亚的蒙古居民则退居到本地区。但此时各大汗国之间开始明争暗斗直至大打出手，这让旭烈兀无法抽身往西。渐渐陷入分裂的蒙古帝国从此停止了对西方的征服。然而，旭烈兀留在叙利亚的5000名士兵却全军覆没。

蒙古的大规模西征是当时国内和国外形势发展的必然结果。成吉思汗前两次西征都是针对丝绸商路进行的。蒙古人在三次西征的基础上，在被征服地区建立了四大汗国：窝阔台汗国、钦察汗国、察合台汗国、伊利汗国。四大汗国的统治者在血统上均出自成吉思汗"黄金家族"，彼此血脉相连，因而同奉元朝为宗主，与元朝驿路相通。四大汗国的出现，是蒙古汗国在西征过程中不断扩张领土的结果，也是蒙古史和世界史上的重大事件。

这四大汗国在当时还是蒙古大汗统一政权管辖下的一部分，后由于各自包括语言、生活方式、历史传统各不相同的民族，和大汗统一政权没有共同的经济基础，更因为诸王拥兵自重，有的还与中央政权为敌，遂由对大汗的松散隶属关系发展成为独立的汗国。

1. 钦察汗国

钦察汗国是在成吉思汗长子术赤的封地上建立的汗国，地处北欧，于1219年建立。其国境东起额尔齐斯河，西至多瑙河中游，北到俄罗斯贝加尔地区，南达高加索。1235年，拔都统诸王长子西征俄罗斯和东欧后，辖地进一步扩大，东起叶尼塞河，西至多瑙河下游，南起高加索山，北接俄罗斯。1243年西征结束，拔都在伏尔加河下游建都萨莱城，建钦察汗国，也称"金帐汗国"。后来，拔都又将咸海东北之地分给其兄斡鲁朵，称"白帐汗国"，领有今西西伯利亚、哈萨克斯坦。14世纪90年代后期，白帐汗国的那颜也迪古统一钦察汗国大部分疆土，1399年打败立陶宛，遏止了立陶宛的扩张。1408年，进攻俄罗斯，但没能攻下莫斯科。1410—1412年，汗国发生内讧，那颜也迪古丧失权力逃走。

拔都的弟弟昔班征服了匈牙利，拔都将咸海以北、西至乌拉尔河之地分给昔班，称"蓝帐汗国"，与"白帐汗国"总领于拔都。

元朝时期，钦察汗国承认元朝皇帝的地位，接受皇帝的册封和岁赐，处于宗藩地位，有驿路直达元大都，成为沟通中西文化、经济的要路。1255年，拔都去世。在拔都弟别儿哥汗在位时期，又在伏尔加河支流阿赫图巴河建立新萨莱城。汗国发展到鼎盛时期，迁都到新萨莱城。钦察汗国与伊利汗国、埃及等国通好，对外贸易兴隆。

钦察汗国于1219年建国，到14世纪中叶发展到鼎盛时期。钦察汗国的蒙古贵族逐渐与钦察草原各游牧部族融合，改操突厥语，信奉伊斯兰教。钦察汗国不断进行对外掠夺战争，从1341年起，钦察汗国国内矛盾激化，加上莫斯科大公和帖木儿帝国的打击，势力渐衰。14世纪后期，钦察汗国不断与伊利汗国争夺阿塞拜疆等地，以大军征讨俄罗斯王公。连年的战争加上内部争斗，导致钦察汗国最后分裂为克里米亚、喀山、阿斯特拉罕、西伯利亚、大帐汗国等。15世纪20年代初，钦察汗国只剩下有限领土，作为附庸国的俄罗斯独立出钦察汗国。1480年，钦察汗国为莫斯科公国所灭。

2. 察合台汗国

察合台汗国为成吉思汗次子察合台于1227年所建，位于今中国新疆、中亚一带，建都阿力麻里，占有西辽旧地（包括天山南北路）及今阿姆河、锡尔河之间的地区。

察合台系后王都哇与窝阔台系后王海都联合，屡与元朝争战，终世祖一朝未断。至1303年，始与海都子察八儿归服。1306年，都哇败察八儿，尽收海都生前所占察合台封地。1310年，都哇子怯伯再破察八儿，兼并窝阔台封地。国势极盛时，其疆域东起吐鲁番、罗布泊，西至阿姆河，北到塔尔巴哈台山，南达兴都库什山。察合台汗国多次与德里苏丹国开战并掠夺阿富汗，但因多次失败，其军事活动往往限于掠夺印度。

1314年，察合台汗国分裂为东西两部。

东察合台汗国领有窝阔台汗国旧地，以阿力麻里为中心，包括喀什、吐鲁番一带，后进一步分裂为若干小国。铁木真七世孙秃忽鲁帖木儿即位后，汗权一度有所恢复。1348年，秃忽鲁帖木儿在阿克苏被拥立为汗。历史上把秃忽鲁帖木儿统治的地区称为东察合台汗国。

1389年，秃忽鲁帖木儿的幼子黑的儿火者即汗位，建都别失八里。1418年，黑的儿火者之孙歪思汗又迁都亦力把里。1514年，东察合台汗国秃黑鲁帖木儿汗后裔萨亦德汗创建叶尔羌汗国，建都叶尔羌，取代东察合台汗国统辖西域大部分地区。1680年，叶尔羌汗国被噶尔丹打败，被并入准噶尔汗国。

西察合台汗国占有河中之地，以撒马尔罕为都城，统治河中地区。1362年，合不勒沙汗即位后，诸藩王日益跋扈，汗王空有其名。1370年，西察合台汗国被新兴的帖木儿帝国所灭。

3. 窝阔台汗国

窝阔台汗国于1225年建立，是成吉思汗第三子窝阔台的封地，领地有额尔齐斯河上游和巴尔喀什湖以东地区，建都叶密立。1229年，窝阔台即位后，将此封地赐给长子贵由。其主要领土为今中国新疆、中亚一带的西辽故土。蒙哥继位后，对窝阔台势力进行镇压及分化。忽必烈迁都北京后，窝阔台汗国拒绝归附忽必烈。

1251年，蒙哥汗即位后，因窝阔台系诸后王屡与作难，将封地分割，分授诸王，以去其势。窝阔台之子合丹领别失八里，灭里领额尔齐斯河之地，窝阔台孙脱脱领叶密立，海都领海押立。1260年，忽必烈称帝，大行汉化政策，引起蒙古诸王公不满。窝阔台嫡孙海都先后联合阿里不哥、乃颜、都哇争夺帝位。1301年，海都叛军进犯元朝，兵败，汗国势衰。1310年，海都之子察八儿为察合台汗国系后王怯伯所败，封地并入察合台汗国。

4. 伊利汗国

伊利汗国于1256年建立，领有高加索、伊朗、伊拉克等地，为成吉思汗孙旭烈兀远征西亚所建的汗国。1264年，旭烈兀被忽必烈汗正式册封为伊儿汗。其疆域东起今阿姆河，西至地中海，北界里海、黑海、高加索，南至波斯湾，首都为大不里士，是沟通丝绸之路的重要枢纽之一。其最盛时，今伊朗、伊拉克、南高加索的阿塞拜疆、格鲁吉亚、亚美尼亚和中亚的土库曼斯坦都由伊儿汗直接统治。阿富汗斯坦西部的赫拉特王国是伊利汗国的属国。小亚细亚的罗姆苏丹国名义上是属国，实际上由伊儿汗派官治理。

阿八哈汗时期，相继打败西利亚，战埃及王，政权得到进一步巩固。

合赞汗在位时，全面实行伊斯兰化改革，将其定为国教，自号苏丹，以争取众多穆斯林贵族的支持。从政治上，大力推行阿拉伯

第8章 元朝时期蒙古族为西域的繁荣发展做出了卓越贡献

帝国的传统体制，因此到14世纪初时，伊利汗国的社会经济得到加强，伊斯兰文化也有很大发展。改革后，伊利汗国发展到最盛时期。此后，伊利汗国逐渐成为一个伊斯兰国家。

1317年，不赛因即位后，伊利汗国内外交困，国运日蹙，内有诸王争立，权臣争势，内讧迭起；外有埃及王朝和钦察汗国不断侵扰，陷于分裂境地。不赛因死后，汗位屡屡更迭，在四五年中，换六汗，国势益衰。1380年后，在伊利汗国的废墟上建立起来的各王朝均为帖木儿帝国所灭。

蒙古的西征沟通了东西方的经济和文化联系，把中国的发明如火药、造纸术、印刷术、罗盘等传到西亚及欧洲等国，将西方的天文、医学、历算等传入中国。蒙古西征军只是军事和政治上的征服，于文化和宗教上则多为被征服国所同化，加上军事征服统治的不牢固性，导致其迅速分化及消亡。

四大汗国都和丝绸之路颇有渊源，成为沟通中西文化经济的重要通道，尤其是制定税率、整治驿站、鼓励农桑、统一货币及度量衡、加强法制、提倡文治等保证丝绸之路贸易措施的推行，大大促进了当地的丝绸之路贸易。各汗国注重发展农业、经济、贸易，不同的民族广泛参与，为繁荣丝绸之路文化起到了重要的作用。

元代的汉文史籍中常常把四大汗国的统治者统称为"西北诸王"。他们在名义上尊奉元朝皇帝为宗主，以"宗藩之国"自居，但实际上具有半独立或独立的地位。这些汗国与元政府的关系虽然有亲有疏，但毕竟不同于今天国与国之间的关系。

大体上说，伊利汗国与元皇室的关系最为密切，同为成吉思汗第四子拖雷的后裔；察合台汗国和窝阔台汗国与元朝政府的关系经历了复杂的变化过程，后期的历史混乱不清；而钦察汗国与元朝相距最远，早已有独立化的倾向，又因海都割据势力阻隔，与元朝的关系相对而言比较疏远。

由于蒙古贵族的军事扩张，四大汗国都与世界各地的民族、国家发生了关系，最初建立的亲子诸国早已完全变味。所以，不能把四大汗国简单地看作元朝的皇亲国戚，其更多地属于元朝的"国"。西北诸汗国的历史既是世界历史的一部分，也是中国历史的一部分，还是蒙古和丝绸之路历史的一部分。

现代人多以为元朝灭亡就是蒙古帝国灭亡，其实蒙古人在历史上建立过很多国家，据考证达21国。

第一次蒙古西征以战争手段严惩杀害蒙古使者和商队的中亚大帝国花剌子模国。此次西征远抵里海与黑海以北、伊拉克、伊朗、印度等地，为日后的西征打下良好的基础。

第二次蒙古西征远至钦察、俄罗斯、匈牙利、波兰等国家和地区，并且建立了第一个元朝西北宗藩国——钦察汗国。

第三次蒙古西征远至叙利亚、埃及、伊拉克等国家或地区，并在波斯地区建立了又一个元朝西北宗藩国——伊利汗国。

奥斯曼帝国的兴起及扩张

奥斯曼帝国为土耳其人建立的一个帝国。奥斯曼土耳其人初居中亚，后迁至小亚细亚，日渐兴盛。极盛时在亚欧非三大洲拥有广阔的属地，领有南欧、巴尔干半岛、中东及北非大部分领土，西至阿尔及利亚北部，东抵里海及波斯湾，北及今奥地利、斯洛文尼亚、罗马尼亚和乌克兰南部，南达今苏丹与也门。

奥斯曼帝国旗下的土地分布在拜占庭帝国的大部分地区，地跨欧亚非。它的创立者是里海东南部的一支突厥人。13世纪，他们臣服于突厥罗姆苏丹国。1242年，罗姆苏丹国瓦解，这支突厥人抓住机会，迅速扩大自己的力量。

第 8 章 元朝时期蒙古族为西域的繁荣发展做出了卓越贡献

1300年,奥斯曼一世称自己为苏丹,宣布独立。1326年,奥斯曼夺取拜占庭的军事重地布鲁萨,控制了马尔马拉海峡,迁都布鲁萨,至此,奠定了奥斯曼帝国的基础。奥斯曼帝国已经靠近欧洲,它的矛头直指欧洲。奥斯曼的儿子奥尔汗继位后,进一步扩张。1331年,奥斯曼军队打败拜占庭帝国军队,进入尼西亚城。1337年,奥尔汗又进入克米底亚。1354年,奥尔汗渡过达达尼尔海峡,获取加里波利半岛,继而开始窥视巴尔干半岛。

奥尔汗的儿子穆拉德一世在位时,奥斯曼帝国进攻拜占庭帝国,占据了整个色雷斯东部。1362年,奥斯曼帝国迁都亚德里亚堡。1389年,塞尔维亚、保加利亚和匈牙利等与奥斯曼军队在科索沃激战,联军失败,参战国成了奥斯曼帝国的行省。1396年,奥斯曼帝国在多瑙河畔打败了匈牙利、法兰西、德意志等国的联军。奥斯曼帝国接着又占据了巴尔干半岛的全部。拜占庭帝国陷入孤立无援的境地。

1402年,在安卡拉,奥斯曼军队与帖木儿帝国军队激战,奥斯曼军队最终战败。奥斯曼苏丹巴耶塞特死后,国内一片混乱:诸王争位,出现1402—1413年的大空位期,此时割据势力抬头,人民不断起义。奥斯曼暂时停止了对欧洲的攻势。

15世纪中后期,奥斯曼土耳其人又掀起了新的扩张高潮。1453年,奥斯曼土耳其苏丹穆罕默德二世率军进攻君士坦丁堡,5月29日,罗马帝国坍塌。奥斯曼土耳其帝国自消灭东罗马帝国后,定都君士坦丁堡,奥斯曼土耳其君主苏丹把这座城的名字改为伊斯坦布尔,视自己为天下之主。东欧由此失去了拜占庭帝国的遮挡。奥斯曼帝国逐步吞并东欧各国。土耳其人夺得了热那亚人的殖民地权。接着,奥斯曼帝国又占据了查尔兰高地、苏丹、叙利亚、巴勒斯坦、埃及、麦加和麦地那的大片地区。苏里曼一世时期,奥斯曼帝国达到极盛。苏里曼把进攻的矛头定向欧洲,消灭了匈牙利和奥地利,但却遭到德意志神圣罗马帝国的强烈抵抗，不得不在原地停滞。后来，他开始进军阿拉伯半岛和北非，占领巴格达，控制两河流域，灭掉格鲁吉亚、亚美尼亚，又进入的黎波里和阿尔及利亚。1574年，其后代占据突尼斯。

1571年，奥斯曼海军被西班牙和威尼斯联合舰队打败，失去对地中海的控制权。此后，奥斯曼帝国逐步走向衰落。

奥斯曼帝国位于东西文明交汇处，掌握东西文明的陆上交通线达6个世纪之久。在其存在期间，不止一次实行伊斯兰化及现代化改革，这使得东西文明的界限日趋模糊，对东西方文明的传播和融合有着巨大的贡献。

奥斯曼帝国吸收地中海、黑海周边地区的传统、艺术及文化体系，并加入了新的元素。在奥斯曼帝国统治下，多元文化得以传承。奥斯曼帝国的多元文化及多元宗教政策反映在米利特制度里。随着帝国向西扩张，帝国吸收了一些征服地区的民族文化。不同文化民族之间的通婚亦有助于创造奥斯曼的民族文化特色。

第 9 章 明清的西域大一统

　　元明交替期间，统治天山南北的察合台汗的后裔分裂割据，相互争斗。明朝统一中原后，这些政权愈见衰落。14世纪后，元朝势力退出天山南北地区。明朝建立后，古代中国进入了统一多民族国家的成熟时期。明朝边界一直保持在漠北、辽东、岭南和西域地区。然而，在明代及清初时的西域，中亚诸国无可挽回地衰败下去。清代平定准噶尔和大小和卓叛乱，设立新疆行省，统一西域，在中国边疆管理制度史上具有重要的里程碑意义。

明朝内地与西域的关系

明朝统一中原地区以后，便着手统一西域，设置镇戍卫所就是统治措施之一。哈密地当西域门户，地位非常重要。1403年，哈密王安克帖木儿遣使入贡，贡马4740匹，明朝将绝大部分供给了边防的骑兵。第二年，哈密王又来贡、请封。明朝政府封安克帖木儿为忠顺王，并赐金印。1406年，明朝设哈密卫，设置指挥、千百户、长史、纪善等官，建立管理这一地区的军事和行政机构。❶在此前后，明朝政府还在今新疆、甘肃、青海等地区先后设立了七个卫。1411年，明朝封哈密兔力帖木儿为忠义王。❷

西域对明朝的朝贡关系

明朝内地和西域的经济联系主要是通过朝贡的方式来进行。哈密、吐鲁番、别失八里、于阗等地不断向内地输入马、驼和玉石等，内地的手工业产品如布匹、绸缎、瓷器、银器、茶叶等是西域各地需要的物品。西域对明朝的朝贡在永乐年间几乎年年不绝。❸吐鲁番也是在永乐年间开始向明朝政府朝贡，以后时断时续。1547年，嘉靖帝又重新规定了每五年朝贡一次。"其后贡期如令，而来使益多。逮世宗末年，番文至二百四十八道。朝廷重违其情，咸为给赐。""迄万历朝，奉贡不绝。"❹

---

❶ （清）张廷玉等：《明史》卷三百二十九，《西域一·哈密卫》，中华书局，1974年，第8512页。
❷ （清）张廷玉等：《明史》卷六，《成祖本纪》，中华书局，1974年，第89页。
❸ （清）张廷玉等：《明史》卷七，《成祖本纪》，中华书局，1974年。
❹ （清）张廷玉等：《明史》卷三百二十九，《西域一》，中华书局，1974年，第8536页。

蒙古察哈台后裔的中心最初在别失八里，从1391年开始，别失八里就和明朝发生直接关系，朝贡不绝。1416年，其王马哈麻死，到明朝政府告丧，明朝政府派人前往吊祭，并封其侄纳黑失只罕为王，"赍文绮、弓刀、甲胄，其母亦有赐"❶。1418年，纳黑失只罕被从弟歪思所杀，歪思自立为王，将中心西迁至亦力把里。明朝政府派人赐歪思弓刀、甲胄及文绮、彩币，对其头目等十多人也分别有赐。从此以后，亦力把里对明朝也奉贡不绝。

瓦剌与明朝的关系

瓦剌是我国西部蒙古族，在明初趁鞑靼（明朝对东部蒙古成吉思汗后裔各部的称呼）衰微，逐渐发展起来。1409年，明成祖封瓦剌首领马哈木为顺宁王，太平为贤义王，把秃孛罗为安乐王。此后，瓦剌对明朝每年朝贡一次。马哈木死，其子脱欢于1418年请袭爵，明成祖仍封其为顺宁王。1421年，瓦剌贤义王太平、安乐王把秃孛罗来朝。1439年，脱欢死，子也先嗣，称太师淮王。❷

16世纪末，瓦剌分为准噶尔、杜尔伯特、土尔扈特与和硕特四大部，总称厄鲁特蒙古。当时和硕特部的首领是四部联盟的盟主。

17世纪初，准噶尔部在其首领巴图尔浑台吉❸统治时期，势力逐渐扩大，开始排挤其他部，迫使土尔扈特部远徙额济勒河流域游牧，和硕特部转移到青海一带，后又进入西藏。❹

明朝时喀什噶尔的维吾尔族历史学家穆哈默德·海答儿作《拉失德史》一书，详细讲述了14世纪后半期到16世纪中叶察哈台后裔和天山南路各地的情况，也叙述了哈萨克族和柯尔克孜族的历史。

---

❶ （清）张廷玉等：《明史》卷三百三十二，《西域四》，中华书局，1974年，第8608页。
❷ （清）张廷玉等：《明史》卷三百二十八，《外国九》，中华书局，1974年，第8499页。
❸ 台吉、浑台吉是蒙古贵族的称号。
❹ 《皇朝藩部要略》卷九，《蒙古游牧记》卷十一，《圣武记》卷三。

西域春秋——翻开2000年的西域卷轴

明朝政府吏部员外郎陈诚与户部主事李暹等于1414年出使哈烈，将途中所见的道里、山川、人物和风俗等情况撰写成《西域行程记》和《西域番国志》。两书是研究明初西域情况和中西交通史的重要参考资料。

明朝与吐蕃的关系

明朝，吐蕃陷入西域内乱中。明朝政府关注西域局势，就要考虑吐蕃的影响。唐朝灭亡后，吐蕃陷入内乱，从此与中原少有交往。到了蒙元时期，吐蕃不得不对成吉思汗表示臣服，承认元朝的宗主地位，并经常向蒙古掌权者宣讲佛法。此后，吐蕃的势力越来越大。吐蕃的实权掌握在寺院行业贵族手中，元朝无法对之进行实控。一些蒙古人不得不接受吐蕃喇嘛的教育。

1332年，吐蕃内乱，僧人互相拼杀，元朝山河日下，只好睁一只眼闭一只眼。战后，雅鲁领主绛曲坚赞控制了吐蕃，开始努力恢复松赞干布的基业。但是，吐蕃教团之间时常发生武装冲突。1370年，明将邓俞远征甘肃，转战河州，来到雪域，收服了吐蕃和乌斯藏。1377年，邓俞、沐英领三路大军再踏征途，鏖战昆仑山，与吐蕃展开了一场血战。此后，明朝和吐蕃的关系出现缓和。明朝向吐蕃多次示好。但是，双方的矛盾并非很快就能彻底消除。

吐蕃一盘散沙，各种利益不同的派系不断闹事，明朝的示好竹篮打水一场空，明太祖决定用战争手段平息吐蕃的骚动。1378年，洮州十八族发动兵变，战争重新开始，沐英再次踏上了通往吐蕃的道路，初战土门峡即告捷。明朝因此拓地千里。明太祖设置洮州卫，并强调："洮州，西番门户，今筑城戍守，是扼其咽喉也。"❶

不久，明朝大将李文忠奉命接管洮州卫，并扩建洮州卫，将很

---

❶《明太祖实录》卷一百二十二，原国立北平图书馆红格钞本微卷影印本，1979年。

多军属接来垦荒，变成固定的居民。李文忠手下的士兵亦农亦兵，一时间威震西陲。明政府对吐蕃的政策，由前期精心筹划控制，演变为后期多发展友谊。

明朝与西域其他各族的关系

中亚一带也是明朝注视的对象，这里虽有重要的商路，有塔里木绿洲上的城堡，但也有蒙古人的势力。元朝崩溃后，哈密、吐鲁番的统治者希望建立自己的势力，明朝并不干涉，反而鼓励他们这样做。因为有汉唐为榜样，如果和西域的一些民族建立友好关系，那么这些人会主动对付准噶尔的瓦剌人。由于这个政策，哈密和明朝建立了友好往来关系，明朝也轻易获取了从塔里木到中亚地区的商路。尽管朱元璋曾经在1393年进攻哈密，但双方还是选择了友谊之路。在明太祖的努力下，中亚各国频繁向明示好。明朝用这种有效的外交手段取得了来自西北商路的滚滚财源。

明朝及清初西域外各政权与西域的关系

自陈诚出使西域后，明与中亚、西亚国家的"朝贡关系"逐渐巩固下来。西域由于地处东西两大文化体系群的中间，是东西方文化交流的必由之路。元代后期，西域与中原政权和周边各个政权间的交往与臣属关系变动频繁，到明朝后，西域重新统一于中国范围内，但这一时期的域外各国与西域的关系错综复杂。

东察合台汗国与西域的关系

察合台汗国的领域东起哈密与明朝相接，西抵巴尔喀什至费尔干纳，北至额尔齐斯河，南到喀喇昆仑山。境内主要居民为维吾尔、哈萨克、柯尔克孜、蒙兀儿等部族。天山以南为维吾尔聚居区，生产以农业为主；天山北部诸游牧部族从事畜牧业，奉伊斯兰教为国教。

明朝建立伊始，正值察合台汗国分裂，西部兀鲁思为兴起的封建诸侯所分割，不久，巴鲁剌思部的埃米尔帖木儿崛起，于1370年废除察合台后王的世袭统治权，建立帖木儿王朝。其东部，兀鲁思于1347年由控制新疆南部的杜格拉特部，埃米尔播鲁只扶立秃黑鲁帖木儿为可汗，设都帐于阿力麻里，确立察合台后王在东部兀鲁思的统治。1360年、1361年，秃黑鲁帖木儿汗两次出兵征服撒马尔罕，统一察合台汗国，但因军内瘟疫流行，被迫东返。国内，杜格拉特部埃米尔怯马鲁丁乘机发动政变，屠杀也里牙思及其宗嗣18人，仅幼子黑的儿火者幸免。帖木儿借口讨伐怯马鲁丁，5次攻入东部汗国，阿力麻里成为废墟。

在14世纪中叶，察合台汗分裂为东察合台汗国与西察合台汗国。1369年，西察合台汗国实际上亡于帖木儿帝国，1402年，西察合台汗国统治结束。东察合台汗国同明朝保持着友好关系。东察合台汗国在中国史籍以国都为名，先后称为别失八里、亦力把里、吐鲁番。

1361年，东察合台汗国第三任可汗黑的儿火者登上汗位不久，便遣使到明朝进贡。明太祖盛情接待、赏赐使者，并派使臣回访。从此东察合台汗国历代汗奉明为宗主国，经常遣使进贡驼、马、玉石、皮货等特产；明朝优厚回赐丝绢、金银等财物。为了统辖西域，1406年，明在哈密设卫。哈密卫是明朝在西域建立的行政军事机构。明朝还册封西域各部首领为王，如哈密王、别失八里王、吐鲁番王、瓦剌王等，并命西域各部头目管理本部行政事务。

黑的儿火者即位后，汗国渐衰，割据政权林立。杜格拉特部埃米尔控制了喀什噶尔、于阗、阿克苏等地。这些割据的地区仍向可汗称臣纳税，隶属汗国。黑的儿火者征服了吐鲁番地区，其地并入汗国版图。1391年,黑的儿火者首次遣使与明朝修好。在乌韦斯汗统治时期继续与明朝通好。乌韦斯死后,诸子争位,也先不花取得汗位,领有别失八里。1468年,羽奴思继汗位。1480年,杜格拉特部埃米尔阿巴拜克在喀什噶尔拥兵自立,称素丹❶,统治南疆6城(喀什噶尔、叶尔羌、于阗、阿克苏、英吉莎、乌什)。1487年,羽奴思汗卒,其子穆罕默德居亦力把里,称"长汗",艾哈迈德居察力失—吐鲁番,称"幼汗"。此时汗国已四分五裂。

15世纪末,乌兹别克昔班尼汗率部大举南下,1500年灭帖木儿王朝,继而大败察合台后王的联军,幼汗和长汗先后于1504年、1508年卒,其领地大部分被瓦剌诸部占领,最终被叶尔羌汗国所灭。叶尔羌汗国于1514年由东察合台汗国可汗速檀阿黑麻之子赛德建立。1570年,叶尔羌汗国吞并吐鲁番汗国。1680年,叶尔羌汗国被准噶尔汗国所灭。

东察合台汗国时期,哈萨克族在楚河、塔拉斯河流域形成,成为中华民族的一员,为开拓祖国边疆、发展西域经济做出了重大的贡献。哈萨克族是中国古老的民族。公元前2世纪生活在伊犁河谷和七河流域的乌孙人融合了塞种人和月氏人,成为哈萨克族的先祖。此外,6—13世纪生活在这一地区的西突厥、突骑施、葛逻禄以及康居、阿兰、咄陆、铁勒等部落和部族也融合到哈萨克族中。

13—14世纪,哈萨克部落处于钦察汗国和察合台汗国的统治之下。1456年,克烈汗和贾尼别克汗率领哈萨克人在楚河流域建立了哈萨克汗国,都城为土尔克斯坦城。哈萨克汗国的建立对哈萨克民族的形成具有决定性的作用。1589年,哈萨克人及其分布地区分三个玉兹❷:大玉兹分布于巴尔喀什湖南部及伊犁河到锡尔河之间的广

---

❶ 素丹是部分伊斯兰教国家君主的称谓,又译"苏丹",旧译"算端""速檀""锁鲁檀""苏尔坦"等。
❷ 哈萨克语"玉兹"是部分或方面之意。

阔地区；中玉兹分布在大玉兹之北，即巴尔喀什湖西北草原地带；小玉兹分布在今哈萨克斯坦西部。后来，大、中玉兹臣属于准噶尔部，小玉兹被沙俄侵并。

东察合台汗国时期是伊斯兰教在新疆获得重大发展的时期。察合台后王在境内强制推行伊斯兰教，蒙兀儿人亦逐步改宗伊斯兰教并融合到维吾尔等民族中，以额什丁家族为代表的和卓❶宗教贵族在新疆南部兴起。优努斯汗时期，蒙兀儿人成为伊斯兰教的成员。艾哈迈德及其子曼苏尔长期对明朝控制的哈密进行争夺，终使其成为伊斯兰教地区。16世纪，伊斯兰教在新疆确立了统治地位，成为维吾尔族信仰的宗教。

准噶尔部统治时期的西域

元朝灭亡后，蒙古族封建主乘机割据，到15世纪初，形成东、西两大势力，东部蒙古称鞑靼，西部蒙古称瓦剌。

明末清初，蒙古族分为漠南察哈尔蒙古、漠北喀尔喀蒙古和漠西卫拉特蒙古。卫拉特蒙古又分为四部，即游牧于伊犁一带的准噶尔部、游牧于乌鲁木齐附近的和硕特部、游牧于额尔齐斯河流域的杜尔伯特部和游牧于塔尔巴哈台地区的土尔扈特部。

17世纪前期，卫拉特蒙古准噶尔部在哈剌忽剌及其子巴图尔珲台吉的领导下逐渐强大，迫使土尔扈特部、和硕特部迁出天山北路。前者西迁至伏尔加河流域；后者离开乌鲁木齐一带，一路由顾实汗率领，迁至青海，并于1642年进入西藏，另一路由顾实汗之兄拜巴噶斯率领，进入河套地区。之后，卫拉特蒙古准噶尔部又降服和硕特部、杜尔伯特部、辉特部，占据了整个天山以北地区。

1665年，巴图尔珲台吉死，他的第六子僧格继位。僧格之异母

---

❶ "和卓"是阿拉伯语的音译，意为"圣裔"，是对伊斯兰教创始人穆罕默德后裔的尊称，后来也成为某些并非圣裔的伊斯兰教中上层人物自我标榜的称呼。

兄车臣台吉、卓特巴巴图尔二人联合和硕特部阿巴赖台吉对抗僧格，巴图尔珲台吉之弟楚琥尔乌巴什及和硕特部鄂齐尔图汗则支持僧格。这场斗争持续至1664年，僧格才得以击败政敌，占据上风。但安定局面持续不久，1671年，僧格被车臣台吉与卓特巴巴图尔所杀。而车臣和卓特巴巴图尔又被僧格的胞弟噶尔丹所杀。1671年，噶尔丹夺取了噶尔部的政权。1677年，噶尔丹出兵青海，兼并了和硕特部。当时，叶尔羌汗国内部的黑山派和卓与白山派和卓为争夺政权发生了激烈的斗争。白山派和卓被驱逐出喀什噶尔，后来向噶尔丹求援。1678年，噶尔丹利用叶尔羌汗国统治集团的内部斗争，出兵天山南路，攻占了叶尔羌城，扶植阿帕克和卓为傀儡汗。叶尔羌汗国名存实亡。此后，天山南路成了准噶尔部的属地。噶尔丹把政治中心由塔尔巴哈台迁到伊犁河谷。从此，准噶尔部成为瓦剌各部的霸主，控制了天山以北。

准噶尔部统治时期，西域社会经济的大致格局：天山北路以畜牧业为主体经济，局部地区兼有农业；天山南路则以农业为主体经济。西域的手工业有了一定的发展。南北两路各有特色。西域传统的商业贸易仍很繁荣，对西域和内地，西域和中亚、印度等地的经济交流仍发挥着重要作用。

1. 天山北路

天山北路的准噶尔部及其属民布鲁特、哈萨克等民族都是逐水草而居，以畜牧为生的游牧民族。他们在叶尼塞河中上游、鄂毕河中游、额尔齐斯河谷、伊犁河谷、伊塞克湖畔、楚河及塔拉斯河流域、乌鲁木齐广辟牧场，发展畜牧业。

策妄阿拉布坦和噶尔丹策零统治时期，准噶尔部的游牧经济有了空前的发展。当时，准噶尔部向肃州、青海市场上提供牲畜，马驼动辄上千匹，羊则数万只。在武器和铁制农具的生产方面，准噶尔人已懂得开采、冶炼和打制技术。1762年，清军在伊塞克湖畔掘出准噶尔军队埋藏的大铜炮四座、冲天炮筒八个、大小炮弹万余发，表明准噶尔部的武器制作已有不小的规模和较高的水平。

尽管准噶尔部的手工业已有一定的规模和水平，但其产品的种类和数量都还不能满足本部的需要，尤其是一些生活用品，必须通过贸易来换取。准噶尔部长期与外界保持着贸易关系。与内地的贸易以两种形式进行：一是以贡使的名义经喀尔喀或河西赴北京，商队把携带的牲畜和畜产品等货物在沿途或北京出售，向清政府进献方物，领取赏物并购买绸缎、布匹、茶叶、药材等货物后返回；二是准噶尔商队把货物运到肃州和青海东科尔市场上的"瓦市"出售，然后购买所需的物资运回。随着贸易的发展，准噶尔部中出现了一些称为"伯德尔格"（意为贸易人）的职业贸易者，他们主要是来自天山南路的维吾尔人。

2. 天山南路

天山南路居住的主要是维吾尔族。准噶尔统治时期，维吾尔族总人口大约有25万。他们居住在东起哈密、西至喀什噶尔的戈壁绿洲上。其社会经济以农业为主体，这种农业全靠水利灌溉。内地的各种农作物在这里大多可以栽种。其在农业生产中已广泛使用铁制和钢铁合制的农具。但总的来说，农业生产技术与内地相比，还有一定差距，如田地大多不予施肥和中耕，还处于粗放水平。

维吾尔人的手工业生产以采矿冶炼和纺织最为著名。和阗一带出产玉石。此外，铁矿、铜矿、金矿均可开采和冶炼打制，斧、挫、钻、锯、镰、铲、锄等工具，刀、箭、甲等武器都可制作。纺织产品以丝棉、毛织品最为精良，和阗一带，"原蚕山茧极盛，所织绸绢茧布极缜密，光实可贵"❶。酿酒业也是传统的手工业，除了能用麦、糜酿

---

❶（清）尼玛查椿园：《西域闻见录》卷二，《新疆纪略》下，清代新疆处所志书，1827年刻本。

造烧酒外，还可用当地盛产的桃、桑葚、葡萄酿造果酒。此外，笔、墨、纸等文化用品亦可自行生产，所造之纸称为喀阿斯，"以桑枝嫩条捣烧为之，色微带碧，其光洁者略似高丽纸"❶。

维吾尔人善于经商，各城均有贸易集市，称为"巴栅尔"。定期交易，"每七日一集，五方六货，服食所需，均于巴栅尔交易"❷。各城中，叶尔羌是最大的贸易中心，每逢集市，"商贾如鲫，百货交汇，屹然为是方著名商场"❸。除当地的商场外，维吾尔人商队还与中亚、内地保持着密切的贸易联系。

叶尔羌汗国与西域

东察合台汗国的第十二任汗阿黑麻在位时，把都城设在吐鲁番。他死前，长子曼苏尔在吐鲁番即位，成为东察合台汗国的第十三任汗。

1514年夏，东察合台曼苏尔汗的三弟赛依德推翻了杜格拉特部在天山南路的统治，同年9月称汗，定都叶尔羌，史称叶尔羌汗国。叶尔羌汗国最强盛时的疆域包括天山南部、巴尔喀什湖以东以南地区、伊赛克湖地区、费尔干纳盆地、巴达克山和瓦汗地区。1533年，赛依德死，长子热西德继承汗位。他果断地镇压了杜格拉特部艾弥尔的反抗，巩固了政权。叶尔羌汗国建立之后，在东察合台汗国境内出现了两个政权并存的局面。

1543年，曼苏尔汗死，子沙汗继位。后来，沙汗在一次袭击瓦剌的战斗中战死。热西德汗的次子阿不都克里木成为叶尔羌汗国的第三代汗。他出兵占领了吐鲁番、哈密等东部地区，结束了自东察合台汗国中期以后天山南路的东西分裂局面，实现了统一。

---

❶（清）尼玛查椿园：《西域闻见录》卷四十二，《服物二》，清代新疆处所志书，1827年刻本。
❷（清）尼玛查椿园：《西域闻见录》卷七，清代新疆处所志书，1827年刻本。
❸ 利马窦：《鄂本笃访契丹记》，张星烺：《中西交通史料汇编》第3册，中华书局，1977年，第523页。

叶尔羌汗国同明朝贸易往来密切，其中以"马茶贸易"为主。叶尔羌汗国把同明朝的贸易往来视为"金路"，致力于维护这条"金路"的畅通。叶尔羌汗国与清朝也有着密切的政治、贸易往来。17世纪中叶，叶尔羌第九任汗阿布都拉哈汗遣使进表，确立了与清朝的臣属关系。1656年，阿布都拉哈汗遣使到北京，向顺治进贡了独峰驼、蒙古马、建玉等方物；顺治帝回赐了大量的绢绸。

叶尔羌汗国境内的居民主要是维吾尔族，统治者为察合台和杜格拉特部的后裔。16世纪末到17世纪初，黑山派和白山派两支和卓势力在叶尔羌汗国统治者的支持下得到了发展，并形成以夺取叶尔羌汗国政权为目的的两个政治派别。两派之间的矛盾越来越尖锐。1670年，黑山派拥立伊思玛业勒为叶尔羌汗。伊思玛业勒汗镇压白山派。白山派首领阿帕克和卓经克什米尔逃往西藏。后来他假借达赖五世介绍的名义，前往准噶尔勾结浑台吉噶尔丹。噶尔丹于1678年进军叶尔羌，将伊思玛业勒汗及其家族俘获，带回准噶尔，另立阿帕克和卓为傀儡国王。叶尔羌汗国亡。

帖木儿帝国、莫卧儿帝国与西域的关系

1368年，明军攻占元朝大都，退往漠北的蒙古残余势力后来形成北元。原元廷直辖地的大部分为明所有。元藩国中，察合台汗国在14世纪40年代分为东西两部：其西部以阿姆河以北地区为中心，逐渐发展成帖木儿帝国；其东部仍由察合台的后裔占有，今称为东察合台汗国，明代称为别失八里或亦力把里。波斯伊利汗国被帖木儿帝国吞并。钦察汗国败于帖木儿后势力衰落。因此，可以说，明朝和清初时，在故元帝国的领土范围内，东亚的明朝和西域的帖木儿帝国是最强大的国家。

帖木儿帝国

在帖木儿帝国的建立过程中，当时所有强大的帝国无一能够迎

其锋芒。鼎盛时期其疆域包括今格鲁吉亚到印度的西亚、中亚和南亚，1507年亡于突厥的乌兹别克部落。

这个建立帖木儿帝国的帖木儿出生在西察合台汗国，有人说他是突厥人，一般还是把他看成蒙古人。帖木儿的妻子是西察合台汗国合赞汗的女儿，因此《明史》称帖木儿为元驸马。

西察合台汗国内乱时，帖木儿家族扶持与他有姻亲关系的王族侯赛因。1364年，帖木儿把侯赛因扶上了大汗宝座。1369年，帖木儿杀死侯赛因，自己登上汗位，宣布自己是成吉思汗后裔。西察合台汗国由此宣告灭亡。

帖木儿志在重建庞大的蒙古帝国，把分封的蒙古各汗国再度统一起来。从1380年开始，帖木儿帝国先后夺取了伊朗和阿富汗，进而攻占两河流域。1388年，征服花剌子模。1389—1395年，多次进攻钦察汗国，毁其首都萨莱、伯克尔等城市，统治亚美尼亚和南高加索。1398年，帖木儿进攻图格鲁克王朝首都德里，统治北印度，并提出与埃及马布留克王朝结盟，但遭到拒绝。1400年，帖木儿率军进攻叙利亚，击败叙利亚苏丹法赖吉，占领了叙利亚。

帖木儿还北上攻打金帐汗国。不料，撒马尔罕爆发了异族的叛乱，这使得帖木儿意识到其他异族对他的威胁远超过蒙古各汗国的威胁，因此他改变兵锋，首先镇压了叛乱，撒马尔罕又一次遭受了彻底屠杀。此后，在进攻印度时，帖木儿在攻占德里后仍采取了屠杀政策。

1368年明朝推翻元朝在中原的统治，要求西亚的帖木儿帝国按元例进贡。到1388年，帖木儿才开始遣使进贡。虽然在官方信件中帖木儿自称是"臣"，但他在不断刺探明朝的情况和国力。1396年，帖木儿扣留外国使节，其中包括明和土耳其的使节。1398年，他攻打印度，占领北部一些地区。1399年，开始远征小亚细亚（土耳其的亚洲部分，即安纳托利亚）。他决定先解决背后的土耳其，然后进攻明朝。

明朝称帖木儿帝国为撒马尔罕或哈烈。而帖木儿第四子沙哈鲁于1406年登基，略晚于明成祖，其在位时间则较明成祖长得多。两位国君共同在位时期，明与波斯往来密切。记载这一时期明朝与帖木儿帝国往来的文献有明显的时代特征。从1407年帖木儿之孙哈里遣使虎歹达送傅安、郭骥等归国并向明政府通报帖木儿去世，到1421年年末鲁安归国，双方的记载基本互可对证，有很高的可比性。故明成祖与帖木儿帝国的关系引起许多学者的兴趣。

学者对洪武年间明与帖木儿帝国的往来的关注集中于傅安和陈文德的出使。西班牙派往撒马尔罕会见帖木儿的使臣克拉维约的游记中提到，他在帖木儿帝国居留期间曾经遇见过明太祖的使臣。中外学者多相信这些明使臣就是傅安。永乐年间，往来于两国的最著名的使臣是明朝的陈诚和沙哈鲁国王之子拜升豁儿王子派往北京的使节火者·盖耶速丁，他们都有记录存世。这些出使记录和《明史·西域传》《明一统志》《皇明世法录》等资料构成了研究明与帖木儿帝国关系的重要文献。研究成祖朝明与帖木儿帝国关系的学者，多将讨论的中心置于此二位使节。

1370年，帖木儿灭西察合台汗国，成为河中的最高统治者。帖木儿称霸河中后，便进一步向周边地区扩张。1375—1379年，帖木儿东攻察合台汗国。1388年，征服花剌子模。1393年，征服伊利汗国和阿富汗，而后北上进攻金帐汗国。1398年，南侵印度。1399年，西征小亚细亚。1402年，大败奥斯曼帝国，俘其苏丹拜牙，建立起疆域辽阔的大帝国。

帖木儿在与诸汗对中亚的争夺中，首先在花剌子模和呼罗珊站住脚跟，然后他开始征服波斯。他的征伐进展得很顺利，先是灭掉了穆扎法尔王朝，然后把加雷尔朝的君主赶出伊拉克。而后他挥戈北上，深入南俄草原，一直挺进到莫斯科，后又率师南下，洗劫了印度的德里。就在帖木儿打算一举统一金帐汗国时，后方的撒马尔

第9章 明清的西域大一统

罕发生民族叛乱，他只得作罢。

1402年春，帖木儿的军队进攻奥斯曼帝国。当时，奥斯曼帝国正处于国势之巅，在巴耶塞特一世的率领下，在西部前线已经把东罗马帝国逼入绝境，很快就可以彻底击败东罗马帝国，打开基督教世界的门户。如果不是帖木儿的到来，这一切都将实现。帖木儿动员的军队在15万左右，军队的主要成分是骑兵。巴耶塞特一世动员了7万军队，在安卡拉附近的林地设防，以削弱帖木儿骑兵的突击力量。7月28日，会战正式开始。帖木儿决定避开土耳其防线，从南方包围安卡拉，把土耳其军队引诱到平原上决战。这让巴耶塞特惊惶万分，立刻驰援。帖木儿很得意地撤了围，稍作后退，设立防线，等待土耳其主力部队的到来。

巴耶塞特率军急忙赶到安卡拉战场，仓促地投入战斗，将军队全部集中于中央，向帖木儿军发动进攻。帖木儿军两翼重骑兵持续进攻土耳其军侧翼，将土耳其军左翼击溃，开始迂回包抄。两个同样以骑兵见长的国家开始展开决战。没想到，面对帖木儿的铁骑，守卫土耳其军队右翼的鞑靼雇佣军近2万人突然倒戈，随后，安纳托立亚部队及部分土耳其亲卫队近2万人叛变，土耳其军一溃千里。巴耶塞特一世被生俘。帖木儿获得大胜。奥斯曼帝国元气大伤，一时无力进攻君士坦丁堡。

帖木儿所到之处，掳掠烧杀，摧残征服地的古老文明。撒马尔罕是伊斯兰教的文化学术中心。帖木儿却没有乘胜歼灭整个奥斯曼帝国，而是把小亚细亚分给了巴耶塞特一世的四个儿子，自己则班师回朝。他没忘记，自己的最终目的地是中国。

此时，四大汗国的宗主国——元朝在中国的统治已经被明朝推翻。帖木儿虽于1388年开始向明朝进贡，但实际上一直在伺机待变。他精心准备东征明朝，并了解到，明朝此时的军队动员能力超过百万之众，且有完善的防御系统。1405年，帖木儿开始动员全国之兵东征明朝，号称带甲130万，实际数在70万左右。1405年2月18日，帖木儿在行军途中病死，帖木儿东征大军才刚刚出发，尚未与明军发生大规模交战即停止了东征。

帖木儿帝国是建立在军事武力基础上的，帖木儿去世后，其庞大帝国即刻陷入分裂的浪潮之中。帖木儿在世时曾将他的领土分给子孙，并指定其长孙皮儿·马黑麻为继承人。帖木儿死后，皇室陷入夺权争斗。皮儿·马黑麻因远在阿富汗，无法顺利继位，国都撒马尔罕遂为帖木儿的另一孙子哈里勒所夺据并自立为汗。皮儿·马黑麻率军前去争位，被哈里勒打败，退回阿富汗，后被部下所杀。之后，帖木儿第四子沙哈鲁以为皮儿·马黑麻报仇为名，进军河中，夺取汗位。此时，在帖木儿帝国西边，昔日被帖木儿征服的奥斯曼人、贾拉尔人、土库曼人开始恢复实力，并收复失地，帖木儿帝国在古波斯西部地区失去控制权。帖木儿后裔之间无休止的争夺为苏非教团势力的进一步发展提供了机会。苏非教团乘势大量集中土地。

原帖木儿帝国的所有领土，最后除西波斯以外，都由沙哈鲁统一起来。沙哈鲁命其长子兀鲁伯驻撒马尔罕镇守河中，自己则仍以赫拉特为首府。沙哈鲁当政时，伊朗、中亚同明朝之间，贡使往来连年不断，官私贸易十分活跃。

沙哈鲁死后，帖木儿帝国大乱。在争位战争中，兀鲁伯被自己的儿子阿卜拉·拉迪卜所杀，而后者又被兀鲁伯的亲信杀死。河中的政权最后落到米兰沙之孙卜撒因的手中。而呼罗珊地区则被帖木儿次子乌马儿·沙黑·米尔扎的后裔速檀·胡先·拜卡尔所占据。沙哈鲁的帖木儿帝国遂分裂为二。

1494年，卜撒因第四子、统治费尔干纳的乌马尔·沙黑及其长兄、占据撒马尔罕的速檀·阿黑麻先后死去，其后统治费尔干纳的巴布尔继续同速檀·阿黑麻的后继者争夺撒马尔罕，最后，昔班尼汗取得胜利。1501年，灭河中帖木儿王朝，1507年5月，灭呼罗珊帖木儿王朝。河中地区形成由乌兹别克人建立的中亚诸汗国。

莫卧儿帝国

帖木儿的家族并没有因此全部消失。1500年，术赤后裔昔班尼在中亚草原兴起，攻占布哈拉和撒马尔罕，建立乌兹别克汗国，次年，河中的帖木儿势力被灭，1506年，呼罗珊的帖木儿势力被灭，帖木儿帝国灭亡。残余的帖木儿后人以费尔干纳为根据地力图复辟，失败后进入印度，于1526年宣布为印度斯坦皇帝，这标志着莫卧儿帝国统治印度的开始。莫卧儿的意思据说就是"蒙古"。

莫卧儿王朝可以说是印度历史上最伟大的王朝，版图包括整个印度次大陆，具有完备的行政统治，各宗教的关系以及中央与地方政权的关系较融洽，经济和文化也出现了空前的繁荣。莫卧儿帝国是突厥化的蒙古人帖木儿的后裔巴布尔在印度建立的封建专制王朝。在莫卧儿帝国的全盛时期，领土几乎囊括整个南亚次大陆以及阿富汗等地。

经过1527年的坎努战役和1529年的戈格拉战役，巴布尔统一了北印度。继位的胡马雍于1540年在曲女城战役中为比哈尔的阿富汗酋长舍尔沙击败，流亡波斯和阿富汗。莫卧儿王朝曾一度衰落，在印度的统治暂告中断。

1555年，胡马雍再次征服印度平原，重建了莫卧儿王朝在印度的统治。1556年，莫卧儿帝国第三代皇帝阿克巴继位。阿克巴是莫卧儿帝国最有影响的皇帝，为了巩固统治，他对内采取镇压怀柔兼施的政策，进行内政改革，采取宽容的宗教政策，对异教徒采取了容忍和拉拢的政策，废除了印度教徒的人头税，并允许印度教的贵族在朝中担任某些职务，得到较高的地位。"阿克巴明白，印度教徒构成了国家人力的四分之三以上，他们的智慧、组织和经济资源都不容许遭到破坏。"[1]对外他开疆拓土,继续进行侵略性的远征,统一了印度次大陆广大地区,推动了印度社会经济的向前发展。在他统治期间,莫卧儿帝国进入全盛时期。

　　在阿克巴统治时期,经历长期战争的劳动人民获得了暂息的机会,社会生产得到发展,国内形势稳定,贸易也有一定的进展。此时期,印度北部的印度教文化与伊斯兰教文化迅速融合和发展。至17世纪中叶,印度大部分领土都处在莫卧儿帝国的统治之下。莫卧儿帝国北面以喜马拉雅山脉为界,西部据有阿富汗的喀布尔一带,东边则到达阿萨姆邦的边境。莫卧儿帝国的统治者向德干高原和半岛南部继续扩张。到18世纪初,除印度次大陆的极南端即科佛里河以南外,整个印度都并入了莫卧儿帝国的版图。17世纪末至18世纪初,在广泛征服的基础上,莫卧儿帝国划分成21个省。

　　阿克巴死后,莫卧儿帝国便暴露出衰亡的征兆。在第四代皇帝贾汗吉尔时期,因发生叛乱,其宽容的宗教政策被废弃。到了第五代皇帝沙贾汗时期,沙贾汗大兴土木和赋税繁重导致发生内乱,1657年,沙贾汗被其子奥朗则布推翻。奥朗则布时期,莫卧儿帝国开始衰落。莫卧儿帝国衰落后,英、法、荷兰和葡萄牙等在印度争夺殖民地,最终英国胜利,莫卧儿皇帝成为傀儡。1858年,英国的维多利亚女王被授予印度女皇称号,成立英属印度,莫卧儿王朝灭亡。

　　莫卧儿帝国创立了印度次大陆政治统一和社会经济文化发展的新时代,是衔接中世纪印度与近代印度的过渡政权。印度是踏着莫卧儿帝国的废墟走向近代化的。

　　莫卧儿帝国消亡后,英国又直接统治印度90年,至1947年。如今,在阿富汗、伊朗等地有莫戈尔人和哈扎尔人,他们应是莫卧儿人的后裔。所以,莫卧儿王朝的统治对南亚地区有着很重要的影响,对发展当地的经济和文化有很重要的意义。

---

[1] 恩·克·辛哈、阿·克·班纳吉:《印度通史》第3册,商务印书馆,1973年,第614页。

第9章 明清的西域大一统

明代瓦剌与西域

明初对鞑靼用兵,使瓦剌首领猛哥帖木儿乘时而起。早在元朝阿里不哥反叛忽必烈时期,阿里不哥的军队里就有瓦剌的部队。1262—1263年,由于忽必烈驱赶和禁运粮食,阿里不哥率众由漠北转向西域,并和察合台后裔阿鲁忽交战,占领了伊犁盆地。后又遭到阿鲁忽的进攻而战败,众叛亲离,军队溃散在天山一带,军队里的瓦剌人也散留在西域地区,与西域发生关系。

到了明代,在15世纪20年代以前,瓦剌领主乌格齐哈什哈与东蒙古彻底分裂,并杀死东蒙古大汗额勒伯克,将政治中心移至杭爱山以西。瓦剌的领地也由叶尼塞河上游萨彦岭与唐力山之间伸展到了西域沿边一带,与别失八里、哈密等接邻,并相互发生战争。

1414年,明成祖统兵北征西部蒙古,与瓦剌战于忽兰忽失温,获得胜利。1418年,明朝准瓦剌的脱欢袭父爵为顺宁王。1426年,脱欢统一了瓦剌,控制北部的乞儿吉思,成为东西蒙古的实际大汗。脱欢死后,其子也先主宰东西蒙古,也先为实现"大元一统天下",向南展开了全面攻势,在东部,瓦剌势力直逼女真与朝鲜,在中部,压取西域的要冲哈密地区,用通婚、利诱等方式,使哈密归属于自己,并通过各种手段,控制了沙州、罕东、赤斤等三卫,把从哈密到嘉峪关一带的交通要道夺取到手中,并利用丝绸之路和东边大同一带贡道分头向明朝频繁入贡,进行市马和其他私市,往往一年数次,动辄两三千人,规模是很可观的。

在西边,脱欢时期瓦剌的势力已经伸进西域的亦力把里,脱欢、也先还屡次打败亦力把里汗。相互的武装冲突连绵不断,但始终未能使亦力把里屈服。瓦剌的势力只扩展到伊犁河地区,也先死后,瓦剌与西域的关系发生了重大变化,国外学者对此有以下看法:一种认为瓦剌已退出历史舞台,消失得无影无踪;另外一种认为瓦剌在争夺丝绸之路中遭到失败,成为活跃在西部和北部东土耳其斯坦、希布察克草原和中亚草原的一支生气勃勃的力量,对该地区的历史产生过重大影响;还有学者认为,也先死后,瓦剌远未退出历史舞台,而是在尝尽分裂与衰弱之苦以后,仍顽强挣扎,追求统一,并逐渐形成松散的四卫拉特联盟。明末清初,他们终于在我国西北边疆建立强大的卫拉特民族政权,并发挥了重要的历史作用。

"土木堡之变"后,东部蒙古(鞑靼)达延汗再兴,瓦剌部则移师西北地区,势力一度扩张至伊犁河流域一带。1454年也先死后,瓦剌势力衰落,逐步西迁。明末,西迁瓦剌形成准噶尔、杜尔伯特、和硕特、土尔扈特四部。清朝,汉文史籍中又译称"卫拉特",统称为额鲁特、厄鲁特或西蒙古。额鲁特四部族系不一,各有渊源:准噶尔、杜尔伯特的统治者为元臣孛罕后裔,绰罗斯氏;和硕特首领为元太祖弟哈布图哈萨尔后裔,孛儿只斤氏;土尔扈特的统治者为克烈部首领王罕后裔。

四部"分牧而居",其分布大致是:准噶尔部以伊犁河流域为活动中心,杜尔伯特部游牧于额尔齐斯河两岸,和硕特部的活动中心在乌鲁木齐,土尔扈特部则在塔尔巴哈台及其以北地带。四部自有首领,"各统所部,不相属"❶。四部之间很早就组成了联盟,定期举行首领会盟,由和硕特部首领担任盟主。17世纪20—30年代,准噶尔部的势力日渐增长。17世纪40年代初期,巴图尔浑台吉继父位后,准噶尔部更为强大,天山北路的额鲁特其他部落逐步被其控制。尽管当时和硕特部首领仍处于盟主的地位,但巴图尔挥台吉已开始行使"丘尔干·达尔加"(盟主)的权力,成为厄鲁特蒙古实际上的盟主。

---

❶ (清)祁韵士:《皇朝藩部要略》卷九,《厄鲁特要略一》;(清)张穆:《蒙古游牧记》卷十四。

浩罕汗国与西域

浩罕汗国是中亚地区的封建国家。中心地区位于包括浩罕、安集延、马尔吉兰、纳曼干等城的费尔干纳盆地。版图包括今日的哈萨克南部部分地区、乌兹别克东部以及塔吉克与吉尔吉斯部分领土。其主要居民为乌兹别克人，其次为塔吉克人、吉尔吉斯人和哈萨克人。

1.浩罕汗国建国后在西域的生存

建立浩罕汗国的明格部落是16世纪从原金帐汗国南迁至河中的乌兹别克人的一支。这一时期，在中亚，金帐汗国的后裔建立起三个国家，其一就是浩罕汗国，还有布哈拉汗国，以及一个与布哈拉汗国都宣称是昔班尼后裔的汗国。在这三个汗国中，布哈拉汗国居于统治地位。

17世纪末，布哈拉汗国国势衰微，其实际支配领地仅剩河中地区的一部分。于是费尔干纳地区开始领地自治化。1710年左右，费尔干纳地区的明格部落首领沙鲁克开始反抗布哈拉汗国的宗教政权，于1740年建立了浩罕汗国，摆脱了布哈拉汗国的统治。

浩罕汗国建立之初，经常受到准噶尔汗国的侵略。1757年，清朝征服了准噶尔汗国，并于1759年镇压大小和卓之乱，控制了整个新疆地区，使得浩罕汗国和清朝在喀什直接接壤。一些从清朝统治地区逃亡的瓦剌贵族及之前统治塔里木盆地的和卓开始流亡到浩罕汗国，使得浩罕汗国成为清朝眼中的潜在威胁。

面对清朝将军兆惠率领的大军，浩罕君主伊尔达娜向位于南面的阿卜达里王朝国王艾哈迈德·沙·杜兰尼求援未果。后以确保其与新疆地区的通商权为条件，臣服于清廷，成为清朝的藩属国，这为之后浩罕汗国的经济繁荣打下了基础。同时，作为清朝的保护国，浩罕汗国军事方面的压力也大为减轻。这些条件使其具备了扩大领地的条件。浩罕汗国的各代君主都积极雇佣原准噶尔军队中的主力——柯尔克孜族充实军队，在纳尔布塔统治时期，终于完成了费尔干纳地区的统一。

2. 浩罕汗国的扩大和鼎盛

1800年，浩罕汗国君主爱里木从希瓦汗国手中征服了中亚地区的塔什干，从而打通了进入哈萨克草原的通道。处于浩罕汗国统治下的各个部落一致推举爱里木成为大汗。

1810年，爱里木的弟弟穆罕默德·奥马尔汗即位，浩罕汗国迎来了鼎盛期。通过战争，浩罕汗国征服了哈萨克地区的主要城市突厥斯坦，迫使该地区的哈萨克部落和吉尔吉斯部落臣服。其疆域范围的北面达到了巴尔喀什湖，西面达到锡尔河流域。

在贸易方面，浩罕汗国保持着对清朝的朝贡，同时与俄罗斯也确定了贸易关系，从而打通了东西方的贸易路线，获得了大量的经济利益。因为其与清朝的关系愈加紧密，浩罕商人垄断了新疆的进出口贸易，这使得浩罕汗国成为中亚最大的贸易国。当时中亚市场上流通的金银装饰物、武器甚至日用品的贸易都被浩罕汗国所垄断。此外，从中国出口到西方的商品也要通过浩罕汗国转运。伴随着经济的增长，浩罕汗国遂成为西域军事、宗教、商业中心。

3. 浩罕汗国与清朝的纷争

为了维持对新疆的统治，清朝不得不在新疆投放大量的财力、人力。进入19世纪后，为了牵制浩罕汗国扩大疆域的野心，清朝开始在新疆地区逐步限制浩罕商人的活动。浩罕汗国对清朝的这种措施感到极为不满，同时又觊觎清朝控制之下的喀什。为此，浩罕汗国一直支持新疆反抗清朝统治，拒绝引渡大和卓波罗尼都之子萨木萨克，并在英国的支持下为萨木萨克策划复国。萨木萨克死后，1826年，穆罕默德·阿里汗又支持大和卓的孙子张格尔出兵叶尔羌地区，史称"张格尔之乱"。

"张格尔之乱"引发了几十年未遇的新疆大规模叛乱，清朝与浩罕汗国断交，并出兵平定了叛乱。1828年，张格尔兵败被处死。然而，浩罕汗国还是没有放弃其对喀什地区的野心，时常介入新疆事务。这次大叛乱也给清朝在新疆的统治带来了很大打击，使得清政府不得不考虑与浩罕汗国相互妥协。1830年，清朝与浩罕汗国议和，同意了浩罕汗国向新疆六城地区派遣"长老"，行使领事特权的要求。通过派遣"长老"，浩罕汗国既可以保护浩罕商人在新疆的利益，又可以直接对浩罕商人征税，从而保证浩罕汗国垄断在六城地区的贸易利益。

4. 浩罕汗国的衰退与灭亡

在浩罕汗国繁荣的背后，其国内的统治阶层逐步发生对立，政权实际上很不稳定，哈萨克和吉尔吉斯等游牧部落也时常发生叛乱。1842年，布哈拉汗国的继承者入侵浩罕，攻下浩罕城，并杀害了穆罕默德·阿里汗全族人。从此，浩罕汗国被纳入布哈拉的领地。随后布哈拉在被占领的首都浩罕城扶植了新一任傀儡统治者。

不久，出自浩罕汗族分支的西尔·阿里汗夺回了政权。但继承汗位的斗争使得国内政局陷入混乱。同时，俄罗斯入侵哈萨克草原，直接威胁浩罕汗国在这一地区的统治。浩罕汗国曾尝试与奥斯曼帝国联手，并且与英国保持友好关系，以牵制俄罗斯南下。然而，浩罕汗国已经无力抵御俄罗斯了。

同一时期，在清朝统治下与浩罕接壤的新疆地区也时有叛乱，这导致浩罕汗国的边境贸易骤减。1864年，从库车爆发的叛乱很快波及新疆全境。浩罕汗国的掌权者阿里木库里联合大和卓的曾孙布素鲁克对喀什出兵。然而，出兵军队中的领导者阿古柏在到达新疆后，与布素鲁克趁混乱夺取了喀什，并建立了哲德沙尔汗国，一时几乎占领新疆全境，宣布从浩罕独立。

1864年，俄罗斯开始了对浩罕汗国的入侵。1865年，布哈拉汗国与俄罗斯联手攻占了北部重镇塔什干。1868年，浩罕汗国成为俄罗斯的从属国。借由政变上台的穆罕默德·古德亚汗开始加强集权统治来巩固王权。然而，这一切并不能阻止浩罕汗国瓦解的进程。

1871年和1873年，浩罕汗国两次爆发大规模农民起义，军队主力逃入新疆，投奔阿古柏。1875年，在布哈拉汗国入侵和国内吉尔吉斯部落叛乱的状况下，古德亚汗宣布退位。叛乱者拥护纳西尔丁汗即位，但随即俄罗斯再次入侵浩罕汗国，1876年2月，俄罗斯攻下浩罕城，浩罕汗国灭亡。

明清时期西域地区的民族格局

明初，在经历了宋元时期蒙古西征及大规模西迁引发的民族变迁的震荡之后，西域诸族逐步稳定下来。统治西域大部分地区的察合台蒙古，部落社会组织结构趋于瓦解，转入定居者逐渐增多，逐步与原住民融合。至明末，天山南路的察合台蒙古人基本上都融入维吾尔族。主要定居于天山南路的维吾尔人则在弥合了原喀喇汗王朝与高昌回鹘王国因宗教对立而形成的东西两大群体后，完成了全民族的伊斯兰化过程，并不断发展壮大，形成近代维吾尔民族。活跃于草原地区的蒙古部落和各突厥语部族在经过民族迁徙、融合和一次次的部族整合之后，逐步形成近代哈萨克、乌孜别克、柯尔克孜等民族。

明中叶以来，瓦剌西迁，相继占据了阿尔泰山至巴尔喀什湖及其以西的西域草原地区。这是蒙古高原游牧部族的最后一次大规模西迁。此后，准噶尔部的崛起和衰亡对西域民族的格局产生了深刻的影响。

清朝，随着中央政府对西域的大规模经营，满、汉、锡伯、达斡尔、回等族人民迁徙来此戍边垦殖。鸦片战争后，随着俄国对中国边疆的蚕食侵略，大批哈萨克牧民向东迁徙，同时中俄两国的政治、经济、文化等交往也使不少俄罗斯人和塔塔尔人来到新疆定居。至清末，自古以来就是多民族聚居的新疆，经过漫长的历史变迁，最终形成各兄弟民族共同生活、开发建设的近代民族格局。

察合台蒙古的主要民族

察合台蒙古是对天山南北的蒙古部落的概称，是东察合台汗国及叶尔羌汗国的统治民族。他们最终融入了西域原住民——维吾尔等突厥语部族之中。

起初，蒙古族至西域时还保持着传统的游牧生活方式。然而，由于长期习惯于城市农民区的赋税贡奉，统治者沉迷于安逸奢华的生活中，逐渐远离传统的游牧生活，脱离了以畜牧为生的普通牧民、士兵阶层，相互间的隔阂越来越深。同时，这也引起了部落军事贵族的不满。当高等统治阶层接受伊斯兰教，采用中央集权制的统治方式时，双方的斗争变得无法避免。斗争的结果是：汗权被削弱，部落军事贵族的势力增强。同样，这些部落军事贵族在势力增强后，也将城市、农区控制在自己手里，与蒙古汗一样倾向于定居生活，走向与其坚持游牧生活的部属的对立面。这样，察合台蒙古的部落社会组织一层一层地逐渐瓦解，最终消亡。

察合台汗国的解体和帖木儿帝国、东察合台汗国的建立，以及叶尔羌汗国的出现，其深层原因都是统治集团内部存在继续保持草原游牧生活方式还是转向农业定居生活方式两种思想倾向、两种政治势力长期斗争而后者最终取得胜利。东察合台汗国的歪思汗曾在吐鲁番亲自浇灌土地，自给口粮，表明此时汗国内的蒙古人已经开始向定居的农业生活过渡。叶尔羌汗国的拉失德汗不仅消灭了控制东察合台汗国和叶尔羌汗国近200年的朵豁剌惕部异密家族的势力，而且消灭了以阿里·塔海为代表的保守势力，促进了察合台蒙古人定居化的进程，为其走向定居提供了有利的政治环境。至叶尔羌汗国中后期，察合台蒙古在城市和农业地区最终定居下来，这成为其与当地土著居民融合的现实经济社会基础。

明朝以前，察合台蒙古人还基本保持着原始宗教信仰，但随着汗国的瓦解及政治斗争的加剧，统治者开始寻求伊斯兰教的支持。1353年，东察合台汗国秃黑鲁贴木儿汗宣布信奉伊斯兰教，并在蒙古人中推行这一宗教政策，其治下控制天山南路的朵豁剌惕部异密播鲁只则立刻宣称自己三年前就已入教，以便在宗教人士和信教民众面前争取主动。据《拉失德史》记载，"人们大声欢呼，当天有十六万人剪掉长发皈依了伊斯兰教"，从此"伊斯兰教在察合台汗国的这一整个地区传布开来"[1]。

1407年，马哈木汗即位后，为进一步取得宗教界的支持，狂热地推行伊斯兰化，手段严酷。在这样的强制措施下，大多数蒙古部落都皈依了伊斯兰教，基本完成了伊斯兰化的进程。由于伊斯兰教的广泛传播，原来蒙古人与原住民间的种族观念和界限模糊了，由此，叶尔羌汗国的政权以全体穆斯林利益的代表者的面貌出现。同时，蒙古人逐步接受和使用了原住民的语言——"察合台文"，并开始接受、传承维吾尔文化传统。由此，不能仅就叶尔羌汗国汗室具有蒙古血统，就片面地认为其是一个蒙古人的汗国。叶尔羌汗国以其对维吾尔文化艺术的发扬光大而名载史册。

明初，西域草原地区——蒙古斯坦还基本控制在察合台蒙古手中。当时，东察合台汗国的疆域主要由三部分组成。

一是蒙古斯坦，意为蒙古人的地方。东起阿尔泰山，西到塔拉

---

[1] 米尔咱·海答儿：《中亚蒙兀儿史——拉失德史》，上海古籍出版社，2013年，第225页。

斯河之东的沙漠，北界塔尔巴哈台山至巴尔喀什湖一线，南至天山山脉。这里自古即为游牧民族活动地区。

二是向阳地，基本上是原东喀喇汗王朝的领地。东面包括塔里木盆地西、南部的喀什噶尔、英吉沙尔、叶尔羌、和田、阿克苏、乌什六城地区，西面包括费尔干盆地，有时也把塔什干地区包括进来。这里主要是农业地区和一些半耕半牧地区，居民多为维吾尔人及其他突厥语部族。

三是畏兀儿地，意为畏兀儿人的地方，基本上是西辽时期高昌回鹘王国在天山以南的领地，包括吐鲁番、焉耆两个地区，有时也把库车和哈密两地区包括进来。这里既有农业，也有畜牧业。东察合台汗国前期建都于东部天山北麓的别失八里，以加强对蒙古斯坦各游牧部族的控制。这里属于汗国的重心所在地。

15世纪初，瓦剌势力开始向西发展，进入蒙古斯坦东部。虽经东察合台汗国的抵抗，但仍无法抵挡瓦剌势力西扩的步伐，其在蒙古斯坦东部站稳了脚跟。歪思汗将汗国的首都西迁至亦力把里，汗国的重心亦随之转移到伊犁河谷和天山以南。此后，东察合台汗国与瓦剌的关系一直比较紧张，甚至多次交战。东察合台汗国虽有胜利，如汗国东部阿黑麻汗曾多次打败瓦剌，但大多时候处于弱势，天山北麓至阿尔泰山一带的草原最终成为瓦剌的领地。而蒙古斯坦西部在叶尔羌汗国初期先有大批南迁的吉利吉思人在此驻牧，1526年又有哈萨克部落20多万人来此游牧，并与土耳其斯坦的吉利吉思人联合起来打击叶尔羌汗国。叶尔羌汗国萨亦德汗、拉失德汗多次派兵出击。1556年，拉失德汗的军队打到叶密立河，粉碎了哈萨克和吉利吉思的联军。但由于吉利吉思和哈萨克部落人多势众，察合台蒙古人未能收复失地。从此，大多数察合台蒙古人被迫进入农区，逐步转入农耕生活。至明末，天山南路的察合台蒙古人最终融入维吾尔人。那些仍留在天山北路草原地区的察合台蒙古人最终也融入各草原部族。

明代西域的主要民族还有主要生活于天山南路的维吾尔人、哈萨克人、月即别人、吉利吉思人。维吾尔人的先民回鹘自841年大规模迁徙西域后，逐步由游牧生活转为定居农耕生活，成为天山南路的原住民。

受政治、宗教影响，维吾尔人长期分为东、西两大群体：西部曾受喀喇汗王朝统辖，信奉伊斯兰教，多分布于喀什噶尔、阿克苏、和田地区；东部原受高昌回鹘王国管辖，笃信佛教，多分布于吐鲁番、哈密、焉耆及天山北麓别失八里一线，有时也包括库车地区。两个群体间曾长期关系紧张，战争不断。这种冲突导致绵延千年的西域佛教中心之一的古龟兹遭到了严重破坏，繁华不再。

西辽和蒙古人统治初期，实行宗教开放政策，各种宗教可以自由传播，伊斯兰教开始向东传播到焉耆、吐鲁番甚至哈密等地。但伊斯兰教真正在这些地区占据主导地位，则是在东察合台汗国黑的儿火者占据吐鲁番地区，并在这一带推行伊斯兰教之后。经过如马哈木汗等的强制推行，最终东部的维吾尔人改信了伊斯兰教。这样，长期以来由于政治地理和宗教信仰不同而分裂为两大部分的维吾尔人统一起来，最终发展壮大为近代维吾尔族。

叶尔羌汗国的主要民族

叶尔羌汗国在全盛时期其疆域大致东抵嘉峪关，与明朝接壤；南以昆仑山、阿尔金山为界，与西藏、蒙古属部相邻；西南抵喀喇昆仑山，与拉达克、博洛尔相邻；西越帕米尔高原，与莫卧儿帝国所属地区相邻，隔阿赖山与月即别相邻；北至天山，与哈萨克、吉利吉思、瓦剌相连。

《拉失德史》记载，叶尔羌汗国居民分为游牧民、士兵、原有定居居民、官吏和宗教人士。其中，游牧民、士兵属蒙古族。游牧民主要分布在天山南麓的河谷牧场及帕米尔、昆仑山等牧场，受自然地理条件的制约，平时放牧，战时出征。汗国每年付予游牧民一定量的谷物和衣服等薪给。

士兵则是从蒙古部落中分离出来专以斗杀为职业的人。随着叶尔羌汗国蒙古部落向定居农业生活方式过渡，武装力量减少，综合国力逐渐削弱，不断受到周边游牧部族的侵扰，最后被准噶尔汗国灭亡。原有定居居民大多属维吾尔人，主要从事农业和手工业。

官吏仅指司法部门和清真寺等财产管理人，开始时多由朵豁剌惕部异密家族的人担任，此后随着官僚机构的扩大，官吏已成为一个人数众多的阶层，亦多由维吾尔人担任。宗教人士主要由原住民担任，也有许多中亚河中来的传教人士。

准噶尔汗国的主要民族

在准噶尔部兴起的过程中，其首领"恃其强，侮诸卫拉特"❶。土尔扈特、和硕特二部与准噶尔部本非同一族系，原又习惯于"部自为长"❷，故两部与准噶尔部的矛盾逐渐转化为离心力。1627—1628年，土尔扈特部首领和鄂尔勒克率领所部及部分和硕特、杜尔伯特牧民穿越哈萨克草原，西迁额济勒河下游草原游牧。1637年，受西藏喇嘛教格鲁派首领达赖五世之请，和硕特部首领拜巴噶斯之弟固始汗率部众南征青海，后据西藏。拜巴噶斯之子鄂齐尔图则率众东迁至河套以西的阿拉善地区游牧。

噶尔丹掌权后，着手吞并邻近诸部。1678年，"噶尔丹即戕鄂齐尔图汗，自称博硕克图汗，因胁诸卫拉特奉其令"❸。这标志着厄鲁

---

❶（清）张穆：《蒙古游牧记》卷十四，《厄鲁特蒙古新旧土尔扈特部总叙》，山西人民出版社，1991年，第2页。
❷（清）祁韵士：《皇朝藩部要略》卷九，《厄鲁特要略》一，1884年浙江书局校刊本。
❸（清）祁韵士：《皇朝藩部要略》卷九，1884年浙江书局校刊本。

特四部联盟的终结和准噶尔汗国政权的正式建立。1680年，噶尔丹灭叶尔羌汗国，控制了天山南路地区。1716年，策妄阿拉布坦又派兵进入西藏，杀和硕特部的拉藏汗，一时控制了西藏。此外，早在巴图尔挥台吉时，准噶尔部就开始不断向西侵扰哈萨克汗国。此后，准噶尔汗国军队相继占据了大、中玉兹，并推进至乌拉尔河，占据了哈萨克汗帐驻地——塔什干城。由此，准噶尔部扩展为囊括西域、东抵阿尔泰山、西过乌拉尔河的大汗国。

准噶尔汗国境内大致以天山为界，分为两大区域。天山以北主要为游牧地区，这里除生活着准噶尔部及其他厄鲁特三部蒙古人外，还有吉利吉思、哈萨克等逐水草而居的民族；天山以南主要为绿洲农区，这里主要生活着维吾尔族，还有从河中迁来的安集延人、布哈拉人等。此外，为发展天山北路的农业，准噶尔部还掳掠、强迁、招募维吾尔、哈萨克、吉利吉思、汉及中亚布哈拉等族的人口在伊犁、乌鲁木齐等地从事农耕。

吉利吉思人即柯尔克孜人，主要分布于准噶尔汗国中部西南天山地区及北部鄂毕河、额尔齐斯河流域。吉利吉思人的先民为汉代的坚昆、唐代的黠戛斯，原居于蒙古高原西北部至叶尼塞河上游一带。10世纪后逐步向西南迁徙到天山地区。元明时称吉利吉思或乞儿吉思。明代中叶，吉利吉思人已占据蒙古斯坦中部，后大部分吉利吉思人又因瓦剌西进而被迫西迁。到准噶尔汗国时期，西迁的吉利吉思人到达中亚费尔干纳盆地周围山区，远离了巴尔喀什湖以东的七河流域。仍留居叶尼塞河流域的吉利吉思人则已散布于鄂毕河上游至额尔齐斯河中下游一带生活，成为准噶尔汗国的属民。17世纪，俄国人不断渗向这些地区，向吉利吉思人民征收实物税，袭击并绑架吉利吉思人。至策妄阿拉布坦、噶尔丹策零时，俄国势力已扩展到西伯利亚、克拉斯诺亚尔、托木斯克、鄂木斯克一线，军事力量不断增强。迫于俄国势力的威胁，吉利吉思人逐步西迁到天山地区的伊塞克湖畔一带游牧。

哈萨克人主要在准噶尔汗国西部游牧。哈萨克族形成于15世纪，其族源可上溯至汉代的乌孙、康居、阿兰聊。1225年，中亚草原地区（即哈萨克草原）成为成吉思汗长子术赤的封地，史称"钦察汗国"。于是游牧于哈萨克草原的蔑尔乞、乃蛮、克烈等部落与一些蒙古部落经过长期融合，形成哈萨克族。15世纪中叶，楚河流域的哈萨克人建立了哈萨克汗国，此后汗国逐渐发展。哈斯木汗统一了哈萨克各部，使哈萨克汗国达到鼎盛。17世纪，哈萨克汗国在准噶尔部的侵扰下逐渐衰落，形成以血缘为纽带的三个玉兹。其中，大玉兹（乌勒玉兹）统治伊犁河至巴尔喀什湖周围，中玉兹（奥尔塔玉兹）统治锡尔河以北，小玉兹（克什玉兹）统治咸海西北至伏尔加河以东地区。这种割据状态很容易被准噶尔部各个击破。1732年，准噶尔军队侵袭哈萨克汗国，降服了大玉兹全部及中玉兹的部分。至1740年，准噶尔军队西进至乌拉尔河，占据了中玉兹大部，并迫使小玉兹西迁。至此，哈萨克汗国内各部落大部已归属准噶尔汗国。

准噶尔汗国时期，天山南路居民以维吾尔族为主。明末清初，原游牧于天山中部鹰娑川的多览葛人不堪瓦剌的侵扰，南迁至库车、阿克苏至巴尔楚克一带。多览葛人的先民可追溯到铁勒，隋唐时期，铁勒分裂为东西两部：东部铁勒游牧于同罗水旁，至蒙元时期，逐渐融合于蒙古人中；西部铁勒则游牧于鹰娑川，南迁后逐步融合于维吾尔人。

新疆近代民族格局的形成

1757年，清朝平定准噶尔部后，哈萨克三玉兹归附清朝。清朝以属国相待，与哈萨克三玉兹进行经济、政治交流。当时，哈萨克各部在伊犁、塔尔巴哈台境外牧放。

18世纪中期，俄国开始从东、北、西三面蚕食哈萨克游牧地区，加紧控制哈萨克各部。哈萨克各部不断爆发抗俄斗争，同时一些部落相继进入塔尔巴哈台、伊犁边境地区游牧。至19世纪前期，小玉兹、中玉兹已被俄国征服，大玉兹和少数中玉兹哈萨克部落东迁新疆，越界游牧。起初，清政府采取严加禁止的政策。乾隆帝最初想让越境的哈萨克牧人出境，同时召见哈萨克使臣，谕以"理宜守其旧界，不可妄思逾越"❶。但哈萨克草原上动荡不安，越来越多的哈萨克牧民不顾清政府的阻止，迁移境内，不少部落首领主动请求内附。至1761年后，清政府对入境的哈萨克民众采取收容安置的政策，伊犁、塔尔巴哈台卡伦以外地区的哈萨克牧人接踵而至，逐步散布至塔尔巴哈台山及伊犁河谷游牧。

清朝，吉利吉思人被称为布鲁特，主要游牧于天山西部山区的图斯池周围及帕米尔以北阿赖山一带，以天山为界，分为东、西二部。东布鲁特在伊犁西南，西布鲁特在喀什噶尔城西北。布鲁特各部在清初深受准噶尔部的压迫，清朝平定准噶尔部后，深入布鲁特游牧地，其地20个部落皆主动归附。清政府对来附的布鲁特部采取不征税、不改变风俗习惯等政策，进行羁縻统治。

清朝，帕米尔高原地区有塔吉克人游牧、农耕和狩猎。乾隆时归喀什噶尔参赞大臣直接管辖。塔吉克族的居地与南疆喀什噶尔、叶尔羌等地的经济文化联系有所加强。塔吉克族与中原内地的交往迅速发展。

回族大批迁入新疆是在清朝平定新疆之后。清政府实行移民实边政策，一批回民就来到新疆谋生。光绪初年，大批回族人迁徙新疆，散居于全疆各地。

随着商贸的发展，许多乌孜别克人（元朝作月即别）也移居南北疆各地。乌孜别克族的名称来源于14世纪钦察汗国的乌孜别克汗。钦察汗国瓦解后，汗国部分游牧部落在昔班尼汗的带领下南下进入

---

❶ 《清高宗实录》卷六百一十三。

第9章 明清的西域大一统

中亚农耕地区，占领布哈拉、撒马尔罕、塔什干等城，并逐渐转入农业生产，在融合当地原住民后，逐步形成乌孜别克族。16、17世纪，乌孜别克族已活动于天山南北，进行丝绸、茶叶、瓷器等货物贸易，发展为新疆的一个世居民族。18世纪中期，来新疆的乌孜别克人不断增多，来自中亚布哈拉、撒马尔罕、安集延、等地的乌孜别克人不断进入新疆，他们被称为"安集延人""布哈拉人""浩罕人"。

1840年鸦片战争后，俄国加紧侵略中国西北边疆地区。通过《中俄勘分西北界约记》《中俄伊犁条约》等一系列不平等条约，沙俄掠夺中国44万多平方公里的领土。这对新疆近代民族格局的演变产生了重大影响。部落大多随"划界"而划归了俄国。其间，不愿臣属俄国的哈萨克等部落纷纷东迁。一些部落更向东、向南迁至天山北麓巴里坤、木垒至乌鲁木齐一带游牧。哈萨克族的大量东迁，改变了长期以来天山北路游牧民族以厄鲁特蒙古为主的格局。

此外，随着《中俄伊塔通商章程》的签订，不少俄罗斯人和塔塔尔人也来到新疆定居经商，主要定居于伊犁、塔城、乌鲁木齐等城。至俄国十月革命后，来新疆的俄罗斯人更多，当时被称为归化族。

从1820年起，天山南路屡遭和卓后裔张格尔、玉素甫、楼里罕等挑起的叛乱波及，尤其西四城屡被兵燹，人口损失很大。叛匪逃窜时，除大肆劫掠外，往往还裹胁大量人口出境。1864年起，新疆战乱，清政府失去对新疆大部分地区的控制。其间，各地封建主兼并混战，浩罕军官阿古柏建伪政权"哲德沙尔汗国"，俄国又趁火打劫侵占伊犁地区，新疆社会经济遭受严重破坏。天山北路乌鲁木齐、昌吉、奇台等移民区，"户口伤亡最多，汉民被祸尤酷"[1]。北路繁华的城镇，屋舍荡然，极目荒凉。南路则遭阿古柏政权残酷奴役、杀戮，各族人口损失严重。阿古柏还强令汉、满等族军民改信伊斯兰教，不愿信奉者被大量屠杀。

---

[1] （清）王树枬：《新疆图志》卷九十六，《奏议六》，左宗棠《复陈新疆情形折》。

1877年清政府收复新疆后，采取了一系列恢复和发展社会经济的措施和政策。1884年，新疆建省，结束了长期以来新疆与内地行政体制不一、政令有别的状况，新疆与内地的政治、经济、文化联系更为紧密，这对促进新疆社会经济和统一的多民族国家的发展具有重大的历史意义。此后，经过10多年的恢复和发展，新疆人口数量又快速增长，至1909年，全疆人口已达200万人，超过1864年前的人口数量。

清朝统一西域，建立行省，维护祖国统一

清朝对西域的重视程度超过历届王朝，这是由于该地区自明末清初以来就一直是中央政府的心腹之患。清朝统一新疆后，面对如此动荡不安的西北局势，承受巨大的威胁与压力。自康熙以来，历代清朝统治者皆对西北局势保持了高压态势，并投入了巨大的国家力量。在新疆建省，发展农业、商业、教育等，为新疆的后续发展奠定了基础。

清朝对西域的经营

1696年，清政府对摆脱准噶尔部控制并归顺清朝的哈密维吾尔人按蒙古扎萨克旗制编旗设领，开始涉足西域。此后，经康、雍、乾三朝的征战，相继平定准噶尔部及大小和卓叛乱，1759年统一天山南北。这是自汉、唐、元朝统一西域以来，中央政府对西域的重新统一。

清朝统一西域之后，借鉴汉、唐、元中央政府经营西域的经验，

本着因地制宜、因俗设治的原则，制定和施行了一系列行之有效的军事、行政、经济制度。长期饱受战乱之苦的西域社会渐趋稳定。

清朝在新疆的驻军分为换防军、驻防军两种。驻防军多驻扎于天山北路，开始仅是满蒙八旗军在北路驻防，后来驻扎北路的绿营（主要由汉族构成）也由换防改为驻防。驻防军颇具军事移民色彩。1716年后，政府允许北路驻防的绿营携眷兵的成年子弟脱离军籍，就地认垦落户。当时，北路驻军集中于伊犁、乌鲁木齐、巴里坤等地。伊犁是将军府驻地及新疆的军政中心，故其驻军人数有15000人左右，为全疆之首，其中80%为八旗官兵。伊犁驻军均为携眷驻防，可以说是"调兵即是徙民"。乌鲁木齐是仅次于伊犁的北路重镇，驻军以绿营军为主。巴里坤驻军亦以绿营为多。此外，库尔喀喇乌苏还驻有绿营马步兵一营及部分屯田兵丁。

清军绿营进驻西域之初，在巴里坤、哈密、吐鲁番一带从事屯田，称为"兵屯"。此后，绿营兵屯发展到天山北路绿营官兵所驻各地。清政府开始鼓励屯兵携眷，长期屯驻，还鼓励未携眷驻屯者"得请费为官，为之津送，岁岁有之"❶。至1728年，天山北路各屯区中除塔尔巴哈台外，其余均已改为携眷兵。道光年间，新疆携眷屯兵已成为新疆屯兵的主体部分。❷由于绿营兵屯成效显著，从1802年起，清政府又在伊犁八旗军中开办旗屯，更加促进了汉、回、维吾尔等族人口流入伊犁从事农耕。

为促进农业发展，清政府又推行徙民垦殖，兴办民屯、回屯，组织遣犯屯垦等政策。从1761年始，从陕甘各府、州、县招募无业贫民送至天山北路的乌鲁木齐、巴里坤、古城等地，认垦落户，授给土地、籽种、耕具，贷给耕畜、住房，扶助其安家立业。同时，

---

❶ （清）纪昀：《乌鲁木齐杂诗·典制十首》，《中华竹枝词》，北京古籍出版社，1997年，第3117页。

❷ （清）徐松：《钦定新疆识略》，卷二、卷三，《科布多事宜》。

招募和鼓励自行出关寻找生计的手艺人、商贩及绿营眷兵成年子弟、服刑期满的遣犯等落户认垦。此后，清政府长期坚持这一政策，从而形成了清朝新疆汉族人口聚居于乌鲁木齐的格局。

清朝统一新疆后，仍沿袭准噶尔部旧例，从天山南路迁徙维吾尔人至伊犁屯田。1760—1768年，清政府从天山南路先后迁徙维吾尔人6383户至伊犁，兴办回屯。随着伊犁回屯的兴盛，维吾尔人来此谋生的越来越多。清政府遂在回屯区设置伯克官制，分9个区域进行管理。为逃避繁重杂税、劳役的南疆维吾尔人"愿来效力者甚多"。清政府鼓励遣犯携眷到屯区，"凡携眷者，一并给予口粮、车辆，以便前往"。并规定："其能改过者，酌定年限，给与地亩，准入民籍。"❶至乾隆末年，兴办屯田、移民垦殖等政策收到了显著成效，不但改变了有史以来天山北路以游牧为主的经济格局，而且彻底改变了这一地区的人口、民族构成。原本人口稀少及民族成分较为单一的地区，成为人口集中、市镇星罗棋布的多民族聚居区域，汉、满、回、锡伯、达斡尔等兄弟民族来到这里戍边建设、繁衍生息，成为近代新疆的主要世居民族。

天山南路则是以农耕为主的地区，自古就是西域的人口重心。清朝，天山南路各绿洲农区多为维吾尔族聚居区。大小和卓叛乱被平定后，清政府长期在南路实行汉、回隔离政策，严禁内地人口迁入开垦居住，更不许进行宗教活动。清政府派往南路的驻军也以换防兵为主，并与各回城相隔，扎营于别筑的汉城之中。1832年，"张格尔之乱"被平定后，这一政策开始变化。将"西四城可耕之闲地，招民开垦，有愿携眷者，听之。其回子地亩，亦不禁其租给民人耕种"❷。当时，招垦之地有两处：喀拉赫依、巴尔楚克。但天山南路实行招民认垦的移民政策与北路相比难度更大。一则此时清政府国库

---

❶ 《清高宗实录》卷七百六十八，乾隆三十一年九月壬午。
❷ 《清高宗实录》卷一百九十七。

空虚，已不具备乾隆时那种由国家组织大规模移民的政治经济实力；二则天山南路各城维吾尔人口增长较快，人口的增长必然要求扩大耕地面积，较好水土条件的荒地不可能更多地提供给移民，故南路移民垦荒成效有限。

1757年，远在额济勒河流域游牧的蒙古土尔扈特部不堪忍受俄国的压迫欺凌，于1771年年初，在首领渥巴锡的率领下，踏上东归祖国的路途。沿途遭到沙俄军队的围追堵截，死伤惨重，到达伊犁时，仅以半数计。清政府及时对其救济安置，使土尔扈特部众的生活逐步安顿下来，融入了中华大家庭。清政府妥善安置东归的蒙古土尔扈特部及安抚归属的哈萨克、布鲁特部落，对巩固边防、促进多民族聚居的边疆政局稳定和近代新疆民族格局的形成产生了积极作用。

平定准噶尔贵族和大小和卓的叛乱

清初的西域天山以北地区处在厄鲁特蒙古族的统治之下。厄鲁特早在清朝入关之前，就向清朝政府入贡马匹等土特产品，清政府给予了赏赐。1645年，作为厄鲁特部盟主的和硕特部首领图鲁拜就派儿子来清朝表示慰问并贡马匹、氆氇。1646年，又派人来"上表请安，献金佛、念珠、普鲁羰、甲胄、马匹等物"。清政府赏赐了"甲胄、弓矢、撒袋、大刀、鞍辔、银器、缎匹、皮张等物"❶。

1653年，清政府封图鲁拜为"遵行文义敏慧顾实汗"，并赐给他用满、汉、蒙三种文字制的金册金印。册文对顾实汗给予称赞和鼓励。厄鲁特之一的准噶尔部首领巴图尔浑台吉也经常向清政府入贡，巴图尔浑台吉死后，他的儿子僧格继任为首领，从1666年起，曾多次向清政府入贡。❷1671年，噶尔丹篡夺准噶尔汗位。1672年，噶尔丹

---

❶《清世祖实录》卷二七。
❷《清圣祖实录》卷一九。

向清政府上疏,请求继其兄僧格之后,"请亦准照常遣使进贡"❶。此后,噶尔丹就不断遣使入贡。1679年,西藏达赖喇嘛赠给噶尔丹"博硕克图汗"称号,噶尔丹遣使"奉贡入告"❷清政府。1688年,噶尔丹还向清政府表示:"我并无自外于中华皇帝。"❸他又说:"我与中华,一道同轨。""向在中华皇帝道法之中,不敢妄行。"❹以上这些,都说明厄鲁特以及其中的准噶尔部都隶属于清朝政府,他们所辖地区是祖国领土的一部分。

噶尔丹篡夺了汗位以后,就向周围各部扩张。1678年,噶尔丹进攻天山以南维吾尔地区,"尽执元裔诸汗,迁居天山以北,回部及哈萨克皆为其属"❺。噶尔丹据有天山南北的广大地区后,对当地各族人民进行残酷的压榨和掠夺,"赋繁役重,民不聊生"❻,使当地人民的生产和生活都受到严重破坏。

早在准噶尔首领巴图尔浑台吉和僧格时期,沙皇政府就使用收买引诱和武力侵占两手策略,加紧对准噶尔所属地区进行侵略活动。噶尔丹篡位后,沙皇又派遣间谍拉拢和引诱他,并支持和怂恿他发动叛乱,以便从中得利,达到侵略的目的。于是,噶尔丹便投靠沙俄。1674—1683年,噶尔丹几乎每年都派人到俄国进行活动,企图同俄国订立军事同盟,求得军队和枪支的援助。❼

1690年,沙俄派遣间谍到噶尔丹那里,继续鼓动和支持噶尔丹发动叛乱,并答应给噶尔丹军事援助。清政府在获悉这一消息后,即向沙俄提出严正警告,指出沙俄支持噶尔丹叛乱,"是负信誓而开

---

❶《清圣祖实录》卷三八。
❷《清圣祖实录》卷八四。
❸《清圣祖实录》卷一三七。
❹《清圣祖实录》卷一四六。
❺(清)魏源:《圣武记》卷四,"乾隆荡平准部记",中华书局,1984年,第162页。
❻(清)尼玛查椿园:《西域闻见录》卷七。
❼庆思:《清朝政府平定准噶尔部叛乱与抵御沙俄侵略的斗争》,《历史研究》,1976年第2期。

兵端也"[1]。同年七月，噶尔丹以追击喀尔喀蒙古为名，发动了反清叛乱，在乌尔会对清军发起进攻。康熙亲自率军平息叛乱。九月，清军在乌兰布通大败噶尔丹叛军。

1695年，噶尔丹在沙俄的支持下，又点起了叛乱的战火。1696年，康熙再次出兵，在昭莫多大败噶尔丹。次年，康熙又组织了第三次军事行动。这时噶尔丹残部纷纷投降。噶尔丹本人也服毒自杀。在平定准噶尔贵族的叛乱中，哈密首领额贝都拉带领哈密地方部队，配合清军打击准噶尔叛军，擒获噶尔丹的儿子等。

在平定了准噶尔的叛乱后，清政府接着又平定了天山南路的大小和卓的叛乱。

清朝初年，天山以南由察合台后裔所统治。统治中心位于叶尔羌，范围南起和田，东达哈密，包括了天山以南整个维吾尔族分布的地区，汉文史料上称为"回部"。从1646年起，吐鲁番就向清政府朝贡。1656年，叶尔羌的阿布都喇汗派人到北京，直接朝贡，加强了与内地各族的联系，有利于祖国的统一。

17世纪中期，南疆统治者内部的斗争十分尖锐，在伊斯兰教中出现了"白山"和"黑山"两个教派的剧烈斗争。后来，黑山派在斗争中取得优势，把白山派首领阿帕克和卓驱逐出喀什噶尔。阿帕克和卓求助于准噶尔统治者噶尔丹。噶尔丹乘机于1678年亲自率军进入南疆，击溃南疆回部政权，摧毁了察合台后裔在大山以南的统治，立阿帕克和卓为准噶尔统治维吾尔地方的代理人。

噶尔丹死后，他的侄子策妄阿拉布坦继立，势力已大大削弱。1696年，哈密的额贝都拉投附清朝政府。这时，阿帕克和卓的孙子阿哈玛特也想乘机建立一个伊斯兰政权。但不久，噶尔丹策零又加强了对南疆地区的统治，将阿哈玛特拘禁到伊犁。大、小和卓就是阿哈玛特在伊犁生的两个儿子。大小和卓一直在伊犁过着囚禁的生活。

[1] 《清圣祖仁皇帝实录》卷一百四十六，"康熙二十九年五月癸丑"条。

在支持噶尔丹叛乱,妄图分裂我国的阴谋破产后,沙俄并不甘心,伺机再对我国进行侵略。沙皇彼得一世阴谋侵占从额尔齐斯河上游到叶尔羌的广大地区。于是在1714年派中校布赫戈利茨征集了三千人的侵略军,于次年侵入我国准噶尔部的辖地雅梅什湖一带。

1720年,沙俄又武装侵入我国准噶尔部的斋桑湖地区,遭到准噶尔人民的顽强抵抗。沙俄于是提出以准噶尔部首领策妄阿拉布坦割让领土,臣服俄国为条件,继续支持准噶尔封建贵族发动叛乱。因清朝政府的强烈抗议,沙俄的阴谋再次破产。

噶尔丹策零死后,准噶尔内部为争夺汗位而发生内讧。1756年,准噶尔贵族达瓦齐在辉特部首领阿睦尔撒纳的支持下取得了准噶尔的统治权。但阿睦尔撒纳觊觎厄鲁特诸部的领导权,因敌不过达瓦齐,遂率所部投附了清朝。

阿睦尔撒纳随清军进踞伊犁后,便想当四部总台吉,专制西域,乘机扩张势力。1755年,阿睦尔撒纳公开叛乱。这时乾隆根据当时准噶尔的形势,果断决定出兵,彻底平息叛乱。清军从巴里坤和乌里雅苏台分西、北两路进军,直捣叛军集结中心伊犁。吐鲁番也派兵与哈密地方部队一起,随清军进抵伊犁。达瓦齐抵抗失败后,越天山南逃往喀什后被俘。阿睦尔撒纳溃败后仓皇逃往沙俄。沙俄本想把阿睦尔撒纳等叛乱分子豢养起来,以作为侵略中国的走狗,但清政府多次向沙俄严词交涉,要求将阿睦尔撒纳引渡回国。沙俄当局百般推诿,甚至捏造谎言说阿睦尔撒纳已"落水身死"❶。不久,阿睦尔撒纳死于天花。

乾隆帝为了表彰功绩,制了碑文,用满、汉、蒙、藏四种文字刻在大石碑上。至今这块大石碑仍然矗立在新疆昭苏县的格登山上。

清政府在平定准噶尔、收复伊犁后,释放了大小和卓,并委以

---

❶ 《清高宗实录》卷五五五;兹拉特金:《有关阿睦尔撒纳的俄国档案资料》见《蒙古民族的语文与历史》,1958年,莫斯科,第310页。

重任，派大和卓波罗泥都回南疆叶尔羌统治旧部，希望他利用宗教影响"归抚叶尔羌诸城"[1]，帮助清政府治理南疆地区，实现南疆的和平统一。大和卓对清政府的安排非常满意，于是，会同清军将领阿敏一道去了南疆。在清政府的影响和帮助下，他顺利地掌控了由黑山派和卓控制的乌什、喀什、叶尔羌等地，灭亡了黑山派政权，并恢复了白山派的统治。据《伊米德史》记载：在收复南疆后，大和卓立即宣布南疆地区从此进入"可汗秦（指清朝皇帝）的时代"。

同时，清政府又让小和卓留在伊犁管理南疆来的移民。小和卓虽然接受了清政府的安排，却在伊犁参加了阿睦尔撒纳的叛乱，叛乱失败后潜入南疆由大和卓波罗尼都掌控的领地。小和卓策动大和卓波罗尼都一起反清。

1757年，大小和卓杀戮清军将领阿敏以及100多名清军，并杀害了清政府派去的副都统，小和卓自称"巴图尔汗"，发动了武装叛乱，也就是历史上讲的"大小和卓之乱"。第二年，清政府果断进行平叛，命清朝将军雅尔哈善率军从吐鲁番出发经过库车、阿克苏、拜城、乌什等地，直逼大小和卓的据守之地。小和卓退守叶尔羌，与在喀什的大和卓共同对抗清政府。1759年，清政府彻底平定了大小和卓的叛乱。大小和卓逃往巴达克山，被巴达克山的首领捕杀。这样，东起哈密，西至巴尔喀什湖一带及帕米尔地区的西域，又重新处于清政府的直接管辖之下。

清政府进行的这两次平叛战争得到了西域各族的支持和拥护，也得到了各地上层人物的支持和拥护。哈密的首领玉素甫主动带兵参加平叛。吐鲁番首领额敏和卓任参赞大臣，直接参加了指挥清军作战的工作。库车首领鄂对因反对大小和卓叛乱，其家族惨遭杀害。他积极向清军献策，使清军在和田、库车狠狠地打击了叛军。在拜城、

---

[1] 《钦定外藩蒙古回部王公表传》卷一一六，《郡王品级多罗贝勒霍集斯列传》，乾隆二十年（1755年）。

阿克苏、喀什噶尔、叶尔羌等地的维吾尔族以及哈萨克族、柯尔克孜族等都积极地参加了这两次平叛战争，有力地支援了清军，维护了祖国的统一。

各种行政、法律制度在新疆的推行

1. 伯克制度的改革和废除

清朝在新疆实行军府制统治，即政府派驻各地的驻军大臣只管军事，而把生产、赋税、诉讼等与广大群众有切身利益的日常民事交给当地各族上层统治者治理。新疆民族复杂、风俗各异，清政府因地制宜地采取了不同的统治制度：郡县制、扎萨克制和伯克制。伯克制主要以塔里木盆地周围维吾尔族聚居地区为主，包括库车、阿克苏、拜城、和田、乌什等地。

"伯克"是突厥语的音译，意为王、首领、头目、统治者、官吏、老爷、先生。它是突厥或回鹘的王或部落酋长、特权阶级或贵族，以及具有一定声望的行政官吏的称号。16世纪初，伯克成为维吾尔族、乌孜别克族等对官吏的泛称。

新疆地区历史上以伯克统领地方事务，伯克制度是清朝政府统一回疆前该地区旧有的行政制度。1759年，清政府平定大小和卓叛乱后，把原有的伯克统治制度化，正式建立起伯克制度，并对该项制度进行改革，将其纳入清朝地方职官体系，在当地确立了驻扎大臣与伯克相结合的管理模式。驻扎新疆各地的官吏一般不对当地民众进行直接管理，而是通过伯克施行民政事务。伯克在本地驻扎大臣的监管下行使管理职责。因此，清政府十分重视对伯克进行管理，惩防并举，在新疆建立稳固有效的统治。

清朝在新疆建立的伯克制度是逐步完善的。在清政府统一新疆以前，维吾尔族地区有许多不同名称的伯克。伯克大都是世袭的，

第9章 明清的西域大一统

往往把他们所管辖地区视为自己的领地，任意剥削和欺压广大劳动群众。清政府统一新疆以后，对伯克制度进行了改革，使它纳入了清朝地方官制的轨道。其原因在于：

第一，伯克制不可能解决当时维吾尔族社会中的阶级矛盾及其他各种社会矛盾，越来越成为社会生产力发展的桎梏。随着清朝国门的被迫打开，近代化的浪潮席卷中国，新疆地区的伯克制度越来越显露出它的时代局限性。作为地方基层组织治理新疆的体制，伯克制已丧失其政治功能，不适应新疆社会经济的发展，更不利于清朝的稳固统治。故而新疆建省后，苟延残喘的伯克制度才最终被废除。

第二，旧有体制难图恢复，郡县建制已初具规模。同治年间的回民大起义以及浩罕军官阿古柏的入侵，对新疆的统治体系造成了巨大破坏，新疆的军府制体系已经荡然无存。原有笼络少数民族的札萨克制和伯克制度也受到严重冲击，清朝在新疆原有的统治制度已经土崩瓦解。故而，摆在清政府面前的第一要务，就是寻找一个最适合的体制，以代替"万难再图规复"的军府制度及其下的伯克制度。

第三，在清朝收复新疆的过程中，以汉人组成的湘系集团在西征平叛中立下了汗马功劳，其势力随着新疆的收复而不断壮大。左宗棠、刘锦棠等为恢复生产、处理善后事务在新疆各地广设善后局，过去由大小伯克和宗教头目负责的民政事务转移到善后局的管辖之下。善后局的设立表明左、刘等人已开始尝试改革新疆建制，为最终废除伯克制度奠定了基础。

第四，清朝收复新疆后，新疆原有的土地制度已经破坏殆尽，各处耕地"听兵民自占，旧时经界无可遵循"❶。鉴于此，刘锦棠等在新疆各地"丈量土地，按地科粮"，连享有世爵的哈密、吐鲁番等地

---

❶（清）刘锦棠：《刘襄勤公奏稿》卷十，文海出版社，1985年，第1243—1244页。

王公也"贡地均勘丈,升科纳粮,仅拥虚位,无理民权"❶。这种全疆范围内的新土地制度彻底打破了回疆地区原有伯克制度下的封建农奴制体系。王公伯克不再具有农奴主的身份,广大维吾尔群众获得了人身自由。新疆与内地统治制度的逐渐统一,使得伯克制度彻底失去了存在的基础。

第五,在改设郡县的过程中,伯克职衔与郡县官员品级不符,阻碍了郡县制度的实施。要实行郡县制度,就必须彻底废除伯克制度。因而,清政府在1887年废除了伯克制。

2. 新疆行省的设立与郡县制的实行

19世纪中后期,新疆政治上的内忧外患明显地暴露了新疆社会的弊病和军政管理方面的漏洞,特别是军府制和维吾尔地区带有浓厚的封建农奴制统治残余的伯克制度,严重阻碍新疆社会的进步和发展。其在这一时期的社会动荡中被摧毁殆尽。

乾隆年间新疆统一后,除东部乌鲁木齐、巴里坤一带推行内地军政管理制度外,全疆大多数地区一直实行军府制。就其实质而言,军府制是管军政而不管民政,军政民政分治,民政多由本地王公伯克管理。然而,在缺乏有效的监督机制的封建社会,伯克专权很容易形成地方封建割据,不利于新疆的社会安定和经济发展。19世纪,新疆各地发生的社会动乱不仅证明军府制已不适合新疆社会发展要求,而且也使封建伯克制度受到沉重打击。因此,建立行省,推行郡县制成为新疆历史发展的必然趋势。

新疆建省之举,清朝朝野酝酿已久,1820年,龚自珍在著名的《西域置行省议》中提出新疆建省设想。1820—1828年,大和卓之孙张格尔多次在南疆策动叛乱。1865年,张格尔之子布素鲁克又伙同浩罕军官阿古柏攻入南疆,一度占领新疆大部分地区。

---

❶ (清)裴景福:《河海昆仑录》卷四,中华书局,1936年,第40页。

第9章 明清的西域大一统

1876年，左宗棠在收复北疆和打开南疆门户后，即向朝廷建议把军府制改为设置行省，"为新疆划久安长治之策，纾朝廷西顾之忧，则设行省，改郡县，事有不容己者"❶。1878年，左宗棠从阿古柏手中收复新疆，又与陕甘总督谭钟麟、钦差大臣督办新疆军务刘锦棠等人上奏光绪帝剖陈，遂使建省之说臻于完善，敦请定议实施。光绪帝并未立即批复，反复询问"倘置郡县，有无可治之民，不设行省，此外有无良策"❷，可知光绪帝仍在迟疑中。

1882年，俄国按《中俄伊犁条约》交还霍尔果斯河以东的中国领土，建省问题才终于进入拟订方案的实质性阶段。1884年，清政府在新疆建省，刘锦棠被授为首任新疆巡抚。按左宗棠的奏议所言，此时新疆的内涵是"他族逼迫，故土新归"❸，意为原来是中国的领土，被外国入侵者占领后，现在重新又被收复回来。自后，通行"新疆"之名，再不使用"西域"一名。

新疆省的建立，结束了自清朝乾隆以来在新疆长期实行的军府制，使新疆与中原地区行政建置一致、政令一致。新疆同中原地区在政治、经济和文化方面联系更加紧密，从而增强了防范外国侵略势力与当地反动伯克相互勾结、发动分裂叛乱的能力，促进了新疆社会的安定和经济的进一步发展，巩固和加强了国家的统一和民族的团结。这对促进新疆社会经济的发展和进步，促进多民族统一国家的形成和发展，保证近代中国西部疆域安全具有重要作用。

新疆建省是中国边政史和新疆近代史上一件意义深远的重大事件。尤其在当时民族矛盾、社会矛盾十分激化的背景下，清朝能够收复新疆，并建立新疆行省，将府县制度全面推行于全疆，更值得肯定。《剑桥中国晚清史》一书在评价这一事件时认为："这一制度

---

❶ （清）左宗棠：《遵旨统筹全局折》，收入《左文襄公全集·奏稿》第五十卷，第77页。
❷ 《清德宗实录》卷七十八，中华书局版《清实录》第53册，第207—208页。
❸ （清）左宗棠：《左宗棠全集·奏稿八》第8册，岳麓书社，1996年，第148页。

的革新是中国边疆史上的里程碑。"[1]

清朝对新疆的经营,无论是规模还是范围皆远胜于历代,其社会经济得到前所未有的进步和发展。为了发展新疆商业贸易,清政府采取以下措施:

第一,清政府和新疆各地交易。准噶尔部割据西北期间,曾在清廷允许下定期派商队到甘肃的肃州进行互市贸易,用畜产品交换农产品、丝绸布匹、铁铜器皿等,但因双方和战不定,贸易关系时断时续。清政府平定准噶尔部后,积极提倡发展新疆地区的商业贸易,内地与新疆的贸易通过官方、民间多种渠道在天山南北全面展开。伴随而来的是新疆与内地相互交流、相互促进的生动历史画面。清政府支持南疆与中亚的民间贸易。就丝绸之路而言,南疆各城与中亚地区有悠久的贸易传统,位于古丝绸之路塔里木盆地南北两道上的叶尔羌、喀什噶尔,自古就是对中亚贸易的重镇。从中亚来南疆经商的,主要是境外大大小小的汗国和土邦的商人,统称外藩商人,其中,人数最多的是浩罕。因浩罕商人都是从安集延进入喀什噶尔的,所以又被当地维吾尔人称为安集延人。根据这一现实,统一后清政府对南疆与中亚的贸易采取了较为宽松的态度。一方面,顺应维吾尔民众的日常生活需要;另一方面,把贸易作为控驭、羁縻南疆的手段。这使南疆与中亚的商业往来得到了进一步发展。清朝对新疆实施的这一系列的经济发展措施,的确起到了安抚边疆、发展边疆的作用,开拓了边疆和平发展的新形势。

其二,内地商人在新疆随军经商。康雍两朝对准噶尔用兵时,曾利用部分商人供办军粮。这些商人在运粮的同时,还随军经商,从事军事贸易,足迹深入漠北喀尔喀地区和新疆。但是由于准噶尔部和清朝的对抗关系,商人的活动范围至多只能到达扎西路军营的巴里坤至哈密一带,还常常受到多种限制。内地商贩能够大批进入

---

[1] 费正清:《剑桥中国晚清史》中译本(下卷),中国社会科学出版社,1985年,第115页。

新疆从事贸易,是在1760年全疆平定、新疆与内地之间消除了政治藩篱以后。乾隆帝在统一新疆后即注意到开展贸易对加快新疆经济发展有重要作用。他多次说:"新疆驻兵屯田,商贩流通,最关重要。"❶并且乾隆帝的态度也很明确,他赞同道:"新疆贸易自应流通,但须听商民自便……有愿往者立即给以印照,毋使胥吏需索,人自乐于趋赴矣。"❷

清朝统一新疆后,对新疆的经略治理规模和深度皆远超历代中原王朝,新疆经济社会得到前所未有的发展和进步。

---

❶ 《清高宗实录》卷六一〇,中华书局版《清实录》,第9页。
❷ 《平定准噶尔方略续编》卷十六,"乾隆二十七年三月甲午"。